Auxiliando a humanidade a encontrar a Verdade

AS FORÇAS NATURAIS
DESCONHECIDAS

© 2011 – Conhecimento Editorial Ltda.

As Forças Naturais Desconhecidas
(*Les forces naturelles inconnues*)
Camille Flamarion (1842-1925)

Todos os direitos desta edição reservados à
CONHECIMENTO EDITORIAL LTDA.
Rua Prof. Paulo Chaves, 276 - Vila Teixeira Marques
CEP 13480-970 – Limeira – SP
Fone/Fax: 19 3451-5440
www.edconhecimento.com.br
vendas@edconhecimento.com.br

Nos termos da lei que resguarda os direitos autorais, é proibida a reprodução total ou parcial, de qualquer forma ou por qualquer meio – eletrônico ou mecânico, inclusive por processos xerográficos, de fotocópia e de gravação – sem permissão por escrito do editor.

Tradução: Maria Alice Farah Antonio
Revisão: Mariléa de Castro
Projeto gráfico: Sérgio Carvalho
Ilustração da capa: Banco de imagens

ISBN 978-85-7618-222-1
1ª Edição – 2011

• Impresso no Brasil • Presita en Brazilo

Dados Internacionais de Catalogação na Publicação (CIP)
(Câmara Brasileira do Livro, SP, Brasil)

Flamarion, Camille, 1842-1925
As forças naturais desconhecidas / Camille Flamarion ; [tradução Maria Alice Farah Antonio} – 1ª ed.
– Limeira, SP : Editora do Conhecimento, 2011.

Título original: *Les forces naturelles inconnues*.
ISBN 978-85-7618-222-1

1. Espiritismo I. Título

11-01773   CDD – 133.9

Índices para catálogo sistemático:
1. Espiritismo : 133.9

Camille Flammarion

AS FORÇAS NATURAIS
DESCONHECIDAS

1ª edição
2011

EDITORA DO
CONHECIMENTO

Aquele que, fora da matemática pura, pronuncia a palavra impossível, carece de prudência.

François Arago

Um sábio que ri do possível está bem perto de se tornar um idiota. Evitar habilmente um fenômeno, virar-lhe as costas, sorrindo, é deixar a verdade caminhar para a bancorrota.

Victor Hugo

Compete à ciência, de acordo com os eternos princípios de honra, encarar sem medo qualquer problema que a ela se apresente.

William Thomson

Sumário

Esclarecimento ao leitor 9

Capítulo 1 – Forças naturais desconhecidas – observações preliminares 12

Capítulo 2 – Minhas experiências no grupo de Allan Kardec e com médiuns daquela época 41

Capítulo 3 – Minhas experiências com Eusapia Paladino 74

Capítulo 4 – Outras experiências de Eusapia Paladino 141

Capítulo 5 – Fraudes, trapaças, logros, simulações, prestidigitações, mistificações, dificuldades 198

Capítulo 6 – As experiências de Gasparin 231

Capítulo 7 – As pesquisas do professor Thury 266

Capítulo 8 – As experiências da sociedade dialética de Londres 287

Capítulo 9 – As experiências de Sir William Crookes 304

Capítulo 10 – Experiências diversas e observações 349

Capítulo 11 – Minha pesquisa sobre a observação dos fenômenos inexplicados 373

Capítulo 12 – As hipóteses explicativas, teorias e doutrinas.

Conclusões do autor 402

Esclarecimento ao leitor

Alguns dos meus leitores quiseram cobrar de mim, já há muito tempo, uma nova edição de um pequeno livro que publiquei há mais de quarenta anos, em 1865, a respeito dos fenômenos físicos produzidos por uma determinada categoria de seres humanos dotados de faculdades especiais, aos quais foi dado o nome de médiuns.[1] Eu não poderia fazê-lo, a não ser desenvolvendo consideravelmente o quadro primitivo e redigindo uma obra inteiramente nova. Meus habituais trabalhos de astronomia constantemente me impediam, até o presente, de me dedicar a ela. O céu é vasto e absorvente e é difícil se subtrair, mesmo como distração de ordem científica, das exigências de uma ciência que ininterruptamente vai se desenvolvendo de forma prodigiosa.

O próprio assunto tratado nestas páginas fez grandes progressos em quarenta anos. Mas, trata-se sempre de *forças desconhecidas* a serem estudadas, e essas forças só podem ser de ordem *natural*, pois a natureza abraça todo o universo e nada existe fora dela.

Não escondo, todavia, que este livro provocará discussões e objeções legítimas, e que só poderá satisfazer os pesquisadores independentes. Mas nada é mais raro, no nosso planeta, que a independência e a liberdade absoluta da mente; nada é mais raro, também, que a verdadeira curiosidade científica, desprovida de qualquer interesse pessoal. Os leitores, em geral, dirão: "O que

---

[1] *Forças naturais desconhecidas*, a respeito dos fenômenos produzidos pelos irmãos Davenport e pelos médiuns em geral. Estudo crítico, por HERMÈS, 1 vol. in-12, Paris, Librairie académique Didier, 1865.

há nisso de tão importante? Mesas que se elevam, móveis que se mexem, poltronas que se deslocam, pianos que saltam, cortinas que se agitam, pancadas dadas sem causa conhecida, respostas a questões mentais, frases ditadas ao contrário, aparições de mãos, de cabeças ou de fantasmas, tudo isso não passa de banalidades ou de bobagens indignas de ocupar a atenção de um cientista. E o que isso provaria, se fosse verdade? Isso não nos interessa".
Há pessoas incapazes de se abalarem, mesmo que o céu lhes caia sobre a cabeça.
Eu responderei: Mas como? Nada significa saber, constatar, reconhecer que existem forças desconhecidas ao nosso redor? Nada significa estudar nossa própria natureza e nossas próprias faculdades? Tais problemas não merecem ser incluídos no programa das pesquisas e que lhes dediquemos horas de atenção? Certamente, ninguém reconhece os esforços dos pesquisadores independentes. Mas o que isso importa? Trabalha-se pelo prazer de trabalhar, de escrutar os segredos da natureza, de se instruir. Quando, ao observar as estrelas duplas no Observatório de Paris e ao catalogar esses pares celestes, elaborei, pela primeira vez, uma classificação natural desses astros longínquos; quando descobri os sistemas estelares compostos de várias estrelas arrastadas na imensidão por um movimento próprio comum; quando estudei o planeta Marte e comparei todas as observações feitas em duzentos anos, para obter, ao mesmo tempo, uma análise e uma síntese desse mundo vizinho; quando, ao examinar o efeito das radiações solares, criei o novo ramo da física ao qual se deu o nome de radiocultura, e fiz variar completamente as dimensões, as formas e as cores das plantas; quando descobri como um gafanhoto eviscerado e empalhado não está morto, e que esses ortópteros podem viver quinze dias após lhe ter sido cortada a cabeça; quando plantei em uma estufa do Muséum d'histoire naturelle de Paris (Museu de História Natural de Paris) um carvalho comum de nossos bosques (*Quercus robur*) pensando que, não mais sob a influência das estações, ele sempre teria as folhas verdes (o que todo mundo pode constatar) etc. etc., eu trabalhei por meu próprio prazer, o que não impede que esses estudos tenham sido úteis ao avanço das ciências e tenham entrado no domínio prático dos especialistas.

O mesmo acontece aqui, mas com um pouco mais de paixão. De um lado, os céticos não abrem mão de suas objeções, convencidos de que eles conhecem todas as forças da natureza, que todos os médiuns são farsantes e que os experimentadores não sabem observar. Por outro lado, os espíritas crédulos que imaginam haver constantemente espíritos à sua disposição em uma mesinha redonda[2] e evocam, sem pestanejar, Platão, Zoroastro, Jesus Cristo, Santo Agostinho, Carlos Magno, Shakespeare, Newton ou Napoleão, eles irão me lapidar pela décima vez, declarando que me vendi ao Instituto por uma ambição inveterada, e que não ouso concluir em favor da identidade dos espíritos, para não contrariar os amigos ilustres. Eles não estarão mais satisfeitos do que os primeiros.

Tanto pior! Obstino-me a somente dizer aquilo que sei, mas o digo.

E se aquilo que sei pode desagradar, tanto pior para os preconceitos, a ignorância geral e o bom-tom das pessoas distintas, para as quais o máximo da felicidade consiste no aumento da fortuna, na caça às posições lucrativas, nos prazeres materiais, nas corridas de automóvel, no camarote da ópera ou no *five o'oclock tea* no restaurante da moda, e cuja vida se dissipa ao lado das satisfações ideais do espírito e do coração, ao lado dos prazeres da inteligência e do sentimento.

Quanto a mim, humilde estudante do prodigioso problema do universo, eu pesquiso, interrogo as esfinges. O que somos nós? Sobre esse aspecto, não sabemos nada além do que se sabia na época em que Sócrates colocava como princípio a máxima: **Conhece-te a ti mesmo**, muito embora tenhamos medido a distância das estrelas, analisado o sol e pesado os mundos. Será que o conhecimento de nós mesmos nos interessaria menos que o conhecimento do mundo exterior? Não é provável. Estudemos, pois, com a convicção de que toda pesquisa sincera é útil ao progresso da humanidade.

Observatório de Juvisy, dezembro de 1906.

---

2 N. da T – Em francês *guéridon*, uma a mesinha de salão redonda, com um eixo central como pé, de cuja extremidade inferior saem três pés curvos. Muito usada nos salões parisienses para a experiência das mesas girantes.

Capítulo 1

Forças naturais desconhecidas
Observações preliminares

Já há muito tempo, ao longo do ano de 1865, eu publiquei, sob o título *Forças Naturais Desconhecidas*, um opúsculo de cento e cinquenta páginas, que às vezes pode ainda ser encontrado nas livrarias, mas que não foi reimpresso. Eis o que eu escrevi naquele *Étude critique* (*Estudo Crítico*), realizado a respeito dos fenômenos produzidos em Paris pelos irmãos Davenport[1] e pelos médiuns em geral, e publicado pela *Librairie Académique Didier et Cie.*, que já editara minhas duas primeiras obras, *La Pluralité des Mondes habités* (*A Pluralidade dos Mundos Habitados*), bem como *Les Mondes Imaginaires et les Mondes réels* (*Os Mundos Imaginários e os Mundos Reais*):

> A França acaba de assistir a um debate tumultuado, que um grande barulho soube encobrir, e do qual não se chegou a nenhuma conclusão.
> Uma discussão mais ruidosa que inteligente envolveu toda uma série de fatos sem explicação, e envolveu-os de uma maneira tão completa que, no lugar de esclarecer o problema, só serviu para enterrá-lo sob espessas trevas.
> Durante a discussão, foi ouvida uma observação singular, mas frequente: os que gritaram mais alto naquele

---

[1] N. da T. - Ira Erastus e William Henry. Eram dois médiuns norte-americanos, que causaram sensação e controvérsia pelo pretenso domínio que afirmavam ter sobre os fenômenos parafísicos, ao ponto de exibi-los em público com hora marcada. Realizaram sessões públicas de espiritismo na América, Inglaterra e França.

cour d'assises[2] são precisamente os que menos estavam a par do caso. Assim, foi um espetáculo divertido vê-los se debaterem, atacando os fantasmas. Mestre Panúrgio[3] deve ter rido muito.

De modo que hoje se sabe um pouco menos sobre o assunto em questão do que por ocasião da abertura dos debates.

Mas, durante a confusão, havia bons velhos espectadores, sentados nas alturas vizinhas, que contemplavam as ordens de prisão expedidas contra os mais violentos combatentes, mas que permaneciam graves e silenciosos, sorrindo, às vezes, e que não manifestavam sua opinião.

Vou dizer que peso deve ser dado ao julgamento daqueles que não declaram tão imprudentemente a impossibilidade dos fatos condenados e que não unem sua voz ao coro da oposição dominante.

Não escondo as consequências de tal franqueza. É preciso ser bem audacioso para insistir, *em nome da própria ciência positiva,* em afirmar a possibilidade dos fatos chamados (erroneamente) de sobrenaturais, e de se fazer o campeão de uma causa aparentemente absurda, ridícula e perigosa, sabendo-se que os partidários confessos dessa causa têm pouca autoridade na ciência, e que seus partidários ilustres não ousam declarar que o são tão abertamente. Todavia, já que essa causa acaba de ser tratada momentaneamente por uma infinidade de jornalistas, cujas preocupações habituais são bem diferentes do estudo das forças da natureza; como, de toda essa massa de escritores, a maior parte só fez acumular erros sobre erros, puerilidades sobre extravagâncias, e como fica evidente em cada uma de suas páginas (que eles me perdoem esta confissão!) que não somente eles não conhecem os rudimentos do assunto que pensaram poder tratar de acordo com sua fantasia, mas também que seu julgamento sobre essa ordem de fatos não repousa em nenhuma base, eu penso que seria útil deixar desta longa discussão um documento mais bem fundamentado, e enfrento voluntariamente mil críticas, por amor à verdade.

É bom que se saiba que eu não considero meu julgamento superior aos dos meus colegas, dos quais alguns têm, em outros assuntos, um alto valor. É simplesmente por-

---
2 N. da T. - Tribunal responsável por julgar infrações consideradas crimes. Equivale, aproximadamente, ao Tribunal do Júri.
3 N. da T. - Personagem de Rabelais, companheiro de Pantagruel.

que não estando familiarizados com o assunto, eles se perdem a torto e a direito, errando em uma região desconhecida, confundindo até os próprios termos e considerando como impossíveis fatos constatados há muito tempo, ao passo que este que escreve estas páginas vem fazendo experiências e discutindo o assunto já há muitos anos. E não estou falando de estudos históricos.

Da mesma forma, embora um antigo provérbio pretenda que a verdade nem sempre é boa para ser dita, eu estou, falando francamente, tão indignado com a impertinência de certos debatedores e com o fel que destilaram no debate, que não hesito em me levantar para mostrar, de forma tão clara como o dia, ao público enganado, que todas as razões, *sem uma única exceção*, invocadas por esses escritores, e sobre as quais eles enfaticamente plantaram o estandarte de sua vitória, não provam absolutamente nada, *nada*, contra a possível verdade dos fatos que, na insistência de suas negações, eles distorceram. É preciso organizar semelhante caos e distinguir, em suma, o falso do verdadeiro. *Veritas! Veritas!*

Apresso-me em prevenir meus leitores, no preâmbulo deste arrazoado, que os irmãos Davenport não são o objeto do mesmo, mas somente o pretexto – como eles o foram, aliás, da maioria das discussões. Trata-se, aqui, dos *fatos* novamente trazidos à tona por esses dois americanos, fatos inexplicáveis que eles encenaram na sala Herz, mas que não deixavam de existir antes dessa encenação, e que não deixarão de existir até mesmo que se prove que essas representações tenham sido forjadas – coisas que outros homens já tinham produzido e produzem ainda, com tanta facilidade e em condições bem melhores – fatos, enfim, que constituem o campo das forças desconhecidas, às quais foram dados, um após o outro, cinco ou seis nomes que nada explicam – forças reais como a atração planetária e invisíveis como ela. É com esses fatos que aqui eu me preocupo. Que eles sejam produzidos por Pedro ou por Paulo, pouco nos importa. Que eles sejam imitados por Sósia[4] ou parodiados por Arlequim,[5] pouco nos importa tampouco. A questão é de saber se esses fatos existem e se eles se inserem na categoria das ações explicáveis pelas forças físicas conhecidas.

---

4 N. da T. - Personagem do autor latino Plauto, na sua comédia *Anfitrião*, de quem o deus Mercúrio tomou temporariamente as feições.
5 N. da T. - Personagem da *commedia dell'arte* italiana.

Todas as vezes que penso nisso, surpreendo-me de que a imensa maioria dos homens esteja ainda em uma ignorância tão absoluta a respeito desses fenômenos físicos em questão, tendo em vista que eles são conhecidos, estudados, apreciados, registrados há bastante tempo por todos aqueles que seguiram, imparcialmente, o movimento das coisas nestes últimos lustros.

E, não apenas não tomo o partido dos irmãos Davenport, mas devo ainda acrescentar que considero que eles se encontram em uma posição muito comprometedora. Aos olhos da curiosidade pública, ao colocarem por conta do sobrenatural esses fatos de física oculta que se assemelham, passavelmente, aos truques de prestidigitação, eles parecem aliar a astúcia à insolência. Aos olhos do moralista, que estuda os atos inexplicáveis, ao reduzirem sua faculdade ao valor financeiro, eles se situam ao nível dos saltimbancos. Sob qualquer um desses pontos de vista, eles são condenáveis. Consequentemente, eu condeno ao mesmo tempo o seu grande erro de quererem parecer acima de forças das quais eles não são, ao contrário, senão instrumentos, e o partido venal que eles tiram de uma faculdade da qual não são mestres e que não têm nenhum mérito em possuir. Em minha opinião, seria cair no exagero tirar conclusões dessas infelizes aparências da verdade, como também seria abdicar de seu julgamento pessoal ao ser eco das vozes vulgares que gritam e assobiam antes que a cortina seja levantada. Não, não sou o advogado dos dois irmãos, nem o de sua causa individual. Os indivíduos apagam-se diante dos meus olhos. O que eu defendo é a superioridade da natureza sobre nós; o que eu combato, é a orgulhosa inépcia de certos homens.

Cáusticos senhores, tenham a franqueza, eu espero, de reconhecer comigo que as diversas razões alegadas pelos senhores para as explicações desses problemas não são tão sólidas quanto aparentam. Já que os senhores nada descobriram, elas são, reconheçam entre si, explicações que nada explicam.

Não duvido que, tendo chegado ao ponto da discussão em que estamos atualmente, os senhores gostariam de mudar nossos papéis recíprocos e que, detendo-me aqui, se tornassem, por sua vez, os meus interrogadores.

Mas, apresso-me em preveni-los. Eu, senhores, não sou bastante instruído para explicar-lhes esses mistérios.

Passo minha vida em um jardim afastado, propriedade de uma das nove Musas,[6] e minha afeição por essa bela criança é tanta, que não saí das cercanias do seu templo. Foi apenas por intervalos, por distração ou por curiosidade que deixei meus olhares explorarem, de tempos em tempos, as paisagens que o cercam. Assim, não me perguntem nada. Confesso sinceramente: não conheço a causa desses fenômenos. Os senhores estão vendo como tenho pouca pretensão. Tudo o que eu pretendia ao iniciar este interrogatório era chegar a dizer:
– Vocês não sabem nada.
– Nem eu, tampouco.
Se os senhores concordarem, poderemos nos dar as mãos. E se forem simpáticos, eu lhes farei uma pequena confidência.

Em junho de 1776 (poucos dentre nós se lembram disso), um rapaz de vinte e cinco anos, chamado Jouffroy,[7] testava no Doubs[8] um barco a vapor de quarenta pés de comprimento por seis de largura. Já fazia dois anos que ele pedia a atenção dos cientistas para a sua invenção; desde aquela época ele afirmava que o vapor d'água contém uma potente força latente, imperceptível até então. Os ouvidos continuaram surdos à sua voz. Um isolamento completo foi sua única recompensa, e quando ele passava pelas ruas de Baume-les-Dames, mil zombarias saudavam seu aparecimento. Chamavam-no de *Jouffroy-la-Pompe* (Jouffroy-a-Bomba). Dez anos mais tarde, tendo construído um piróscafo[9] que subia o rio Saône, de Lyon à ilha Barbe, ele apresentou um requerimento ao ministro de Calonne e à Academia de Ciências. Recusaram até ver sua invenção!
Em 9 de agosto de 1803, Fulton[10] fazia a travessia do Sena em um novo barco a vapor, com uma velocidade de seis quilômetros por hora. A Academia de Ciências e o governo assistiam à experiência. Em 10 de agosto,

---
6 N. da T. Na Grécia antiga, as nove deusas, filhas de Zeus e de Mnemósine, que protegiam as artes. Suas especialidades eram: Calíope era a musa da eloquência, Clio da história, Erato da elegia, Euterpe da música, Melpômene da tragédia, Polímnia da poesia lírica, Terpsícore da dança, Tália da comédia e Urânia da astronomia.
7 N. da T. Claude François, marquês de Jouffroy d'Abbans, engenheiro francês que construiu, em 1776, o primeiro barco a vapor.
8 N. da T. – Rio da França.
9 N. da T. – Nome dado aos antigos barcos a vapor. De pyr = fogo + scaphe = barco.
10 N. da T. – Robert Fulton, engenheiro americano, que construiu em 1798 o primeiro submarino à hélice, depois regulou a propulsão dos navios pelo vapor.

eles a tinham esquecido e Fulton ia fazer a fortuna dos americanos.

Em 1791, um italiano, em Bolonha, tendo pendurado na balaustrada de sua janela rãs esfoladas, com as quais havia sido preparado um caldo para sua jovem esposa doente, viu-as se mexerem automaticamente, embora elas tivessem sido mortas na véspera. O fato era inacreditável e, por isso, Galvani encontrava uma oposição unânime por parte daqueles a quem contava o fato. Os homens sensatos pensavam que se rebaixariam caso se dessem ao trabalho de verificá-lo, tanto que estavam certos de sua impossibilidade. Todavia, Galvani chegara a notar que o efeito máximo se produzia quando se colocava um arco metálico de estanho e cobre em comunicação com os nervos lombares e a extremidade das patas da rã. Então, ela entrava em convulsões violentas. Ele pensou tratar-se do fluido nervoso e perdeu o fruto de suas descobertas. Ele estava reservado a Volta,[11] ao descobrir a eletricidade.

E agora, o globo está sulcado de trens puxados por dragões de cabeças inflamadas; as distâncias desapareceram, suprimidas pelos aperfeiçoamentos da locomotiva; o mundo tornou-se pequeno diante do talento do homem; as mais longas viagens não passam de passeios programados; os trabalhos mais gigantescos realizam-se pela mão, potente e infatigável, dessa força desconhecida. Uma mensagem telegráfica voa, num piscar de olhos, de um continente a outro; conversamos com o habitante de Londres e de São Petersburgo sem sairmos de nossa poltrona. E essas maravilhas passam despercebidas! E ninguém pode imaginar a quantos esforços, a quantos fracassos, a quantas perseguições elas são devidas! E ninguém pensa que o impossível de ontem é o fato de hoje! E ainda encontramos homens que vêm nos dizer: "Alto, lá, garotos! Nós não entendemos vocês. Portanto, vocês não sabem o que estão dizendo". Pois bem, senhores! Qualquer que seja a sua estreiteza de julgamento, sua miopia não deve se alastrar pelo mundo. Declaro que, apesar de vocês e apesar de todos os seus obscurantismos, o carro dos conhecimentos humanos avançará para mais longe de onde ele se encontra agora e continuará sua marcha triunfal à conquista de novas forças. Como a rã de Galvani, os fatos burles-

---

11 N. da T. – Alessandro Volta, físico italiano.

cos dos quais vocês são os negadores, revelam a existência de forças novas desconhecidas. Não existe efeito sem causa. O ser humano é o menos conhecido de todos os seres. Nós aprendemos a medir o sol, a atravessar as distâncias celestes, a analisar a luz das estrelas, mas ignoramos o que nós próprios somos. O homem é um ser duplo – *homo duplex* – e essa dupla natureza continuou misteriosa para ele. Nós pensamos. Mas o que é o pensamento? Ninguém pode dizê-lo. Nós andamos. Mas o que é o ato orgânico? Ninguém sabe. Minha vontade é uma força imaterial, todas as faculdades de minha alma são imateriais; contudo, se quero levantar meu braço, minha vontade move a matéria. Como ela age? Qual é o mediador que serve de intermediário à ordem mental para produzir um efeito psíquico? Ninguém ainda pode me responder. Digam-me como o nervo óptico transmite ao pensamento a visão dos objetos exteriores! Digam-me como o pensamento concebe, onde ele reside, e de que natureza é a ação cerebral! Digam-me... Mas não, senhores, eu poderia questioná-los durante dez anos sem que o melhor de vocês pudesse resolver a menor de minhas dúvidas.

Aqui há, como nos casos precedentes, o elemento desconhecido de um problema. Estou longe de pretender que a força colocada em jogo nesses fenômenos possa ser, um dia, explorada financeiramente, como as da eletricidade e do vapor. Tal ideia não me interessa absolutamente. Mas embora diferindo essencialmente das outras, ela não deixa de existir.

Nestes estudos longos e laboriosos aos quais consagrei muitas noites, como intermédio aos trabalhos mais importantes, sempre observei nos referidos fenômenos a ação de uma força cujas propriedades nos são desconhecidas. Algumas vezes, ela pareceu-me análoga àquela que adormece o indivíduo magnetizado sob a vontade do magnetizador (essa realidade também desconhecida pelos próprios homens de ciência). Em outras circunstâncias, pareceu-me que ela tivesse analogia com as ações estranhas produzidas pelo raio. Entretanto, creio poder afirmar que é uma força distinta de todas aquelas que conhecemos e que, mais que qualquer outra, aproxima-se da inteligência.

Um cientista com o qual me relaciono, o senhor Frémy,[12]

---

12 N. da T. – Edmond Frémy, químico francês.

do Instituto, apresentou, recentemente, à Academia de Ciências, a respeito das gerações espontâneas, substâncias por ele chamadas de *semiorgânicas*. Não creio estar criando um neologismo de pensamento mais audacioso do que o precedente, dizendo que a força da qual falo pareceu-me elevada ao grau de *semi-intelectual.* Há alguns anos, qualifiquei essas forças com o nome de *psíquicas*. Esta expressão pode ser mantida. Mas as palavras não são nada e, muitas vezes, assemelham-se a couraças que escondem a impressão real que as ideias deveriam produzir em nós. É porque talvez seja preferível não dar nome a uma coisa que ainda não somos capazes de definir. Seria nos expormos a nos entravarmos, posteriormente, na liberdade de conclusões. Na história das ciências, vimos muitas vezes uma teoria prematura impedir os progressos de sua causa. "Quando fenômenos naturais são observados pela primeira vez – diz Grove[13] – vemos nascer imediatamente uma tendência a relacioná-los com alguma coisa já conhecida. O novo fenômeno pode estar muito distante das ideias das quais pretendemos aproximá-lo; ele pode pertencer a uma ordem diferente de analogias; mas essa distinção não pode ser percebida, porque nos faltam dados ou coordenadas necessários". Ora, a teoria primitivamente enunciada é logo admitida pelo público, e quando acontece que fatos posteriores, diferentes dos precedentes, não podem ser inseridos no quadro formado, é difícil ampliar esse quadro sem rompê-lo, e muitas vezes, ainda, preferimos abandonar a teoria, desde então errônea, e silenciarmos sobre os fatos indóceis. Quanto aos fenômenos especiais que são assunto deste opúsculo, eu os acho implicitamente contidos em três palavras, pronunciadas há quase vinte séculos: *Mens Agitat Molem*.[14] E eu os deixo nessas palavras, como o fogo no graveto, sem querer atiçá-lo com o isqueiro – pois a faísca é ainda perigosa.
Periculosum est credere et non credere, dizia Fedro. É tão perigoso crer como não crer. Negar os fatos *a priori* é orgulho e tolice; aceitá-los sem investigação, é fraqueza e loucura.
Por que querermos chegar tão depressa ao lugar onde

---
13 N. da T. – William Grove, advogado e cientista inglês.
14 N. da T. - "A mente move a matéria". Expressão virgiliana, encontrada em "Eneida", dita pela personagem Anquises quando explica a Eneias o sistema do Universo.

nossa vista ainda não pode atingir? Seria expormo-nos a cair nos abismos.

Os fenômenos aos quais nos referimos aqui não trazem nenhuma luz nova para a solução do grande problema da imortalidade, mas eles nos convidam a pensar que há no ser humano elementos a serem estudados, determinados, analisados, elementos de ordem psíquica, ainda desconhecidos.

A respeito desses fenômenos, tem-se falado muito em espiritismo. Alguns dos seus defensores acreditaram tê-lo consolidado, apoiando-o em uma base também frágil. Os opositores acreditaram tê-lo excluído definitivamente e o enterrado sob o desmoronamento de um armário. Ora, os primeiros mais o comprometeram do que o serviram; os segundos, não conseguiram derrubá-lo, apesar de tudo. Mesmo que seja demonstrado que no espiritismo não exista senão truques de prestidigitação, a crença na existência de almas separadas do corpo não será absolutamente atingida. Além disso, as trapaças dos médiuns não provam que eles trapaceiam sempre. Elas apenas nos põem de sobreaviso e nos convidam a ser muito severos em nossas observações.

Quanto à questão psicológica da alma e à análise das forças espirituais, estamos ainda hoje no ponto em que a química encontrava-se no tempo de Alberto, o Grande.[15] Ignoramos!

Portanto, não podemos ficar num justo meio-termo, entre a negação que recusa tudo e a credulidade que aceita tudo?

É razoável negarmos tudo o que não compreendemos, ou acreditarmos em todas as loucuras que imaginações doentias dão à luz umas após as outras? Não podemos possuir ao mesmo tempo a humildade que convém aos fracos e a dignidade que convém aos fortes?

Termino este arrazoado como o comecei: declarando que não foi em favor dos irmãos Davenport, nem de nenhuma seita, nem de nenhum grupo, nem, afinal, de ninguém, que tomei a palavra. Foi somente em favor dos fatos dos quais constatei a realidade há vários anos, sem ter encontrado sua causa. Além disso, não tenho razão alguma para temer que aqueles que não me conhecem desejem desvirtuar meu pensamento. E penso que os que me conhecem sabem que minha

---
15 N. da T. -Também conhecido como Santo Alberto Magno, nasceu na Baviera, provavelmente em 1206, e foi um dos grandes alquimistas do passado.

mão não está acostumada a usar o incensório. Repito uma vez mais: os indivíduos me importam pouco; meu espírito busca o verdadeiro e o reconhece em todos os lugares onde ele o encontra: *Gallus escam quærens, Margaritam reperit.*".[16]

Essa primeira citação de um pequeno livro escrito com o intuito de provar a existência de *forças naturais desconhecidas* se fazia necessária aqui, pois esta nova edição desenvolvida tem a mesma finalidade e, após mais de quarenta anos de estudos, seu título não deve ser modificado.

Trata-se de saber o que há de verdadeiro nos fenômenos das mesas girantes, moventes e falantes, nas comunicações que delas recebemos, nos levitações que se opõem às leis da gravidade, nos deslocamentos de objetos sem contato, nos ruídos inexplicáveis, naquilo que nos contam sobre as casas assombradas, tudo isso considerado sob o ponto de vista mecânico e físico. Há nisso fatos materiais produzidos por causas ainda desconhecidas pela ciência, e é desses fenômenos físicos que nos ocuparemos especialmente aqui, pois o primeiro ponto é o de constatar definitivamente, de acordo com as observações necessárias, sua existência real.

As hipóteses, as teorias, as doutrinas virão posteriormente.

No país de Rabelais, de Montaigne, de Voltaire, nós somos levados a rir de tudo o que se relaciona com as lendas do fantástico, com os contos de feitiçaria, com as bizarrices do ocultismo, com os mistérios da magia. É uma prudência razoável. Mas ela não basta. Negar com parcialidade um fenômeno nunca provou nada. Aquilo que hoje constitui as mais positivas ciências foi, anteriormente, quase tudo negado. O que devemos fazer é nada admitir sem as suficientes verificações: aplicar a todos os objetos de estudo, sejam eles quais forem, o método experimental, sem nenhum tipo de ideia preconcebida, a favor ou contra.

Trata-se aqui de um grande problema, relacionado ao da sobrevivência. Nós podemos estudá-lo, apesar dos sorrisos.

Quando nos consagramos a uma ideia útil, nobre, elevada, nós nunca hesitamos em lhe sacrificar as questões pessoais,

---
16 N.da T. – "Um galo, procurando alimento, encontrou uma pérola" (Fedro).

sobretudo a nossa, nosso interesse, nosso amor-próprio, nossa vaidade humana. Esse sacrifício é um critério com o qual julguei várias personalidades. Quantos homens, quantas mulheres colocam sua pobre insignificante personalidade acima de tudo! Se as forças em questão são reais, elas só podem ser forças naturais. Devemos admitir, como princípio absoluto, que tudo está na natureza, até o próprio Deus, como expus em outra obra. O primeiro ponto, antes de qualquer teste teórico, é estabelecer, primeiro cientificamente, a existência real dessas forças.

As experiências feitas com os médiuns poderiam formar – e sem dúvida logo formarão – um capítulo da física. Só que, apenas, é uma espécie de física transcendente, relacionada à vida e ao pensamento, e as forças em ação são, sobretudo, forças animadas, forças *psíquicas*.

Relatarei no próximo capítulo as experiências que realizei de 1861 a 1865, anteriormente ao protesto anteriormente reproduzido. Mas como elas se resumem, em certos aspectos, nas que acabo de fazer em 1906, relatarei, primeiramente, estas últimas neste primeiro capítulo.

Com efeito, acabo de reproduzir essas experiências, com uma célebre médium, a senhora Eusapia Paladino, de Nápoles, que veio várias vezes a Paris, em 1898, 1905 e, bem recentemente, em 1906. Os fatos sobre os quais vou falar passaram-se no salão do meu apartamento, em Paris, os últimos em plena luz, e sem quaisquer preparativos, tudo simplesmente, ao conversarmos, por assim dizer, após o jantar.

Devo acrescentar que essa médium veio a Paris, nos primeiros meses de 1906, a convite do Instituto Psicológico, onde diversos cientistas prosseguiam as pesquisas iniciadas há muito tempo. Entre esses cientistas, citarei o saudoso Pierre Curie, eminente químico, com o qual conversei alguns dias antes de sua morte tão infeliz e tão horrível. Essas experiências eram para ele um novo capítulo do grande livro da natureza, e também ele estava convencido que existem nelas forças ocultas, a cuja investigação não é anticientífico se consagrar. Seu gênio sutil e penetrante teria, talvez, determinado rapidamente o caráter dessas forças.

As pessoas que se ocuparam um pouco com esses estudos

conhecem as faculdades da senhora Paladino. As obras do conde de Rochas,[17] do professor Richet,[18] do doutor Dariex,[19] do senhor G. de Fontenay[20] e, notadamente, os *Annales des sciences psychiques* (*Anais das ciências psíquicas*) citaram-nas e estudaram-nas com tamanha riqueza de pormenores que seria supérfluo retomá-las neste momento. Posteriormente, teremos oportunidade de discuti-las.

Em todas as observações desses escritores, uma ideia dominante corre sob os textos: a obrigação imperiosa que os experimentadores têm de desconfiar das trapaças dessa médium. O mesmo acontece com todos os médiuns, aliás, homens ou mulheres. Durante o período de mais de quarenta anos, acredito tê-los recebido, quase todos, em minha casa, provenientes dos diversos pontos do mundo. Podemos dizer que, em princípio, todos os médiuns de profissão enganam. Mas eles não enganam sempre e possuem faculdades reais, absolutamente reais.

Seu caso é quase semelhante aos das histéricas em observação no hospital Pitié-Salpêtrière ou em outros lugares. Eu as vi iludir conscientemente o doutor Charcot,[21] sobretudo o doutor Luys[22] e todos os médicos que as estudavam. Mas concluir que a histeria não existe do fato de que as histéricas mentem e simulam seria um erro grosseiro. Não seria menos absurdo concluir que a mediunidade não existe do fato de que os médiuns praticam a mais atrevida mistificação. Os sonâmbulos de feira não impedem que o magnetismo, o hipnotismo e o sonambulismo existam.

Esta obrigação de nos mantermos constantemente em guarda desencorajou mais de um experimentador, como mo escreveu, particularmente, o ilustre astrônomo Giovanni Schiaparelli, Diretor do Observatório de Milão, em uma carta que leremos mais adiante.

Entretanto, devemos nos submeter a ela.

As palavras mistificação ou trapaça têm, aqui, um sentido

---

17 N. da T. - Albert de Rochas d'Aiglun, oficial do exército francês.
18 N. da T. – Charles Richet, médico e fisiologista francês.
19 N. da T. – Xavier Dariex, médico oftalmologista francês.
20 N. da T. – Guillaume de Fontenay, pesquisador francês.
21 N. da T. – Jean Martin Charcot, neurologista francês.
22 N. da T. – Jules Bernard Luys, neurologista francês.

um pouco diferente do seu sentido habitual. Algumas vezes, os médiuns trapaceiam conscientemente, sabendo bem o que estão fazendo, e se divertem com isso. Mas, mais comumente, eles trapaceiam inconscientemente, levados pelo desejo de verem os fenômenos esperados se produzirem. Eles ajudam o sucesso da experiência quando o mesmo é esperado. Os "médiuns de efeitos físicos" são dotados da faculdade de fazer mover objetos à distância, de levantar mesas etc. Contudo, parece, de modo geral, que essa faculdade se exerce na ponta de seus dedos, e os objetos que deverão ser movidos devem estar ao alcance de suas mãos ou de seus pés, o que certamente é lamentável, e o que também propicia um grande divertimento aos céticos preconceituosos. Muitas vezes, eles agem como o jogador de bilhar, que continua o gesto da mão, mantendo o taco apontado para a bola que está rolando, e se inclina para a frente, como se quisesse empurrar a bola em direção à carambola: o jogador sabe muito bem que ele não continua a agir sobre a bola de marfim, lançada pelo seu golpe exclusivo, mas ele a conduz pelo pensamento e pelo gesto.

Não será inútil prevenir o leitor de que a palavra médium é empregada aqui sem nenhuma ideia preconcebida, e não no sentido etimológico que a criou durante as primeiras teorias espíritas, nas quais se afirmava que o homem ou a mulher dotado dessas faculdades é um intermediário entre os espíritos e os experimentadores. O ser que tem a faculdade de fazer com que os objetos se mexam, contrariando as leis da gravidade, ou até mesmo, sem tocá-los, de fazer com que se ouçam ruídos produzidos à distância e sem intervenção muscular, de fazer com que se vejam aparições diversas, não está necessariamente, por isso, em relação com espíritos ou almas desencarnadas. Mantemos, para eles, o nome de médium, há muito tempo adotado. Aqui, não nos ocupamos senão de fatos. Eu espero convencer o leitor de que esses fatos existem realmente e que não são nem ilusões, nem farsas, nem exercícios de prestidigitação. Meu objetivo é provar sua realidade com uma certeza absoluta, como o fiz em relação à telepatia, às manifestações dos moribundos, aos sonhos premonitórios e à visão à distância, na minha obra

L'Inconnu et les Problèmes psychiques (*O Desconhecido e os Problemas Psíquicos*).

Iniciarei, repito, pelas experiências que acabo de reproduzir recentemente, em 1906 (quatro sessões realizadas em 29 de março, 5 de abril, 30 de maio e 7 de junho).

1 – Eis o caso de uma mesinha redonda. Eu vi, muitas vezes, uma mesa bastante pesada elevar-se a quatro, vinte, trinta e quarenta centímetros de altura, e dela tirei fotografias bem incontestáveis. Constatei, por tantas vezes, que a suspensão desse móvel com as mãos de quatro ou cinco pessoas colocadas *sobre* dele, produzia o efeito de flutuação sobre uma tina cheia de água ou de um fluido elástico, que, para mim, a levitação dos objetos não é mais duvidosa do que a de um par de tesouras levantado com a ajuda de um imã. Mas, desejoso de examinar sem pressa como a coisa se operava, uma tarde em que me encontrava quase sozinho com Eusapia (29 de março de 1906, nós éramos, no total, quatro), pedi que ela pusesse, juntamente comigo, as mãos sobre a mesinha redonda, sendo que as duas outras pessoas mantiveram-se à distância. O móvel foi, bem depressa, suspenso a trinta ou quarenta centímetros do assoalho, enquanto *nós dois estávamos de pé*. No momento da produção do fenômeno, a médium, colocando uma de suas mãos sobre uma das minhas, apertou-a energicamente, e a outra mão de cada um de nós ficou próxima uma da outra. Houve, aliás, tanto de sua parte, como da minha, um ato de vontade expresso por palavras, por comandos ao "espírito": "Vamos! Levante a mesa! Ânimo! Vejamos! Faça um esforço!" etc.

Constatamos imediatamente que havia dois elementos presentes. De um lado, os experimentadores dirigindo-se a uma entidade invisível. De outro, a médium sofre uma fadiga nervosa e muscular, e seu peso aumenta em proporção ao do objeto levantado (mas não em proporção exata).

Devemos agir como se lá houvesse, realmente, um ser que estivesse ouvindo. Esse ser parece adquirir existência e depois desaparecer, logo que a experiência foi realizada. Ele parece ter sido criado pela médium. Seria uma autossugestão da mesma ou do todo dinâmico dos experimentadores que criou uma força especial? Seria um desdobramento de sua personalidade? Seria uma condensação de um meio psíquico, no seio do qual nós viveríamos? Se procuramos obter provas de individualidade real e durável e, sobretudo, de identidade de uma alma evocada pela nossa lembrança, nunca obteremos nada de satisfatório. Aí jaz o mistério. Força desconhecida de ordem psíquica e onde sentimos a vida. Vida de um momento.

Não seria possível que ao nos esforçarmos, originássemos uma liberação de forças que agiriam exteriormente aos nossos corpos? Mas não há, nestas primeiras páginas, lugar para começarmos a imaginar hipóteses.

Naquele dia, a experiência que acabo de citar foi repetida três vezes consecutivas, *em plena luz* de um lustre a gás, e nas mesmas condições de evidência absoluta. Uma mesinha redonda, pesando cerca de seis quilos, foi suspensa por essa força desconhecida. Para uma mesa de dez, vinte ou mais quilos, seria necessário um grande número de pessoas. Mas essas pessoas nada obterão, se ao menos uma delas não for dotada da faculdade mediúnica.

E há, repetimos, por outro lado, um gasto tão grande de força nervosa e muscular, que um médium extraordinário, como Eusapia, não pode obter quase nada seis, doze, e até mesmo vinte e quatro horas após uma sessão na qual ela gastou tão fortemente sua energia.

Devo acrescentar que, muito amiúde, a levitação do móvel prossegue, mesmo que os experimentadores param de tocar a mesa. Há aí um *movimento sem contato.*

Esse fenômeno de levitação é, para mim, absolutamente provado, embora nos seja impossível explicá-lo. Ele se assemelha ao que se produziria se, com as mãos, envoltas em imã, colocadas sobre uma mesa de ferro, pudéssemos levantá-la. Mas não é uma ação tão simples: há uma atividade psíquica exterior a nós, momentaneamente formada.[23]

---

[23] Para dar ao leitor, sem tardar, um testemunho documentado dessas experiências, eu reproduzo aqui (Prancha I) uma fotografia tirada em minha casa, no dia 12 de novembro de 1898. Podemos constatar pela horizontalidade dos braços, bem como pela distância entre os pés da mesa e o assoalho, que a elevação é de 15 a 20 centímetros (temos a medida precisa sobre a própria figura, medida esta feita no dia

Prancha I (Elevação completa de uma mesa) – Fotografia tirada no salão do senhor Flammarion, em 12 de novembro de 1898. (O primeiro pé, à esquerda, está 18 centímetros acima do assoalho; o segundo, 13 centímetros, o da direita, ao fundo, 8 centímetros, e o da direita, na frente, 14 centímetros). Um assistente protege, com a ajuda de uma almofada, os olhos da médium da luz súbita do magnésio. Essa médium (Eusapia) está totalmente impossibilitada de realizar qualquer movimento suspeito.

Como essas levitações e esses movimentos são produzidos?

Como um bastão de cera para lacrar ou um vidro de uma lâmpada, esfregado, podem atrair partículas de papel ou de sabugo?

Como um pedaço de ferro pode aderir tão violentamente ao imã quando dele se aproxima?

Como a eletricidade se acumula no vapor da água, nas moléculas de uma nuvem, até dar origem ao raio, ao relâmpago, ao trovão e aos seus formidáveis efeitos?

Como o raio despe um homem e uma mulher com sua característica desenvoltura?

E mesmo, para dar um simples exemplo, sem sair do estado normal e comum, como erguemos o braço?

2 – Eis, agora, um segundo tipo de fatos observados:

seguinte, calçando a mesa, com a ajuda de livros, na mesma posição).

A médium está com seus dois pés totalmente presos sob o meu pé direito, ao mesmo tempo em que seus joelhos estão sob minha mão direita, e suas mãos estão sobre a mesa, presas pela minha mão esquerda e pela mão do seu outro controlador, que acaba de colocar uma almofada diante do seu rosto para evitar aos seus olhos, extremamente sensíveis, o golpe de luz do magnésio e, ao seu organismo, uma desagradável crise de nervos.

Essas fotografias, tiradas rapidamente, com luz de magnésio, não são perfeitas, mas são *documentos*.

A médium colocou a mão sobre a mão de uma pessoa e, com a outra mão, deu, *no ar*, uma, duas, três ou quatro pancadas. Essas pancadas foram ouvidas *dentro* da mesa, e sentimos suas vibrações ao mesmo tempo em que as ouvimos, pancadas secas que fazem pensar em choques elétricos. Desnecessário dizer que os pés da médium não tocaram as pernas da mesa e delas foram mantidos afastados.

A médium colocou, ao mesmo tempo em que nós, suas mãos sobre a mesa. As pancadas dentro do móvel foram ouvidas, mais fortemente que no caso precedente.

Essas pancadas dadas dentro da mesa, essa "tiptologia"[24] bem conhecida dos espíritas, foi amiúde atribuída a alguns truques, aos músculos estalantes ou a várias ações da médium. Após estudos comparativos que delas fiz, creio-me no direito de afirmar que esse segundo fato não é menos certo que o primeiro. Obtemos, assim, como é sabido, percussões batidas em todos os ritmos e respostas a todas as questões por meio de convenções simples, pelas quais se estabeleceu, por exemplo, que três pancadas significarão sim, que duas significarão não e que, lendo as letras de um alfabeto, palavras poderão ser ditadas por meio de pancadas no momento em que se nomeia a letra.

3 – Durante nossas experiências, enquanto quatro de nós estavam sentados ao redor de uma mesa, pedindo uma comunicação que não se estabelecia, uma poltrona, colocada a aproximadamente sessenta centímetros do pé da médium (sobre o qual eu coloquei meu pé, para certificar-me de que ela não poderia utilizá-lo), uma poltrona, repito, deslocou-se e, deslizando, chegou até nós. Eu a empurrei, mas ela voltou. Essa poltrona era um pufe muito pesado, mas que podia, facilmente, deslizar pelo assoalho. Esse fato aconteceu em 29 de março último e, repetiu-se, em 5 de abril. Ele poderia ser realizado puxando-se a poltrona com um barbante ou estendendo suficientemente o pé. Mas ele se produziu e se reproduziu cinco ou seis vezes, automaticamente, com um grau de agitação bastante intenso para fazer saltar a poltrona, que acabou por bater e virar, sem que ninguém a tivesse tocado.

---

24 N. da T. - No espiritismo, comunicação dos espíritos por meio de pancadas, ou pelo movimento de mesas girantes.

4 – Cito agora um quarto fato, observado novamente este ano, após as inúmeras constatações que dele fiz, particularmente em 1898.

Cortinas instaladas perto da médium, mais com as quais ela não podia estar em contato nem com a mão nem com o pé, inflavam em toda a sua altura, como sopradas por um vento tempestuoso. Eu as vi, várias vezes, lançarem-se sobre os espectadores, e encapuzarem suas cabeças.

5 – Eis um quinto fato, igualmente constatado por mim diversas vezes.

Enquanto segurava, com uma das minhas, a mão de Eusapia, e um astrônomo amigo meu, professor da Escola Politécnica, segurava sua outra mão, ambos fomos tocados, lateralmente e nos ombros, como por mão invisível.

A médium, geralmente, procurava aproximar suas duas mãos mantidas separadamente por cada um de nós, e por uma hábil substituição, fazer-nos crer que segurávamos as duas, quando ela tinha conseguido soltar uma delas. Como essa fraude é muito conhecida, agimos como testemunhas avisadas, e temos certeza de que continuamos a segurar, cada um, as suas mãos, separadas uma da outra. Esses toques pareciam ser provenientes de uma entidade invisível e eram bastante desagradáveis. Os que ocorreram na vizinhança imediata da médium *poderiam* ser devidos à fraude; mas para alguns deles, essa explicação é inaplicável.

Cabe aqui notar que, infelizmente, os fenômenos são mais extraordinários quando há menos luz, e a médium constantemente nos pedia para diminuir o gás, quase até sua extinção. *Meno luce! Meno luce!* (Menos luz! Menos luz!). Certamente, isso é ainda uma vantagem para todas as tentativas de fraude. Mas essa condição não é tampouco cominatória.

Podemos obter uma grande quantidade de fatos mediúnicos sob uma iluminação bastante intensa para que possamos distinguir as coisas com certeza. Todavia, é certo que a luz prejudica a produção dos fenômenos.

É lamentável. No entanto, não temos o direito de impor o contrário, não temos o direito de exigir da natureza condições que nos convenham. Tentem, pois, obter uma imagem fotográfica sem câmara escura ou extrair eletricidade de uma máquina rotativa em meio a uma atmosfera saturada de umidade. A luz é um agente natural que pode produzir determinados efeitos e impedir a produção de alguns outros.

Esse aforismo lembra-me uma anedota da vida de Daguerre,[25] relatada na primeira edição deste livro. Certa noite, esse ilustre físico encontra uma elegante senhora da sociedade nas proximidades do teatro da Ópera, do qual ele era decorador. Entusiasmado com seus progressos no campo da física, ele consegue entretê-la com seus estudos fotogênicos. Ele discorre sobre uma maravilhosa descoberta que fixa os traços do rosto sobre uma placa de prata. A senhora, que era uma mulher sensata, cortesmente lhe ri na cara. O cientista continua sem se desconcertar, acrescentando, até, que o fenômeno poderá se produzir instantaneamente quando os processos forem aperfeiçoados. Mas ele perde seu latim. Sua encantadora acompanhante não é suficientemente crédula para aceitar tamanha extravagância. Pintar sem cores e sem pincel! Desenhar sem pena e sem lápis! Como se um retrato pudesse se fazer sozinho!

O inventor não desanima e para convencê-la, propõe-lhe fazer seu retrato por esse processo. A senhora não quer ser tomada por ingênua e recusa. Mas o hábil artista defende tão bem sua causa que consegue convencê-la. A loira filha de Eva consente em posar diante da objetiva. Mas ela impõe uma condição, apenas uma.

Ela atinge o auge da beleza à noite, mas sente-se, às vezes, um pouco abatida em plena luz do dia.

– Se o senhor quiser fazê-lo à noite...

– Mas, senhora, é impossível!

– Mas por quê? O senhor afirma que sua invenção reproduz traço por traço: eu prefiro meus traços da noite aos da manhã.

– Senhora, é a própria luz que desenha e, sem ela, nada posso fazer.

– Acenderemos um lustre, lâmpadas, tudo o que o senhor quiser.

– Não, senhora: eu preciso da luz do dia.

---

25 Louis Jacques Mandé Daguerre, inventor francês, aperfeiçoou a fotografia.

– Poderia me fazer a gentileza de me dizer por quê?
– Porque a luz do sol é dotada de uma intensidade ativa que decompõe o iodeto de prata. Até o momento, só consegui fazer fotografias em pleno dia.

Ambos permaneceram irredutíveis! A senhora argumentando que aquilo que podia ser feito às dez horas da manhã poderia, também, ser feito às dez horas da noite; o inventor, afirmando o contrário.

Proíbam, pois, a luz de escurecer o iodo, ou ordenem-lhe escurecer a cal e condenem o fotógrafo a desenvolver seu clichê em pleno dia. Perguntem à eletricidade porque ela passa, instantaneamente, de uma extremidade a outra de um fio de ferro de mil quilômetros, e porque ela recusa-se a atravessar um fio de vidro de um centímetro! Implorem às flores da noite que desabrochem durante o dia, ou àquelas que só se abrem com a claridade, não se fecharem no escuro. Deem-me a razão da respiração diurna e noturna dos vegetais e da produção da clorofila e da coloração verde à luz. Por que as plantas respiram oxigênio e exalam ácido carbônico durante a noite, enquanto elas fazem o oposto sob o sol? Mudem os equivalentes dos corpos simples em química e ordenem que as combinações se produzam. Proíbam o ácido azótico de ferver à temperatura do gelo e peçam à água para ferver a zero grau: a natureza obedecerá, senhores, podem contar com isso!

Um grande número de fatos naturais só se realiza no escuro. Os embriões vegetais, animais e humanos só formam um novo ser no escuro.

Eis aqui, em um frasco, uma mistura, em volumes iguais, de hidrogênio e cloro. Se desejarem que a mistura se conserve, será preciso (quer isso os agrade ou não) deixar o frasco no escuro. Esta é a lei. Enquanto ele ficar na sombra, ele se conservará. Mas se, inspirados por uma fantasia de estudante, os senhores expuserem essa mistura à ação da luz, de repente uma violenta explosão será ouvida, o hidrogênio e o cloro desaparecem e encontrarão no frasco uma nova substância: o ácido clorídrico.

Por mais que os senhores discordem, o escuro respeita os dois corpos, ao passo que a luz os deteriora.

Se ouvíssemos um astuto cético de um clube qualquer dizer:

"Só acreditarei nos fogos-fátuos quando eu os vir durante o dia", que pensaríamos nós de sua sanidade? Quase a mesma coisa que dela pensaríamos se ele acrescentasse que a existência das estrelas não é muito certa, porque elas se mostram somente à noite. Existem, em todas as observações e experiências de física, condições a serem aceitas. Nas que aqui citamos, uma luz muito viva parece, geralmente, prejudicar a produção intensa dos fenômenos. Mas nem é preciso dizer que as precauções de garantia contra a trapaça devem aumentar na razão direta da diminuição da visibilidade e de outros meios de controle. Mas voltemos às nossas experiências.

6 – Pancadas se fazem ouvir dentro da mesa e ela se move, se levanta, torna a cair, bate o pé. Dentro da madeira produz-se uma espécie de trabalho interior por vezes bastante violento para rompê-la. A mesinha redonda que aqui utilizei, entre outras, foi deslocada e consertada mais de uma vez, e não foi absolutamente a pressão das mãos colocadas em cima dela que teria provocado esses deslocamentos. Mas há algo a mais do que essa força física, há, nas ações do móvel, a intervenção mental da qual já falamos.

Interrogamos a mesa por meio dos sinais convencionados resumidos anteriormente, e ela responde. Frases são batidas, geralmente banais e sem qualquer valor literário, científico ou filosófico. Mas, enfim, palavras são batidas, frases são ditadas. Essas frases não são todas formadas sozinhas e não é, tampouco, o médium que as bate... conscientemente, seja com seu pé, seja com sua mão, seja com a ajuda de um músculo estalante, pois nós as obtemos em sessões realizadas sem médiuns profissionais e em reuniões científicas onde qualquer fraude seria o último dos absurdos. A mente do médium e dos experimentadores certamente têm alguma coisa a ver com isso: as respostas obtidas correspondem, geralmente, ao seu estado intelectual, como se as faculdades mentais das pessoas presentes se exteriorizassem de seus cérebros e agissem na mesa, numa total inconsciência dos experimentadores. Como esse fato pode se produzir? Como podemos construir e ditar frases sem sabê-lo? Por vezes, as ideias emitidas parecem vir de uma personalidade estranha a nós, e a hipótese dos espíritos se apresenta bem naturalmente. Uma palavra é iniciada. Pensamos poder adivinhar seu fim. Escrevemo-la para perder menos tempo. A mesa reage, agita-se, impacienta-se: não é nada disso. É outra palavra que está sendo ditada. Portanto, há nisso um elemento psíquico que nós somos obrigados a reconhecer, qualquer que seja, aliás, sua natureza.

O sucesso das experiências nem sempre depende da vontade do médium. Certamente, ela constitui o principal elemento, mas certas condições independentes do médium são necessárias. O ambiente físico criado pelas pessoas presentes tem uma ação não negligenciável. O estado de saúde do médium tampouco deixa de influenciar. Se ele estiver cansado, mesmo com a melhor boa-vontade do mundo, o valor dos resultados será afetado. Tive uma nova prova desse fato, tantas vezes observado, no dia 30 de maio de 1906, em minha casa, com Eusapia Paladino. Havia mais de um mês que ela estava sofrendo de uma afecção muito dolorosa nos olhos e, além do mais, estava com as pernas inchadas. Éramos sete, entre os quais dois observadores bastante incrédulos. Os resultados foram quase nulos: a elevação, de apenas dois segundos, de uma mesinha redonda pesando, aproximadamente, seis quilos; o levantamento de um só lado de uma mesa de quatro pés, e algumas pancadas. Entretanto, a médium parecia animada por um desejo real de obter alguma coisa. Ela me confessou, todavia, que o que mais havia paralisado suas faculdades, fora o espírito cético e sarcástico de um dos dois incrédulos, de quem eu conhecia o ceticismo absoluto, que, contudo, não se manifestara de nenhum modo, mas que Eusapia havia adivinhado imediatamente.

O estado de espírito dos espectadores, simpático ou antipático, age sobre a produção dos fenômenos. Este é um fato incontestável de observação. E não se trata aqui apenas de um médium ardiloso, impossibilitado de agir em consequência de uma inspeção crítica atenta, mas também de uma força contrária que pode neutralizar mais ou menos as faculdades mais sinceras. Aliás, não acontece a mesma coisa nas assembleias, numerosas ou restritas, nas conferências, nos salões etc.? Não vemos seres de influência funesta interromper repentinamente a realização das melhores intenções?

Eis outra sessão da mesma médium, alguns dias mais tarde. Em 7 de junho de 1906, fui avisado por meu amigo, o doutor Ostwalt, hábil oculista que então tratava de Eusapia, de que ela deveria ir naquela noite à sua casa, e que talvez eu pudesse fazer uma nova experiência. Aceitei o convite prontamente, ainda mais porque a sogra do doutor, a senhora Werner, a quem eu estava ligado por uma amizade de mais de trinta anos, que morrera havia um ano, por muitas vezes me prometera, com a mais formal intenção, de vir, após sua morte, completar minhas pesquisas psíquicas por meio de uma manifestação, se isso fosse possível. Nós tínhamos tantas vezes tratado dessas questões juntos e ela se mostrara tão interessada pelo assunto, que sua promessa foi reiterada insistentemente poucos dias antes de seu falecimento. E, ao mesmo tempo, ela fizera a mesma promessa à sua filha e ao seu genro.

Por outro lado, reconhecida pelos tratamentos que recebera do doutor e pela cura do seu olho, Eusapia desejava em tudo ser-lhe agradável.

As condições eram, portanto, excelentes sob todos os aspectos.

Concordei com o doutor que nós estávamos diante de quatro hipóteses possíveis, e que devíamos procurar determinar a mais provável:

- 1ª) O que se produziria podia ser devido à fraude, consciente ou inconsciente;
- 2ª) Os fenômenos podiam ser produzidos por uma força física emanando da médium;
- 3ª) Ou produzido por uma ou várias entidades invisíveis que se serviam dessa força;
- 4ª) Ou pela própria senhora Werner.

Naquela noite, tivemos movimentos da mesa e uma elevação completa de suas quatro pernas, a, aproximadamente, vinte centímetros. Estávamos em seis, à mesa: Eusapia, o senhor e a senhora Ostwalt, seu filho Pierre, de catorze anos, minha esposa e eu. Nossas mãos, colocadas sobre a mesa, mal a tocavam e estavam quase todas afastadas no momento da elevação. Nenhuma fraude possível. Primeira luz.

A sessão continuou, a seguir, no escuro.

Duas tapeçarias que cobriam uma grande porta de duas folhas, contra as quais a médium tinha se sentado, de costas, inflaram-se, durante quase uma hora, e, algumas vezes, com a força suficiente para encapuzar a cabeça do doutor e a da sua esposa.

Essa mesma grande porta foi, por várias vezes, sacudida muito violentamente e recebeu violentas pancadas.

Tentamos obter palavras por meio do alfabeto, sem conseguirmos. Notemos, a esse respeito, que Eusapia não sabe ler nem escrever.

Pierre Ostwalt pôde escrever uma palavra com o lápis, como se uma força invisível conduzisse sua mão. Essa palavra era o nome da senhora Werner, *que ele bem conhecia*.

Apesar de todos os nossos esforços, não pudemos obter uma só prova de identidade. Entretanto, teria sido muito fácil para a senhora Werner encontrar uma, como ela nos havia formalmente prometido.

Apesar do anúncio, por meio de pancadas, de uma aparição que nos permitisse reconhecê-la, só pudemos perceber uma forma esbranquiçada, sem contornos precisos, mesmo mantendo a escuridão quase completa.

Dessa nova sessão, resultam as seguintes conclusões:

• Particularmente no que se refere à levitação da mesa, às pancadas violentas dadas sobre a porta sacudida e à projeção da cortina para longe, a fraude não pode explicar esses fenômenos.

• Esses fenômenos são certamente produzidos por uma força que emana da médium, pois eles acontecem em sua vizinhança imediata.

• Essa força é inteligente. Mas é possível que essa inteligência, que obedece aos nossos pedidos, não seja outra além daquela da médium.

• Nada prova que o espírito evocado tenha tido em tudo isso alguma participação.

Todas essas proposições serão, além disso, examinadas e desenvolvidas nas próximas páginas.

O conjunto de experiências relatado neste primeiro capítulo mostra-nos forças desconhecidas atuando. O mesmo acontecerá nos próximos capítulos.

Esses fenômenos são tão inexplicados, tão inexplicáveis, tão fantásticos, tão pouco críveis, que o mais simples seria negá-los, atribuí-los todos à fraude ou à alucinação, e pensar que todos os experimentadores enxergam coisas que não existem. Infelizmente para os oponentes, essa hipótese é inadmissível.

Notemos, aqui, que há pouquíssimos homens – e, principalmente, mulheres – cuja mente seja completamente *livre*, capazes de aceitarem, sem nenhuma ideia preconcebida, fatos novos ou ainda não explicados. Em geral, as pessoas só estão dispostas a admitir os fatos ou as coisas para os quais estão preparadas pelas ideias que receberam, cultivaram e mantiveram. Talvez não haja um ser humano em cem que seja capaz de registrar, simplesmente, livremente e exatamente como uma máquina fotográfica, uma impressão nova. A independência absoluta é muito rara na espécie humana.

Um único fato bem observado, mesmo que contradiga toda a ciência, tem mais valor do que todas as hipóteses.

Mas apenas os espíritos independentes, libertos dos limites clássicos que prendem os dogmáticos às suas cátedras, ousam estudar os fatos extracientíficos e considerá-los possíveis.

Conheço homens de valor, muito instruídos, membros da Academia de Ciências, professores de Universidade, mestres em nossas grandes escolas, que raciocinam da seguinte forma: "Tais fenômenos são impossíveis, porque eles estão em contradição com o estado atual da ciência; devemos admitir somente aquilo que podemos explicar".

E a isso eles chamam de raciocínio científico!

Citemos alguns exemplos:

Fraunhofer[26] descobriu que o espectro solar é atravessado por raias escuras. Essas raias escuras eram inexplicáveis na sua época. Portanto, não deveríamos tê-las admitido.

Newton descobriu que os astros se movem como se fossem regidos por uma força atrativa. Essa atração não era explicada na sua época, como, aliás, ainda não o é hoje em dia. O próprio Newton teve o cuidado de declarar que ele não queria fazer hipóteses: *Hypotheses non fingo* (Não faço hipóteses). Portanto, dentro do raciocínio precedente, não deveríamos admitir a gravitação universal.

---

26 N. da T - Joseph Von Fraunhofer, físico alemão, famoso por seus trabalhos no campo da óptica.

A combinação do oxigênio com o hidrogênio produz a água. Como? Nós o ignoramos. Portanto, não deveríamos admitir o fato.

Às vezes, pedras caem do céu. A Academia de Ciências, no século dezoito, não podendo adivinhar de onde elas vinham, negava esse fato observado há milhares de anos. Ela também negava que peixes e sapos pudessem cair das nuvens, porque não se tinha observado ainda que trombas d'água podem aspirá-los e transportá-los. Um médium coloca sua mão sobre uma mesa e a anima. É inexplicável. Logo, é falso.

Entretanto, é esse o raciocínio dominante de um grande número de "cientistas". Eles não querem admitir senão o que é conhecido e explicado. Eles declararam que as locomotivas não poderiam se mover, ou que, se elas se movessem, isso não afetaria em nada as relações sociais; que o telégrafo transatlântico não poderia jamais transmitir uma mensagem; que a vacina não imunizava e, outrora – há muito tempo – que a Terra não girava. Parece-me, até, que eles condenaram Galileu. Tudo foi negado.

A respeito de fatos inexplicados bem próximos daqueles que aqui estamos estudando, ou seja, dos estigmas de Louise Lateau,[27] um cientista alemão muito célebre, o professor Virchow,[28] concluiu seu Relatório à Academia de Berlim com este dilema: fraude ou milagre? Esse julgamento tornou-se clássico. Ora, o mesmo era um erro, pois sabemos, agora, que naqueles estigmas não havia fraude nem milagre.

Outra objeção, bastante frequente, é apresentada por determinadas mentes, aparentemente científicas. Confundindo experiência com observação, elas imaginam que, para ser real, um fenômeno físico deve poder ser reproduzido à vontade, como em um laboratório. De acordo com esse modo de ver as coisas, um eclipse do sol não seria real, como também não o seriam um raio que incendeia uma casa nem um aerólito que cai do céu. Um terremoto, uma erupção vulcânica são fenômenos de observação e não de experiência. Mas eles não deixam de existir, muitas vezes para grande prejuízo da espécie humana. Ora, na ordem dos fa-

---

27 N. da T. - Camponesa belga cujos primeiros estigmas apareceram em 1868 e a partir de então escorriam gotas de sangue de suas feridas todas as sextas-feiras.
28 N. da T. - Rudolph Virchow, médico prussiano, fundador da patologia celular aplicada.

tos que estamos estudando aqui, quase nunca podemos realizar experiências, mas somente observar, o que reduz consideravelmente o campo de estudos. E quando realizamos experiências, os fenômenos não se produzem à vontade; elementos diversos, dos quais muitos ainda restam intocáveis, vêm atravessá-los, modificá-los, contrariá-los, e na maior parte do tempo, devemos nos limitar ao papel de observadores. É uma diferença análoga à que distingue a química da astronomia. Em química, realizamos experiências; em astronomia, observamos. Mas isso não impede que a astronomia seja a mais exata das ciências.

Os fatos de observação produzidos pelos médiuns, notadamente os que foram relatados acima, são, para mim, completamente certos e incontestáveis, e bastam, amplamente, para provar que forças naturais desconhecidas existem fora do âmbito da física clássica. Em princípio, aliás, isso é irrefutável.[29]

Eu poderia acrescentar outros fatos como, por exemplo, os seguintes:

7 – Durante as experiências, às vezes vimos aparecerem fantasmas, mãos, braços, uma cabeça, um busto, um ser humano inteiro. Fui testemunha desse fato, particularmente em 27 de julho de 1897, em Montfort-l'Amaury (vide Capítulo III). Tendo o senhor de Fontenay declarado que ele percebia uma sombra acima da mesa, entre ele e mim (estávamos sentados um diante do outro, controlando Eusapia, cada um de nós segurando-lhe uma das mãos), e eu, como não via absolutamente nada, pedi-lhe que trocasse de lugar comigo. Então, também percebi aquela sombra, a cabeça de um homem barbado, bem vagamente esboçada, que passava como uma silhueta, avançando e recuando, diante de uma lanterna vermelha colocada sobre um móvel. Eu não conseguira vê-la do lugar onde estava anteriormente porque a lanterna estava, então, atrás de mim, e porque aquele fantasma formara-se entre o senhor de Fontenay e mim. Como aquela silhueta escura continuava bastante vaga, perguntei se eu não poderia tocar-lhe a barba. A médium respondeu: "Estenda a mão". Então, senti sobre o dorso da mão o roçar de uma barba bem macia.

---
29 Vide *L'inconnu* (*O desconhecido*), pp. 20-29.

Essa observação não possui, para mim, a mesma *certeza absoluta* que as precedentes. Existem graus de segurança nas observações. Na própria astronomia, há estrelas no limite da visibilidade.

E, no entanto, na opinião de todos os experimentadores, um truque não seria provável. Além disso, outra vez, em minha casa, percebi outra silhueta, a de uma jovem, como veremos no Capítulo 3.

8 – No mesmo dia, em Montfort, durante nossa conversa, alguém lembrou que, às vezes, os "espíritos" imprimiam na parafina, no mástique ou na argila a marca de suas cabeças ou de suas mãos – o que parece, aliás, o último dos absurdos – e nós havíamos comprado mástique em um vidreiro, e com ele formado, em uma caixa de madeira, um bolo perfeitamente liso. Ao final da sessão, encontramos a impressão de uma cabeça, de um rosto, nesse mástique. Não estou, tampouco, *absolutamente certo* de que não houve nesse fato nenhuma possível fraude. Voltaremos a falar disso mais adiante.

Encontraremos outras manifestações ao longo desta obra. No momento, sob o ponto de vista especial da existência demonstrada de forças desconhecidas, limitar-me-ei às seis precedentes, considerando-as incontestáveis ao julgamento de todo homem de boa fé e de qualquer observador. Se eu comecei por elas, foi para responder aos leitores das minhas obras que me pedem, há muito tempo, minhas observações pessoais.

A mais simples dessas manifestações, ou seja, a das pancadas, por exemplo, tem uma importância que não se pode negligenciar. É certo que é um ou outro dos experimentadores, ou sua resultante dinâmica que, sem saber como, dá pancadas na mesa. Mesmo que seja uma entidade estranha aos médiuns, ela se serve deles, de suas propriedades fisiológicas. Tal fato não é sem interesse científico. As contestações do ceticismo nada provam, a não ser que os próprios contestadores não observaram os fenômenos.

Este primeiro capítulo não tem outro objetivo a não ser expor uma primeira apresentação sumária dos fatos observados.

Não quero emitir, nestas primeiras páginas, nenhuma hipótese explicativa. Os próprios leitores deste livro irão formar sua opinião pelas narrativas que se seguem, e o último capítulo desta obra será consagrado às teorias.

Contudo, creio ser útil fazer notar imediatamente que a "matéria" não é, na realidade, o que ela parece ser aos nossos sentidos comuns, ao nosso toque, aos nossos olhos, mas que ela forma um todo com a energia, e não é senão uma manifestação do movimento de elementos invisíveis e imponderáveis. O universo é um dinamismo. A matéria é apenas uma aparência.

É útil termos essa verdade presente na mente para compreendermos os estudos dos quais nos ocuparemos.

As forças misteriosas que estudamos aqui são elas próprias manifestações do dinamismo universal, com o qual nossos cinco sentidos nos colocam em relação, apenas muito imperfeitamente. Esses fatos são tanto de ordem psíquica quanto física. Eles provam que vivemos no seio de um mundo inexplorado, no qual as forças psíquicas representam um papel ainda muito incompletamente observado.

Estamos aqui em uma posição análoga àquela em que Cristóvão Colombo se encontrava na véspera do dia em que avistou as primeiras terras do novo mundo: navegamos em pleno desconhecido.

Capítulo 2

Minhas primeiras experiências no grupo de Allan Kardec e com médiuns daquela época

Certo dia do mês de novembro de 1861, passando pelas galerias do Odéon, eu notei uma obra cujo título chamou-me a atenção: *O Livro dos Espíritos*, de Allan Kardec. Comprei-o e o li com avidez, pois vários capítulos pareciam-me estar de acordo com as bases científicas do livro que, então, eu estava escrevendo – *La Pluralité des Mondes habités* (*A Pluralidade dos Mundos Habitados*). Fui procurar o autor, que propôs que eu entrasse como "membro associado livre" para a Société Parisienne des Études Spirites (Sociedade Parisiense de Estudos Espíritas), que ele fundara e da qual era presidente. Eu aceitei e acabo de encontrar, por acaso, o cartão verde assinado por ele em 15 de novembro de 1861. É essa a data da minha iniciação em estudos psíquicos. Na época, eu tinha dezenove anos e fazia três anos que era aluno de astronomia no Observatório de Paris. Estava dando os últimos retoques na obra que acabo de citar, cuja primeira edição foi publicada, alguns meses depois, pelo impressor-livreiro do Observatório.

Reuníamo-nos todas as sextas-feiras, à noite, no salão da Sociedade, na passagem Sainte-Anne, que estava sob a proteção de São Luís. O presidente abria a sessão com uma "invocação aos bons Espíritos". Admitia-se, em princípio, que Espíritos invisíveis estavam presentes e se comunicavam. Após essa invocação, era solicitado a um determinado número de pessoas sentadas à grande mesa, que se abandonassem à inspiração e que escrevessem. Qualificavam-nas de "médiuns escreventes". Essas dissertações eram lidas, a seguir, para um auditório atento. Não se fazia nenhuma experiência física de mesa girante, movente ou falante. O presidente, Allan Kardec, declarava não dar nenhum valor a elas. Parecia que, para ele, os "ensinamentos dos Espíritos" deviam formar a base de uma nova doutrina, de uma espécie de religião.

Na mesma época, e já há vários anos, meu ilustre amigo, Victorien Sardou[1] que tinha sido um ocasional frequentador do Observatório, escrevera, como médium, páginas curiosas sobre os habitantes do planeta Júpiter e produziu desenhos pitorescos e surpreendentes, cujo intuito era o de representar as coisas e seres daquele mundo gigante. Ele desenhara as habitações de Júpiter. Uma de suas habitações coloca sob nossos olhos a casa de Mozart, outras, as casas de Zoroastro e de Bernard Palissy,[2] que seriam vizinhos rurais naquele imenso planeta. Essas habitações são etéreas e de uma requintada leveza. Poderemos julgá-las pelas duas figuras aqui reproduzidas (Pranchas II e III). A primeira representa a casa de Zoroastro e, a segunda, "o espaço dos animais", na residência do mesmo filósofo. Nele podemos encontrar flores, redes, balanços, seres voadores e, embaixo, animais inteligentes que estão jogando um tipo especial de boliche, que consiste não em derrubar os pinos, mas em encaixá-los, como no bilboquê etc.

Esses curiosos desenhos provam, indubitavelmente, que a assinatura "Bernard Palissy, em Júpiter" é apócrifa e que não foi um Espírito habitante desse planeta que dirigiu a mão de Victorien Sardou. Não foi, tampouco, o espiritual autor que concebeu previamente esses croquis e executou-os seguindo um plano determinado. Ele se encontrava, então, em um estado especial de "mediunidade". Nesse estado, não somos nem magnetizados, nem hipnotizados, nem adormecidos de modo algum. Mas nosso cérebro não ignora o que produzimos, suas células funcionam e agem, certamente por meio de um movimento reflexo sobre os nervos motores. Todos nós acreditáva-

---

1 N. da T. – Escritor dramático francês.
2 N. da T. – Um dos mais famosos ceramistas franceses, foi também artesão, decorador, engenheiro, agrônomo, naturalista, geólogo, químico e escritor.

mos, então, que Júpiter era habitado por uma raça superior: aquelas comunicações eram, portanto, o reflexo das ideias gerais. Hoje, não imaginaríamos nada de semelhante neste globo e, aliás, nunca as sessões espíritas nos ensinaram qualquer coisa sobre astronomia. Tais resultados não provam de forma alguma a intervenção dos espíritos. Os médiuns escreventes deram sobre isso alguma prova mais convincente? É o que teremos de examinar, sem qualquer parcialidade.

Eu também tentei ver se, me concentrando, minha mão abandonada passivamente e dócil escreveria. Não tardei a constatar que, após ter traçado barras, "os", linhas sinuosas mais ou menos entrelaçadas, como poderia fazê-lo a mão de uma criança de quatro anos que começava a escrever, minha mão acabou por dar origem a palavras e a frases.

Prancha II – *Casa imaginária de zoroastro, em júpiter* – (Desenho mediúnico do senhor Victorien Sardou)

Prancha III – *Cena imaginária em júpiter* (*Espaço dos animais na casa de Zoroastro*). Victorien Sardou Médium (ass.) Bernard Palissy

Naquelas reuniões na Sociedade Parisiense de Estudos Espíritas, escrevi, por meu lado, páginas sobre astronomia, assinadas "Galileu". Essas comunicações ficavam no escritório da sociedade, e Allan Kardec publicou-as em 1867, sob o título *Uranographie générale* (*Uranografia Geral*), em seu livro intitulado *La Genèse* (*Gênese*) (do qual conservei um dos primeiros exemplares, com a dedicatória do autor). Essas páginas sobre astronomia nada me ensinaram. Não tardei em concluir que elas eram apenas o eco daquilo que eu sabia e que Galileu nada tinha a ver com aquilo. Era como uma espécie de sonho acordado. Além disso, minha mão parava quando eu pensava em outros assuntos.

Eis o que eu dizia a esse respeito em minha obra *Les Terres du Ciel* (*As Terras do Céu*) (edição de 1884, p.181):

> O médium escrevente encontra-se em um estado no qual ele não está, de modo algum, nem adormecido, nem magnetizado, nem hipnotizado. Estamos, simplesmente, recolhidos em um círculo determinado de ideias. Então, o cérebro age, por meio do sistema nervoso, de um modo um pouco diferente do que ele age no estado normal. A diferença não é tão grande quanto supusemos. Vejam, principalmente, no que ela consiste. No estado normal, pensamos naquilo que iremos escrever, *antes* de começarmos o ato da escrita: agimos diretamente para mover nossa pena, nossa mão, nosso antebraço. Na outra condição, ao contrário, não pensamos antes de escrever, não fazemos mover nossa mão, deixando-a inerte, passiva, livre; colocamo-la sobre o papel, tendo o cuidado para que ela sofra a mínima resistência possível, pensamos em uma palavra, em um número, em um traço de pena, e nossa própria mão escreve sozinha. Mas é preciso *pensar* no que estamos fazendo, não antes, mas sem descontinuidade, pois, caso contrário, a mão para. Tentem, por exemplo, escrever a palavra oceano, não como de hábito, escrevendo-a *voluntariamente*, mas pegando um lápis, deixando simplesmente sua mão *livremente colocada* sobre um caderno, pensando nessa palavra e observando atentamente se sua mão a escreverá. Pois bem! Sua mão não tardará a escrever um *o*, a seguir um *c* e assim por diante. Pelo menos, foi a experiência que fiz comigo mesmo, quando eu estudava os novos problemas do

espiritismo e do magnetismo.

Sempre pensei que o círculo da ciência não era fechado e que temos ainda muita coisa a aprender. Nesses exercícios, é muito fácil enganar a si mesmo e acreditar que nossa mão está sob a influência de uma mente diferente da nossa. A conclusão mais provável dessas experiências foi que a ação desses espíritos estranhos não é necessária para explicar os fenômenos. Mas não cabe aqui entrar em mais pormenores a respeito de um assunto até o presente insuficientemente examinado pela crítica científica, e muitas vezes, mais explorado pelos especuladores do que estudado por cientistas.

O que eu escrevi em 1884, posso repetir hoje, exatamente nos mesmos termos.

Nos primeiros tempos, dos quais acabo de falar, relacionei-me rapidamente com os principais círculos de Paris onde essas experiências eram realizadas e até mesmo aceitei trabalhar, durante dois anos, como secretário devotado de um deles, o que teve como resultado o fato de eu não poder faltar a nenhuma sessão.

Três métodos diferentes eram empregados para receber as comunicações: a escrita manual; a prancheta munida de um lápis, sobre a qual colocávamos as mãos, e as pancadas produzidas dentro da mesa – ou os movimentos da mesma – marcando determinadas letras de um alfabeto lido em voz alta por um dos assistentes.

O primeiro método era o único empregado na Sociedade de Estudos Espíritas presidida por Allan Kardec. E é ele que deixa margem às maiores dúvidas.[3] E, de fato, ao término de dois anos de exercícios desse gênero, os quais também variei tanto quanto possível, sem quaisquer ideias preconcebidas a favor ou contra, e com o mais vivo desejo de conseguir desvendar as causas – o resultado foi o de concluir definitivamente que não apenas as assinaturas daquelas páginas não eram autênticas, mas também que a ação de uma causa externa não foi demonstrada, e que, em consequência de um processo cerebral a ser estudado, nós mesmos somos os seus autores mais ou menos conscientes.[4] Mas

---
[3] Nota do editor: O único método que prevaleceu foi o da escrita manual (psicografia), por ter se mostrado o mais eficiente e produtivo.
[4] Nota do editor: Apesar do firme propósito em reeditar as obras históricas do

As Forças Naturais Desconhecidas   45

a explicação não é tão simples quanto possa parecer e há determinadas restrições a serem feitas sobre essa impressão geral. Ao escrevermos nessas condições – como já disse anteriormente – nós não criamos nossas frases como o faríamos em estado normal, mas, antes, nós esperamos que elas se produzam. Mas nossa mente está, mesmo assim, associada a esse processo. O assunto que está sendo tratado está relacionado com nossas ideias habituais; a língua escrita é a nossa, e se não tivermos certeza da ortografia de algumas palavras, haverá erros. Além disso, nossa mente está tão intimamente associada ao que escrevemos, que se nós pensarmos em outra coisa, se nos abstrairmos por pensamento do assunto tratado, nossa mão para ou escreve incoerências. Eis o estado do médium escrevente, pelo menos o que observei comigo mesmo. É uma espécie de autossugestão. Apresso-me em acrescentar, entretanto, que essa opinião só diz respeito, aqui, à *minha experiência pessoal*. Segundo asseguram, há médiuns absolutamente mecânicos, que não sabem o que estão escrevendo (vide mais adiante, p. 70), que tratam de assuntos por eles ignorados e que até escreveriam em línguas estrangeiras. Teríamos, nesse caso, uma condição diferente daquela que acabo de falar e que indicaria seja um estado cerebral especial, seja uma grande habilidade, seja uma causa externa, se fosse demonstrado que nossa mente não pode adivinhar o que ela ignora. Mas a comunicação de um cérebro a outro, de uma mente a outra é um fato provado pela telepatia. Podemos, portanto, conceber que um médium escreva sob a influência de uma pessoa próxima – ou mesmo distante. Vários médiuns compuseram, em sessões sucessivas, verdadeiros romances, como *A História de Joana d'Arc, escrita por ela mesma,* ou viagens a outros planetas, que parecem indicar uma espécie de desdobramento do indivíduo, uma segunda personalidade, mas sem nenhuma prova de autenticidade. Existe também um meio psíquico do qual falaremos mais adiante. No momento, ocupo-me apenas com o assunto deste capítulo, e repito as palavras de Newton: *Hypotheses non fingo.*
Quando da morte de Allan Kardec, em 31 de março de 1869,

---

espiritismo emergente, não endossamos algumas opiniões de renomados autores, como a afirmativa de Camille Flamarion a respeito da autoria e autenticidade das mensagens mediúnicas. Estamos embasados nos estudos de Kardec detalhados em *O Livro dos Médiuns.*

a Sociedade Espírita veio pedir-me para pronunciar um discurso fúnebre junto ao seu túmulo. Nesse discurso, tomei o cuidado de dirigir a atenção dos espíritas para o caráter científico dos estudos a serem realizados e sobre o perigo de se deixar cair no misticismo. Reproduzirei aqui alguns trechos desse discurso:

> Eu gostaria de poder representar, ao pensamento daqueles que me ouvem, e ao daqueles milhões de homens que, na Europa inteira e no Novo Mundo estão ocupados com o problema ainda misterioso dos fenômenos denominados espíritas; – eu gostaria, repito, de poder representar-lhes o interesse científico e o futuro filosófico do estudo desses fenômenos (ao qual se entregaram, como ninguém ignora, homens eminentes entre os nossos contemporâneos). Gostaria de lhes fazer entrever quais horizontes desconhecidos o pensamento humano verá se abrir diante de si, à medida que ele estender o seu conhecimento positivo das forças naturais em ação ao nosso redor; mostrar-lhes que tais constatações são o antídoto mais eficaz da lepra do ateísmo, que parece atacar particularmente a nossa época de transição.
>
> Seria um ato importante estabelecer aqui, diante desta tumba eloquente, que o exame metódico dos fenômenos espíritas, chamados erroneamente de sobrenaturais, longe de renovar a mente supersticiosa e enfraquecer a energia da razão, afasta, ao contrário, os erros e as ilusões da ignorância, e *serve melhor ao progresso* do que a negação ilegítima daqueles que não querem, de forma alguma, dar-se ao trabalho de observar.
>
> Esse complexo estudo *deve entrar* agora *em seu período científico*. Os fenômenos físicos sobre os quais não se insistiu suficientemente, devem se tornar o objeto da crítica experimental, sem a qual nenhuma constatação válida é possível. Esse método experimental ao qual devemos a glória do progresso moderno, e as maravilhas da eletricidade e do vapor; esse método deve tomar os fenômenos de ordem ainda misteriosa à qual nós assistimos, dissecá-los, medi-los, e defini-los.
>
> Porque, senhores, *o espiritismo não é uma religião, mas é uma ciência*, ciência da qual conhecemos apenas o beabá. O tempo dos dogmas acabou. A Natureza abarca o Universo, e, o próprio Deus, que era concebido outrora como a imagem do homem, não pode ser considerado pela metafísica moderna senão como um *espírito*

na natureza. O sobrenatural não existe. Tanto as manifestações obtidas por intermédio dos médiuns, como as do magnetismo e do sonambulismo, são de ordem natural, e devem ser severamente submetidas ao controle da experiência. Não há mais milagres. Assistimos à aurora de uma ciência desconhecida. Quem poderia prever a quais consequências conduzirá, no mundo do pensamento, o estudo positivo dessa psicologia nova? Nosso olho não vê as coisas senão entre dois limites, aquém e além dos quais ele não vê mais. O nosso organismo terrestre pode ser comparado a uma harpa de duas cordas, que são o nervo óptico e o nervo auditivo. Uma determinada espécie de movimentos coloca em vibração a primeira corda e outra espécie de movimentos coloca em vibração a segunda: aí está *toda a sensação humana*, mais restrita do que a de certos seres vivos, de certos insetos, por exemplo, nos quais essas mesmas cordas, da visão e da audição, são mais delicadas. Ora, na realidade, existem na natureza não duas, mas dez, cem, mil espécies de movimentos. A ciência física nos ensina, portanto, que vivemos assim no meio de um mundo invisível para nós, e que não é impossível que seres (igualmente invisíveis para nós) vivam também sobre a Terra, em uma ordem de sensações absolutamente diferente da nossa, e sem que possamos apreciar a sua presença, a menos que eles se manifestem a nós por fatos que entrem na nossa ordem de sensações.

Diante de tais verdades, que ainda apenas se anunciam, quanto a negação cega parece absurda e sem valor! Quando se compara o pouco que sabemos e a exiguidade da nossa esfera de percepção à quantidade de tudo o que existe, não podemos nos impedir de concluir que não sabemos nada e que tudo nos resta a saber. Com que direito pronunciaremos, pois, a palavra "impossível" diante dos fatos que constatamos sem poder descobrir suas causas? É pelo estudo positivo dos efeitos que se chega à apreciação das causas. Na ordem dos estudos reunidos sob a denominação genérica de "espiritismo", os fatos existem. Mas *ninguém conhece o seu modo de produção*. Eles existem tanto quanto os fenômenos elétricos; mas, senhores, nós não conhecemos nem a biologia, nem a fisiologia, nem a psicologia. O que é o corpo humano? O que é o cérebro? Qual é a ação absoluta da alma? Nós o ignoramos. Ignoramos igualmente a essência da eletricidade, a essência da luz. É, pois, sábio observar, sem parcialidade, todos esses fatos, e tentar determinar-lhes as causas, *que são, talvez, de espécies diversas e mais numerosas do que o supusemos até aqui.*[5]

Vemos que aquilo que eu proclamava publicamente, em 1869, do alto do outeiro acima da cova onde acabavam de descer o caixão de Allan Kardec, não difere do programa puramente científico desta obra.

Eu disse, há pouco, que três métodos eram utilizados nessas experiências. Conhecemos o que eu penso a respeito do primeiro (escrita manual) (referente à minha observação pessoal, e sem querer invalidar outras provas, se existirem). Sobre o segundo, a prancheta, eu a conheci, principalmente, pelas sessões da senhora de Girardin[6] na casa de Victor Hugo, em Jersey: ele é mais independente que o primeiro, mas é ainda o prolongamento de nossa mão e de nosso cérebro. O terceiro, o das pancadas no móvel ou "tiptologia" parece-me ainda mais independente e em muitas circunstâncias, há quarenta e cinco anos, eu o empreguei preferencialmente. (O método das pancadas no assoalho realizadas por uma perna da mesa que se levanta, caindo a seguir, para marcar as letras soletradas não tem grande valor. A mínima pressão pode operar esses movimentos de báscula. O próprio experimentador principal produz as respostas, muitas vezes sem suspeitá-lo).

Várias pessoas colocam-se ao redor de uma mesa, as mãos colocadas sobre a mesma, e esperam o que se produzirá. Ao fim de cinco, dez, quinze, vinte minutos, conforme o meio ambiente e as faculdades dos experimentadores, escutam-se as pancadas na mesa ou se assistem aos movimentos do móvel, que parece se animar. Por que escolhemos uma mesa? Porque é praticamente o único móvel ao redor do qual temos o hábito de nos sentar. Às vezes, a mesa eleva-se sobre uma ou várias pernas e sofre lentas oscilações; outras vezes, ela se ergue como se estivesse grudada às mãos postas sobre ela, e isso durante dois, três, cinco, dez ou vinte segundos; outras vezes, ela adere ao assoalho com tanta

---

5 *Discurso pronunciado junto ao túmulo de Allan Kardec,* por CAMILLE FLAMMARION. Librairie Didier, 1869, pp 4, 17 e 22.
6 Delphine Gray – escritora francesa.

força, que parece que ela duplicou, triplicou de peso. Outras vezes, ainda, e quase sempre a pedido dos assistentes, ouvem-se ruídos de serra, de machado, de lápis escrevendo etc. Esses são os efeitos físicos observados, que provam irrefutavelmente a existência de uma força desconhecida. Essa força é uma força física de ordem psíquica. Se somente observássemos movimentos desprovidos de sentido, de um tipo ou de outro, cegos, relacionados apenas com as vontades dos assistentes e não explicáveis apenas pelo contato das mãos dos experimentadores, poderíamos nos limitar à conclusão de que se trata de uma força desconhecida, que poderia ser uma transformação de nossa força nervosa, da eletricidade orgânica, e isso já seria algo considerável. Mas as pancadas na mesa, ou dadas pelas suas pernas, são executadas em resposta às perguntas feitas à mesa. Como todos nós sabemos que a mesa é um pedaço de madeira, ao nos dirigirmos a ela, estamos nos dirigindo a algum agente mental que ouve e que responde. Foi nessa categoria que os fenômenos começaram, nos Estados Unidos, quando, em 1848, as senhoritas Fox escutaram, em seus quartos, ruídos, pancadas nos muros e nos móveis, e que seu pai, após vários meses de pesquisas vexatórias, acabou por valer-se da velha história das almas do outro mundo, pedindo à causa invisível uma explicação qualquer. Essa causa respondeu por meio de pancadas tradicionais às perguntas feitas e declarou que ela era a alma do antigo proprietário, outrora assassinado em sua própria casa. A referida alma pediu preces e o sepultamento do corpo.

(Desde aquela época, convencionou-se que uma pancada dada como resposta a uma pergunta significaria *sim*, duas significariam *não* e que três pancadas significariam uma afirmativa mais enfática do que o simples *sim*).

Apressemo-nos em observar imediatamente que essa resposta nada prova, e pode ter sido dada, de uma maneira inconsciente, pelas próprias senhoritas Fox que, nesse caso, não podemos considerar que estivessem representando uma comédia. Elas foram as primeiras a ficarem surpresas, espantadas, transtornadas com as pancadas produzidas por elas. A hipótese de impostura e de mistificação, cara a certos críticos, não tem a mínima aplicação aqui – muito embora, com muita frequência, essas pancadas e esses movimentos sejam produzidos por farsantes. Existe uma causa invisível, produtora dessas pancadas. Essa causa está em nós ou fora de nós? Seríamos suscetíveis de nos desdobrar, de algum modo, sem o sabermos, de agirmos por sugestão mental, de respondermos a nós mesmos sem desconfiar, de produzirmos efeitos físicos inconscientemente? Ou então, existiria ao nosso redor um meio inteligente, uma espécie de cosmos espiritual? Ou ainda, estaríamos cercados de seres invisíveis que não seriam humanos: gnomos, duendes, trasgos (pode existir, em torno de nós, um mundo desconhecido), ou, enfim, seriam realmente as almas dos mortos que sobreviveriam, errariam e poderiam comunicar-se conosco? Todas as hipóteses se apresentam, e não temos o direito científico absoluto de desprezar qualquer uma delas.

A elevação de uma mesa e o deslocamento de um objeto poderiam ser atribuídos a uma força desconhecida desenvolvida por nosso sistema nervoso ou por outra via. Pelo menos, esses movimentos não provam a existência de um espírito estranho. Mas, quando ao nomear as letras do alfabeto ou apontá-las sobre um cartão, a mesa, seja por meio de pancadas na madeira, seja por meio de elevações, compõe uma frase inteligível, somos forçados a atribuir esse efeito inteligente a uma causa inteligente. Essa causa pode ser o próprio médium, e o mais simples, evidentemente, é supor que ele próprio bate as letras. Mas podemos organizar as experiências de tal maneira que ele não possa agir assim, mesmo inconscientemente. Nosso primeiro dever é, com efeito, tornar a fraude impossível.

Todos aqueles que estudaram suficientemente o assunto sabem que a fraude não explica o que eles observaram. Com certeza, nas reuniões espíritas sociais, às vezes as pessoas se divertem. Principalmente quando as sessões realizam-se no escuro, e que a alternância de sexos é ordenada para "reforçar os fluidos", não é raro que os cavalheiros aproveitem a tentação para esquecer momentaneamente o objetivo da reunião e romper a cadeia das mãos para formar outra diferente. As senhoras e as moças prestam-se a isso com prazer, e quase ninguém reclama. Por outro lado, fora das reuniões sociais, às quais as pessoas são convidadas sobretudo para se distraírem, as reuniões mais sérias não são, muitas vezes, mais seguras, porque o médium, interessado de alguma forma ou de outra, faz questão de dar o melhor que ele pode... mesmo realizando uma intervenção discreta.

Em uma folha de um bloco de notas que acabei de reencontrar, eu tinha classificado as reuniões espíritas na ordem abaixo, sem dúvida um pouco original:

1º) Carícias amorosas (foi feita uma crítica similar às ágapes cristãs).

2º) Charlatanismo dos médiuns, que abusam da credulidade da assistência.

3º) *Alguns* pesquisadores sérios.

Na época da qual falava há pouco (1861-1863), participei, como secretário, de experiências realizadas regularmente uma vez por semana no salão de uma médium reputada, a senhorita Huet, na rua Mont-Thabor. A mediunidade era, de algum modo, sua profissão e, mais de uma vez, ela foi flagrada blefando admiravelmente. Podemos supor que ela própria, com muita frequência, dava as pancadas, batendo seus pés contra a mesa. Mas obtínhamos, muitas vezes, ruídos de serra, de plaina, de ribombo de tambor, de torrentes, impossíveis de imitar. A fixação da mesa ao assoalho também não pode ser produzida pela fraude... Quanto às levitações da mesa, como já disse, aquele que com a mão tentava opor resistência ao seu levantamento, sentia a mesma impressão que sentiria se a mesa estivesse flutuando sobre um fluido. Dessa forma, não vemos como a médium poderia produzir esse efeito. E tudo se passava na mais perfeita claridade.

As comunicações recebidas nas inúmeras reuniões (várias centenas) às quais assisti, tanto naquela época quanto posteriormente, mostraram-me, constantemente, resultados compatíveis com o nível de instrução dos participantes. Naturalmente, fiz muitas perguntas sobre astronomia. As respostas nunca nos ensinaram nada, e devo, em nome da verdade, declarar que, se há espíritos, entidades psíquicas independentes de nós em ação nessas experiências, esses seres não sabem mais do que nós sobre os outros mundos.

Um eminente poeta, o senhor P. F. Mathieu, participava ordinariamente das reuniões do salão da rua Mont-Thabor, e obtivemos algumas vezes trechos de versos muito bonitos, que certamente não era ele que escrevia conscientemente, pois, como nós, ele estava lá para estudar. O senhor Joubert, vice-presidente do Tribunal Civil de Carcassonne, publicou *Fables et Poésies diverses* (*Fábulas e Poesias Diversas*), por um espírito batedor, que mostram, com evidência, um reflexo de seus pensamentos costumeiros. Havia, entre nós, filósofos cristãos: a mesa ditava-nos belos pensamentos assinados por Pascal, Fénelon, Vicente de Paulo, Santa Tereza. Um espírito que assinava Balthasar Grimod de La Reynière[7] ditava desopilantes dissertações sobre culinária e sua especialidade era a de fazer dançar a pesada mesa com mil contorções. Rabelais aparecia às vezes como um alegre companheiro, ainda apreciando os aromas dos pratos suculentos. Certos espíritos divertiam-se em fazer *tours de force* em criptologia. Cito, abaixo, alguns tipos dessas comunicações realizadas por meio de pancadas:

> *Spiritus ubi vult spirat; et vocem ejus audis, sed nescis unde veniat aut quo vadat. Sic est omnis qui natus est ex spiritu.* (João, III, 8) (O Espírito sopra onde quer e tu ouves a sua voz, mas não sabes de onde vem e para onde vai. Assim é todo aquele que nasceu do Espírito).
>
> *Dear little sister, I am here, and see that you are as good as ever. You are a medium. I will go to you with great happiness. Tell my mother her dear daughter loves her from this world.* (Querida irmãzinha, eu estou aqui e vejo que você continua boa como sempre. Você é médium. Eu irei até você com grande alegria. Diga à minha mãe que, deste mundo, sua querida filha a ama).
>
> Louisa

Alguém perguntou ao espírito se ele poderia, por meio de pancadas, reproduzir as palavras gravadas na parte interna do seu anel, "Eu amo que me amem como eu amo quando eu amo".
Tendo um participante suspeitado que a mesa ao redor da

---

[7] N. da T. - Alexandre Balthazar Laurent Grimod de la Reynière – advogado francês, nunca se dedicou à profissão, e tornou-se célebre por seus faustos gastronômicos e seu humor negro. É considerado o pai da crítica gastronômica. Publicou vários almanaques sobre gastronomia.

As Forças Naturais Desconhecidas

qual estávamos sentados podia esconder um mecanismo que dava as pancadas, uma das frases foi ditada por meio de pancadas dadas *no ar.*

Segue outra série de frases:

> *Je suis ung ioyeux compaignon qui vous esmarveilleray avecques mes discours, je ne suis pas ung Esperict matéologien, je vestiray mon liripipion et je diray: Beuvez l'eaue de la cave, poy plus, poy moins, serez content.* (Eu sou um alegre companheiro que vos alegrará com meus discursos, não sou um Espírito vão, vestirei meu capuz com liripipe[8] e direi: Bebei a água da adega,[9] nem mais, nem menos e ficareis contentes).
>
> Alcofribaz Nazier[10]

Tendo surgido uma viva discussão a respeito dessa visita inesperada e dessa linguagem que alguns eruditos não consideravam bastante rabelaisiana, a mesa ditou:

> *Bons enfants estes de vous esgousiller à ceste besterie. Mieux vault que beuviez froid que parliez chaud.* (Vós sois como bons meninos a se esgoelarem com essa besteira. Seria melhor que bebêsseis frio do que falásseis quente).
>
> Rabelais

> *Liesse et Noël! Monsieur Satan est défun, et de mâle mort. Bien marrys sont les moynes, moynillons, bigotz et cagotz, carmes chaulx et déchaulx, papelards et frocards, mitrez et encapuchonnez: les vécy sans couraige, les Espericlz les ont destrosnez. Plus ne serez roustiz et eschaubouillez ez marmites nomachales et roustissoires diaboliques; foin de ces billevesées papales et cléricquales. Dieu est bon, iuste et plein de miséricborde; il dict à ses petits enfancts: aimez-vous les ungs les autres et il pardoint à la repentance. Le grand dyable d'enfer est mort; vive Dieu!* (Festa e Alegria! O senhor Satã morreu, e de má morte. Bem aflitos estão os monges e fradépios, carolas e falsos beatos,

---

8 N. da T. – Termo que designa a ponta do capuz, usada também para enrolar o capuz em forma de turbante.
9 N. da T. – Trata-se, no caso, do vinho.
10 N. da T. – Anagrama do nome François Rabelais, encontrado, também com a grafia: Alcofribas Nasier, como também o pseudônimo com o qual assinou sua obra *Pantagruel*.

carmelitas calçados e descalços, falsos devotos e padrecos, mitrados e encapuzados: ei-los aqui sem coragem, os Espíritos destronaram-nos. Vós não sereis mais assados e fervidos nos caldeirões monacais e grelhas diabólicas; malditas sejam essas besteiras papais e clericais. Deus é bom, justo e cheio de misericórdia; ele disse aos seus filhinhos: amai-vos uns aos outros e ele perdoará o arrependido. O grande diabo do inferno está morto: viva Deus!).

Mais algumas séries:

Suov ruop erètsym nu sruojuot tnores emêm srueisulp; erdnerpmoc ed simrep erocne sap tse suov en liuq snoitseuq sed ridnoforppa ruop tirpse'l sap retnemruot suov en. Liesnoc nob nu zevius. Suov imrap engèr en edrocsid ed tirpse'l siamaj euq. Arevèlé suov ueid te serèrf sov imrap sreinred sel zeyos; évelé ares essiaba's iuq iulec, éssiaba ares evèlé's iuq iulec. (Aquele que se enaltece, será rebaixado. Sede os últimos dos vossos irmãos e Deus vos enaltecerá. Que nunca o espírito de discórdia reine entre vós. Segui um bom conselho. Não atormenteis o espírito para aprofundar questões cuja compreensão ainda não vos é permitida; muitas delas serão mesmo um mistério para vós).

É preciso ler essas frases de trás para frente, começando pelo fim.
Perguntamos:
– Por que você ditou assim?
Foi respondido:
– Para dar-lhes provas novas e inesperadas.
Eis uma nova frase, de outro tipo:

Acmairsvnoouussevtoeussbaoinmsoentsfbiideen, leosus.
Sloeysepzrmntissaeinndtieetuesnudrrvaosuessmaairlises.

Perguntei:
– O que significa essa composição estranha de letras?
Foi respondido:
– Leia de duas em duas letras, para responder suas dúvidas.
Essa composição resulta nos quatro versos seguintes:

As Forças Naturais Desconhecidas

Amigos, nós gostamos muito de vós,
Pois vós sois bons e fiéis.
Sede unidos em Deus: sobre vós
O Espírito Santo estenderá suas asas.

Certamente, é bastante inocente e sem pretensões poéticas. Mas havemos de convir que esse tipo de ditado é de uma dificuldade bastante rigorosa.[11] Falamos sobre os projetos humanos. A mesa dita:

> Quando o sol brilhante dissipa as estrelas,
> Sabeis, oh, mortais, se vereis a noite?
> E quando o céu se funde em fúnebres véus,
> É um amanhã: podereis revê-lo?

Perguntamos:
– O que é a fé?

> A fé? É como um campo abençoado
> Que gera uma colheita soberba,
> E cada trabalhador nele pode infinitamente
> Ceifar e colher, depois levar seu feixe.

Mais alguns exemplos de ditados:

> A ciência é uma floresta, onde alguns traçam estradas, onde muitos se perdem, e onde todos veem os limites da floresta recuar à medida que eles avançam.
> Deus não ilumina o mundo com o raio e os meteoros. Ele dirige calmamente os astros que iluminam esse mundo. Assim as revelações divinas suceder-se-ão com ordem, razão e harmonia.
> A Religião e a Amizade são duas companheiras que ajudam a percorrer a árdua vereda da vida.

---

11 Um ditado tiptológico do mesmo gênero foi-me enviado recentemente. Ei-lo:

JUTPTUOLOER
EIRFIEUEBN
SSOAGPRSTI

Lendo sucessivamente, de cima para baixo, uma letra de cada linha, começando pela esquerda, encontramos o sentido da comunicação enviada: "Eu estou muito cansado para obtê-los".

Não resisto ao prazer de inserir, para terminar, uma fábula igualmente ditada pelo método das pancadas, que me foi enviada pelo senhor Joubert, vice-presidente do Tribunal Civil de Carcassonne. Podemos discutir sua opinião, mas seu princípio não é aplicável a todas as épocas e a todos os governos? Os "arrivistas" não existem em todos os tempos?

O rei e o camponês

Um rei que profanava a liberdade pública, que durante vinte anos saciou-se com o sangue dos heréticos, esperando do carrasco a paz dos seus velhos dias.
Decrépito, saturado dos amores adúlteros, esse rei, esse orgulhoso de quem fizeram um grande homem, Luís XIV, enfim, se é preciso que eu lhe dê um nome,
Outrora sob as abóbadas de verdura de seus vastos jardins passeava com sua Scarron,[12] sua vergonha e suas tristezas.
Acompanhavam-no cortesãos e a nobre criadagem. Cada um perdia, pelo menos, dez polegadas de seu tamanho; pajens, condes, marqueses, duques, príncipes, marechais, ministros inclinavam-se diante de ultrajantes rivais.
Mais humildes que um litigante pedindo audiência, sérios magistrados faziam reverências. Era divertido ver fitas, cruzes e condecorações, sobre suas túnicas bordadas andarem de costas.
Assim, sempre, sempre essa ignóbil obsequiosidade. Eu gostaria de uma manhã acordar Imperador, expressamente para fustigar a coluna de um bajulador.
Sozinho, caminhando à sua frente, mas sem curvar a cabeça, prosseguindo seu caminho a passos lentos, modesto, coberto de tecidos grosseiros, um camponês, ou se quisermos, talvez um filósofo, atravessou a corte de grupos insolentes:
– Oh! – exclamou o rei, demonstrando sua surpresa – Por que sois o único a me enfrentar sem dobrar os joelhos?
– Senhor – disse o desconhecido, quereis que eu seja franco? É porque eu sou o único neste lugar que nada espero de vós.

Se refletirmos sobre a maneira pela qual essas sentenças, essas frases, essas peças diversas foram ditadas, letra por le-

---

12 N. da T. – Françoise d'Aubigné, Madame de Maintenon.

tra, seguindo o alfabeto, pancada por pancada, apreciaremos sua dificuldade. As pancadas são dadas no interior da madeira da mesa, das quais sentimos as vibrações, ou dentro de outro móvel, ou mesmo no ar. A mesa, como notamos, é animada, impregnada de uma espécie de vitalidade momentânea. Ritmos de árias conhecidas, ruídos de serra, de trabalhos de oficina, de fuzilaria assim são obtidos. A mesa, às vezes, torna-se tão leve, que ela plana um momento no ar e, às vezes tão pesada que dois homens não conseguem soltá-la do assoalho, nem fazê-la se mexer. É importante termos em mente todas essas manifestações, muitas vezes pueris, sem dúvida, às vezes vulgares e grotescas, mas, entretanto, produzidas pelo processo em questão, para compreendermos exatamente os fenômenos e sentir que aqui estamos em presença de um elemento desconhecido que a impostura e a prestidigitação não podem explicar.

Algumas pessoas têm a faculdade de mexer separadamente os dedos do pé, e de produzirem algumas pancadas por esse processo. Se supusermos que os ditados pelas combinações citadas há pouco foram previamente preparados, aprendidos de cor, e assim batidos, isso seria bastante simples. Mas essa faculdade é muito rara e ela não explica os ruídos *dentro* da mesa, sentidos pelas mãos. Podemos supor, também, que o médium bate na mesa com o pé e constrói as frases que lhe agradam. Mas, por um lado, seria necessária uma fabulosa memória para se obter exatamente aquela combinação de letras (pois o médium nada tem sob os olhos) e, por outro, aqueles ditados barrocos também foram produzidos em reuniões íntimas, nas quais ninguém blefava.

Mas imaginarmos que estão presentes espíritos superiores em comunicação com os experimentadores; imaginarmo-nos evocando São Paulo ou Santo Agostinho, Arquimedes ou Newton, Pitágoras ou Copérnico, Leonardo da Vinci ou William Herschel e deles recebermos ditados em uma mesa, é uma hipótese que se elimina por si só.

Um pouco acima, tratamos dos desenhos e das descrições jupiterianos do senhor Victorien Sardou. Cabe, aqui, citarmos a carta que ele enviou ao senhor Jules Claretie,[13] que a publicou no jornal *Le Temps*, na época em que o erudito acadêmico ence-

---
13 N. da T. – Arsène Arnaud Claretie, historiador, escritor e dramaturgo francês.

nou sua peça *Spiritisme* (*Espiritismo*):

> ... Quanto ao espiritismo, eu poderei melhor expressar o que penso em três palavras do que eu o faria em três páginas. Em parte o senhor tem razão e, em parte, o senhor está errado. Perdoe-me a franqueza de julgamento. Há duas coisas no espiritismo: fatos curiosos, inexplicáveis no estado atual dos nossos conhecimentos, mas constatados, e também, aqueles que os explicam. Os fatos são reais. Aqueles que os explicam pertencem a três categorias: há, primeiramente, os espíritas imbecis, ou ignorantes, ou loucos, que evocam Epaminondas,[14] os quais, justamente, são motivo de zombaria, ou que creem na intervenção do diabo, em suma, que acabam no hospício de Charenton.
> *Secundo*, há os charlatães, a começar por D., impostores de toda espécie, os profetas, os médiuns consulentes, os A. K., e *tutti quanti*.
> Há, enfim, os cientistas, que creem tudo poder explicar por meio da impostura, da alucinação e dos movimentos inconscientes, como Chevreul[15] e Faraday e que, tendo razão a respeito de alguns dos fenômenos que lhes descrevem, e que são, realmente, alucinação ou impostura, estão errados, todavia, a respeito de toda a série de fatos primitivos, que não se dão ao trabalho de verificar, e que são, entretanto, os mais sérios. Estes são muito culpados, pois, com sua oposição aos experimentadores sérios (como Gasparin,[16] por exemplo), e com suas explicações insuficientes, eles abandonaram o espiritismo à exploração de toda a espécie de charlatães, e autorizaram, ao mesmo tempo, os amadores sérios a não mais se ocuparem do mesmo.
> Há, em último lugar, os observadores (mas é raro) como eu que, incrédulos por natureza, tiveram que reconhecer, ao longo do tempo, que há em tudo isso fatos rebeldes a qualquer explicação científica *atual*, sem renunciarem, por isso, a vê-los explicados um dia, e que, desde então, aplicaram-se a discernir os fatos, a submetê-los a alguma classificação, que mais tarde se converterá em lei. Estes se mantêm afastados, como eu

---
14 N. da T. – General e político grego do século IV a.C.
15 N. da T. – Michel Eugène Chevreul, químico francês.
16 N. da T. – Conde Agénor de Gasparin – escritor, advogado, político e teólogo protestante.

o faço, de toda camarilha, de todo os cenáculos, de todos os profetas e, satisfeitos com a convicção adquirida, limitam-se a ver no espiritismo a aurora de uma verdade, ainda muito obscura, que algum dia encontrará seu Ampère, como as correntes magnéticas, deplorando que essa verdade pereça, sufocada entre estes dois excessos: o da credulidade ignorante que crê em tudo e o da incredulidade científica que não crê em nada.

Eles encontram na sua convicção e na sua consciência a força de enfrentar o pequeno martírio do ridículo que se une à crença que alardeiam, duplicada por todas as tolices que as pessoas não deixam de lhes atribuir, e não julgam que o mito com o qual as pessoas os revestem mereça nem mesmo a honra de uma refutação.

Similarmente, nunca tive vontade de demonstrar a quem quer que seja que nem Molière, nem Beaumarchais tiveram alguma influência em minhas peças. Parece-me que isso é mais do que evidente.

Quanto às *casas de Júpiter*, é preciso perguntar às boas pessoas que supõem que eu esteja convencido de sua existência, se eles estão persuadidos que Gulliver acreditava em *Lilliput*,[17] Tommaso Campanella na *Cidade do Sol* e Thomas Morus na *Utopia*.

Contudo, o que é verdade é que o desenho do qual o senhor fala (Prancha III) foi *feito em menos de dez horas*. Como isso se originou, eu não dou quatro centavos para sabê-lo; mas o fato é outro assunto.

V. Sardou

Talvez não se passe um só ano sem que médiuns me tragam desenhos de plantas e de animais da Lua, de Marte, de Vênus ou de algumas estrelas. Esses desenhos são mais ou menos bonitos e mais ou menos curiosos. Mas, não somente nada nos leva a admitir que eles representem, realmente, coisas reais existentes em outros mundos, como também tudo prova, ao contrário, que eles são produto da imaginação: essencialmente terrestres de aspectos e de formas, não correspondendo nem mesmo ao que conhecemos das possibilidades de vida naqueles mundos. Os desenhistas deixaram-se enganar pela ilusão. Essas plantas e

---

17 N. da T. – Aqui, parece-me que talvez V. Sardou tenha trocado o nome de Jonathan Swift, autor do livro *As viagens de Gulliver*, pelo do personagem, no caso Gulliver.

esses seres são metamorfoses, por vezes elegantes, dos organismos terrestres. Ainda, talvez o mais curioso seja que todos esses desenhos assemelham-se pela maneira com que foram traçados e trazem, de alguma maneira, a marca mediúnica.

Mas voltando às minhas experiências, na época em que eu escrevia como médium, eu produzia, geralmente, dissertações sobre astrologia ou filosofia, assinadas "Galileu". Como exemplo, citarei apenas uma, extraída dos meus cadernos de 1862.

A ciência

A inteligência humana elevou suas potentes convicções até os limites do espaço e do tempo; ela penetrou no campo inacessível das eras antigas, sondou o mistério dos céus insondáveis, e acreditou ter explicado o enigma da criação. O mundo exterior desfiou aos olhares da ciência seu panorama esplêndido e sua magnífica opulência e os estudos do homem conduziram-no ao conhecimento da verdade. Ele explorou o Universo, encontrou a expressão das leis que o regem e a aplicação das forças que o sustentam, e se não lhe foi dado olhar, frente a frente, a Causa primeira, ao menos ele chegou à noção matemática da série de causas segundas.

Sobretudo neste último século, o método experimental, o único que é verdadeiramente científico, foi colocado em prática nas ciências naturais, e com sua ajuda, o homem sucessivamente despojou-se dos preconceitos da antiga Escola e das teorias especulativas, para encerrar-se no campo da observação e cultivá-lo com cuidado e inteligência.

Sim, a ciência humana é sólida e fecunda, digna de nossas homenagens por seu passado difícil e longamente posto à prova, digna de nossas simpatias por seu futuro pleno de descobertas úteis e vantajosas. Pois a natureza é doravante um livro acessível às pesquisas bibliográficas do homem estudioso, um mundo aberto às investigações do pensador, uma região fértil que a mente humana já visitou, e na qual é preciso corajosamente avançar, tendo na mão a experiência como uma bússola...

Um antigo amigo da minha vida terrena falava-me recentemente desta forma: Uma peregrinação nos tinha levado à Terra, e estudávamos, de novo, moralmente esse mundo. Meu companheiro acrescentava que o homem está hoje familiarizado com as leis mais abstratas da mecânica, da física, da química etc., que as aplicações à indústria não são menos dignas de nota que as deduções da ciência pura, e que a criação inteira, cientificamente estudada por ele, parece ser, de hoje em diante, seu real apanágio. E como prosseguíssemos nossa viagem para fora deste mundo, respondi-lhe nestes termos: Fraco átomo perdido num ponto insensível do infinito, o homem acreditou estar abarcando com seu olhar a extensão universal, quando ele apenas estava saindo da região em que ele morava; ele acreditou estar estudando as leis da natureza inteira, quando suas apreciações apenas tinham se limitado às forças em ação ao seu redor; ele acreditou estar determinando a extensão do céu, quando se consumia na determinação de um grão de poeira. O campo de suas observações é tão exíguo que, uma vez perdido de vista, a mente o procura sem achá-lo; o céu e a terra humanos são tão pequenos que a alma, em seu progresso, não tem tempo de abrir suas asas antes de chegar às últimas paragens acessíveis à observação humana, pois o Universo incomensurável nos cerca por todos os lados, desdobrando, para além de nossos céus, riquezas desconhecidas, colocando em jogo forças inconcebíveis e propagando *ad infinitum* o esplendor e a vida.

E o miserável ácaro privado de asas e de luz, cuja triste existência se consome na folha que lhe deu a existência, pretenderia, porque ele dá alguns passos sobre essa folha agitada pelo vento, ter o direito de falar sobre a imensa árvore a que ela pertence, sobre a floresta da qual essa árvore faz parte, e discutir sagazmente sobre a natureza dos vegetais que nessa floresta se desenvolvem, sobre os seres que nela habitam, sobre o sol longínquo cujos raios dão a ela movimento e vida?

– Na verdade, o homem é estranhamente presunçoso de querer mensurar a grandeza infinita com a medida de sua infinita pequenez.

Por conseguinte, esta verdade deve estar bem impressa em sua mente: que se os labores áridos dos séculos passados lhe deram o primeiro conhecimento das coisas, se o progresso da mente colocou-o no vestíbulo do saber, ele ainda não fez senão soletrar a primeira página do Livro e, como uma criança suscetível de se enganar a cada palavra, longe de pretender interpretar doutamente a obra, ele deve se contentar em estudá-la humildemente, página por página, linha por linha. Felizes, entretanto, são os que podem fazê-lo.

Galileu

Esses pensamentos eram-me habituais: são os de um estudante de dezenove, vinte anos, que adquiriu o hábito de pensar. Não duvido que eles emanassem totalmente do meu intelecto, e que o ilustre astrônomo florentino nada tivesse a ver com isso. Foi, aliás, uma colaboração da mais completa inverossimilhança. O mesmo aconteceu em todas as comunicações de ordem astronômica. Elas não fizeram a ciência avançar nenhum passo. Nenhum ponto da história, obscuro, misterioso ou inverídico foi tampouco esclarecido pelos espíritos.

Nunca escrevemos senão aquilo que sabemos, e nem o acaso deu-nos alguma coisa. Todavia, algumas transmissões inexplicáveis deverão ser discutidas. Mas elas continuam na esfera humana.

Para responder imediatamente às objeções que certos espíritas me endereçaram contra essa conclusão de minhas observações, eu citarei, como exemplo, o caso dos satélites de Urano, porque ele é o *principal* caso apresentado perpetuamente como prova de uma intervenção científica dos espíritos.

Há muitos anos, aliás, recebi, de diversos locais, o convite insistente para examinar um artigo do general Drayson,[18] publicado, em 1884, no jornal *Light*, intitulado *The solution of scientific problems by Spirits* (*Solução de Problemas Científicos pelos Espíritos*), no qual é afirmado que os espíritos fizeram com que se conhecesse o verdadeiro movimento orbital dos satélites de Urano. Compromissos urgentes sempre me impediram de fazer esse exame, mas tendo esse caso sido apresentado recentemente como decisivo para várias obras espíritas, insistiram com tanta persistência, que acredito ser útil fazer essa análise aqui.

Para minha grande decepção, há no artigo um erro, e os espíritos não nos falaram nada. Eis este exemplo, apresentado erroneamente como demonstrativo. O escritor russo Alexander Aksakof o expõe nos seguintes termos (*Animisme et Spiritisme*

---

18 N. da T. – General Alfred Wilkes Drayson, astrônomo convertido ao espiritismo.

(*Animismo e Espiritismo*), p. 341):
O fato que iremos relatar parece resolver todas as objeções: ele foi comunicado pelo major-general A.W. Drayson, e publicado sob o título: *The Solution of scientific problems by Spirits*. Segue sua tradução:

> Tendo recebido do senhor Georges Stock uma carta em que me perguntava se eu podia citar ao menos um exemplo de que um espírito tivesse resolvido, durante uma sessão, um desses problemas científicos que embaraçaram os cientistas, tenho a honra de comunicar-lhe o fato seguinte, do qual fui testemunha ocular.
> Em 1781, William Herschel descobriu o planeta Urano e seus satélites. Observou que esses satélites, ao contrário de todos os outros satélites do sistema solar, percorrem suas órbitas do oriente ao ocidente. Sir John F. Herschel diz em seus *Outlines of Astronomy* (*Elementos de Astronomia*): As órbitas desses satélites apresentam particularidades completamente inesperadas e excepcionais, contrárias às leis gerais que regem os corpos do sistema solar. Os planos de suas órbitas são quase perpendiculares à eclíptica, fazendo um ângulo de 70° 58',[19] e eles os percorrem com movimento *retrógrado*, isto é, sua revolução ao redor do centro do seu planeta efetua-se do leste para o oeste, ao invés de seguir o sentido inverso.
> Quando Laplace emitiu a teoria de que o Sol e todos os planetas se formaram à custa de uma matéria nebulosa, esses satélites eram um enigma para ele.
> O Almirante Smyth menciona em seu *Celestial Cycle* (*Ciclo Celeste*) que o movimento desses satélites, para estupefação de todos os astrônomos, é retrógrado, ao contrário do movimento de todos os outros corpos observados até então.
> Todas as obras sobre a Astronomia, publicadas antes de 1860, contêm o mesmo raciocínio a respeito dos satélites de Urano.
> Por meu lado, não encontrei explicação alguma para essa particularidade; tanto para mim, quanto para os escritores que citei, isso era um mistério.
> Em 1858, eu tinha como hóspede, em minha casa, uma senhora que era médium, e organizamos sessões quotidianas.

---
19 Essa inclinação é realmente de 82°, contando pelo sul, ou de 98° (90 + 8°) contando pelo norte (vide a figura A).

Certa noite, ela me disse que via a meu lado um espírito que pretendia ter sido astrônomo durante sua vida terrestre.
Perguntei a esse personagem se era mais sábio, agora, do que durante sua vida terrestre.
– Muito mais, respondeu-me ele.
Tive a lembrança de apresentar a esse pretenso espírito uma pergunta a fim de experimentar seus conhecimentos:
– Pode dizer-me, perguntei-lhe, por que os satélites de Urano fazem sua revolução de leste para oeste e não de oeste para leste?
Recebi imediatamente a seguinte resposta:
– Os satélites de Urano não percorrem sua órbita do oriente para o ocidente; eles giram ao redor de seu planeta, do ocidente para o oriente, no mesmo sentido em que a Lua gira ao redor da Terra. O erro provém do fato que o polo sul de Urano estava voltado para a Terra no momento da descoberta desse planeta; do mesmo modo que o Sol, visto do hemisfério austral, parece fazer o seu percurso quotidiano da direita para a esquerda e não da esquerda para a direita, os satélites de Urano moviam-se da esquerda para a direita, o que não quer dizer que eles percorriam sua órbita do oriente para o ocidente.
Em resposta a outra pergunta que apresentei, meu interlocutor acrescentou:
– Enquanto o polo sul de Urano permaneceu voltado para a Terra, para um observador terrestre parecia que os satélites se deslocavam da esquerda para a direita, e concluiu-se daí, erradamente, que eles se dirigiam do oriente para o ocidente e esse estado de coisas durou cerca de quarenta e dois anos. Quando o polo norte de Urano está voltado para a Terra, seus satélites percorrem sua trajetória da direita para a esquerda, e sempre do ocidente para o oriente.
A respeito dessa resposta, perguntei como acontecera de não se ter reconhecido o erro quarenta e dois anos depois da descoberta do planeta Urano por William Herschel.
Ele me respondeu:
– É porque os homens não fazem mais do que repetir o que disseram as autoridades que os precederam. Deslumbrados pelos resultados obtidos por seus predecessores, eles não se dão ao trabalho de refletir sobre o assunto.

É essa a "revelação" de um espírito sobre o sistema de Urano, publicada por Drayson e apresentada por Aksakof e outros autores como uma prova irrefragável da intervenção de um espírito na solução desse problema.

Eis o resultado da discussão imparcial sobre esse assunto, por sinal muito interessante.

O raciocínio do "espírito" é falso. O sistema de Urano é quase perpendicular ao plano da órbita. É o oposto do sistema dos satélites de Júpiter, que giram quase no plano da órbita. A inclinação do plano dos satélites sobre a eclíptica é de 98°, e o planeta gravita quase no plano da eclíptica. Essa é uma consideração fundamental na imagem que devemos fazer do aspecto desse sistema, visto da Terra.

Adotemos, entretanto, para o sentido do movimento de revolução desses satélites ao redor do seu planeta, a projeção sobre o plano da eclíptica, como, aliás, estamos habituados a fazer. O autor pretende que "quando o polo norte de Urano está voltado para a Terra, seus satélites percorrem sua trajetória da direita para a esquerda, ou seja, do ocidente para o oriente". O espírito declara que os astrônomos estão errados e que os satélites de Urano giram ao redor do seu planeta do oeste para o leste, no mesmo sentido que a Lua gira ao redor da Terra.

Para percebemos exatamente a posição e o sentido dos movimentos desse sistema, construímos uma figura geométrica especial, clara e precisa.

Representamos sobre um plano a aparência da órbita de Urano e de seus satélites vistos do hemisfério norte da esfera celeste (figura A).

A parte da órbita dos satélites acima do plano da órbita de Urano foi desenhada em traço contínuo e hachuras e a parte abaixo, somente em traço pontilhado.

Vemos, pela direção das setas, que o movimento de revolução dos satélites, projetado sobre o plano da órbita, é bem retrógrado. Qualquer afirmação dogmática contrária é absolutamente errônea.

Esses satélites giram no sentido do movimento dos ponteiros de um relógio, da esquerda para a direita, considerando-se a parte superior dos círculos.

O erro do médium provém do fato de que ele pretendeu que o polo sul de Urano teria estado voltado para nós na época da

Fig. A. — Inclinaison du système d'Uranus.
Aspects vus de la Terre aux quatre positions extrêmes.

Figura A – Inclinação do sistema de Urano. Aspectos vistos da Terra nas quatro posições extremas.

descoberta. Ora, em 1781, o sistema de Urano ocupava, relativamente a nós, quase a mesma posição que em 1862, já que sua revolução é de 84 anos. Vemos na figura que o planeta, naquela época, apresentava-nos seu polo mais elevado acima da eclíptica, ou seja, seu polo norte.

O general Drayson deixou-se induzir em erro ao adotar, sem controlá-las, essas premissas paradoxais. Efetivamente, se Urano nos tivesse apresentado seu polo sul em 1781, o movimento dos satélites seria direto. Mas as observações do ângulo de posição das órbitas quando de suas passagens para os nós mostram-nos, com muita evidência, que era realmente o polo norte que estava naquele momento voltado para o Sol e para a Terra, o que torna o movimento direto impossível e o movimento retrógrado indubitável.

Para maior clareza, acrescentei na figura A, exteriormente à orbita, o aspecto do sistema de Urano visto da Terra, nas quatro principais épocas da revolução daquele planeta longínquo. Vemos que o sentido aparente do movimento era análogo ao dos ponteiros de um relógio, em 1781 e 1862, e inverso em 1818 e 1902. Naquelas épocas, as órbitas aparentes dos satélites eram quase circulares, ao passo que em 1798, 1840 e 1882, elas se reduzem a linhas retas quando das passagens para os nós.

A figura B completa esses dados, apresentando o aspecto das órbitas e o sentido do movimento para todas as posições do planeta e até nossa época.

As Forças Naturais Desconhecidas   67

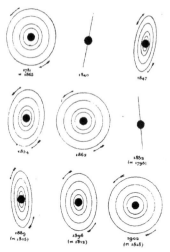

Fig. B. — Orbites des satellites d'Uranus vus de la Terre depuis l'époque de leur découverte (1781).

Figura B – Órbitas dos satélites de Urano vistas da Terra a partir da época de sua descoberta (1781).

Fiz questão de elucidar completamente esse assunto um pouco técnico. *Para meu grande pesar*, os espíritos nada nos ensinaram, e esse exemplo, ao qual se dá tanta importância, reduz-se a um erro.[20] Aksakof cita, nesse mesmo capítulo (p. 343), o anúncio da descoberta de dois satélites de Marte, também feito a Drayson por um médium, em 1859, ou seja, dezoito anos antes de sua descoberta, em 1877. Essa descoberta, que não foi publicada na época, permanece duvidosa. Além disso, após Kepler ter apontado a probabilidade de sua existência, o assunto dos dois satélites de Marte foi muitas vezes discutido, particularmente, por Swift e por Voltaire (vide meu livro *Astronomie Populaire*

---

[20] Acabo de encontrar em minha biblioteca um livro que me foi enviado, em 1888, pelo autor, o Major-General Drayson, intitulado: *Thirty thousand years of the Earth's past history, read by aid of the discovery of the second rotation of the Earth*. Ou seja, para os leitores que não conhecem a língua inglesa: *Trinta mil anos da história passada da Terra, lidos com a ajuda da descoberta da segunda rotação da Terra*. Essa segunda rotação efetuar-se-ia ao redor de um eixo, cujo polo estaria a 29° 25' 47" do polo da rotação diurna, cerca de 270° de ascensão reta, e realizar-se-ia em 32.682 anos. O autor tenta explicar por meio dessa rotação os períodos glaciais e as variações climáticas. Mas a obra está repleta de confusões bizarras e até imperdoáveis para um homem versado em estudos astronômicos. O general Drayson, morto há alguns anos, não era astrônomo.

(*Astronomia Popular*), p. 501). Portanto, não é um fato decisivo para ser citado como uma descoberta devida aos espíritos.

Eis os fatos de observação das experiências mediúnicas. Não faço com eles uma generalização estranha à sua esfera de ação. Eles não provam que em determinadas circunstâncias, pensadores, poetas, sonhadores e pesquisadores não possam ser inspirados por influências externas aos seus cérebros, por seres amados, por amigos desaparecidos. Mas isso é outra questão, assunto diferente das experiências com as quais nos ocupamos neste livro.

O mesmo autor, aliás, geralmente muito judicioso, cita vários exemplos de línguas estrangeiras faladas pelos médiuns. Não pude verificá-los – e me pediram que aqui eu só citasse as coisas das quais tenho certeza.

De acordo com minhas observações pessoais, essas experiências constantemente nos colocam diante de nós mesmos, de nossas próprias mentes.

Eu poderia citar mil exemplos.

Certo dia, recebi um "aerólito" descoberto em um bosque, nas proximidades de Etrepagny (Eure). A senhora J. L., que teve a delicadeza de enviá-lo, acrescenta que ela perguntou a sua proveniência a um espírito e que ele respondeu-lhe que ele provinha de uma estrela chamada Golda. Ora, em primeiro lugar não existe estrela com esse nome e, em segundo, não era um aerólito, mas um pedaço de escória proveniente de uma antiga fundição. (Carta 662 de minha pesquisa de 1899, cujas primeiras cartas, relativas à telepatia, foram publicadas no meu trabalho *L'Inconnu* (*O Desconhecido*).

De Montpellier, uma leitora escreveu-me:

> Suas conclusões talvez diminuam a certos olhos o prestígio do espiritismo. Mas como o prestígio pode levar à superstição, é bom se esclarecer sobre o assunto.
> Quanto a mim, o que o senhor observou está de acordo com o que eu própria pude observar.
> Eis o procedimento que empreguei, ajudada por uma amiga.
> Eu pegava um livro e, abrindo-o, eu guardava o número da página à direita. Suponhamos: cento e trinta e dois. Eu dizia à mesa colocada em movimento pela pequena

manobra habitual: "Um espírito quer se comunicar?".
Resposta: – Sim.
Pergunta: – Você pode ver o livro que acabo de olhar?
Resposta: – Sim.
– Há quantos algarismos na página que olhei?
– Três.
– Indique o número da centena.
– Um.
– Indique o valor da dezena.
– Três.
– Indique o valor da unidade.
– Dois.
Essas indicações davam exatamente o número cento e trinta e dois.
Era admirável.
Mas, pegando o livro fechado e sem abri-lo, deslizando entre suas páginas uma espátula para papel, eu retomava o diálogo... e o resultado com este último procedimento *sempre foi inexato*.
Repeti, com frequência, essa pequena experiência (curiosa, apesar de tudo) e todas as vezes, tive respostas exatas quando eu as sabia, e inexatas, quando eu as ignorava. (Carta 657 de minha pesquisa).

Esses exemplos poderiam ser multiplicados *ad infinitum*.
Tudo nos leva a pensar que somos nós que agimos. Mas não é assim tão simples como poderíamos acreditar e existe outra coisa agindo ao mesmo tempo em que nós. Certas transmissões inexplicáveis se produzem.

Em sua notável obra, *De l'Intelligence* (*Da Inteligência*), Taine[21] explica as comunicações mediúnicas como sendo uma espécie de desdobramento inconsciente da nossa mente, como eu dizia mais acima. Ele escreveu:[22]

Quanto mais bizarro é um fato, mais ele é instrutivo.
A esse respeito, as próprias manifestações espíritas colocam-nos no caminho de descobertas, mostrandonos a coexistência, no mesmo momento, no mesmo indivíduo, de dois pensamentos, de duas vontades, de duas ações distintas: uma, da qual ele tem consciência,

---
21 N. da T. – Hippolyte Taine, crítico, filósofo e historiador francês.
22 *De l'Intelligence*, tomo I, prefácio, p. 16, edição de 1897. A primeira edição data de 1868.

outra da qual não tem consciência e que ele atribui a seres invisíveis. O cérebro humano é, então, um teatro onde se representam, simultaneamente, várias peças diferentes, em diversos planos, dos quais um só é visível. Nada mais digno de estudo do que essa pluralidade essencial do eu. Vi uma pessoa que, enquanto conversa ou canta, escreve, sem olhar o papel, frases consecutivas e até mesmo páginas inteiras, sem ter consciência do que escreve. Aos meus olhos, sua sinceridade é perfeita: ora, ela declara que ao fim da página, não tem a mínima ideia do que traçou sobre o papel; quando o lê, ela fica surpresa, às vezes alarmada. A caligrafia é diferente de sua caligrafia habitual. O movimento dos dedos e do lápis é rígido e parece automático. O texto sempre termina com uma assinatura, a de uma pessoa morta, e traz a marca de pensamentos íntimos, de um plano de fundo mental que o autor não gostaria de divulgar. – Certamente, constatamos aqui um *desdobramento* do eu, a presença simultânea de duas séries de ideias paralelas e independentes, de dois centros de ação ou, se assim o desejarmos, de duas pessoas jurídicas justapostas no mesmo cérebro, cada qual com sua obra, e cada qual com uma obra diferente, uma no palco e a outra nos bastidores; a segunda tão completa quanto a primeira, já que sozinha e fora dos olhares da outra, ela constrói ideias consecutivas e alinha frases nas quais a outra não toma parte.

Essa hipótese é admissível, tendo em vista as numerosas observações sobre dupla consciência.[23] Ela é aplicável a um grande número de casos, mas não o é para todos. Ela explica a escrita automática. Mas é ainda preciso ampliá-la consideravelmente para levá-la a explicar as pancadas (pois quem as produz?) e ela não explica absolutamente as elevações da mesa, nem os deslocamentos de objetos dos quais falamos no primeiro capítulo, e nem vejo muito bem como ela poderia explicar as frases ditadas em ordem inversa ou em combinações bizarras

---

23 Todos aqueles que se ocupam dessas questões conhecem, entre outras, a história de Félida (estudada pelo doutor Étienne Eugène Azam, médico e cirurgião francês) na qual essa jovem mostrou-se dotada de duas personalidades distintas a tal ponto que, no estado segundo (expressão criada por Azam para designar a personalidade secundária observada nos estados histéricos), ela apaixonou-se e... engravidou, sem que tivesse conhecimento disso em seu estado normal. Esses estados de dupla personalidade foram metodicamente observados há cerca de trinta anos.

citadas mais acima.

Essa hipótese é admitida e desenvolvida, de um modo muito mais absoluto, pelo doutor Pierre Janet em sua obra *L'Automatisme psychologique* (*O Automatismo Psicológico*). Esse autor é daqueles que criaram um círculo estreito de observações e de estudos e que, não apenas não saem dele, como também imaginam poder fazer entrar nesse círculo o Universo inteiro. Lendo esse tipo de raciocínio, pensamos involuntariamente naquela antiga querela dos olhos redondos que viam tudo redondo e dos olhos quadrados que viam tudo quadrado, como também na história dos *Big-endians* e *Little-endians*,[24] no livro *As viagens de Gulliver*. Uma hipótese é digna de atenção quando ela explica alguma coisa. Seu valor não aumenta se desejarmos generalizá-la e fazê-la tudo explicar: isso já é ultrapassar os limites.

Que os atos subconscientes de uma personalidade anormal implantados momentaneamente em nossa personalidade normal expliquem a maioria das comunicações mediúnicas pela escrita, nós podemos admitir. Podemos ver nisso, também, efeitos evidentes de auto-sugestão. Mas essas hipóteses psicofisiológicas não satisfazem a todas as observações. Existe algo mais.

Todos nós temos uma tendência a querer tudo explicar pelo estado atual dos nossos conhecimentos. Diante de certos fatos, hoje nós dizemos: isso é sugestão, isso é hipnotismo, é isso, é aquilo. Não teríamos falado assim há meio século, pois essas teorias não tinham sido inventadas. Não falaremos da mesma maneira daqui a meio século, a um século, pois teremos inventado outras palavras. Mas não nos contentemos apenas com palavras; não sejamos tão apressados.

Seria preciso que soubéssemos explicar de que modo nossos pensamentos, conscientes, inconscientes ou subconscientes, podem produzir pancadas em uma mesa, movê-la, levantá-la. Como essa questão é bastante embaraçosa, o senhor Pierre Janet[25] trata-a como "personalidade secundária" e é obrigado a invocar o movimento dos artelhos, o músculo estalante do tendão

---

24 N. da T. – Em *Viagens de Gulliver*, os *Big-endians* eram os partidários do modo de cortar o ovo pela extremidade mais grossa e os *Little-endians*, do modo de cortar o ovo pela extremidade mais fina.
25 N. da T. – Neurologista e psicólogo francês.

fibular, a ventriloquia e a trapaça de comparsas inconscientes.[26]
Não é uma explicação satisfatória.

Com certeza, nós não compreendemos como nosso pensamento, ou qualquer outro, pode formar frases por meio de pancadas. Mas não somos obrigados a admiti-lo. Chamemos isso, se assim o desejarmos, de telecinesia: estaremos, por isso, mais avançados?

Há alguns anos, vêm-se falando de fatos inconscientes, da subconsciência, da consciência subliminar etc. etc. Temo que, também nesse caso, estejamos nos contentando com palavras que não explicam muita coisa.

Tenho a intenção de consagrar, algum dia, se eu tiver tempo, um livro especial ao espiritismo, estudado sob o ponto de vista teórico e doutrinal, que formaria o segundo volume de minha obra *O desconhecido e os problemas psíquicos*, e que está em preparação desde a redação desse livro (1899). As comunicações mediúnicas, os ditados recebidos notadamente por Victor Hugo, pela senhora de Girardin, por Eugène Nus,[27] pelos falansterianos,[28] serão nele tratados em capítulos especiais, bem como o problema, também bastante importante, da pluralidade das existências.

Não me cabe aqui estender-me sobre esses aspectos da questão geral. O que pretendo estabelecer neste livro é que existem em nós e ao nosso redor, forças desconhecidas capazes de colocar a matéria em movimento, como o faz nossa vontade. Devo, portanto, limitar-me aos fenômenos físicos. O quadro já é imenso, e as "comunicações" das quais acabamos de falar estão fora desse quadro.

Mas como esse assunto está em perpétuo contato com as experimentações psíquicas, era necessário resumi-lo aqui.

Voltemos, agora, aos fenômenos produzidos pelos médiuns de efeitos físicos, assim como àquilo que eu mesmo constatei com Eusapia Paladino, que os reúne quase todos.

---
26 *L'Automatisme psychologique*, p.401-402.
27 N. da T. – Literato francês, autor de *Choses de l'autre monde* (*Coisas do Outro Mundo*).
28 N. da T – Adepto da doutrina do filósofo francês Charles Fourier ou habitante do falanstério, comunidade de trabalhadores, no sistema social criado por ele.

Capítulo 3

Minhas experiências com Eusapia Paladino

Vimos, nas primeiras páginas deste livro, algumas das minhas últimas experiências com a médium napolitana Eusapia Paladino. Iremos voltar às primeiras. Minha primeira sessão de estudos com essa médium famosa ocorreu no dia 27 de julho de 1897. A convite de uma excelente e honrada família, a família Blech, cujo nome está, há muito tempo, favoravelmente associado às pesquisas modernas de teosofia, de ocultismo e de psiquismo experimental, fui a Montfort-l'Amaury conhecer pessoalmente essa médium, já estudada em várias circunstâncias pelos senhores Lombroso,[1] Charles Richet, Ochorowicz,[2] Aksakof, Schiaparelli, Myers,[3] Lodge,[4] A. de Rochas,[5] Dariex, J. Maxwell,[6] Sabatier,[7] de Watteville e um grande número de outros cientistas de grande valor, e cujas faculdades tinham até sido assunto de uma obra do conde

---

1 N. da T. – Cesare Lombroso, médico e criminologista italiano, foi um dos fundadores da criminologia moderna.
2 N. da T. – Julian Ochorowicz – psicólogo e filósofo polaco.
3 N. da T. – Fredrich William Henry Meyers, literato inglês, célebre pelos seus estudos sobre os fenômenos espíritas.
4 N. da T. – Oliver Joseph Lodge, físico britânico conhecido por seu trabalho pioneiro sobre radiorreceptores.
5 N. da T. – Eugène Auguste Albert de Rochas d'Aiglun, engenheiro militar francês, administrador da Escola Politécnica de Paris, historiador e pesquisador dos fenômenos psíquicos.
6 N. da T. – Joseph Maxwell, jurista e médico francês.
7 N. da T. – Auguste Sebatier, teólogo protestante, um dos fundadores da faculdade de teologia protestante de Paris.

de Rochas sobre *Extériorisation de la Motricité* (*Exteriorização da Motricidade*), assim como de inúmeros artigos nas revistas especializadas.

A impressão resultante da leitura do conjunto dos relatórios não é absolutamente satisfatória e deixa, aliás, margem à curiosidade. Por outro lado, posso dizer, como já tive ocasião de observar, que, durante os últimos quarenta anos, quase todos os médiuns célebres passaram por meu salão da Avenida do Observatoire, em Paris, e que a quase todos surpreendi blefando. Não quero dizer que eles estejam sempre enganando, e aqueles que afirmam isso estão errados. Mas, consciente ou inconscientemente, eles trazem em si um elemento suspeito do qual devemos constantemente desconfiar, e que coloca o experimentador em condições diametralmente opostas às da observação científica.

A propósito de Eusapia, recebi do meu colega, o senhor Schiaparelli, Diretor do Observatório de Milão, do qual a ciência é devedora devido a tantas descobertas importantes, uma longa carta da qual destacarei algumas passagens:

> Durante o outono de 1892, fui convidado pelo senhor Aksakof para assistir a um determinado número de sessões espíritas realizadas sob sua direção e responsabilidade, com a médium Eusapia Paladino, de Nápoles. Nessas sessões, vi coisas muito surpreendentes, das quais, uma parte poderia, na verdade, ser explicada por meios muito comuns. Mas há outras, das quais eu não saberia explicar a produção com os princípios conhecidos pela nossa física. Acrescento, sem nenhuma hesitação, que se tivesse sido possível excluir inteiramente qualquer suspeita de embuste, deveríamos reconhecer nesses fatos o início de uma nova ciência muito fecunda em consequências da mais alta importância. Mas é preciso, realmente, reconhecer que essas experiências foram feitas de uma maneira pouco apropriada para convencer os homens imparciais sobre sua sinceridade. Em todas elas, eram-nos impostas circunstâncias que impediam que compreendêssemos bem o que realmente se passava. Quando propúnhamos modificações próprias para dar às experiências o caráter de clareza e de evidência que estava faltando, a médium declarava, invariavelmente, que as mesmas tornavam o sucesso

das experiências impossível. Em suma, nós não *experimentamos* no verdadeiro sentido da palavra: tivemos que nos contentar em *observar* o que se passava nas circunstâncias desfavoráveis impostas pela médium. Mesmo quando levávamos essa observação um pouco mais longe, os fenômenos cessavam de se produzir ou perdiam sua intensidade e seu caráter maravilhoso. Nada é mais desagradável do que essas brincadeiras de esconde-esconde às quais éramos obrigados a nos sujeitar. Tudo isso excita a desconfiança. Tendo passado minha vida inteira estudando a natureza, que é sempre sincera em suas manifestações e lógica em seus procedimentos, é-me repugnante ter que voltar minha mente para a pesquisa de uma categoria de verdades que uma força maliciosa e desleal parece nos esconder com uma obstinação cujo motivo eu não compreendo. Para tais pesquisas, já não basta empregar os métodos comuns da filosofia natural, que são infalíveis, mas muito limitados em sua ação. É preciso recorrer àquela outra crítica, mais passível de erro, mas mais audaciosa e mais poderosa, da qual se servem os oficiais de polícia e os juízes de instrução, quando se trata de desvendar uma verdade, em meio a testemunhos discordantes, dos quais pelo menos uma parte tem interesse em esconder essa própria verdade.

De acordo com essas reflexões, não posso me declarar convencido da realidade dos fatos que englobamos sob o nome muito mal escolhido de *espiritismo*.

Mas tampouco me concedo o direito de tudo negar, pois, para negar com fundamento, não basta *suspeitar* de fraude, é preciso *prová-la*. Essas experiências, que julguei pouco satisfatórias, outros experimentadores de grande habilidade e de grande renome puderam fazê-las em circunstâncias melhores. Não sou presunçoso o suficiente para opor uma negação dogmática e desprovida de provas àquilo em que cientistas de grande espírito crítico, tais como os senhores Crookes,[8] Wallace, Richet, Oliver Lodge encontraram um fundo sério e digno de seu exame, ao ponto de consagrarem a isso longos estudos. E nos enganaríamos se acreditássemos que os homens convencidos da verdade do espiritismo sejam todos fanáticos. Durante as experiências de 1892, tive o prazer de conhecer alguns desses homens e pude

---

8 N. da T. – Sir William Crookes, químico e físico inglês.

admirar seu desejo sincero de conhecer a verdade. Encontrei, em muitos deles, ideias filosóficas muito sensatas e muito profundas, associadas a um caráter inteiramente digno de estima.

Eis porque me é impossível declarar que o espiritismo seja um absurdo ridículo. Devo, pois, abster-me de emitir qualquer opinião: meu estado mental, a esse respeito, pode ser definido pela palavra *agnosticismo*.

Li com muita atenção tudo o que o finado professor Zöllner[9] escreveu sobre esse assunto. Sua explicação tem uma base puramente física, ou seja, a hipótese da existência objetiva de uma quarta dimensão do espaço, existência esta que não poderia estar compreendida no âmbito da nossa intuição, mas cuja possibilidade não pode ser negada com base nesse único fundamento. Tendo sido admitida a realidade das experiências que ele relata, é evidente que a teoria desses fatos é tudo o que se pode imaginar de mais engenhoso e de mais provável. A partir dessas teorias, os fenômenos mediúnicos perderiam seu caráter místico ou mistificador e passariam para o domínio da física e da fisiologia comuns. Eles conduziriam a uma extensão bem considerável dessas ciências, extensão tal que seu autor deveria ser colocado ao lado de Galileu e de Newton. Infelizmente, essas experiências de Zöllner foram realizadas com um médium de má reputação. Não são apenas os céticos que duvidam da boa fé do senhor Henry Slade; são os próprios espíritas. O próprio senhor Aksakof, cuja autoridade é muito grande em tais matérias, declarou-me tê-lo surpreendido a trapacear. Vocês podem ver, por isso, que as teorias de Zöllner perdem seu apoio experimental, mas não deixando de ser, por isso, muito bonitas, muito engenhosas e muito possíveis.

Sim, muito possíveis, apesar de tudo: apesar do insucesso que tive quando tentei reproduzir essas experiências com Eusapia. O dia em que pudermos executar, de uma maneira sincera, *apenas uma* dessas experiências, a questão terá feito um grande progresso: das mãos de charlatães ela passará para as de físicos e de fisiologistas.

Eis o que o senhor Schiaparelli me escrevera. Eu considerava esse raciocínio perfeito, e foi com um estado de espírito

---

9 N. da T. – Johann Karl Friedrich Zöllner – astrônomo, professor da Universidade de Leipzig.

totalmente análogo a esse que cheguei a Montfort-l'Amaury (e com o maior interesse, porque Slade é um dos médiuns do qual eu falava agora há pouco). Eusapia Paladino foi-me apresentada. É uma mulher de aspecto muito comum, morena, de estatura um pouco abaixo da média, com cerca de quarenta anos, nem um pouco neurótica, um tanto provida de carnes. Ela nasceu em 21 de janeiro de 1854, numa aldeia da Puglia. Sua mãe morreu ao pari-la; seu pai foi assassinado oito anos depois, em 1862, por assaltantes da Itália Meridional. Eusapia Paladino é seu nome de solteira. Ela casou-se em Nápoles com um modesto comerciante chamado Raphael Delgaiz, mora em Nápoles, mantém um pequeno negócio, é iletrada, não sabe ler nem escrever, compreende muito mal o francês. Conversei com ela e não tardei a perceber que ela não tinha opinião própria e não procurava explicar os fenômenos produzidos sob sua influência.

O salão em que as experiências iriam ser realizadas é uma peça retangular situada no térreo, medindo 6,85 metros de comprimento por 6 metros de largura; quatro janelas, uma porta de entrada que dá para o exterior e outra no vestíbulo.

Antes da sessão, assegurei-me de que a grande porta e as janelas estavam hermeticamente fechadas com venezianas com fechos e com postigos de madeira maciça no interior. A porta do vestíbulo estava simplesmente fechada à chave.

A um canto do salão, à direita da grande porta de entrada, penduramos, em um varão, duas cortinas de cor clara, que se uniam ao meio, e formavam um pequeno gabinete. Nesse gabinete, um canapé, contra o qual colocamos um violão; ao lado, uma cadeira, sobre a qual pusemos uma caixa de música e uma sineta... No vão da janela, dentro do gabinete, havia uma estante para partituras, sobre a qual colocamos um prato contendo um bolo bem liso de mástique de vidraceiro, e sob a qual pusemos, no chão, uma grande bandeja contendo um grande bolo liso do mesmo mástique. Nós preparamos essas placas de mástique, porque os anais do espiritismo mostraram, com frequência, marcas de mãos e de cabeças produzidas por entidades desconhecidas que tratamos de estudar neste trabalho. A grande bandeja pesava 4,5 quilos.

Qual a razão desse gabinete escuro? A médium declarou que ele é necessário à produção de fenômenos "para a condensação dos fluidos".

Eu preferiria que não houvesse nada disso. Mas é preciso que aceitemos as condições, para que possamos compreendê-las perfeitamente. Por trás dessa cortina, a tranquilidade das ondas aéreas atingiu o seu máximo, a luz, o seu mínimo. É bizarro, estranho e infinitamente lamentável que a luz impeça certos efeitos. Provavelmente, não seria nem filosófico, nem científico opormo-nos a essa condição. É possível que as radiações, as forças que agem sejam raios invisíveis. Nós já observamos, no primeiro capítulo, que aquele que pretendesse fotografar sem câmara escura velaria sua placa e nada obteria. Aquele que negasse a eletricidade porque não pôde obter uma faísca em uma atmosfera úmida estaria errado. Aquele que não acreditasse nas estrelas porque elas só são visíveis à noite, não estaria sendo muito razoável. Os progressos modernos da física ensinaram-nos que as radiações que afetam nossa retina não representam senão uma fração mínima da universalidade. Nós podemos, pois, admitir a existência de forças que não agem em plena luz. Mas, aceitando essas condições, o ponto essencial é não sermos enganados.

Portanto, examinei com cuidado, antes da sessão, o pequeno canto do salão diante do qual a cortina foi estendida, e nada encontrei além dos objetos acima citados. Em nenhum lugar, no salão, havia nenhum traço de qualquer espécie de arranjos, de fios elétricos, de pilhas, de qualquer coisa, nem no assoalho, nem nas paredes. Além disso, a perfeita sinceridade do senhor e da senhora Blech estava fora de qualquer suspeita.

Antes da sessão, Eusapia se despiu e se vestiu novamente na frente da senhora Zelma Blech. Não havia nada escondido.

A sessão iniciou-se em plena luz, e eu constantemente insistia para que obtivéssemos a maior quantidade possível de fenômenos com claridade suficiente. Foi gradualmente, à medida que o "espírito" pediu, que nós diminuímos a claridade. Mas consegui obter que nunca a escuridão fosse completa. No último limite, quando a lâmpada teve que ser inteiramente apagada, ela foi substituída por uma lanterna vermelha de fotografia.

As Forças Naturais Desconhecidas

A médium sentou-se *diante* da cortina, voltando-lhe as costas. Uma mesa foi colocada à sua frente, mesa de cozinha, de pinho, pesando 7,300 quilos, que eu examinei e que nada tinha de suspeito. Podíamos deslocar essa mesa em todos os sentidos. Sentei-me, primeiramente à esquerda de Eusapia e, depois, à sua direita. Verifiquei, da melhor maneira possível, por um controle pessoal, suas mãos, suas pernas e seus pés. Assim, por exemplo, para começar, a fim de me certificar de que ela não iria levantar a mesa com suas mãos, nem com suas pernas, nem com seus pés, com a mão esquerda, segurei sua mão esquerda, coloquei minha mão direita estendida sobre seus dois joelhos e pus meu pé direito sobre o seu pé esquerdo. À minha frente, o senhor Guillaume de Fontenay, não mais disposto do que eu a ser enganado, encarrega-se da mão direita e do pé direito da médium.

Plena luz, grande lâmpada a querosene com grande bico, abajur amarelo-claro, mais duas velas acesas.

Ao fim de três minutos, a mesa se moveu, balançando-se e elevando-se tanto à direita, como à esquerda. Um minuto depois, ela *foi inteiramente erguida do chão,* a, aproximadamente, quinze centímetros de altura, assim permanecendo por dois segundos.

Em uma segunda experiência, segurei as duas mãos de Eusapia com as minhas. Uma grande levitação foi produzida, quase nas mesmas condições que a anterior.

A mesma experiência foi ainda repetida por três vezes, de modo que houve, em um quarto de hora, cinco levitações da mesa, *cujas quatro pernas desprenderam-se completamente do chão,* elevando-se a, aproximadamente, quinze centímetros de altura, e durante vários segundos. Durante uma levitação, as pessoas presentes deixaram de tocar a mesa, formando uma corrente no ar e acima da mesa, sendo que Eusapia agiu da mesma maneira.

Portanto, um objeto pode ser elevado, contrariamente à gravidade, sem o contato das mãos que acabam de influenciá-lo. (Constatação já exposta acima, às páginas 13 e 16).

Sempre em plena luz, uma mesinha redonda, colocada à minha direita, avançou, sem contato, em direção à mesa, como se quisesse montar sobre ela e, depois, caiu. Como ninguém se mexera, nem se aproximara da cortina, nenhuma explicação pôde ser dada para esse movimento.

A médium ainda não entrara em transe e continuou a tomar parte da conversa.

Cinco pancadas na mesa indicavam, segundo uma convenção estabelecida pela médium, que a causa desconhecida estava exigindo *menos luz*. É sempre deplorável: nós dissemos o que pensávamos sobre isso. As velas foram apagadas, a luz da lâmpada diminuída, mas a claridade continuou suficiente e pudemos ver muito distintamente tudo o que se passava no salão. A mesinha redonda, que eu levantara e afastara, aproximou-se da mesa e procurou, repetidas vezes, subir nela. Fiz pressão sobre ela para abaixá-la, mas senti tamanha resistência elástica que não consegui. A borda livre da mesinha redonda se sobrepôs à borda da mesa, mas, retida por seu pé triangular, não conseguiu afastar-se o suficiente para passar por cima.

Como eu estava segurando a médium, constatei que ela não fez quaisquer esforços que seriam necessários para esse tipo de exercício.

A cortina enfunou e se aproximou do meu rosto. Foi aproximadamente nesse momento que a médium entrou em transe. Ela soltou suspiros, lamentou-se e só falou na terceira pessoa, dizendo ser John King, personalidade psíquica que teria sido seu pai em outra existência e que a chamava de *mi figlia* (minha filha) (autossugestão que nada prova quanto à identidade da Força).

Cinco novos golpes pedindo ainda menos luz: a luz da lâmpada foi reduzida quase completamente, mas não apagada. Os olhos acostumados à semiobscuridade ainda distinguiam bastante bem o que se passava.

A cortina inflou-se novamente, e senti meu ombro ser tocado, através desse tecido, como se fosse por um punho fechado. Dentro do gabinete, a cadeira, sobre a qual se encontravam colocadas a caixa de música e a sineta, agitou-se violentamente e esses objetos caíram ao chão.

A médium pediu menos luz e nós colocamos sobre o piano uma lanterna fotográfica vermelha e apagamos a lâmpada.

O controle foi rigorosamente feito. Aliás, a médium prestou-se ao mesmo com a maior docilidade.

Atrás da cortina, a caixa de música tocou algumas árias, intermitentemente, durante quase um minuto, como se estivesse sendo acionada por alguma mão.

Novamente a cortina avançou em minha direção, e uma mão, bastante forte, pegou-me o braço. Imediatamente, estendi o braço para pegar a mão, mas só encontrei o vazio. Prendi, então, as duas pernas da médium entre as minhas e com minha mão direita segurei sua mão esquerda. Por outro lado, sua mão direita estava fortemente segura pela mão esquerda do senhor de Fontenay. Então, Eusapia conduziu a mão dele em direção à minha face e, com o dedo do senhor de Fontenay, simulou, sobre ela, o movimento de uma pequena manivela girada por alguém. *Atrás da cortina*, a caixa de música, que era a manivela, *tocou ao mesmo tempo e com um sincronismo perfeito*. Quando a mão de Eusapia parava, a música parava; todos os movimentos se correspondiam, assim como no telégrafo Morse. Nós nos divertimos muito com isso. Esse fato foi experimentado várias vezes seguidas, e, a cada vez, o movimento do dedo correspondia à execução da música.

Senti vários toques nas costas e no flanco. O senhor de Fontenay recebeu, nas costas, um forte tapa que todos ouviram. Uma mão passou pelos meus cabelos. A cadeira do senhor de Fontenay foi violentamente puxada e, alguns minutos depois, ele exclamou:

– Estou vendo uma silhueta de homem passar entre o senhor Flammarion e eu, acima da mesa, eclipsando a luz vermelha.

Esse fato repetiu-se várias vezes. Quanto a mim, não consegui ver essa silhueta. Propus, então, ao senhor de Fontenay tomar o seu lugar, pois, nesse caso, eu também deveria vê-la. Então, eu mesmo percebi distintamente uma vaga silhueta passando diante da lanterna vermelha, mas não consegui distinguir nenhuma forma precisa. Era apenas uma sombra opaca (perfil de homem) que avançou até a luz e, depois, recuou.

Passado um instante, Eusapia disse que havia uma pessoa atrás da cortina. Um momento depois, ela acrescentou:

– Há um homem ao meu lado, à direita; ele tem uma grande barba lisa e separada ao meio.

Pedi para tocar essa barba.

Com efeito, levantando a mão, senti uma barba muito suave a roçá-la.

Colocamos um maço de papéis sobre a mesa com um lápis, esperando obter alguma escrita. Esse lápis foi jogado a uma grande distância no salão. Então, eu peguei o maço de papéis e o mantive no ar: ele me foi arrancado violentamente, apesar dos meus esforços para segurá-lo. Naquele momento, o senhor de Fontenay, com as costas voltadas para a luz, viu uma mão (branca e não uma sombra) com o braço, até o cotovelo, segurando o maço, mas todos os outros declararam que só viram o caderno sacudido no ar.

Não vi qualquer mão arrancar-me o maço de papéis, mas apenas uma mão poderia arrancá-lo com aquela violência e não parecia ser a da médium, pois eu segurava sua mão direita com a minha esquerda e o senhor de Fontenay declarou não ter largado sua mão esquerda.

Senti vários toques no flanco, na cabeça e minha orelha foi fortemente beliscada. Declarei, várias vezes, que essa experiência era suficiente, mas, durante toda a sessão, não deixei de ser tocado, apesar dos meus protestos.

A mesinha redonda, colocada fora do gabinete, à esquerda da médium, aproximou-se da mesa, escalou-a completamente, e nela se deitou transversalmente. Escutamos o violão, que estava no gabinete, agitar-se e emitir alguns sons. A cortina inflou-se, e o violão foi levado para cima da mesa, apoiado no ombro do senhor de Fontenay. A seguir, ele é deitado sobre a mesa, a parte mais larga voltada para a médium, depois ele se levantou e passeou acima da cabeça dos presentes, sem tocá-las, e emitiu vários sons. O fenômeno durou cerca de quinze segundos. Vimos muito bem o violão flutuar e o reflexo da lâmpada vermelha deslizar sobre sua madeira luzidia.

Vimos uma claridade bastante viva, piriforme, no teto, no outro canto do salão.

A médium, cansada, pediu descanso. Acendemos as velas. A senhora Blech recolocou os objetos no lugar, constatou que os bolos de mástique estavam intatos, pôs o menor sobre a mesinha redonda e o maior sobre uma cadeira, dentro do gabinete, atrás da médium. Retomamos a sessão, à fraca luz da lanterna vermelha.

A médium, cujas mãos e pés eram controlados cuidadosamente pelo senhor de Fontenay e por mim, ofegou fortemente. Ouvimos, acima de sua cabeça, estalos de dedos. Ela ofegou novamente, gemeu e afundou os dedos em minha mão. Três pancadas foram dadas. Ela gritou: *E fatto* (Está feito). O senhor de Fontenay colocou o pequeno prato sob a luz da lanterna vermelha e constatou a impressão de quatro dedos no mástique, na posição em que eles se encontravam ao se afundarem na minha mão.

Sentamo-nos novamente, a médium pediu repouso e iluminamos um pouco o ambiente.

A sessão foi retomada, da mesma maneira que precedentemente, com a claridade excessivamente fraca da lanterna vermelha.

Falamos de John como se ele existisse, como se fosse sua a silhueta da cabeça que havíamos percebido. Pedimos a ele para continuar suas manifestações. Exigimos (como por repetidas vezes) a impressão de sua cabeça no mástique. Eusapia respondeu que era difícil e pediu-nos para não pensarmos nisso por um momento, mas para continuarmos falando. Essas recomendações são sempre inquietantes, e redobramos a atenção sem, todavia, falarmos muito. A médium ofegou, gemeu, contorceu-se. Do interior do gabinete, ouvimos a cadeira, sobre a qual se encontrava o mástique, mexer-se; essa cadeira veio se colocar ao lado da médium, depois ela foi levantada e colocada sobre a cabeça da senhora Z. Blech, enquanto o prato foi suavemente colocado sobre as mãos do senhor Blech, na outra extremidade da mesa. Eusapia gritou que ela estava vendo, diante de si, uma cabeça e um busto, e disse: *E fatto*. Não acreditamos, porque o senhor Blech não sentira nenhuma pressão sobre o prato. Três golpes violentos de malho foram aplicados sobre a mesa. Acendemos as luzes e encontramos um perfil humano impresso no mástique.

A senhora Z. Blech beijou as duas faces de Eusapia, com o intuito de verificar se o seu rosto não teria algum odor (o mástique de vidraceiro tem um forte odor de linho que permanece muito tempo nos dedos). Ela não constatou nada de anormal.

Essa impressão de uma "cabeça de espírito" no mástique é tão impressionante, tão impossível de admitir sem controle suficiente, que é realmente mais incrível ainda que todo o resto. Não era a cabeça de um homem, aquela cujo perfil eu tinha percebido, e também não possuía a barba que senti na mão. Ela parece com o rosto de Eusapia. Se supusermos que ela própria a produziu, que ela conseguiu afundar seu nariz, as faces e os olhos naquele espesso mástique, faltaria ainda explicar como aquela caixa grande e pesada foi transportada até a outra extremidade da mesa e colocada suavemente sobre as mãos do senhor Blech.

A semelhança daquela impressão com Eusapia é inegável. Reproduzo aqui a impressão e o retrato da médium.[10] Todos podem verificar. O mais simples, evidentemente, é supor que a italiana afundou seu rosto no mástique.

Mas como?

Estávamos no escuro, ou quase. Eu estava à direita de Eusapia, *cuja cabeça estava apoiada sobre meu ombro esquerdo*, e cuja mão direita eu estava segurando. O senhor de Fontenay estava à sua esquerda, tomando o cuidado de não largar a sua outra mão. A bandeja de mástique, pesando 4,500 quilos, foi colocada sobre uma cadeira, a 50 centímetros, atrás da cortina e, consequentemente, atrás de Eusapia. Ela não poderia tocá-la sem se virar, e nós a segurávamos totalmente, mantendo nossos pés sobre os seus. Ora, a cadeira sobre a qual estava a bandeja de mástique, afastando as cortinas, foi transportada acima da cabeça da médium que continuava sentada e presa; e acima de nossas cabeças, também. A cadeira foi cobrir a cabeça de minha vizinha, a senhora Blech, e a bandeja foi colocada suavemente sobre as mãos do senhor Blech, instalado na extremidade da mesa. Nesse momento, Eusapia levantou-se, declarando estar vendo sobre a mesa um rosto e um busto, e gritando: *E fatto!* (Está feito!). Não foi nesse momento que ela poderia ter colocado seu rosto sobre o bolo, pois ele estava na outra extremidade da mesa. Não foi antes, tampouco, pois seria preciso pegar a cadeira com uma das mãos e o bolo com a outra, e ela não se mexeu. A explicação, como vemos, é das mais difíceis.

---

10 Vide as Pranchas IV e V. Conservo, cuidadosamente, a modelagem em gesso dessa impressão.

Prancha IV – Molde em Gesso em uma impressão no mástique feita à distância por Eusapia. (Julho de 1807)

Prancha V – Fotografia de Eusapia indicando uma semelhança com a impressão. (Julho de 1897)

Reconheçamos, entretanto, que o fato é tão extraordinário que nos resta uma dúvida, porque a médium levantou-se quase no momento crítico.

E, no entanto, seu rosto, logo beijado pela senhora Blech, não cheirava a mástique.

Eis o que escreveu o Dr. Ochorowicz a respeito dessas impressões e da observação que fez em Roma:[11]

---

11 A. de Rochas, *l'Extériorisation de la Motricité* (*Exteriorização da Motricidade*), 4ª ed., 1906, p. 406

A impressão desse rosto foi obtida no escuro, mas no momento em que eu segurava as duas mãos de Eusapia, abraçando-a inteiramente. Ou antes, era ela que se agarrava a mim, de tal modo que eu podia perfeitamente perceber a posição de todos os seus membros. Sua cabeça apoiava-se contra a minha, até com violência, no momento da produção do fenômeno; um tremor convulsivo agitava todo o seu corpo e a pressão de seu crânio sobre minha têmpora era tão intensa que chegava a me fazer sentir dor.

No momento em que ocorreu a convulsão mais forte, ela gritou: *Ah che dura!* (Ah! Que difícil!). Rapidamente acendemos uma vela e encontramos uma impressão, bastante insignificante em comparação àquelas que os outros experimentadores tinham obtido, o que se deve, talvez, à má qualidade da argila de que me servi. Essa argila se encontrava cerca de 50 centímetros à direita da médium, enquanto sua cabeça estava inclinada à esquerda; seu rosto não estava absolutamente manchado pela argila, a qual, no entanto, deixava vestígios sobre os dedos quando a tocávamos. Além disso, o contato com sua cabeça me fazia sofrer muito e por isso eu estava absolutamente seguro de que ele não cessara um instante. Eusapia estava muito feliz de ver uma prova realizada em condições tais, que não era possível duvidar de sua boa fé.

Peguei, então, o prato de argila, e passamos à sala de jantar para melhor examinar a impressão que coloquei sobre uma grande mesa, perto de uma grande lâmpada de querosene. Eusapia, que novamente entrara em transe, permaneceu alguns momentos em pé, as duas mãos apoiadas na mesa, imóvel e parecendo inconsciente. Eu não a perdia de vista. Ela se dirigiu, de costas, em direção à porta e passou lentamente ao cômodo que acabáramos de deixar. Todos nós a seguimos, observando-a. Tínhamos chegado àquele cômodo quando, apoiada contra o batente da porta, ela fixou os olhos sobre o prato de terra argilosa deixado sobre a mesa. A médium estava bem iluminada; estávamos a dois ou três metros de distância e podíamos perceber nitidamente todos os detalhes. De repente, ela estendeu bruscamente a mão em direção à argila e, a seguir, caiu, soltando um gemido. Precipitamo-nos em direção à mesa e vimos, ao lado da impressão da cabeça, uma nova impressão, muito forte, de uma mão que se produzira, assim, sob a própria luz da lâmpada, e que se assemelhava à mão de Eusapia.

O cavaleiro Chiaia[12] que foi o primeiro a obter essas impressões fantásticas com Eusapia, escreveu, sobre esse assunto, ao conde de Rochas, o que se segue:

> Obtive impressões em caixas de argila pesando de 25 a 30 quilos. Indico o peso para que o senhor compreenda a impossibilidade de levantar e de transportar *com uma só mão* (admitindo-se que Eusapia possa, sem nosso conhecimento, liberar uma de suas mãos) uma bandeja tão pesada. Em quase todos os casos, realmente, essa bandeja, colocada sobre uma cadeira *a um metro de distância atrás da médium*, foi transportada e colocada suavemente sobre a mesa ao redor da qual estávamos sentados. O transporte operava-se com tamanha delicadeza que as pessoas que formavam a corrente e seguravam fortemente as mãos de Eusapia não ouviam o menor ruído, e não percebiam a menor roçadela. Tínhamos sido prevenidos da chegada da bandeja sobre a mesa por sete pancadas que, de acordo com nossa convenção, John dava na parede para dizer-nos que podíamos acender a luz. Eu o fiz imediatamente, girando a torneira da lâmpada a gás, colocada acima da mesa, que nunca apagávamos completamente. Encontramos, então, a bandeja sobre a mesa e, sobre a argila, a impressão que supusemos ter sido feita antes do transporte, atrás de Eusapia, no gabinete onde John se materializava e se manifestava ordinariamente.

O conjunto das observações (que são numerosas) nos leva a pensar que, apesar da inverossimilhança, essas impressões são produzidas à distância pela médium.

Eis, todavia, o que eu escrevia alguns dias depois da sessão de Montfort-l'Amaury:

> Essas diversas manifestações não possuem, aos meus olhos, um valor igual de autenticidade. Não tenho certeza de tudo, pois os fenômenos nem sempre foram produzidos nas mesmas condições de certeza. Eu

---

12 N. da T. – Ercole Chiaia, professor napolitano.

classificaria, naturalmente, os fatos na seguinte ordem decrescente:
1. Levitações da mesa.
2. Movimentos da mesinha redonda, sem contato.
3. Golpes de malho.
4. Movimentos da cortina.
5. Silhueta opaca passando diante da lâmpada vermelha.
6. Sensação de uma barba sobre o dorso da mão.
7. Toques.
8. Arrancamento do caderno.
9. Lançamento do lápis.
10. Transporte da mesinha redonda sobre a mesa.
11. Música da caixinha de música.
12. Transporte do violão acima da cabeça.
13. Impressões de mão e de rosto.

Os quatro primeiros fatos, que ocorreram em plena luz, são incontestáveis. Eu colocaria quase no mesmo nível de classificação o quinto e o sexto. O sétimo pode ter sido produzido pela fraude. O último, que se produziu quase no final da sessão, quando a atenção tinha, necessariamente, diminuído, e sendo mais extraordinário ainda que os outros, reconheço que não ouso admiti-lo com certeza, embora eu não possa absolutamente adivinhar como ele pode ser devido à fraude. Os quatro restantes parecem-me certos, mas eu gostaria de observá-los novamente. Há 99 por cento de probabilidade de que eles sejam verídicos. Eu tinha total certeza disso durante a sessão. Mas a vivacidade das impressões se atenua, e nós temos uma tendência a só escutar a voz do simples bom-senso... a mais razoável... e a mais enganosa...

As constatações que fiz a seguir tornam-me, agora, completamente convencido da realidade de todos esses fatos.[13]

A primeira impressão que se obtém da leitura desses relatos é que essas diversas manifestações são bastante comuns, inteiramente banais, e nada nos ensinam sobre o outro mundo – ou sobre os outros mundos. Realmente, parece-me não haver nelas nenhum *espírito*. Esses fenômenos são de uma ordem absolutamente material.

---

[13] Um cético violento, o senhor Assevedo, fez, com Eusapia, a experiência de pedir uma impressão a 2 metros de distância, sobre um prato de terra argilosa, recoberto com um lenço, e declara que ela conseguiu, eliminando qualquer dúvida possível. (Vide AKSAKOF, *Animisme,* p. 509).

Por outro lado, todavia, é impossível não se reconhecer a existência de forças desconhecidas. Por exemplo, apenas o fato da elevação de uma mesa a quinze, vinte, quarenta centímetros de altura, não é absolutamente banal. Em minha opinião, ele me parece até tão extraordinário, que explico muito bem para mim mesmo porque as pessoas não ousam admiti-lo sem tê-lo visto pessoalmente, visto com seus próprios olhos. Entendo por "visto", aquilo que foi constatado em plena luz, e em condições tais que seja impossível de duvidar. Quando estamos certos de tê-lo constatado, estamos, também, certos de que se desprende do organismo humano uma força comparável ao magnetismo do imã, que possa agir sobre a madeira, sobre a matéria, mais ou menos como o imã age sobre o ferro, e que contrabalance, por alguns instantes, a ação da gravidade. Do ponto de vista científico, isso já é um fato considerável. Tenho a certeza absoluta de que a médium não levantou esse peso de 7.300 gramas nem com suas mãos, nem com suas pernas, nem com seus pés, e que nenhum dos presentes tampouco poderia fazê-lo: foi por sua face superior que o móvel foi levantado. Aqui, estamos, certamente, na presença de uma força desconhecida que provém das pessoas presentes e, sobretudo, da médium.

Uma observação bastante curiosa deve ser feita aqui. Repetidas vezes, ao longo daquela sessão, e a partir da levitação da mesa, eu disse:"Não há espírito". A cada vez, duas pancadas muito violentas, em sinal de protesto, foram dadas na mesa. Também já notamos que na maior parte do tempo, presume-se que admitimos a hipótese espírita e que oramos a um espírito para agir a fim de obtermos os fenômenos. Há nisso uma circunstância psicológica importante. Todavia, ela não me parece provar, por isso, a existência real de espíritos, pois poderia ser que essa ideia fosse necessária à unificação das forças e tivesse um valor meramente subjetivo. Os devotos que creem na influência da oração, deixam-se iludir por sua própria imaginação, e ninguém pode duvidar, contudo, que algumas dessas orações parecem ter sido atendidas por um deus benevolente. A jovem apaixonada italiana ou espanhola, que vai orar à Virgem Maria para punir seu amante por sua infidelidade, pode estar sendo sincera, e não duvida da estranheza do seu pedido. No sonho, nós mesmos conversamos, todas as noites, com seres imaginários. Mas aqui há algo mais: a médium se desdobra realmente.

Estou me colocando, unicamente, sob o ponto de vista do físico que observa, e digo: qualquer hipótese explicativa que vocês adotem, existe uma força invisível extraída do organismo do médium, que pode dele sair e agir fora dele.

Eis o fato. Qual a melhor hipótese para explicá-lo? 1º) É o próprio médium que age, de uma maneira inconsciente, por meio de uma força invisível que emana de si? 2º) É uma causa inteligente, estranha ao médium, uma alma que já tenha vivido nesta terra, que extrai de dentro do médium uma força da qual terá necessidade para agir? 3º) É outro gênero de seres invisíveis? Pois nada nos autoriza a negar que possam existir ao nosso lado forças vivas invisíveis. Eis três hipóteses bem diferentes, das quais nenhuma me parece ainda, de acordo com minha experiência pessoal, exclusivamente demonstrada.

Desprende-se do médium uma força invisível.

As pessoas presentes, formando uma corrente e unindo suas vontades simpáticas, aumentam essa força.

Essa força não é imaterial. Ela poderia ser uma substância, um agente emitindo radiações de comprimentos de ondas inacessíveis à nossa retina, e, todavia, muito potentes.

Na ausência de raios luminosos, ela pode se condensar, ganhar corpo, até afetar uma determinada semelhança com um corpo humano, agir como nossos órgãos, bater violentamente em uma mesa, tocar-nos.

Ela age como se fosse um ser independente. Mas essa independência, na realidade, não existe, pois esse ser transitório está intimamente ligado ao organismo do médium e sua existência aparente termina quando as próprias condições de sua produção terminam.

Escrevendo essas extravagâncias científicas, sinto muito bem que é difícil aceitá-las. Entretanto, afinal, quem pode traçar os limites da ciência? Todos nós aprendemos, sobretudo durante um quarto de século, que não sabemos grande coisa, e que fora da astronomia, ainda não há nenhuma ciência exata fundada em princípios absolutos. E depois, afinal de contas, eis *fatos* que devem ser explicados. Certamente, é mais simples negá-los.

Mas isso não é honesto: aquele que nada viu de satisfatório não tem o direito de negar. O que ele pode fazer de melhor é dizer simplesmente: "Eu não sei nada".

Incontestavelmente, não temos ainda elementos suficientes para qualificar essas forças; mas não devemos criticar aqueles que as estudam. Em resumo, creio poder ir um pouco mais longe que o senhor Schiaparelli e afirmar a existência certa de forças desconhecidas capazes de mover a matéria e contrabalançar a ação da gravidade. É um conjunto, ainda difícil de destrinchar, de forças físicas e psíquicas. Mas tais fatos, por mais extravagantes que possam parecer, merecem entrar no âmbito das observações científicas. É até provável que eles contribuirão, fortemente, a elucidar o problema, capital para nós, da natureza da alma humana.

Após o término daquela sessão de 27 de julho de 1897, como eu desejava ver, mais uma vez, uma levitação de mesa em plena luz, nós formamos a corrente *de pé*, com as mãos ligeiramente pousadas na mesa. Estando todos os presentes de pé, a mesa se pôs a oscilar, elevou-se a cinquenta centímetros do chão, permanecendo alguns segundos nessa posição, e depois caiu pesadamente.[14]

O senhor Guillaume de Fontenay pôde conseguir várias fotografias a magnésio. Aqui, reproduzo duas delas (Prancha VI A e Prancha VI B). Cinco experimentadores, que são, da esquerda para a direita: o senhor Blech, a senhora Z. Blech, Eusapia, eu, a senhorita Blech. Na primeira, a mesa pousada no assoalho. Na segunda, ela flutua no ar, à altura dos braços, cerca de 25 centímetros à esquerda, de 20 centímetros, à direita. Meu pé direito está apoiado sobre os pés de Eusapia e minha mão direita sobre os seus joelhos. Com a mão esquerda seguro sua mão esquerda. Todas as outras mãos estão sobre a mesa. É, pois, completamente impossível que ela aja por intermédio dos seus músculos. Esse documento fotográfico confirma a fotografia da prancha I, e parece-me difícil não se

---

14 Os relatórios das sessões de Montfort-l'Amaury foram objeto de uma importante obra do senhor Guillaume de Fontenay: *A propos d'Eusapia Paladino* (*A respeito de Eusapia Paladino*). Um vol., in-8°, ilustrado, Paris, 1898.

reconhecer seu irrecusável valor documental.[15]

Depois dessa sessão, meu mais vivo desejo era o de ver as mesmas experiências reproduzidas *em minha casa*. Apesar dos cuidados que empreguei em minhas observações, várias

Prancha VI A – Fotografia da mesa pousada no assoalho.

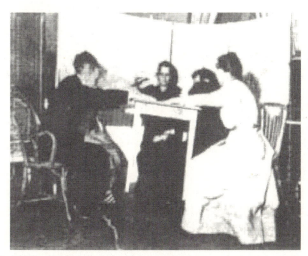

Prancha VI B – Fotografia da mesma mesa durante a levitação completa a 25 centímetros de altura.

---

15 Os lugares não foram sempre os mesmos que aparecem nas fotografias. Assim, quando da produção da impressão, o senhor G. de Fontenay estava à direita de Eusapia, e o senhor Blech nesta extremidade da mesa.

As Forças Naturais Desconhecidas   93

objeções podiam ser feitas contra a certeza absoluta dos fenômenos. A mais importante provinha da existência do pequeno gabinete escuro. Pessoalmente, eu tinha certeza da total honestidade da honrada família Blech e não poderia aceitar a ideia de qualquer cumplicidade por parte de um dos seus membros. Mas a opinião dos leitores do relatório poderia não estar tão firmemente garantida. Não seria *impossível* que, com o desconhecimento daquela família, alguém, de conivência com a médium, tivesse se insinuado na peça, aproveitando-se da obscuridade, e tivesse produzido os fenômenos. Um cúmplice totalmente vestido de negro e andando de pés descalços poderia ter mantido os instrumentos no ar, colocá-los em movimento, produzir os toques, fazer mover a máscara negra na extremidade de uma vara etc.

Essa objeção poderia ser verificada e aniquilada se eu reproduzisse as experiências em minha casa, numa peça pertencente a mim e onde eu estaria absolutamente certo de que nenhum cúmplice poderia entrar. Eu mesmo colocaria a cortina, arrumaria os móveis, certificar-me-ia de que Eusapia chegara sozinha à minha casa, pediria que ela se despisse e se vestisse novamente na presença de duas testemunhas, e qualquer suposição de fraude estranha à sua própria pessoa seria, assim, anulada.

Naquela época (1898), eu preparava para os *Annales politiques et littéraires* (*Anais políticos e literários*), os artigos sobre os Fenômenos Psíquicos, cuja revisão, complementada, formou, a seguir, minha obra *L'Inconnu*. O distinto e simpático Diretor dessa revista, Adolphe Brisson, desvelou-se em examinar comigo os melhores meios de realizar esse projeto de experiências pessoais.

A nosso convite, Eusapia veio passar em Paris o mês de novembro de 1898, e consagrou-nos, especialmente, oito sessões, nos dias 10, 12, 14, 16, 19, 21, 25 e 28 de novembro. Também convidamos alguns amigos. Cada uma dessas sessões foi registrada em relatórios por várias pessoas presentes, notadamente pelos senhores Charles Richet, A. de Rochas, Victorien Sardou, Jules Claretie, Adolphe Brisson,[16] René Baschet,[17] Arthur Lévy,

---
16 N. da T. – Jornalista francês.
17 N. da T. – Editor francês.

Gustave Le Bon,[18] Gaston Méry,[19] G. Delanne,[20] G. de Fontenay, G. Armelin,[21] André Bloch[22] e outros. Instalamo-nos no meu salão na Avenue de l'Observatoire, em Paris, e não houve qualquer preparativo, a não ser a instalação de duas cortinas a um canto, diante do ângulo de duas paredes, formando uma espécie de gabinete triangular, cujas paredes são inteiriças, sem portas, nem janelas, e cuja frente é fechada por essas duas cortinas que vão do teto ao assoalho e se juntam no centro.

Foi *diante* desse gabinete que a médium sentou-se, com uma mesa de madeira branca, de cozinha, à sua frente.

Por trás da cortina, sobre o suporte da saliência de uma estante e sobre uma mesa, nós colocamos um violão, um violino, um pandeiro, um acordeão, uma caixa de música, almofadas e alguns pequenos objetos que deviam ser agitados, agarrados, lançados pela força desconhecida.

O primeiro resultado dessas sessões em Paris, na minha casa, foi o de estabelecer de modo absoluto que a hipótese de um cúmplice é inadmissível e deve ser totalmente eliminada. Eusapia agia sozinha.

A quinta sessão, além disso, levou-me a pensar que os fenômenos aconteciam (pelo menos certa quantidade deles) quando as mãos de Eusapia estavam rigorosamente seguras por dois controladores e que, em geral, não era com suas mãos que ela agia, apesar de certos truques possíveis. Seria preciso admitir (oh heresia abominável!) que se formava uma terceira mão... em relação orgânica com ela! ...

Antes de todas as sessões, Eusapia despia-se e vestia-se novamente em presença de duas senhoras encarregadas de constatar que ela não escondia nenhum artifício sob suas roupas.

Seria muito longo entrar em todos os pormenores dessas oito sessões, e seria repetir em parte o que já foi exposto no primeiro capítulo, bem como nas páginas que acabamos de ler.

---

18 N. da T. – Psicólogo social e psicólogo francês.
19 N. da T. – Editor e jornalista francês
20 N. da T. – Gabriel Delanne, engenheiro francês, defensor da cientificidade do espiritismo.
21 N. da T. – Gaston Armelin, astrônomo francês.
22 N. da T. – Matemático francês.

Mas não é sem interesse citar aqui a apreciação de vários experimentadores, reproduzindo alguns dos relatórios.

Iniciarei pela apreciação do senhor Arthur Lévy, porque ele descreve completamente a instalação, a impressão que a médium produziu nele e a maioria dos fatos observados.

RELATÓRIO DO SENHOR ARTHUR LÉVY
(Sessão de 16 de novembro)

O que vou contar é a descrição do que vi ontem em sua casa. Eu o vi com desconfiança, observando tudo o que poderia assemelhar-se a um embuste, e depois de tê-lo visto, tudo estava tão fora dos fatos que estamos habituados a conceber, que ainda me pergunto se realmente vi.

Entretanto, devo convir, comigo mesmo, que não sonhei.

Chegando à sua casa, no seu salão, reencontrei os móveis e a disposição habituais. Entrando, uma única mudança podia ser notada à esquerda, onde duas cortinas de repes[23] espesso, cinza e verde, escondiam um canto. Diante dessa espécie de alcova Eusapia devia operar.

Era o canto misterioso; inspecionei-o minuciosamente. Lá havia uma mesinha redonda descoberta, um pandeiro e uma ou duas almofadas. Após essa visita de segurança, era evidente que naquele lugar, ao menos, não havia nenhum arranjo e que nenhuma comunicação com o exterior era possível.

Apresso-me em dizer que a partir daquele momento e até o final das experiências, nós não abandonamos nem por um minuto a peça e que tínhamos, por assim dizer, os olhos constantemente fixados nesse canto, cujas cortinas, além disso, estavam sempre entreabertas.

Alguns momentos depois, chegava Eusapia, a famosa Eusapia. Como quase sempre, seu aspecto era completamente diferente da ideia que eu fazia da sua pessoa antes de conhecê-la. No lugar do que eu esperava ver – não sei bem por que, por exemplo – uma mulher alta, magra, com olhar fixo, penetrante, com mãos ossudas, com gestos bruscos, movidos por nervos continuamente sobressaltados sob uma tensão perpétua, eu encontrava uma mulher de uns quarenta anos, bastante rechonchuda, tranquila, com gestos simples, um pouco contidos,

---

23 N. da T. – Tecido usado em tapeçaria, com relevos perpendiculares às bordas.

no geral, com ar de uma boa burguesa. Duas coisas, entretanto, prendiam a atenção. Primeiramente, os olhos carregados de cintilações singulares, crepitando no fundo da órbita. Dir-se-ia um foco de fosforescências breves, ora azuladas, ora douradas. Se não me desagradasse a metáfora muito fácil, usada quando se trata de uma napolitana, eu diria que seu olhar parece com as lavas longínquas do Vesúvio, em uma noite escura. A outra particularidade era uma boca com contornos estranhos. Não sabemos se ela sorria, sofria ou desdenhava. Essas impressões chamavam a atenção ao mesmo tempo, sem que soubéssemos em qual delas devíamos nos deter; talvez encontremos aí a indicação das forças que se agitam nela, e sobre as quais ela não tem domínio.

Ela sentou-se, falou de todas as banalidades da conversa, com uma voz doce, cantante, como muitas mulheres de seu país. Ela compunha uma língua difícil para ela, não menos difícil para os outros, pois não era nem francês, nem italiano. Fazia esforços penosos para se fazer entender, o que conseguia pela mímica, pela vontade de obter o que queria. Entretanto, uma irritação persistente da garganta, como uma golfada de sangue chegando a curtos intervalos, obrigava-a a tossir, a pedir de beber. Confesso que esses acessos, que a faziam ficar toda vermelha, causaram-me uma grande perplexidade. Iríamos ter a inevitável indisposição do tenor raro, no dia em que ele deveria se fazer ouvir? Não era nada disso, felizmente. Era antes um sinal contrário, como um precursor da excitação extrema que iria invadi-la naquela noite. De fato, é digno de nota que, a partir do instante em que ela entrou... como direi? ... em estado de trabalho, a tosse, a irritação da garganta tinham completamente desaparecido.

Sobre a lã preta, digamos, sobre as calças de um dos presentes, Eusapia nos fez notar sobre seus dedos espécies de marcas diáfanas, formando um segundo contorno deformado e alongado. Ela nos disse que era o sinal de que ela iria dispor de grandes meios.

Sempre conversando, colocamos uma balança pesa-cartas sobre a mesa. Abaixando suas mãos de cada lado da balança pesa-cartas, a uma distância de dez centímetros, ela lhe impôs uma carga que levou o ponteiro ao número 35 gravado no mostrador indicador da pesagem. A própria Eusapia convidou-nos a constatar que ela não estava segurando, como poderíamos pensar, um fio de cabelo indo de uma mão à outra, e com o qual ela pudesse fraudulentamente apoiar sobre o prato da balança pesa-cartas. Tudo isso se passava sob a claridade de todas as luzes do salão. — A seguir, começou a série de experiências. Instalamo-nos ao redor de uma mesa retangular de madeira branca, mesa comum de cozinha. Éramos seis ao todo. Contra as cortinas, a uma das extremidades estreitas da mesa, Eusapia; à sua esquerda, também contra as cortinas, o senhor Georges Mathieu, engenheiro-agrônomo do Observatório de Juvisy; minha esposa; o senhor Flammarion, na outra extremidade, diante de Eusapia; a senhora Flammarion; e, finalmente, eu, que me encontrava, assim, à direita de Eusapia, e também contra a cortina. O senhor Mathieu e eu, cada um de nós segurava uma das mãos da médium apoiada sobre um joelho e, além disso, Eusapia pôs um pé sobre o nosso. Nenhum de seus movimentos, nem de pernas, nem de braços podia, consequentemente, escapar-nos. Portanto, é preciso que se note que, para essa mulher, só restava o uso da cabeça, depois do seu busto, privado de braços, e totalmente comprimido contra nossos ombros.

Apoiamos as mãos sobre a mesa. Em poucos instantes, a mesma oscilou, manteve-se sobre uma perna, bateu no chão, empinou-se, elevou-se inteiramente, ora a vinte, ora a trinta centímetros do chão. – Eusapia soltou um grito agudo, semelhante a um grito de alegria, de libertação. A cortina, às suas costas, inflou-se e, toda inchada, avançou sobre a mesa. – Outras pancadas foram dadas, na mesa, e simultaneamente no assoalho, a uma distância de três metros, aproximadamente, de nós. Tudo isso em plena luz.

Já excitada, com uma voz suplicante, com palavras entrecortadas, Eusapia pediu que atenuássemos a luz: ela não podia suportar o seu brilho nos olhos, afirmou que estava incomodada, queria que nos apressássemos, pois, acrescentou, iríamos ver belas coisas. Depois que um de nós colocou a lâmpada no chão, atrás do piano, no ângulo oposto ao lugar em que estávamos (aproximadamente a 7,50 metros de distância), Eusapia não via mais a luz, e ficou satisfeita. Mas nós distinguíamos nossos rostos, o dela e nossas mãos. Não devemos es-

quecer que o senhor Mathieu e eu, tínhamos, cada um, um pé da médium sobre o nosso, que segurávamos suas mãos e seus joelhos, que comprimíamos seus ombros. A mesa continuava a vacilar, sobressaltar. Eusapia chamou-nos: acima de sua cabeça, apareceu uma pequena mão, como a de uma jovenzinha de quinze anos, a palma para frente, os dedos juntos, o polegar afastado. A cor daquela mão era lívida; a forma não era rígida e tampouco fluida; dir-se-ia, antes, ser a mão de uma grande boneca, com pele forrada de farelo.
Quando, para desaparecer, a mão se retirou da iluminação – seria um efeito óptico? – ela pareceu se deformar, como se os dedos se quebrassem, a começar do polegar. O senhor Mathieu foi empurrado violentamente por uma força que agia por trás da cortina. Ele foi apertado por uma mão vigorosa, disse ele. Sua cadeira foi também empurrada. Puxaram-lhe os cabelos.
Enquanto ele se queixava das violências que estava sofrendo, escutamos o som do pandeiro que foi, a seguir, projetado vivamente sobre a mesa. A seguir chegou, da mesma maneira, o violino cujas cordas ouvimos ser tocadas. De posse do pandeiro, perguntei ao invisível se ele queria pegá-lo. Senti uma mão agarrar o instrumento. Eu não quis largá-lo. Iniciou-se uma luta entre mim e uma força que estimo ser considerável. No conflito, um esforço violento empurrou-me o pandeiro contra a mão, até fazer penetrar seus guizos em minhas carnes. Senti uma dor viva e o sangue vertendo abundantemente. Desisti. Sob a luz, logo após, pude constatar que sobre o polegar direito eu tinha um corte profundo, de dois centímetros de largura. – A mesa continuou a vacilar, a bater no assoalho com golpes redobrados, o acordeão foi jogado sobre a mesa. Peguei-o pela sua parte inferior e perguntei ao invisível se poderia puxá-lo pela outra extremidade, de modo a poder tocá-lo; a cortina avançou, o fole do acordeão foi puxado e recuado metodicamente, as teclas foram erguidas e ouvimos várias notas diferentes.
Eusapia soltou vários gritos, espécie de estertores; foi tomada por contorções nervosas e, como se pedisse socorro, gritou: *La catena! La catena!* (A corrente! A corrente!). Formamos, então, a corrente, segurando-nos as mãos. A seguir, da mesma forma que desafiaria um monstro, ela voltou-se, o olhar inflamado, para um

enorme divã, e *o mesmo avançou em nossa direção.* Ela o olhou com um riso satânico. Finalmente, ela soprou sobre o divã, que retrocedeu docilmente. Eusapia, abatida, permaneceu relativamente calma. Ela estava oprimida; seu seio arfou violentamente e ela deitou a cabeça no meu ombro.

O senhor Mathieu, irritado com os golpes de que constantemente foi vítima, pediu para mudar de lugar. Segurei Eusapia. Ele trocou de lugar com a senhora Flammarion que ocupou, portanto, a direita de Eusapia, ao passo que eu estava à sua esquerda. E sempre, a senhora Flammarion e eu, continuamos a segurar os pés, as mãos e os joelhos da médium.

A senhora Flammarion coloca uma garrafa e um copo no meio da mesa. Devido aos bruscos movimentos da mesma, a água entornou da garrafa derrubada. A médium ordenou imperativamente que enxugássemos o líquido, pois a água sobre a mesa a ofuscava, a incomodava, a paralisava, disse ela. A senhora Flammarion perguntou ao invisível se ele podia despejar a água no copo. Após alguns instantes, a cortina avançou, a garrafa foi agarrada e o copo encheu-se pela metade. Isso foi repetido várias vezes.

A senhora Flammarion não podendo suportar por muito mais tempo os toques contínuos que lhe chegavam por meio da cortina, trocou de lugar com seu marido. Coloquei, sobre a mesa, meu relógio de repetição. Pedi ao invisível que o fizesse tocar. É muito difícil conhecer seu sistema de som, seu funcionamento é delicado, mesmo para mim que o utilizo diariamente. Ele consiste em um pequeno tubo cortado em dois, sendo que uma de suas partes desliza horizontalmente sobre a outra. Há, na realidade, apenas uma saliência de cerca de meio milímetro de espessura de tubo, sobre a qual é preciso, necessariamente apertar com a unha e empurrar para longe para acionar a campainha. – O relógio foi logo pego. Ouvimos dar corda. O relógio voltou para a mesa sem ter tocado.

Novo pedido para fazê-lo tocar. – O relógio foi pego novamente. Ouvimos a caixa se abrir e se fechar. Afirmei que não podia abrir essa caixa com minhas mãos, pois me era preciso a ajuda de uma ferramenta de ferro que agisse como uma alavanca. O relógio retornou novamente sem ter tocado.

Confesso que fiquei desencantado. Eu sentia que ia ter uma dúvida sobre a extensão do poder oculto que, todavia, se manifestara de modo tão evidente. Por que ele não podia fazer o relógio tocar? Teria eu, com meu pedido, ultrapassado os limites de sua capacidade? Iria ser eu a causa da perda da metade do valor de todos os fenômenos comprovados dos quais tínhamos sido testemunhas? Em voz alta eu disse: "Devo informar como a campainha funciona? – Não, não – respondeu vivamente Eusapia –, ele o fará!". Registro aqui que, no momento em que eu propunha indicar o sistema, passou pela minha mente a maneira pela qual se empurrava o pequeno tubo. Logo o relógio foi pego de sobre a mesa, e bem distintamente, por três vezes, ouvimos soar dez horas e três quartos.

Eusapia mostrava sinais visíveis de grande fadiga, suas mãos ardentes se crispavam, ela suspirava ruidosamente, buscando a respiração no fundo do peito, seu pé deixava momentaneamente o meu, raspava o assoalho, esfregava-o por meio de idas e vindas no sentido do comprimento. Eram gritos ofegantes, roucos, quedas dos ombros, risinhos, o canapé avançava ao seu olhar e recuava ao seu sopro, todos os instrumentos foram jogados desordenadamente sobre a mesa, o pandeiro elevou-se quase até a altura do teto, as almofadas chegaram até nós, derrubando tudo o que estava sobre a mesa. O senhor Mathieu foi derrubado de sua cadeira e esta, pesada cadeira de sala de jantar, em nogueira, com assento estofado, elevou-se no ar, chegou sobre a mesa com estrondo, depois foi empurrada para fora da mesa. Eusapia estava crispada, emocionada. Sentimos pena dela. Pedimos-lhe para que parasse. "Não, não!", ela gritou. Levantou-se, e nós a acompanhamos, *a mesa deixou o solo, atingiu a altura de sessenta centímetros*, depois caiu ruidosamente.

Eusapia, abatida, desmaiou sobre a cadeira.

Nós ficamos estupefatos, consternados, perturbados, a cabeça constrita como se estivéssemos em uma atmosfera carregada de eletricidade.

Com muitas precauções, o senhor Flammarion conseguiu acalmar a agitação de Eusapia. Cerca de um quarto de hora depois, ela finalmente voltou a si. Sob as luzes reavivadas, vimo-la indescritivelmente transfigurada. O olho apagado, o rosto com a metade do seu volume, os

dedos trêmulos, nos quais ela sentia agulhas que queria que extraíssemos. Pouco a pouco, ela foi recuperando totalmente os sentidos. Parecia não se lembrar de nada, nada entender da nossa estupefação. Tudo lhe era tão estranho, como se ela não tivesse assistido à sessão. Também não manifestou nenhum interesse. Para ela, parecia que estávamos falando de coisas das quais ela não tinha a mínima noção.
O que nós vimos? Mistério dos mistérios!
Nós tínhamos tomado todas as precauções para não sermos vítimas de cumplicidades e fraudes. Forças sobre-humanas agindo perto de nós, tão perto como se tivéssemos sentido a mesma respiração de um ser vivo, se houvesse algum, eis o que se passou sob nossos olhos, durante duas longas horas.
E quando a dúvida se apresenta, devemos concluir, levando em conta as condições em que nos encontrávamos, que a maquinação necessária para produzir tais efeitos seria, no mínimo, tão fenomenal quanto esses próprios efeitos.
O que era então?

No momento, não tenho nenhum comentário a fazer sobre esses relatórios das pessoas presentes. O essencial, parece-me, é deixar a cada um sua exposição e sua apreciação pessoais. O mesmo ocorrerá com os relatórios transcritos a seguir. Reproduzirei os principais. Apesar de algumas repetições inevitáveis, eles serão lidos, certamente, com um vivo interesse, tendo em vista o grande valor intelectual dos observadores.

RELATÓRIO DO SENHOR ADOLPHE BRISSON
(Sessão de 10 de novembro)

(Assistiam a essa sessão, além dos donos da casa: o professor Richet, o senhor e a senhora Adolphe Brisson, a senhora Fourton, o senhor André Bloch e o senhor Georges Mathieu).

Eis os fatos que observei pessoalmente, com os maiores cuidados.
Não deixei de segurar, com minha mão direita, a mão esquerda de Eusapia, ou de sentir seu contato. O con-

tato só foi interrompido duas vezes, no momento em que o doutor Richet sentiu uma picada no braço. A mão de Eusapia, fazendo movimentos violentos, escapou-me, mas consegui pegá-la novamente, após dois ou três segundos.

1º) Após dez minutos do início da sessão, a mesa elevou-se do lado de Eusapia, duas das suas pernas deixando o chão ao mesmo tempo.

2º) Cinco minutos mais tarde, a cortina inflou-se, como se tivesse sido empurrada por uma forte brisa. A mão com a qual eu segurava a de Eusapia apertou suavemente a cortina, e senti uma resistência, como se eu tivesse apertado uma vela de barco esticada pelo vento.

3º) Não somente a cortina inflou-se, formando um bolso, mas sua borda que tocava a janela afastou-se e retirou-se, como se tivesse sido erguida por uma abraçadeira invisível, desenhando aproximadamente este movimento:

4º) A cortina, inflando-se novamente, assumiu a forma de um nariz ou de um bico de águia, saliente acima da mesa de, aproximadamente, 20 ou 25 centí-
metros. Essa figura foi visível durante alguns segundos.

5º) Ouvimos por trás da cortina, o ruído de um móvel rolando sobre o assoalho; num primeiro impulso, ele chegou perto de mim; um segundo impulso derrubou-o com as pernas para o ar, nesta posição:
Era uma pesada cadeira estofada. Outros impulsos fizeram-na mexer-se, elevar-se e estremecer; finalmente, ela ficou quase no mesmo lugar onde tinha caído.

6º) Ouvimos o ruído de dois ou três objetos caindo no chão (eram os objetos colocados atrás da cortina, sobre a mesinha redonda). A cortina separou-se pelo meio, e o pequeno violino apareceu na penumbra. Suspenso no espaço como por mão invisível, ele avançou suavemente acima de nossa mesa, onde se abateu sobre minha mão e a da minha vizinha da esquerda.[24]
Por duas vezes, o violino levantou-se da mesa, logo voltando a cair sobre ela, dando um salto violento, *à*

---

[24] Na sessão seguinte, do dia 12 de novembro, o senhor Eugène M. Antoniadi (astrônomo francês), escreveu, baseado em um excelente croquis: "Fenômeno observado com uma certeza absoluta: o violino foi lançado sobre a mesa, 50 centímetros acima da cabeça de Eusapia".

maneira de um peixe que se mexe sobre a areia. A seguir, ele deslizou para o chão, onde permaneceu sem movimento até o fim da sessão.

7º) Um novo ruído de objetos rolando foi ouvido por trás da cortina. Dessa vez, era a mesinha redonda. Um primeiro esforço, muito enérgico, fê-la subir, pela metade, sobre nossa mesa; um segundo esforço empurrou-a totalmente, e ela postou-se sobre meus antebraços.

8º) Várias vezes, senti distintamente leves pancadas dadas no meu flanco direito, como se fossem feitas com a ponta de um instrumento agudo. Mas a verdade obriga-me a declarar que essas pancadas não mais se produziram depois que os pés de Eusapia foram presos, sob a mesa, pelo senhor Bloch. Assinalo essa correlação sem por isso presumir qualquer coisa contra a lealdade de Eusapia: tendo em vista que seu pé esquerdo não deixou meu pé direito durante toda a sessão, menos razões eu tenho para suspeitar dela.

Relatório do senhor Victorien Sardou
(Sessão de 19 de novembro)

(Assistiam a essa sessão, além dos donos da casa: o senhor V. Sardou, o senhor e a senhora Brisson, o senhor A. de Rochas, o professor Richet, o senhor G. de Fontenay, o senhor Gaston Méry, a senhora Fourton, e o senhor e a senhorita des Varennes).

Eu só relatarei aqui os fenômenos controlados por mim pessoalmente na sessão de sábado último. Consequentemente, nada digo da disposição do local, dos experimentadores, nem dos fatos que se produziram, primeiramente na obscuridade e puderam ser constatados por todos os presentes, como, por exemplo, estalos dentro da mesa, levitações, deslocamentos dessa mesa, pancadas etc. – projeção da cortina sobre a mesa, transporte do violino, do pandeiro etc. etc.
Tendo Eusapia me convidado a tomar, ao seu lado, o lugar do senhor Brisson, sentei-me à sua esquerda, ao passo que o senhor conservava seu lugar à direita dela. Com minha mão direita segurei a mão esquerda de Eusapia, e minha mão esquerda estava sobre a mesa, em contato com a mão da minha vizinha, pois a médium

insistiu repetidas vezes para que a corrente não fosse rompida. Seu pé esquerdo repousava sobre o meu pé direito e, durante toda a duração da experiência, não deixei, um segundo, de sempre segurar sua mão com a minha, que ela apertava fortemente, e que a acompanhou em todos os seus movimentos, da mesma forma que seu pé nunca deixou de estar em contato com o meu. Não deixei de me associar a todas as suas fricções sobre o assoalho, deslocamentos, contrações, crispações etc., que nunca tiveram nada de suspeito e nem foram suscetíveis de explicar os fatos que se produziram, ao meu lado, atrás de mim, ao meu redor e sobre mim! Em primeiríssimo lugar, e menos de um minuto após minha instalação à esquerda da médium, a cortina que estava mais próxima de mim, inflou-se e roçou em mim, como teria feito sob uma lufada de vento. A seguir, por três vezes, senti, sobre o flanco direito, uma pressão de curta duração, mas muito sensível. – Naquele momento, não estávamos no escuro, e havia luz suficiente para que as duas cortinas, a mesa, os rostos e as mãos de todos os presentes fossem perfeitamente visíveis. – Após fortes contrações nervosas e esforços, impulsos enérgicos de Eusapia, totalmente conformes a tudo o que eu vi em caso semelhante, e que só surpreendem os que nunca estudaram esses fenômenos, a cortina mais próxima de mim foi subitamente e com uma surpreendente força de impulso, projetada entre Eusapia e mim, na direção da mesa, bastante longe, escondendo-me inteiramente o rosto da médium. O violino, que antes de eu tomar meu lugar, tinha sido recolocado, juntamente com o pandeiro, no cômodo escuro, foi lançado ao meio da mesa, como por um braço invisível que, para isso, teria erguido e arrastado com ele a cortina.

Após o quê, a cortina voltou sozinha à sua posição inicial, mas não completamente, pois continuou um pouco inflada entre Eusapia e mim, com uma de suas dobras repousando sobre a borda da mesa, ao meu lado.

Então, o senhor pegou o violino e o mostrou a tal distância do vão entre as duas cortinas, que ele ficou inteiramente visível aos presentes, e o senhor convidou o agente oculto a pegá-lo.

Aconteceu que esse agente misterioso levou-o ao cômodo escuro, com tanta vontade quanto ele demonstrara ao trazê-lo.

As Forças Naturais Desconhecidas

O violino então caiu sobre o assoalho por trás das cortinas. A mais próxima de mim voltou à sua posição vertical, e ouvi durante um certo tempo, à minha direita, sobre o assoalho, atrás das cortinas, um rebuliço do violino, do pandeiro, deslocados, puxados, levantados, esfregados e ressoando... *sem que fosse possível atribuir qualquer uma dessas manifestações a Eusapia*, cujo pé encontrava-se, então, imóvel e fortemente comprimido contra o meu.

Pouco depois, senti contra minha perna direita, por trás da cortina, o roçar de um corpo duro que se esforçava para subir em mim, e pensei que fosse o violino. – Era ele, realmente, que, após um esforço infrutuoso para subir acima do meu joelho, caiu ruidosamente no assoalho. Quase imediatamente senti no quadril direito uma nova pressão que mencionei aos presentes. – Com a sua mão esquerda liberta da corrente, o senhor fez três vezes, na minha direção, o gesto de um maestro agitando sua batuta. – E a cada vez, com uma precisão perfeita, senti sobre o flanco, a repercussão da pancada ritmada com o seu gesto, e com um atraso de, no máximo, um segundo, que me pareceu corresponder exatamente ao tempo que seria necessário para que a transmissão de uma bola de bilhar ou de uma pela se fizesse do senhor até mim.

Alguém, o doutor Richet, creio eu, tendo falado de pancadas dadas no ombro de experimentadores, nas quais se faz sentir a ação e a configuração de mãos invisíveis, como prova de apoio à sua afirmação, recebi, sucessivamente, três pancadas no ombro esquerdo (ou seja, o mais afastado da cortina e da médium), mais violentas que as precedentes e, dessa vez, a marca de cinco dedos apoiados era muito perceptível. – Depois uma última pancada direta, aplicada no meio das costas, sem me provocar nenhuma dor, foi, entretanto, bastante forte para me inclinar, contra minha vontade, em direção à mesa!

Alguns instantes mais tarde, minha cadeira, mexendo-se sob mim, deslizou sobre o assoalho e foi deslocada de modo a me fazer virar um pouco as costas para o cômodo escuro.

Deixo às outras testemunhas o cuidado de dizer o resultado de suas observações pessoais: – Como explicar, por exemplo, que o violino que o senhor pegara sobre o assoalho e recolocara sobre a mesa, pudesse ter sido apresentado pela senhora Brisson, como o senhor o fizera anteriormente, e erguido, da mesma maneira, à vista de todos, enquanto eu segurava a mão esquerda de Eusápia, o senhor, a sua direita, e que com a mão que lhe restava livre, o senhor segurava o punho da mão esquerda? Nada digo, tampouco, de um aperto de mão na fenda da cortina, não tendo nada visto.

Mas o que bem vi, por exemplo, foi a aparição súbita de três luzinhas muito vivas, e muito rapidamente apagadas entre minha vizinha e mim, espécies de fogos-fátuos, semelhantes a faíscas elétricas e que se deslocavam com muita rapidez.

Em suma, só posso repetir aqui o que eu disse ao longo dessas experiências: "Se eu não estivesse convencido há quarenta anos, eu estaria essa noite".

Relatório do senhor Jules Claretie
(Sessão de 25 de novembro)

(Assistiam a essa sessão, além dos donos da casa: o senhor Jules Claretie e seu filho, o senhor Brisson, o senhor Louis Vignon, a senhora Fourton, a senhora Gagneur,[25] o senhor G. Delanne, senhor René Baschet, o senhor e a senhora Basilewski, o senhor Mairet – fotógrafo).

... Só anoto minhas impressões a partir do momento em que Eusapia, que me pegara a mão quando o senhor Brisson, que estava ainda sentado ao seu lado, pediu-me para substituí-lo. Estou certo de não ter largado a mão de Eusapia durante todas as experiências. Tive, constantemente, a sensação de sentir seu pé apoiado sobre o meu, pois o salto era perceptível. – Não creio ter, em nenhum momento, descerrado os dedos, podendo deixar livre a mão que eu segurava.

O que me impressionou foi o batimento das artérias da ponta dos dedos de Eusapia: o sangue pulsava febrilmente, precipitadamente.

Eu estava instalado ao lado da cortina. É simples dizer se ela foi puxada da direita para a esquerda ou da es-

---

25 N. da T. – Marie Louise Gagneur, escritora.

querda para a direita. O que não posso explicar é como ela pôde inflar até flutuar sobre a mesa como uma vela enfunada pelo vento.

Primeiramente, senti no meu flanco direito uma pancadinha leve. Depois, *através da cortina*, dois dedos pegaram-me e beliscaram-me a face. A pressão dos dois dedos era evidente. Uma pancada mais violenta que a primeira, atingiu-me o ombro direito, como vindo de um corpo duro, quadrado. Minha cadeira, por duas vezes, mexeu-se, virou, primeiro para trás e depois para frente.

Aqueles dois dedos que me beliscaram a face, eu os havia sentido – antes de tomar lugar ao lado de Eusapia – quando eu estendia, através da cortina, o pequeno livro branco que o senhor Flammarion me dera. Esse livro foi pego por *dois dedos* nus (digo nus porque as dobras da cortina não os cobriam) e desapareceu. Não vi esses dedos, eu os toquei, ou eles me tocaram, como o senhor quiser. Meu filho estendeu e deu, da mesma maneira, um porta-charutos, de couro, que foi agarrado da mesma forma.

Uma pessoa da assistência viu uma pequena caixa de música quadrada e bastante pesada desaparecer de modo idêntico.

Quase imediatamente, a caixa foi jogada ao nosso lado com certa violência, e eu posso falar da força da projeção e do peso do objeto, porque ele bateu sob meu olho e esta manhã, ainda, trago a marca do mesmo muito visível e sinto dor. – Eu não compreenderia que uma mulher sentada ao meu lado pudesse ter a força de lançar com tal vigor uma caixa que, para bater desse jeito, devia vir de bem longe.

Devo notar, todavia, que todos os fenômenos se produziam do mesmo lado e atrás da cortina, pela cortina, se assim o desejarem. Eu vi raminhos de folhagem caírem sobre a mesa, mas eles vinham do lado da referida cortina. Algumas pessoas garantem ter visto um graveto verde chegar pela janela que dá para a rua Cassini. Mas isso eu não vi.

Havia, atrás da cortina, uma mesinha redonda, muito próxima a mim. Eusapia tomou-me a mão e apoiou-a, segura pela sua, sobre a mesinha redonda. Senti a mesinha vacilar, mexer-se. Em um determinado momento, pensei ter sentido duas mãos perto e sobre a minha. Não me enganei, mas essa segunda mão era a do senhor Flammarion que segurava, por seu lado, a mão da médium. A mesinha redonda animou-se. Ela deixou o assoalho, elevou-se. Primeiramente, eu tive a sensação disso; depois, tendo a cortina se erguido e, de certa forma, se estendido sobre a mesa, vi distintamente o que se passava atrás dela: a mesinha redonda se mexia, subindo e descendo. De repente, ela elevou-se, inclinando-se, e voltou em minha direção, sobre mim, não mais na posição vertical, mas colocou-se, entre a mesa e mim, na posição horizontal, com a força suficiente para me forçar a recuar, *a apagar-me*, a tentar afastar minha cadeira para deixar passar essa peça movente que parecia se debater entre a mesa e mim. Dir-se-ia que era um ser animado lutando contra um obstáculo, querendo passar ou andar, sem conseguir, pois foi detido pela mesa ou por mim. Em um determinado momento, a mesinha redonda estava sobre meus joelhos e se mexeu, se debateu, repito a palavra, sem que eu pudesse me explicar qual força a fazia mover-se.

E essa força era grande. Literalmente, o pequeno móvel empurrou-me e eu recuei, em vão, para deixá-lo passar. Alguns dos presentes, o senhor Baschet entre outros, disseram-me que naquele momento a mesinha estava sobre dois dedos. Dois dedos de Eusapia empurrando a mesinha redonda![26] Mas eu, que não largara sua mão esquerda, nem seu pé, eu que tinha a mesinha bem visível na semiobscuridade à qual estávamos habituados, eu nada vi nem senti nenhum esforço de Eusapia.

Eu gostaria de ter visto fenômenos *luminosos* se produzirem, aparições de luzes, claridades repentinas. O senhor Flammarion esperava que nós fôssemos ver algumas dessas coisas. Ele pediu que se produzissem. Mas Eusapia estava visivelmente cansada devido a essa longa e muito interessante sessão. Ela pediu um *poco di luce* (*um pouco de luz*). A luz foi acesa. Tudo estava acabado.

Esta manhã, eu me lembro com uma espécie de curiosidade sempre ansiosa dos mínimos detalhes dessa noite tão cativante. Quando nos encontramos diante do Observatório, ao deixarmos nossos amáveis anfitriões, eu me perguntava se eu sonhara. Mas eu me dizia: "Mas lá havia as habilidades da prestidigitadora, *truques* de teatro". Meu filho me lembrava os prodígios de destreza

---

26 Isso é absolutamente verdade, disse-me meu filho relendo essas linhas.

dos irmãos Isola.[27] Esta manhã – coisa singular – a reflexão torna-me ao mesmo tempo mais perplexo e menos incrédulo. Há talvez, há certamente nisso tudo uma força desconhecida que estudaremos e quiçá utilizaremos um dia. Não ousarei mais negar. Não se trata de magnetismo animal, é outra coisa, eu não sei o quê, um *quid divinum* (*algo de divino*), embora a ciência deva analisá-lo, catalogá-lo um dia. Talvez o que ainda tenha mais me impressionado foi aquela cortina enfunada como uma vela de barco! De onde vinha o sopro? Teria sido necessária uma verdadeira brisa para animá-la. Entretanto, eu não discuto, eu deponho. Eu vi tudo isso, eu vi muito bem. Pensarei no que vi por muito tempo. Eu não concluo. Procurarei uma explicação. É possível que eu a encontre. Mas o que é certo, é que devemos ser modestos diante de tudo o que nos parece imediatamente inexplicável e que, antes de afirmar ou de negar, devemos esperar.

Nesse ínterim, eu penso, apalpando meu maxilar direito um pouco dolorido, no verso de Regnard,[28] e eu o mudo um pouco, pensando na caixinha de música, um pouco dura:

Vejo que é um corpo e não um espírito.

Relatório do doutor Gustave Le Bon
(Sessão de 28 de novembro)

(Assistiam a essa sessão, além dos donos da casa: o senhor e a senhora Brisson, os senhores Gustave Le Bon, Baschet, de Sergines, Louis Vignon, Laurent, Edmond de Rothschild,[29] Delanne, Bloch, Mathieu, Ephrussi,[30] Condessa de Chevigné,[31] senhoras Gagneur, Syamour,[32] Fourton, Basilewska, Bisschofsheim).[33]

Eusapia é, indubitavelmente, uma pessoa maravilhosa.
Fiquei muito impressionado de ver que, enquanto eu

---

27 N. da T. - Émile e Vincent Isola, ilusionistas e prestidigitadores, franceses naturalizados, inventores de um projetor de filmes, o "isolatógrafo".
28 N. da T. - Jean-François Regnard, poeta cômico e dramaturgo francês.
29 N. da T - Colecionador e filantropo.
30 N. da T. – Charles Ephrussi, crítico e colecionador de arte.
31 N. da T. – Laure de Sade.
32 N. da T. – Marguerite Grandeur, apelidada Syamour, escultora francesa.
33 N. da T. – Marie Thérèse de Chevigné, casada com o banqueiro Maurice Bisschofsheim.

lhe segurava a mão, ela tocava um pandeiro imaginário, que correspondia aos sons do pandeiro colocado atrás da cortina. Nesse caso, não vejo possibilidade de truque, o mesmo acontecendo no caso da mesa.
Meu porta-cigarros foi apanhado por uma mão muito vigorosa, que torceu energicamente o objeto em minha mão. Fiz minhas restrições e pedi para ver novamente a experiência. O fenômeno era tão singular e tão fora do que nós podemos compreender, que é preciso, primeiramente, tentar as explicações naturais. Ora:
1º) É *impossível* que tenha sido Eusapia. Eu segurava uma de suas mãos e *via o outro braço*, e coloquei o porta-cigarros em tal posição que, *mesmo com os dois braços livres*, ela não poderia ter produzido o fenômeno.
2º) Não é provável que tenha sido um cúmplice, mas não seria possível que o inconsciente de Eusapia tenha sugerido ao inconsciente de uma pessoa que estivesse perto da cortina para passar a mão por trás e operar? Todos estariam agindo de boa-fé, mas enganados pelo inconsciente. Seria necessário verificar esse ponto capital, pois nenhuma experiência valeria aquela *demonstrada*.
A partida de Eusapia não poderia ser retardada? Não teremos novamente essa oportunidade, e seria necessário esclarecer melhor o fenômeno da mão.
A mesa, evidentemente, elevou-se; mas é um fenômeno físico fácil de admitir. A mão que veio pegar meu porta-cigarros fez um ato de vontade que implica uma inteligência, e isto é uma coisa bem diferente. Eusapia poderia levantar uma mesa a um metro, sem que minha concepção científica do mundo fosse, por isso, alterada. Mas fazer intervir um espírito, seria provar que existem espíritos, e o senhor pode ver as consequências.
Quanto à mão que pegou o porta-cigarros, não é *com certeza* a de Eusapia (o senhor sabe que sou bastante desconfiado e que eu olhava); mas ao lado da cortina, no salão, havia muita gente, e muitas vezes o senhor me ouviu pedir que as pessoas se afastassem da cortina. Se nós pudéssemos estudar Eusapia *absolutamente sozinhos*, em um cômodo onde nos fechássemos à chave, o problema seria rapidamente elucidado.

Não pude fazer essa verificação, pois a sessão a que o doutor Le Bon assistia foi a última das quais Eusapia havia consentido em realizar na minha casa. Mas a objeção não tem nenhum valor. Estou absolutamente certo de que ninguém se insinuou por trás da cortina, nem nesse caso particular, nem em nenhum outro. Minha esposa, também, ocupou-se particularmente em observar o que lá se passava, e nunca pôde descobrir nada de suspeito. Há somente uma hipótese, ou seja, que a própria Eusapia tenha pegado os objetos. A partir do momento que o doutor Le Bon declarou o fato impossível, de acordo com seu próprio controle, somos obrigados a admitir a existência de uma força psíquica desconhecida.[34]

Relatório do senhor Armelin
(Sessão de 21 de novembro)

(Para essa sessão, eu solicitara a três membros da Société

---

[34] Durante a correção das provas destas páginas (outubro de 1906), recebi do doutor Gustave Le Bon a seguinte nota:

> Quando de sua última estada em Paris (1906), pude obter de Eusapia a realização de três sessões em minha casa. Solicitei de um dos mais argutos observadores que conheço, o senhor (Albert) Dastre, membro da Academia de Ciências e professor de fisiologia na Sorbonne, a gentileza de vir assistir às experiências. Estavam presentes, também, meu preparador, o senhor Michaux, e a pessoa a cuja obsequiosa intervenção eu devia a presença de Eusapia.
> Além da levitação da mesa, nós vimos repetidas vezes, e quase em pleno dia, aparecer uma mão, primeiramente a cerca de um centímetro acima da cabeça de Eusapia, depois ao lado da cortina que a cobria em parte, a cinquenta centímetros aproximadamente de seu ombro.
> Organizamos, então, para a segunda sessão, métodos de controle. Graças à possibilidade de produzirmos atrás de Eusapia uma iluminação da qual ela não tinha conhecimento, nós pudemos ver um dos seus braços, muito habilmente subtraído de nosso controle, alongar-se horizontalmente por trás da cortina e ir tocar o ombro do senhor Dastre e, outra vez, dar-me um tapa na mão.
> Concluímos de nossas observações que os fenômenos observados nada tinham de sobrenatural.
> No que diz respeito à elevação da mesa, extremamente leve, colocada diante de Eusapia, e que suas mãos não abandonaram, nós não pudemos formular explicações decisivas. Devo observar, somente, que Eusapia reconheceu ser impotente para deslocar, o mínimo que fosse, os objetos muito leves colocados sobre essa mesa.

Após essa nota, o senhor Gustave Le Bon declarou-me verbalmente que, para ele, nessas experiências tudo é fraude.

Astronomique (Sociedade Astronômica) da França para exercer o mais severo controle possível: o senhor Antoniadi,[35] meu astrônomo adjunto no Observatório de Juvisy, o senhor Mathieu, engenheiro-agrônomo do mesmo Observatório, o senhor Armelin, secretário da Sociedade Astronômica. Este último endereçou-me o relatório abaixo. Além desses, também assistiam à sessão: o senhor e a senhora Brisson, os senhores Baschet, o senhor Jules Bois,[36] a senhora Fourton, a condessa de Labadye).

>Às 9h45min Eusapia sentou-se, de costas para a fenda da cortina, as mãos sobre a mesa. A convite do senhor Flammarion, o senhor Mathieu sentou-se à sua direita, com a missão de controlar constantemente a mão direita de Eusapia, e o senhor Antoniadi, à sua esquerda, com a mesma missão para a outra mão. Eles controlavam, também, seus pés. À direita do senhor Mathieu, a condessa de Labadye; à esquerda do senhor Antoniadi, a senhora Fourton. À frente de Eusapia, entre as senhoras de Labadye e Fourton, os senhores Flammarion, Brisson, Baschet e Jules Bois.
>Deixamos aceso um bico de gás do lustre, cuja luz projetava-se quase sobre a mesa, e uma pequena lâmpada com abajur colocada no chão, por trás de uma poltrona, próxima à parte oposta do salão, no sentido do comprimento, à esquerda da lareira.
>Às 9h55 min., a mesa elevou-se do lado oposto à médium e voltou a cair ruidosamente.
>Às 10h, ela elevou-se do lado da médium, que retirou suas mãos, e as outras pessoas mantiveram as suas mãos levantadas; o efeito se repetiu três vezes. Na segunda vez, enquanto a mesa estava no ar, o senhor Antoniadi declarou estar se apoiando nela com toda a sua força, mas que não conseguia abaixá-la. Na terceira vez, o senhor Mathieu apoiou-se sobre ela e sentiu a mesma resistência. Durante esse tempo, Eusapia estava com seu punho direito fechado, dez centímetros acima da mesa, parecendo estar apertando fortemente alguma coisa. O efeito durou vários segundos. Não é possível nenhuma dúvida sobre essa elevação da mesa. Quanto a mesa voltou a cair, Eusapia parecia estar sentindo um relaxamento após um grande esforço.

---

35 N. da T. – Eugène Michael Antoniadi.
36 N. da T. – Henry Antoine Jules-Bois, escritor francês.

Às 10h3min, a mesa elevou suas quatro pernas ao mesmo tempo, mais do lado da médium, onde ela subiu cerca de 20 centímetros. A seguir, ela tornou a cair bruscamente. *Enquanto ela estava no ar, Eusapia fez com que seus dois vizinhos constatassem que eles estavam lhe segurando muito bem as mãos e os pés, e que ela não tinha nenhum contato com a mesa.* Ouvimos, a seguir, pancadas leves produzidas dentro da mesa. Eusapia levantou a mão do senhor Antoniadi cerca de 20 centímetros acima da mesa e com seu dedo, bateu três vezes nessa mão. As três pancadas são simultaneamente ouvidas dentro da mesa.

Para provar que não agia nem com suas mãos, nem com seus pés, ela se colocou enviesada, à esquerda, sobre sua cadeira, esticou as pernas, e pôs seus pés sobre a beira da cadeira do senhor Antoniadi; ela estava bem à vista e suas mãos seguras. Logo a cortina se agitou do lado do senhor Antoniadi.

Das 10h10min às 10h15min, várias vezes seguidas, a mesa deu cinco pancadas. A cada vez, diminuímos um pouco mais o gás, e a cada vez a mesa se mexia sem contato.

Às 10h20min, a mesa balançou, suspendeu-se, mantendo-se sobre as duas pernas do lado mais longo. Depois, ela *levantou suas quatro pernas, a uma altura de vinte centímetros.*

10h25min. A um movimento da cortina, o senhor Flammarion disse que se havia alguém atrás dela, que lhe viesse apertar as mãos. Estendeu sua mão em direção à cortina, a uma distância de aproximadamente dez centímetros. A cortina foi empurrada; vimos algo parecido com uma mão formar-se e aproximar-se. A médium teve um riso nervoso, e repetia: "Pegue! Pegue!".
O senhor Antoniadi sentiu, através da cortina, o choque de um corpo macio, como uma almofada. Mas a mão do senhor Flammarion não foi pega. Ouvimos ruídos de objetos serem mexidos, os guizos de um pandeiro.
De repente, a médium, largando o senhor Mathieu, estendeu sua mão por sobre a mesa, em direção ao senhor Jules Bois que a pegou. Nesse momento, atrás da cortina, um objeto caiu com grande barulho.
10h35min. Eusapia, deixando novamente livre sua mão direita, manteve-a acima do seu ombro esquerdo, os dedos para a frente, a vários centímetros da cortina, e deu

no ar, quatro ou cinco pancadas que ouvimos soar no pandeiro. Várias pessoas pensaram estar vendo, através da abertura das cortinas, um fogo-fátuo.
Até esse ponto, o gás tinha sido gradualmente diminuído.
Em certo momento, eu não conseguia mais ler, mas eu distinguia ainda nitidamente as linhas bem horizontais do que escrevia. Via perfeitamente as horas em meu relógio, bem como os rostos, sobretudo o de Eusapia, voltado para a luz. Apagamos, então, completamente a luz.
Às 10h40min, o gás apagado, eu conseguia enxergar os números no meu relógio, mas com dificuldade e continuava a ver as linhas do que tinha escrito, mas sem conseguir lê-las.
Eusapia quis que alguém lhe segurasse a cabeça, o que foi feito. Depois, pediu que lhe segurassem os pés. O senhor Baschet se pôs de joelhos sob a mesa e segurou-os. O senhor Antoniadi exclamou: "Estou sendo tocado!", e disse estar sentindo uma mão. Vi muito bem a cortina inflar-se. A senhora Flammarion, cuja silhueta eu percebi contra o brilho da janela, com a cabeça inclinada, avançou para trás da cortina para observar atentamente se a médium fazia alguns gestos suspeitos.
Como uma das pessoas presentes mudara de lugar, Eusapia queixou-se: *La catena! La catena!* A corrente foi refeita.
Às 10h45min, a cortina inflou-se novamente. Ouvimos um choque. A mesinha redonda tocou o cotovelo do senhor Antoniadi. A senhora Flammarion, que não deixara de olhar por trás da cortina, disse que ela via a mesinha redonda caída, com as pernas para o ar, agitando-se. Ela pensava estar vendo claridades em direção ao chão.
O senhor Mathieu sentiu uma mão e um braço empurrarem a cortina contra si. O senhor Antoniadi disse estar sendo tocado por uma almofada, sua cadeira foi puxada e rodou sob ele. Ele sentiu, novamente, seu cotovelo ser tocado por um objeto.
Constatamos que o senhor Jules Bois segurava a mão direita de Eusapia sobre a mesa; o senhor Antoniadi garantiu estar-lhe segurando a mão esquerda e, o senhor Mathieu, os pés.
A cortina agitou-se, ainda, mais duas vezes: o senhor Antoniadi foi atingido nas costas, muito forte, segundo ele, e uma mão puxou-lhe os cabelos.

A única coisa que continuava acesa era a pequena lâmpada com abajur, atrás de uma poltrona, no fundo do salão. Continuei a escrever, mas minhas linhas assumiam todas as formas.
Subitamente, o senhor Antoniadi gritou que estava sendo envolvido pela cortina, que continuava em seus ombros. Eusapia exclamou: "O que está passando sobre mim?". A mesinha redonda avançou para baixo da cortina.
De pé contra a janela, a senhora Flammarion que não deixara de olhar por trás da cortina, disse que ela viu algo muito branco.
Simultaneamente, o senhor Flammarion, a senhora Fourton e o senhor Jules Bois avisam que eles tinham acabado de ver uma mão branca entre as cortinas, acima da cabeça de Eusapia e, no mesmo instante, o senhor Mathieu disse que seus cabelos estavam sendo puxados. A mão que foi vista, pareceu pequena, como a mão de uma mulher ou de uma criança.
O senhor Flammarion perguntou:
– Se aqui há uma mão, ela poderia segurar um objeto?
E o senhor Jules Bois estendeu um livro em direção ao meio da cortina da direita. O livro foi pego, segurado por dois segundos. A senhora Flammarion, cuja silhueta eu continuava a ver sobre o vidro claro e que olhava por trás da cortina, *gritou que vira o livro passar através da cortina!*
O senhor Flammarion propôs que acendêssemos a luz e verificássemos. Mas concordamos que a cortina já podia ter mudado de posição.
Um momento depois, a cortina inflou-se novamente e o senhor Antoniadi disse que tinha sido tocado, quatro ou cinco vezes, no ombro. Mais de dez vezes, Eusapia perguntou-lhe se ele estava "seguro" de estar lhe segurando a mão e o pé.
– Sim, sim, ele respondeu. Seguro, seguríssimo.
A senhora Fourton afirmou ter visto, pela segunda vez, uma mão esticada e, dessa vez, tocando o ombro do senhor Antoniadi.
O senhor Jules Bois declarou ter visto, pela segunda vez, uma mão estendida na extremidade de um pequeno braço, mexendo os dedos, com a palma para frente. (Não foi possível determinar se essas duas visões foram simultâneas).
Habituamo-nos à quase completa escuridão; consegui ler 11h15min no meu relógio.

O senhor Antoniadi disse que sua orelha estava sendo fortemente beliscada. O senhor Mathieu declarou estar sendo tocado.

O senhor Antoniadi sentiu que sua cadeira estava sendo puxada: ela caiu no chão. Ele levantou-a e sentou-se novamente e foi, de novo, tocado, fortemente, no ombro. Aproximadamente às 11h20min, a pedido de Eusapia, o senhor Flammarion substituiu o senhor Mathieu. Segurou-lhe os dois pés e uma das mãos e o senhor Antoniadi segurou-lhe a outra. Diminuímos mais uma vez a luz. Fez-se uma escuridão quase total.

No momento em que senhor o Flammarion fazia a observação de que lá havia manifestadamente uma força física desconhecida, mas não talvez uma individualidade, ele sentiu, de repente, sua mão estar sendo agarrada por outra, e interrompeu-se. A seguir, pouco depois, ele se queixou de que sua barba estava sendo puxada (do lado oposto à médium, no qual eu me encontrava, e por isso, nada pude perceber).

Às 11h30min, a lâmpada foi aumentada. Estava relativamente claro. A cortina, após todos aqueles movimentos, encontrava-se cada vez mais afastada, enquadrando a cabeça de Eusapia e, de repente, acima de sua cabeça, todos vimos o pandeiro aparecer lentamente e cair com um barulho de chocalhos sobre a mesa. Ele me pareceu mais iluminado do que o justificaria a fraca claridade da lâmpada dissimulada, e como se estivesse acompanhado de clarões brancos fosforescentes, mas talvez fossem os brilhos dos seus ornamentos dourados que, entretanto, deveriam ser mais amarelados.

Novamente a lâmpada foi diminuída e ouvimos um ruído de móvel sendo arrastado, e a mesinha redonda foi levada para *cima* da mesa. Retiramo-la, e o pandeiro dançou sozinho com um tilintar particular. A senhora Fourton declarou que sua mão foi apertada e o antebraço beliscado.

Às 11h45min, a cortina da janela foi, por sua vez, fechada, e ao fim de um momento, todos nós vimos juntos, na direção onde devia estar a fenda da cortina de canto, acima da cabeça de Eusapia, uma grande estrela branca da cor de Vega, maior e menos brilhante, e que permaneceu imóvel durante alguns segundos e depois se apagou.

Pouco depois, uma claridade bruxuleante, da mesma cor branca, passou pela cortina da direita, desenhando duas ou três hastes de alguns centímetros, como um N muito alongado.

Embora já fosse noite, chegava ainda suficiente claridade pelas duas janelas sem cortinas e pelo brilho fraco da lâmpada atrás da poltrona, para que nós distinguíssemos nossos vizinhos. No grande espelho que estava perto de nós, acima do divã, nossas silhuetas se desenhavam. Os colarinhos brancos dos homens apareciam nitidamente, os rostos um pouco menos. Eu vi muito bem, entretanto, à minha esquerda, o senhor Baschet, à minha direita, a senhora Brisson, de pé, com a mão sobre os olhos, e a senhora Flammarion que fora sentar-se ao seu lado.

O senhor Flammarion recebeu sobre a cabeça um objeto que deslizou pelos seus cabelos. Ele pediu à senhora de Labadye que o pegasse e caiu-lhe sobre as mãos uma caixa de música, que se encontrava antes da sessão sobre o cimácio, no canto cortado pela cortina.

À mesa, o senhor Brisson tomou o lugar anteriormente ocupado pelo senhor Flammarion diante de Eusapia. Ele recebeu em pleno rosto uma almofada. Tendo-me aproximado do espelho, vi o reflexo dessa almofada passar sobre a claridade relativa do fundo do cômodo. O senhor Baschet pegou a almofada, e apoiou os cotovelos sobre a mesa. Ela lhe foi violentamente arrancada, saltou por cima das cabeças, foi projetada sobre o espelho e caiu sobre o divã, rolando-me sobre o pé.

Tudo isso aconteceu sem que eu pudesse perceber nenhum movimento da médium.

Meia-noite se aproximava. – A sessão foi encerrada.

Após a sessão, os senhores Antoniadi e Mathieu declararam que o controle do qual tinha sido encarregados não pôde ser realizado e que eles não tinham certeza de terem sempre segurado as mãos da médium.

Relatório do senhor Antoniadi
(Mesma sessão)

Eu prestarei exatamente conta do meu papel para satisfazer o seu desejo de conhecer a verdade.

Fiz questão de me assegurar se havia *um único* fenômeno que não poderíamos explicar da maneira mais simples, e cheguei à conclusão de que não havia. Garanto ao senhor, sob minha palavra de honra, que minha atitude silenciosa, observadora, *convenceu-me, acima de qualquer espécie de dúvida, que tudo é fraude, do começo ao fim*; que não resta dúvida de que Eusapia substitui invariavelmente suas mãos ou seus pés e que nunca a mão ou o pé que pensamos controlar está fortemente seguro ou apertado no momento da produção dos fenômenos. Minha conclusão indubitável é que *nada* se produz sem substituição. Devo acrescentar aqui que, durante certo tempo, fiquei muito surpreso de ter sido tocado fortemente nas costas, por detrás da cortina, enquanto eu estava claramente segurando *duas mãos* com minha mão direita. Felizmente, entretanto, naquele momento, tendo a senhora Flammarion aumentado um pouco a luz, vi que eu segurava a mão *direita* de Eusapia e... a sua!

A substituição é feita por Eusapia com uma destreza extraordinária, e, para constatá-la, tive que concentrar minha mente nos seus mínimos movimentos, com a mais severa atenção. Mas é o primeiro passo que é difícil, e uma vez familiarizado com seus truques, eu predizia sem erro, *todos* os fenômenos apenas com a sensação do toque.

Sendo muito observador, tenho certeza absoluta de não me ter enganado. Eu não estava nem hipnotizado, nem absolutamente assustado durante a produção da "chegada" dos objetos. E como não sou louco, creio que minhas afirmações merecem um certo peso.

É verdade que, durante a sessão, eu não estava sendo sincero, disfarçando a verdade sobre a eficácia do meu controle. Eu fiz isso com o único intuito de fazer Eusapia acreditar que eu tinha me convertido ao espiritismo e, consequentemente, *de evitar o escândalo*. Mas, a finda a sessão, a Verdade me sufocava, e eu não tinha nada de mais urgente a fazer do que comunicá-la ao meu grande benfeitor e Mestre.

Não é prudente ser muito categórico. E é com esse objetivo que sou sempre reservado no que se refere à interpretação dos fenômenos naturais. Em consequência, eu não poderia ser terrivelmente categórico na questão do absoluto charlatanismo das manifestações de Eusapia, antes de ter, como disse Shakespeare "tornado a certeza duplamente segura".

Não tenho nenhuma ambição pessoal na via espírita, e todas as observações atentas que fiz durante a sessão de 21 de novembro são apenas uma pedra a mais para contribuir com a edificação da Verdade.

Não é por prevenção que eu não creio na realidade das manifestações, e posso garantir ao senhor que se eu pudesse ver *o mínimo* fenômeno realmente extraordinário ou inexplicável, eu seria o primeiro a admitir meu erro. A leitura de vários livros fez-me admitir a possível realidade dessas manifestações; mas a experiência direta convenceu-me do contrário.
Minha franqueza nesta exposição infelizmente beira à indiscrição. Mas franqueza aqui é sinônimo de devotamento, pois seria traí-lo se eu mascarasse por um instante a causa sagrada da Verdade.

Relatório do senhor Mathieu
(Sessão de 25 de novembro)

A sessão começou às 9h30min. O senhor Brisson, que controlava o lado esquerdo, colocou seus dois pés sobre os dois pés de Eusapia. O senhor Flammarion, que controlava o lado direito, segurava os seus joelhos. Logo a mesa inclinou-se à direita, as duas pernas esquerdas levantadas, para depois cair. A seguir, a elevação das duas pernas direitas e, finalmente, a elevação total das quatro pernas, cerca de 15 centímetros acima do chão (o contato sobre os pés da médium garantido e os seus joelhos imóveis). Eu tirei a fotografia disso.
9h37min, pequena elevação à esquerda; a seguir elevação à direita e elevação total (fotografia).
Durante as levitações da mesa, o salão estava iluminado por um forte bico Auer. Apagamo-lo e substituímo-lo por uma pequena lâmpada que foi colocada atrás de uma tela, ao fundo do cômodo.
Controle garantido das mãos e dos pés feito pelos senhores Brisson e Flammarion.
O senhor Brisson foi levemente tocado no quadril direito e *nesse momento vimos bem as duas mãos de Eusapia.*
Às 9h48min, a cortina agitou-se e depois se inflou por três vezes diferentes.
O senhor Brisson foi novamente tocado no quadril direito; a cortina ergueu-se como se estivesse sendo puxada por uma abraçadeira.
O senhor Flammarion, que segurava a mão de Eusapia,

fez três gestos, e a cada um desses gestos correspondia um afastamento da cortina.

Eusapia recomendou que "prestássemos atenção à temperatura da médium: vocês a encontrarão alterada após cada fenômeno".

Às 9h57min, diminuímos a luz, que a partir de então ficou muito fraca. A cortina se inflou e, no mesmo momento, o senhor Brisson foi tocado e, a seguir, a cortina foi violentamente lançada sobre a mesa.

A pedido de Eusapia, o senhor Delanne tocou, ligeiramente, a parte posterior de sua cabeça, e vimos a cortina agitar-se levemente.

Eusapia pediu que entreabríssemos uma janela, a do meio do salão, dizendo que veríamos algo novo.

O senhor Flammarion segurou com sua mão esquerda os joelhos da médium e, com a mão direita, o punho, o polegar e a palma de sua mão direita, *diante dele, e à altura dos olhos;* o senhor Brisson segurou sua mão esquerda. Eusapia parecia estar chamando alguma coisa ao lado da janela, fazendo gestos e dizendo: "Eu o pegarei". Então, um pequeno ramo de alfena foi tocar a mão do senhor Flammarion, parecendo chegar da direção da janela. O senhor Flammarion pegou esse ramo.

Um instante depois, dois ramos de barrete saíram detrás da cortina à altura da cabeça do senhor Brisson, pela borda da cortina fortemente puxada para o alto, e caíram sobre a mesa.

O senhor Brisson, sempre à esquerda de Eusapia, foi a seguir tocado no quadril, *enquanto que a mão esquerda da médium estava à altura da barba do senhor Flammarion;* depois a cadeira do senhor Brisson foi puxada e empurrada.

Ouvimos, distintamente, atrás da cortina, a mesinha redonda que foi sacudida, e sobre a qual se encontrava o pandeiro; produziram-se algumas vibrações do pandeiro correspondendo aos movimentos da mesinha redonda. Nesse momento, o senhor Brisson avisou que ele perdera o controle do pé da médium por cerca de meio segundo, mas que ele ainda estava segurando os dois polegares, 25 centímetros afastados, e o senhor Flammarion estava segurando a mão esquerda, perto do seu peito.

A mão direita do senhor Brisson, segurando a mão esquerda de Eusapia, passou por trás da cortina, e ele disse que tinha a impressão de uma saia inflando-se sobre sua canela.

Logo, novas sacudidelas da mesinha redonda e do pandeiro, com o deslocamento da primeira (controle assegurado pelos senhores Flammarion e Brisson).

10h30min. Escutamos as sacudidelas da mesinha redonda dentro do gabinete. O senhor Flammarion fez gestos com a mão e movimentos sincronizados da mesa e do pandeiro se produziram no gabinete escuro.

10h35min. Repouso de alguns instantes solicitado por Eusapia. A sessão reiniciou-se às 10h43min.

O violino e a sineta são projetados violentamente pela fenda da cortina (o senhor Brisson garantiu estar segurando a mão direita da médium pelo polegar, sobre os joelhos de Eusapia, e o senhor Flammarion disse estar segurando a mão direita inteira).

Naquele momento, fotografia a magnésio; gritos e gemidos de Eusapia cega pela luz.

A sessão recomeçou alguns minutos depois e o senhor Jules Claretie, sentado à esquerda do senhor Brisson teve, por duas vezes, os dedos tocados por uma mão.

O senhor Baschet, de pé e fora da mesa, estendeu um violino para a cortina: esse violino foi pego e lançado ao interior do gabinete; ele estendeu um livro para a cortina: esse livro foi pego, mas caiu no chão, *diante da cortina.*

O senhor Claretie apresentou um porta-cigarros e sentiu uma mão que queria pegá-lo, mas ele resistiu e não largou o porta-cigarros. O senhor Flammarion pediu que ele abandonasse o objeto, e a mão pegou-o. Um instante depois, esse objeto foi lançado, do intervalo entre as duas cortinas, sobre a senhora de Basilewska, na outra extremidade da mesa. Ele fora apresentado e retirado do meio da cortina.

11 horas. Eusapia reclama um pouco mais de luz. O senhor Claretie tinha se tornado controlador da esquerda no lugar no senhor Brisson. Ele foi tocado do lado esquerdo e, a seguir, a mesinha redonda tombou ao chão enquanto avançava em direção à mesa. O senhor Claretie sentiu sua cadeira mexer-se da frente para trás, como se estivesse sendo puxada e, depois, ele foi tocado no ombro e sentiu uma pressão violenta na axila.

A cortina aproximou-se bruscamente do senhor Claretie, tocou-o e cobriu simultaneamente o senhor Claretie e a médium. O senhor Claretie foi, então, beliscado na face.

O senhor Flammarion apresentou à cortina a mão da senhora Fourton, e as duas mãos foram beliscadas através da cortina.

A caixa de música que estava no gabinete escuro, caiu sobre a mesa; as senhoras Gagneur e Flammarion notaram uma mão no mesmo momento.

O senhor Baschet apresentou a caixa de música para a cortina, a mão pegou-a de atravessado; ele resistiu, a mão o afastou; ele apresentou-a novamente, a mão pegou-a e jogou-a. A caixa assim lançada atingiu o senhor Claretie abaixo do olho esquerdo.

O pandeiro foi projetado sobre a mesa, após ter ficado suspenso por um momento acima da cabeça da médium.

Às 11h15min, elevação completa da mesa durante sete a oito segundos (controle absoluto dos senhores Flammarion e Claretie).

O senhor Flammarion teve o joelho beliscado pela mão; a seguir, a mesinha redonda transportou-se por sobre os joelhos do senhor Claretie e se impôs a ele, apesar todas as suas resistências.

Levitações da mesa, com verificação dos pés, em plena luz. Os pés de um dos controladores estavam por baixo, os do outro controlador por cima e os da médium entre os dois.

Relatório do senhor Pallotti
(Sessão de 14 de novembro)

(Assistiam a essa sessão, além dos donos da casa: O senhor e a senhora Brisson, o senhor e a senhora Pallotti, o senhor Le Bocain, o senhor Boutigny, a senhora Fourton).

No início da sessão, várias levitações da mesa se produziram e, como eu pedira ao espírito presente se ele podia me fazer ver minha filha Rosalie, recebi uma resposta afirmativa. Combinei, então, com o referido espírito que uma série de oito pancadas regulares indicar-me-ia o momento em que minha querida filha estaria ali. Após alguns minutos de espera, a quantidade indicada de pancadas se fez ouvir na mesa. Essas pancadas eram enérgicas e regularmente espaçadas.

Eu me encontrava, naquele momento, sentado do lado oposto à médium, ou seja, à sua frente, na outra extremidade da mesa. Tendo pedido ao espírito me beijar, me acariciar, logo senti um sopro muito frio diante do meu rosto; mas sem, entretanto, sentir a mínima sensação de estar sendo tocado.

Em certo momento, tendo a médium anunciado a materialização do espírito por meio destas palavras: *È venuta! È venuta!* (Ela chegou! Ela chegou!), distingui no meio da mesa uma sombra inicialmente escura e confusa, mas que, pouco a pouco, clareou-se e assumiu a forma da cabeça de uma jovem do mesmo tamanho que Rosalie.

Quando objetos tais como a caixa de música, o violino ou outros eram inopinadamente levados para a nossa frente, eu distinguia, muito nitidamente, a forma de uma pequena mão que saía da cortina, colocada quase diante de mim e que punha esses diversos objetos sobre a mesa.

Devo declarar que, durante esses fenômenos inexplicáveis, a corrente, nem por um instante, foi interrompida: teria sido, em consequência, materialmente impossível a qualquer um de nós servir-se das próprias mãos.

Eis, agora, os últimos fenômenos dos quais fui um pouco ator e espectador, e que encerraram a sessão.

Tendo um dos participantes, o senhor Boutigny, que fora noivo da minha filha, se afastado da mesa para ceder lugar a um dos espectadores, eu o vi aproximar-se da cortina da qual falei mais acima, a qual logo se entreabriu do seu lado.

Constatei esse fato com exatidão.

O senhor Boutigny anunciou então, em voz alta, que ele sentia estar sendo acariciado muito afetuosamente.

A médium que, naquele momento, encontrava-se em um estado de agitação extraordinário, repetia: *Amore mio! Amore mio!* (Meu amor! Meu amor!) e, a seguir, dirigindo-se a mim, interpelou-me, várias vezes, com estas palavras: *Adesso vieni tu! Vieni tu!* (Venha agora! Venha!).

Apressei-me em tomar o lugar que o senhor Boutigny ocupava perto da cortina e, nem bem tinha chegado, senti estar sendo beijado várias vezes. Pude, por um momento, tocar a cabeça que me beijava, a qual, aliás, retirou-se ao contato de minhas mãos.

Devo dizer que, enquanto esses fatos aconteciam, meus olhos vigiavam atentamente a médium, bem como todas as pessoas que se encontravam ao meu lado. Posso então atestar abertamente que não fui vítima de nenhuma ilusão, nem subterfúgio, e que a cabeça que eu toquei era uma cabeça real e estranha.

A seguir, senti que meu rosto, minha cabeça, meu pescoço e meu peito foram acariciados várias vezes pela mão que avançava por detrás da cortina. Enfim, eu vi a cortina se afastar e uma pequena mão, muito morna e suave, avançar e se colocar sobre minha mão direita. Coloquei vivamente minha mão esquerda nesse lugar para pegá-la, mas, após tê-la mantido apertada por alguns segundos, eu a senti como se fundindo entre meus dedos.

Antes de terminar, outra constatação:

O senhor Flammarion teve a extrema delicadeza de organizar essa sessão para mim e minha família; e basta dizer que ela se revestia de um caráter privado bem acentuado. Como a sessão durou das 9h20min às 11h45min, nós perguntamos à médium, várias vezes, se ela se sentia cansada. Eusapia respondia que não. Só foi quando o último fenômeno aconteceu, ou seja, quando minha família e eu fomos acariciados e beijados, que a médium, sentindo-se cansada, decidiu encerrar a sessão.

Minha esposa, tanto quanto eu, está convencida de ter beijado sua filha, de ter reconhecido sua cabeleira e o conjunto de sua pessoa.

Relatório do senhor Le Bocain
(Mesma sessão)

Eis alguns fenômenos extraordinários que notei ao longo dessa sessão e dos quais creio poder fazer um relato tão exato quanto imparcial, tendo pessoalmente tomado as mais minuciosas precauções, para certificar-me da perfeita lealdade das condições em que esses diversos fatos se produziram.

Obviamente, só estou falando dos fatos ou atos dos quais *eu próprio* fui interessado e espectador.

1º) No início da sessão e *enquanto* a mesa se entregava a todos os tipos de manifestações ruidosas, senti, nitidamente, a pressão de uma mão batendo-me amigavelmente sobre o ombro direito. Devo declarar, para a compreensão dos fatos:

a) Que eu me encontrava à direita da médium e segurava sua mão; além disso, seu pé ficou, durante toda a duração da sessão, colocado sobre o meu.

b) Que estando a mão de Eusapia, sempre segura pela minha, eu constatei, levando-a sobre os seus joelhos, *bruscamente,* no *exato momento e durante* o tempo em que a mesa se levantava do nosso lado, que seus membros inferiores se encontravam em uma posição normal e *totalmente imóveis.*

c) Que por essas diversas razões, pareceu-me fisicamente *impossível* que Eusapia pudesse ter feito qualquer uso dos seus dois membros que se encontravam ao meu lado para executar um movimento, mesmo inconsciente, capaz de originar a mínima suspeita.

2º) Senti, em um determinado momento, sobre minha face direita, a sensação de uma carícia. Eu sentia, bem distintamente, que era uma *mão real* que tocava minha epiderme, e não qualquer outra coisa. A mão em questão pareceu-me de pequena dimensão, e a pele era suave e morna.

3º) Perto do final da sessão, senti sobre as costas uma lufada de ar frio, ao mesmo tempo em que eu *escutei* se abrir lentamente a cortina que se encontrava atrás de mim. Então, tendo-me virado, intrigado, percebi, de pé ao fundo daquela espécie de alcova, uma forma difusa, mas, todavia, não o bastante para me impedir de reconhecer a silhueta de uma moça de estatura abaixo da média. Devo também dizer aqui que minha irmã Rosalie era de estatura baixa. A cabeça dessa aparição não era muito distinta; ela parecia cercada por uma espécie de auréola sombreada e a forma inteira dessa estátua, se posso me expressar dessa maneira, destacava-se muito pouco da escuridão de onde tinha surgido, ou seja, ela estava muito pouco iluminada.

4º) Dirigi-me ao espírito *em árabe,* mais ou menos nestes termos:

– Rosalie, se é realmente você que se encontra entre nós, puxe-me três vezes seguidas os cabelos na parte posterior da cabeça.

Aproximadamente dez minutos mais tarde, e quando eu tinha quase esquecido meu pedido, eu senti, *por três vezes* consecutivas, meus cabelos serem puxados como eu havia desejado. Atesto esse fato que foi, aliás, para mim, a mais convincente prova da presença de um espírito familiar em nossa vizinhança imediata.

LE BOCAIN, Ilustrador

Fiz questão de apresentar aqui esses diversos relatórios,[37] apesar de certas contradições e até por causa delas. Esses relatórios se completam entre si, dentro da independência absoluta de cada observador.

Podemos ver como o assunto é complexo e como é difícil formarmos uma convicção radical, uma verdadeira certeza científica.

Há fenômenos incontestavelmente verdadeiros; há outros que permanecem duvidosos e que podemos atribuir ao embuste, consciente ou inconsciente, e por vezes, também, a certas ilusões dos observadores.

A levitação da mesa, por exemplo, sua total separação do chão, sob a ação de uma força desconhecida contrária à gravidade, é um fato que, razoavelmente, não pode mais ser contestado.

Podemos notar, a esse respeito, que a mesa se ergue sempre hesitantemente e após balanços e oscilações, e que ela cai, ao contrário, diretamente, verticalmente e de uma só vez sobre suas quatro pernas.[38]

Por outro lado, a médium procura, constantemente, livrar uma das mãos, geralmente sua mão esquerda, do controle destinado a impedi-lo. Assim, um determinado número de toques sentidos e de deslocamentos de objetos podem ser devidos a uma substituição. Esse procedimento será objeto de um exame especial no quinto capítulo.

---

37 A essas oito sessões, eu poderia acrescentar uma nona, que se realizou no dia 5 de dezembro seguinte, no gabinete do professor Richet. Nenhum fato digno de nota se produziu, a não ser a inflação, em plena luz, de uma cortina de janela, cerca de 60 centímetros do pé de Eusapia, do qual eu a separava com minha perna esticada. Observação totalmente comprovada.
38 A que se deve a levitação da mesa? Não estamos, certamente, prestes a descobri-lo. A gravidade pode ser contrabalanceada pelo movimento.
Vocês podem se divertir, almoçando ou jantando, ao segurar uma faca com a mão. Se vocês a segurarem verticalmente, com a mão fechada, seu peso é contrabalanceado pela pressão da mão, e a faca não cai.
Abram a mão, deixando, todavia, juntos o polegar e o indicador: a faca deslizará como se estivesse dentre de um tubo bem largo.
Mas mexam a mão, com um balanço rápido, da esquerda para a direita, da direita para a esquerda: vocês criarão uma força centrífuga que mantém o objeto em suspensão vertical e que pode, até, lançar o objeto acima da mão, projetando-o no ar, se o movimento for suficientemente rápido.
Então, quem sustenta a faca e anula seu peso? A Força.
Não poderia acontecer que a influência dos experimentadores sentados ao redor da mesa colocasse em movimento especial as moléculas da madeira?
Elas já são, constantemente, colocadas em vibração pelas variações da temperatura. Essas moléculas são partículas infinitamente pequenas, que não se tocam.
Um movimento molecular não poderia contrabalancear a gravidade?
(Não apresento isso como uma explicação, mas como uma *imagem*).

As Forças Naturais Desconhecidas

Mas seria impossível a qualquer mão produzir o movimento violento da cortina, que parece ser inflada por um vento tempestuoso, e projetá-la até o meio da mesa, encapuzando as cabeças dos experimentadores. Para lançar a cortina com tal violência, seria preciso que a médium se levantasse, passasse por trás da cortina e a empurrasse fortemente com os braços estendidos etc. etc. Ora, ela permanece tranquilamente sentada em sua cadeira. Essas experiências nos colocam em um meio especial do qual é-nos difícil apreciar as diversas características físicas e psíquicas.

Quando da última sessão, durante a qual o senhor e a senhora Pallotti tiveram certeza de ter visto, tocado e beijado sua filha, eu não vi, naquele momento, nada daquela sombra que estava, entretanto, a alguns metros de mim, embora tenha visto, alguns instantes antes, a cabeça de uma jovem. É verdade que, respeitando sua emoção, eu não me aproximei do grupo. Mas eu olhava cuidadosamente, e só pude distinguir os vivos.

Na sessão de 10 de novembro, um ruído de objeto que se mexia anunciou um deslocamento, um movimento. Ouvimos o roçar das cordas do violino. Foi, realmente, o pequeno violino colocado sobre a mesinha redonda que se elevou a uma altura um pouco superior à da cabeça da médium, passou pela abertura que separava as duas cortinas, e apareceu com o braço à frente. Tive a ideia de pegar esse instrumento durante seu lento trajeto no ar, mas hesitei, desejando, por outro lado, observar o que aconteceria. Ele foi até o centro da mesa, desceu, depois caiu sobre a mesa, com uma parte sobre a mão esquerda do senhor Brisson e a mão direita da senhora Fourton.

Essa foi uma das mais acuradas observações que pude fazer durante essa sessão. Nem por um instante larguei a mão direita de Eusapia e o senhor Brisson tampouco largou sua mão esquerda.

Mas diante de fenômenos tão incompreensíveis, sempre retornamos ao ceticismo. Na sessão do dia 19 de novembro, tínhamos firmemente decidido a não ter qualquer dúvida sobre as mãos, a impedir qualquer tentativa de substituição, a controlar cada mão com certeza, sem deixar um só instante nossa atenção se desviar desse objetivo. Eusapia só tem duas mãos. Ela pertence à mesma espécie zoológica que nós, não é nem trímana nem quadrúmana. Bastava, pois, dois de nós pegarmos uma de suas mãos, segurá-la entre o polegar e o primeiro dedo para que nenhuma dúvida possível pudesse existir, juntarmos os cotovelos e mantermos a referida mão o mais afastada possível do eixo do corpo da médium, contra o nosso próprio corpo, de modo a anular o argumento da substituição das mãos.

Era esse o intuito essencial dessa sessão, para o senhor Brisson e para mim. Ele se encarregou da mão esquerda e eu da mão direita. Não é necessário que eu acrescente que estou tão certo da lealdade do senhor Brisson quanto ele está certo da minha, e que, prevenidos como estávamos, e realizando essa sessão expressamente para esse controle, nenhum de nós poderia ter sido enganado por uma tentativa de fraude, ao menos, relativa a esse procedimento.

O famoso médium Homes falara-me, várias vezes, de uma experiência curiosa que ele havia feito com Crookes, referente a um acordeão que ele segurava com uma das mãos e que tocava sozinho, sem que a outra extremidade fosse segurada pela outra mão. Crookes representou essa experiência com um desenho em sua Memória sobre o assunto. Vemos o médium segurando com uma das mãos o acordeão em uma gaiola, e esse acordeão tocando sozinho (exporemos esse fato mais adiante).

Tentei a experiência de outro modo, eu mesmo segurando o acordeão e sem que ele fosse tocado pela médium. Os fatos dos quais acabamos de ser testemunhas, obtidos enquanto Eusapia tinha as mãos comprovadamente seguras, davam-me a esperança de ter sucesso, tanto mais porque acreditávamos ter visto mão fluídicas em ação.

Peguei, pois, um pequeno acordeão, novinho, comprado na véspera em um bazar, e aproximando-me da mesa e permanecendo de pé, segurei o acordeão por uma extremidade, apoiando dois dedos sobre duas teclas, de modo a deixar passar o ar em caso de o instrumento ser acionado.

Seguro desse modo, este se encontrava verticalmente suspenso pela minha mão direita estendida à altura da minha cabeça, até acima da cabeça da médium. Verificamos se as mãos dela estavam sempre totalmente presas, e se a corrente de pessoas estava perfeitamente formada. Após uma breve espera de cinco a seis segundos, senti que o acordeão estava sendo puxado pela sua extremidade livre, e, a seguir, empurrado, várias vezes consecutivas e, ao mesmo tempo, ouvimos sua música. Não há a mínima dúvida de que uma mão, uma pinça, que sei eu, estava segurando a extremidade inferior do instrumento. Senti, além disso, muito bem a resistência desse órgão preênsil. Toda possibilidade de fraude foi eliminada, pois o instrumento estava muito acima da cabeça de Eusapia, cujas mãos estavam bem seguras, e eu vi bem distintamente a cortina inflar-se até o instrumento. O acordeão continuou a se fazer ouvir e, no meu entender, estava tão fortemente seguro, que eu disse à força invisível: "Pois bem, já que você o segura tão bem, pegue-o para si!". Retirei minha mão e o instrumento continuou colado à cortina. Não mais o ouvíamos. O que acontecera com ele? Sugeri que acendêssemos uma vela para saber o que acontecera com ele. Concordamos que, já que as coisas estavam indo tão bem, seria preferível que nada mudássemos no meio ambiente. Enquanto discutíamos, o acordeão começou a tocar, aliás, uma pequena ária bem insignificante. Para tanto, seria necessário que o instrumento estivesse seguro por duas mãos. Decorridos quinze ou vinte segundos, ele foi levado, sempre tocando, para o centro da mesa. A certeza da existência de mãos era tão completa, que eu disse ao desconhecido: "Já que você segura tão bem o acordeão, você pode, certamente, segurar minha própria mão". Estendi o braço à altura da minha cabeça, mais precisamente, um pouco mais alto. A cortina inflou-se e, através dela, senti uma mão, uma mão esquerda bastante forte, três dedos e o polegar, que seguraram a extremidade da minha mão direita.

Suponhamos, por um momento, que o acordeão pudesse ter sido puxado por uma das mãos de Eusapia, solta, levantada e abrigada atrás da cortina. É uma hipótese bem natural. Os dois controladores dos lados direito e esquerdo foram enganados pela habilidade da médium. Não é impossível. Mas a seguir, para que o instrumento fosse tocado, seria preciso que nossa heroína tivesse libertado as duas mãos e deixado os dois controladores lutando com suas próprias mãos. Isso é totalmente inconcebível.

A propósito da existência de uma terceira mão, mão fluídica criada momentaneamente, com músculos e ossos, hipótese tão temerária que mal ouso expressá-la, eis o que nós observamos na sessão de 19 de novembro.

O senhor Gillaume de Fontenay, com o qual foram feitas, em 1897, as experiências de Montfort-l'Amaury, na casa da família Blech, veio expressamente ao centro da França, com um grande luxo de aparelhos e procedimentos novos, para tentar obter fotografias. A médium parecia, aliás, encantada, e próximo ao meio da sessão, ela nos disse: "Esta noite, vocês terão algo que não estão esperando, que nunca foi feito por nenhum médium, e que poderá ser fotografado como um documento incontestável". Explicou-nos, então, que eu deveria levantar minha mão no ar, segurando firmemente a sua pelo punho e que o senhor Sardou, segurando sua mão esquerda, deveria mantê-la sobre a mesa, tal como ela estava e que, então, na fotografia veríamos sua terceira mão, sua mão fluídica, segurando o violino próximo à sua cabeça, a alguma distância de sua mão direita e atrás, contra a cortina.

Esperamos durante muito tempo sem que nada se produzisse. Finalmente, a médium agitou-se, suspirou, recomendou-nos de respirar fortemente e de ajudá-la. Nós sentíamos, mais do que víamos, o deslocamento do violino no ar, com um fraco ruído de cordas. Eusapia exclamou: "Chegou a hora, tire a fotografia, rápido, não espere mais, fogo!". Mas o aparelho não funcionou, o magnésio não acendeu. A médium impacientou-se, não cedeu, gritou que não poderia aguentar muito tempo. Nós veementemente clamamos pela fotografia. Nada foi feito. Na obscuridade, necessária para que a placa do aparelho aberto não fosse velada, o senhor de Fontenay não conseguiu acender o magnésio, e ouvimos o violino cair no chão.

A médium parecia esgotada, gemeu, queixou-se, e todos lamentamos aquele fracasso. Mas Eusapia declarou que ela podia recomeçar e que nos preparássemos. Realmente, decorridos cinco ou seis minutos, o mesmo fenômeno se reproduziu. O senhor de Fontenay fez explodir uma pistola de clorato de potássio. A luz foi instantânea, mas fraca. Ela permitiu que víssemos a mão direita do senhor Sardou segurando, sobre a mesa, a mão esquerda de Eusapia, e eu segurando no ar, com minha mão esquerda, a sua mão direita, e, atrás, aproximadamente a trinta centímetros, na altura da cabeça, o violino verticalmente colocado contra a cortina. Mas a fotografia nada mostrou.

Eusapia pediu um pouco de luz (*poco di luce*). Acendemos a pequena lâmpada, e a claridade era bastante intensa para que nos víssemos distintamente, incluindo-se os braços e a cabeça da médium, a cortina etc. Formamos a corrente. A cortina inflou-se com muita força e o senhor Sardou foi tocado várias vezes por uma mão que, em determinado momento, o empurrou violentamente pelo ombro, curvando-lhe a cabeça em direção à mesa. Diante dessa manifestação e essas sensações, nós tivemos novamente a impressão de que lá havia uma mão, mão estranha às da médium que continuávamos a segurar cuidadosamente, e também às nossas, tendo em vista que formávamos a corrente. Além disso, não havia ninguém perto da cortina que estava perfeitamente visível. Então eu disse: "Já que existe uma mão aqui, que ela me tome esse violino, como anteontem". Peguei o violino pelo braço e o estendi à cortina. Logo, ele foi agarrado e erguido, depois caiu no chão. Não larguei um instante a mão da médium. No entanto, eu peguei essa mão com minha mão direita, por um momento, a fim de apanhar, com minha mão esquerda, o violino caído perto de mim. Senti então, ao me aproximar do assoalho, um sopro muito frio, sobre minha mão, mas nada além disso. Peguei o violino e o coloquei sobre a mesa. Depois, peguei novamente com minha mão esquerda a mão da médium, e agarrando o violino com minha mão direita, estendi-o novamente à cortina. Mas a senhora Brisson, particularmente incrédula, pediu-me para pegá-lo. Assim o fez e estendeu-o à cortina. O instrumento lhe foi arrebatado com violência, apesar do esforço que ela fez para retê-lo. Dessa vez, todos declararam ter visto tudo claramente.

As mãos da médium não foram abandonadas por um só instante.

Essa experiência, realizada nessas condições, com luz suficiente, parece não deixar nenhuma dúvida sobre a existência de uma terceira mão da médium, a qual age de acordo com a vontade da mesma. Mas, no entanto!...

Nessa mesma noite de 19 de novembro, pedi que o violino, caído no chão, fosse levado para cima da mesa. Continuávamos a segurar cuidadosamente as mãos da médium, o senhor Sardou a mão esquerda e, eu, a direita. Eusapia, querendo que eu sentisse ainda mais segurança, mais certeza, propôs que eu lhe segurasse as duas mãos, a direita como eu estava fazendo, e seu punho esquerdo com minha mão direita, e mantendo sempre sua mão esquerda segura pelo senhor Sardou, *todas as mãos sobre a mesa.* Ouvimos um barulho. O violino foi trazido, passou por sobre as nossas mãos assim entrecruzadas, e foi colocado mais adiante, no centro da mesa. Acendemos uma vela e constatamos a posição de nossas mãos, que não tinham se mexido.

Algum tempo depois desse fenômeno, voltamos à obscuridade, e todos nós vimos fogos-fátuos brilharem no gabinete, visíveis pelo vão, então bastante grande, das duas cortinas. De minha parte, eu vi três: o primeiro muito brilhante e os outros dois menos intensos. Eles não vacilavam, não se mexiam, e cada um deles não durou mais do que um segundo.

Tendo o senhor Antoniadi comentado que ele não tinha certeza de ter sempre segurado a mão esquerda de Eusapia, ela me disse com animosidade: "Já que ele não tem certeza, segure-me o senhor mesmo as duas mãos". Eu já segurava a direita, com certeza absoluta. Peguei, então, o punho esquerdo com minha mão direita, e o senhor Antoniadi declarou que ele continuaria a segurar-lhe os dedos. Nessa posição, com as duas mãos de Eusapia mantidas assim acima da mesa, uma almofada que estava à minha direita, sobre a mesa e que tinha sido lançada violentamente, alguns momentos antes, foi igualmente agarrada e jogada com violência até acima do canapé, roçando minha testa à esquerda, e lançada no ar. As pessoas que estavam à mesa e formavam a corrente afirmaram que nenhuma das mãos abandonou a corrente.

Eis outro fato extraído das notas da senhora Flammarion.

> Encontrávamo-nos em uma escuridão quase total, a lâmpada, bem afastada de Eusapia, estava funcionando com a claridade bem diminuída. Eusapia estava sentada à mesa de experiências, entre os senhores Brisson e Pallotti, que lhe segurava as duas mãos e quase diante dessa lâmpada.
> A senhora Brisson e eu, sentadas a alguns metros de distância, uma ao lado da outra, no meio do salão, observávamos atentamente Eusapia, que estava de frente para nós, enquanto nós dávamos as costas à luz, o que

nos permitia, em suma, distinguir suficientemente tudo o que se passava diante de nós.

Até o momento em que o fato que vou contar aconteceu, a senhora Brisson tinha permanecido quase tão incrédula quanto eu a respeito dos fenômenos. Ela acabava, justamente, de dizer para mim, em voz baixa, que lamentava não ter ainda nada visto *pessoalmente,* quando, de repente, cortina colocada atrás de Eusapia começou a se agitar, e, repentinamente, retirou-se, graciosamente, para trás, como suspensa por uma abraçadeira invisível. E o que eu vi? A mesinha redonda de três pés, saltando animadamente acima do assoalho, aproximadamente a trinta centímetros de altura, enquanto, por sua vez, o pandeiro, todo dourado, saltitava alegremente, à mesma altura, acima da mesa, fazendo, ruidosamente, tilintar seus guizos.

Estupefata, puxei vivamente a senhora Brisson contra mim e, mostrei-lhe com o dedo o que se passava: "Olhe", eu lhe disse.

E então, a mesinha redonda e o pandeiro recomeçaram, em uníssono, sua dança, uma caindo com força no chão e o outro sobre a mesa. A senhora Brisson e eu não pudemos nos impedir de cair na gargalhada, pois, na verdade, era muito engraçado! Um silfo não teria sido mais divertido.

Ora, Eusapia não se virara: podíamos vê-la sentada, com as mãos diante de si, seguras pelos dois controladores. Mesmo que ela tivesse libertado ambas as mãos, ela só poderia ter pegado a mesinha redonda e o pandeiro se tivesse se virado, e essas senhoras viam-nos saltar sozinhos.

Eu observei a Eusapia que ela devia estar extremamente cansada, pois a sessão que durava mais de duas horas dera resultados extraordinários, e que já estava na hora de encerrá-la. Ela respondeu que desejava continuar um pouco mais e que teríamos novos fenômenos. Aceitamos com prazer e esperamos.

Então, ela deitou a cabeça sobre meu ombro, pegou-me todo o braço direito, inclusive a mão, e colocando minha perna entre as suas pernas e meus pés entre os seus, apertou-me fortemente. Começou, então, a esfregar o tapete, arrastando meus pés com os seus e me apertou mais violentamente ainda. A seguir, exclamou: *Spetta! Spetta!* (Olhe! Olhe!) e, depois: *Vieni! Vieni!* (Venha! Venha!). Convidou, então, o senhor Pallotti a se colocar atrás da sua esposa e a esperar o que iria acontecer.

Devo acrescentar que todos os dois pediam, insistentemente, já há alguns minutos, para ver e beijar sua filha, como eles haviam feito em Roma.

Após um novo esforço nervoso de Eusapia e uma espécie de convulsão acompanhada de gemidos, de queixas e de gritos, um grande movimento se manifestou na cortina. Vi abaixar-se várias vezes diante de mim a cabecinha de uma jovem, de testa abaulada, com longos cabelos. Ela abaixou-se três vezes e seu perfil escuro desenhou-se diante da janela. Um instante depois, ouvimos o senhor e a senhora Pallotti, que cobriam de beijos um ser ainda invisível para nós, dizendo-lhe amorosamente: "Rosa, Rosa, minha querida, minha Rosalie", e outras coisas. Eles afirmaram ter sentido, entre suas mãos, o rosto e a cabeleira de sua filha.

Tive a impressão de que lá havia, realmente, um ser fluídico. Não o toquei. A dor, ao mesmo tempo reavivada e consolada dos pais, pareceu-me tão respeitável que não me aproximei deles. Mas, pensei, entretanto, em uma ilusão do seu sentimento quanto à identidade do fantasma.

Chego, agora, ao fato ainda mais estranho, mais incompreensível, mais incrível de todas as nossas sessões.

No dia 21 de novembro, o senhor Jules Bois apresentou um livro diante da cortina, à altura de um homem de pé. O salão estava vagamente iluminado por uma pequena lâmpada, com abajur, bastante afastada. Víamos distintamente os objetos.

Certa mão invisível situada atrás da cortina pegou esse livro.

A seguir, todos os observadores viram-no desaparecer, como se ele tivesse passado através da cortina. Não o vimos cair diante da mesma.

Era um livro em formato in-oitavo, bastante fino, encadernado em vermelho, que eu acabara de pegar na minha biblioteca.

Ora, a senhora Flammarion, quase tão cética quanto o senhor Baschet a respeito desses fenômenos, insinuara-se, contra a janela, para trás da cortina, para observar atentamente o que lá se passava: ela esperava surpreender um movimento do braço da médium e desmascará-la, apesar de seus deveres de dona de casa. Ela enxergava muito bem a cabeça de Eusapia, imóvel diante do espelho que refletia a luz.

De repente, atravessando a cortina, o livro lhe apareceu por um ou dois segundos, suspenso no ar, *sem mãos, nem braços*, e, depois, ela o viu cair. Ela exclamou: "Oh! O livro acaba de atravessar a cortina!" Bruscamente, muito pálida e estupefata, ela lançou-se para trás, juntando-se aos observadores.

Todo aquele lado da cortina estava bem visível, porque a cortina da esquerda tinha sido derrubada do lado esquerdo do varão, pelo peso de uma pessoa que se sentara sobre o canapé onde estava, por acaso, a beira da cortina, e porque uma grande abertura encontrava-se em frente ao espelho que ocupava toda a parede de fundo do salão, espelho este que refletia a luz da pequena lâmpada.

Se semelhante fato fosse real, nós seríamos forçados a admitir que o livro atravessara a cortina, sem nenhuma abertura, pois o tecido estava completamente intato, e não podemos supor, por um único instante, que ele tenha passado ao lado, pois o livro foi apresentado próximo ao meio, ou seja, cerca de sessenta centímetros de cada extremidade da cortina, que mede 1,26 m de largura.

No entanto, esse livro foi visto pela senhora Flammarion, que olhava atrás da cortina, e desapareceu para as pessoas que estavam na frente da mesma, notadamente, o senhor Baschet, o senhor Brisson, o senhor J. Bois, a senhora Fourton e eu. Não esperávamos, de forma alguma, que isso ocorresse, perguntando-nos o que tinha acontecido com o livro, que parecia ter caído por trás do tecido.

Alucinação coletiva?... Todos nós tínhamos perfeita consciência do que víamos.

E se Eusapia tivesse sido capaz de introduzir habilmente sua mão e pegar o livro através da cortina, não teríamos visto a forma nítida do livro, mas uma protuberância na cortina.

Que valor não teria a observação desse objeto atravessando uma cortina, se tivéssemos certeza da honestidade do *médium*; se, por exemplo, esse médium fosse um homem de ciência, um físico, um químico, um astrônomo, cuja integridade científica estivesse acima de qualquer suspeita? O mero fato de uma possibilidade de fraude diminui em noventa e nove por cento o valor da observação e obriga-nos a vê-la cem vezes antes de termos certeza. As condições da certeza deveriam ser compreendidas por todos os observadores e é curioso ouvirmos pessoas inteligentes surpreenderem-se com nossas dúvidas e com a estrita obrigação científica dessas condições. Para estarmos certos de semelhantes enormidades, como, por exemplo, as levitações, devemos estar cem por cento seguros, não tê-las presenciado uma vez, mas cem vezes.

Parece-nos impossível que a matéria possa atravessar a matéria. Por exemplo: você coloca uma pedra sobre uma toalha. Se alguém diz que a encontrou embaixo da toalha, sem qualquer ruptura na integridade do tecido, você não acreditará.

Entretanto, eu pego um pedaço de gelo de um quilo; eu o coloco sobre a toalha e ambos sobre a grade do forno. O pedaço de gelo funde-se, atravessa a toalha e cai gota a gota sobre uma bandeja. Recoloco tudo no congelador; a água fundida congela-se novamente: o pedaço de gelo de um quilo atravessou a toalha.

É bem simples, pensamos. Sim, é simples porque foi explicado.

Com certeza, não é o caso do livro. Mas enfim, é a matéria atravessando a matéria, depois de uma transformação de seu estado físico.

Poderíamos procurar explicações, invocar a hipótese da quarta dimensão, discutir a geometria não euclidiana. Parece-me mais simples pensar que, por um lado, essas observações não bastam ainda para uma afirmação absoluta e que, por outro, nossa ignorância sobre todas as coisas é formidável e nos proíbe de negar qualquer coisa.

Os fenômenos com os quais aqui nos ocupamos são tão extraordinários que somos levados a duvidar de sua existência, mesmo que tenhamos a certeza de tê-los visto. Assim, por exemplo, tomei nota que o senhor René Baschet, meu amigo erudito, atual diretor do periódico *Illustration*, afirmou a todos nós, durante e após a sessão, ter visto com seus próprios olhos, acima da mesa, uma cabeça sobre um busto, que parecia ser de uma menina de aproximadamente doze anos, que se abaixou verticalmente enquanto ele a olhava, e, depois, desapareceu. Afirmação feita no dia 21, reiterada no dia 22, no teatro onde nos encontramos, e no dia 25, novamente em minha casa. Algum tempo depois, o senhor Baschet convenceu-se de que estava enganado, que tinha sido vítima de uma ilusão. Aliás, é possível. As outras pessoas presentes, eu, inclusive, olhávamos ao mesmo tempo, e não pudemos distinguir nada.

É, pois, muito humano duvidarmos de nós mesmos, quando pensamos nessas coisas estranhas, alguns dias mais tarde. Mas há preconceitos menos explicáveis.

Assim, por exemplo, na sessão de 28 de novembro, um célebre engenheiro, o senhor L., recusou-se totalmente a admitir a levitação da mesa, apesar de o fato ter sido evidente. Que os meus leitores julguem esse fato. Transcrevo uma nota extraída dos meus relatórios:

> O senhor L afirmou-me que a médium ergueu a mesa *com seus pés*, apoiando as mãos sobre ela. Pedi a Eusapia para retirar seus pés que estavam sob sua cadeira. A mesa elevou-se.
> Após essa segunda elevação, o senhor L. declarou que não estava satisfeito, embora nenhum dos pés da médium estivesse sob um dos pés da mesa, e que era preciso recomeçar a experiência sem que *as pernas* tocassem em nenhum ponto. A médium propôs, então, que amarrássemos suas pernas às do senhor L. Uma terceira elevação ocorreu, depois que a perna incriminada da médium foi atada à perna direita do senhor L.
> Este declarou, então, que as hipóteses que ele fizera para explicar o fenômeno eram nulas e sem valor, mas que de qualquer forma, devia haver aí um truque, porque ele não acreditava no sobrenatural.
> Eu também não acredito no sobrenatural. E, no entanto, não houve truque.

Essa maneira de raciocinar, bem generalizada, não me parece científica. Seria pretender que nós conhecemos os limites do possível e do impossível.

Os que negavam o movimento da Terra não raciocinavam de forma diferente. O que é contrário ao bom-senso não é impossível. O bom-senso é o estado médio do saber popular, ou seja, da ignorância geral.

Um homem que conheça a história das ciências e que raciocina tranquilamente, não pode chegar a compreender o ostracismo de certos opositores contra os fenômenos inexplicáveis. "É impossível", eles pensam. Esse famoso bom-senso do qual se gabam não é, todavia, digamos, senão a opinião vulgar comum que aceita os fatos habituais, sem, aliás, compreendê-los, e que varia com o tempo. Que homem de bom-senso teria outrora admitido que um dia nós poderíamos fotografar o esqueleto de um ser vivo, ou armazenar a voz em um fonógrafo, ou determinar a composição química de um astro inacessível? O que era a ciência há cem, duzentos, trezentos anos? Vejam a astronomia há quinhentos anos... e a fisiologia... e a medicina... e a física... e a química. Daqui a quinhentos, mil, dois mil anos o que serão as ciências? E daqui a cem mil anos? Sim, daqui a cem mil anos, o que será a inteligência humana? Nosso estado atual estará para aquele como o conhecimento de um cachorro está para o de um homem culto, ou seja, sem comparação possível.

Nós rimos, hoje, da ciência dos sábios do tempo de Copérnico, de Cristóvão Colombo e de Ambroise Paré, e não pensamos que daqui a alguns séculos os sábios julgar-nos-ão da mesma maneira. Há propriedades da matéria que ainda permanecem totalmente escondidas, e o ser humano é dotado de faculdades ainda desconhecidas de nós. Avançamos muito lentamente no conhecimento das coisas.

Os críticos nem sempre dão prova de uma lógica bem compacta.

Vocês lhes falam de fatos constatados por centenas de testemunhas. Eles desafiam o valor do testemunho popular e declaram que essas pessoas incultas, esses pequenos comerciantes, esses industriais, esses operários, esses camponeses são incapazes de observar com qualquer exatidão.

Alguns dias depois, vocês citam os cientistas, homens cuja competência foi confirmada nas ciências de observação, que atestam esses mesmos fatos, e vocês os escutam responder que esses cientistas são competentes em sua linha habitual de trabalho, mas não fora dela.

E dessa forma, todos os testemunhos são recusados. Eles declaram que, devido ao fato de a coisa não ser possível, ela não pode ter sido observada.

Com certeza, há ainda muito a discutir no que se refere à análise do testemunho humano. Mas se suprimirmos tudo, o que nos restará?

Nossa ignorância nativa.

Mas, para dizer a verdade, encontramos opositores que têm certeza de tudo e que impõem seus aforismos com a autoridade de um czar decretando algum ucasse.[39]

Dessas diversas experiências com Eusapia Paladino, incluindo-se as relatadas no primeiro e segundo capítulos, resulta a impressão de que os fenômenos observados são, em grande parte, reais, inegáveis; que certo número deles pode ser produzido pela fraude; mas que, de fato, o assunto é extremamente complexo. Além disso, certos movimentos são simplesmente de ordem física, ao passo que outros são, ao mesmo tempo, de ordem física e de ordem psíquica. Todo este estudo é incomparavelmente mais complicado do que, de modo geral, o estimamos até aqui. Iremos sumariamente passar em revista as outras experiências realizadas pela mesma médium e, a seguir, dedicaremos um capítulo especial ao exame das fraudes e das mistificações.

Vejamos, pois, primeiramente, as outras experiências de Eusapia, e extraiamos delas aquilo que elas podem, igualmente, nos ensinar.

---

39 N. da T. – Decreto emanado do czar, na Rússia imperial.

Capítulo 4

Outras experiências de Eusapia Paladino

A médium de quem acabamos de descrever algumas experiências foi objeto de uma longa série de observações por eminentes e atentos experimentadores. Suas faculdades são, com efeito, excepcionais, e quando estudamos com Eusapia, a comparação com os casos comuns nos faz pensar na diferença que distingue uma excelente máquina elétrica, acionada sob boas condições atmosféricas de uma ruim, operada em um dia chuvoso. Com ela, observamos em uma hora mais do que em uma infinidade de tentativas infrutíferas com outros médiuns.

Nosso estudo dessas forças desconhecidas avançará rapidamente se, em lugar de nos limitarmos aos resultados obtidos com um ou dois grupos, como aqueles relatados anteriormente, examinarmos o conjunto das observações feitas com essa médium. Eles poderão ser comparados com os precedentes e, assim, julgados e apreciados.

Os documentos que se seguem foram retirados, principalmente, dos *Annales des sciences psychiques* e da preciosa coleção do senhor Albert de Rochas sobre a *Extériorisation de la Motricité*.

Algumas palavras, primeiramente, sobre o início de Eusapia na carreira mediúnica.

O professor Chiaia, de Nápoles, a quem devo o fato de ter podido receber Eusapia em minha casa para as experiências relatadas mais acima, foi o primeiro a ter colocado em evidência suas faculdades. Ele publicou primeiramente, em 09 de agosto de 1888, em um jornal de Roma, a seguinte carta endereçada ao professor Lombroso:

> Prezado Senhor
>
> No seu artigo: *Influence de la civilisation sur le Génie* (*Influência da Civilização sobre o Gênio*), entre incontestáveis belezas de estilo e de lógica, eu li um parágrafo muito feliz, que me parece a síntese do movimento científico (a partir do momento em que o homem inventou este quebra-cabeças chamado alfabeto) até nossa época. Cito aqui este parágrafo:
>
>> Toda época é imatura para as descobertas que ela não vê nascer, porque ela acha-se na incapacidade de perceber a sua própria inaptidão e os meios que lhe faltam para fazer outras descobertas. A repetição da mesma manifestação, preparando o cérebro para receber-lhe a impressão, torna sempre os ânimos menos incapazes para descobrirem as leis às quais esta manifestação está sujeita. Quinze ou vinte anos bastam para que todo mundo admire uma descoberta considerada loucura no momento em que foi feita. Mesmo hoje, as sociedades acadêmicas riem do hipnotismo e da homeopatia: quem sabe se meus amigos e eu, que rimos do espiritismo, não estamos incorrendo no erro, pois nos encontramos exatamente como os hipnotizados? Graças à ilusão que nos cerca, somos talvez incapazes de reconhecer que nós nos enganamos; e como muitos alienados, estando nós apartados da verdade, rimos de todos os que não o estão.
>
> Impressionado com esse parágrafo tão espirituoso e que por acaso considero apropriado a um determinado fato com o qual me ocupo há algum tempo, eu o aceito com alegria, sem mais tardar, sem comentário que possa mudar-lhe o sentido e, conformando-me às perfeitas antigas regras de cavalaria, sirvo-me dele como se fosse um desafio.
> As consequências desse desafio não serão nem perigosas, nem sangrentas. Combateremos lealmente e, quais-

quer que possam ser os resultados do confronto, que eu sucumba ou que eu faça a parte adversa ceder, será sempre de uma maneira amigável. O resultado causará o enriquecimento de um dos dois adversários e será, de qualquer modo, útil à grande causa da verdade.

Fala-se muito, hoje em dia, de uma doença particular encontrada no organismo humano; constatamo-la todos os dias, mas ignoramos sua causa e não sabemos que nome lhe dar.

Reclamamos imediatamente que ela seja objeto de exame pela ciência contemporânea, mas esta, como resposta, escarnece com o riso irônico de Pirro,[1] precisamente porque, como já foi dito, o século não está pronto.

Mas o autor do parágrafo acima citado, certamente não o escreveu pelo simples prazer de escrevê-lo. Parece-me, ao contrário, que ele não sorrirá desdenhosamente se o convidarmos a observar um caso particular, digno de chamar a atenção e de ocupar seriamente a mente de um Lombroso.

Quero falar aqui de uma enferma pertencente à mais humilde classe social. Ela tem aproximadamente trinta anos, é muito ignorante, seu olhar não é fascinante, nem dotado daquela força chamada pelos criminalistas modernos de irresistível, mas ela pode, quando quer, seja de dia, seja de noite, divertir durante uma hora um grupo de curiosos, produzindo fenômenos surpreendentes.

Amarrada a uma cadeira ou fortemente segura pelas mãos dos curiosos, ela atrai os móveis que a cercam, eleva-os, mantém-nos suspensos no ar como o caixão de Maomé, e faz com que desçam com movimentos ondulatórios, como se eles obedecessem a uma vontade estranha; aumenta o seu peso ou os torna mais leves, de acordo com sua vontade; ela bate, martela as paredes, o teto, o assoalho com ritmo e cadência, respondendo às questões dos espectadores; claridades semelhantes às da eletricidade jorram do seu corpo, envolvem-no ou cercam todos os presentes com essas cenas maravilhosas: ela desenha tudo o que lhe pedem sobre cartões a ela apresentados, tais como algarismos, assinaturas, números, frases, apenas estendendo a mão em direção ao local indicado. Se a um canto do cômodo for colocado um recipiente com uma camada de argila mole, encontra-se, após alguns instantes, a impressão de uma pequena ou de uma grande mão, a impressão de um

---

1 N. da T. – Filósofo grego, fundador do ceticismo.

rosto, visto de frente ou de perfil, com a qual se pode fazer, a seguir, uma máscara de gesso. Conservamos, produzidos dessa forma, os retratos de um rosto visto em diferentes situações, e os que desejarem poderão, dessa maneira, realizar sérios e importantes estudos.[2] Essa mulher levita no ar, sejam quais forem os laços que a retêm. Ela permanece assim, parecendo deitada no vazio, contrariamente a todas as leis da gravidade; faz com que instrumentos de música toquem: órgãos, sinos, tambores, como se eles fossem tocados por mãos ou agitados pelo sopro de gnomos invisíveis.

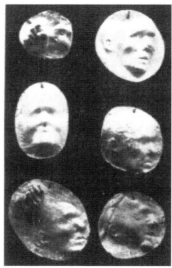

Prancha VII – Impressões produzidas por um suposto espírito.

O senhor dirá que isso é um caso particular de hipnotismo; o senhor dirá que essa enferma é um faquir de saias, que o senhor a internará em um hospital... Por favor, eminente professor, não desvie o assunto. Como sabemos, o hipnotismo causa apenas uma ilusão momentânea; após a sessão tudo volta à sua forma primitiva. Mas o nosso caso é diferente. Durante os dias que se seguem a essas cenas maravilhosas, permanecem traços e documentos dignos de consideração.
O que o senhor pensa disso?
Mas permita que eu continue. Essa mulher, em certas ocasiões, pode crescer mais de dez centímetros; ela é como uma boneca de guta-percha,[3] como um autômato de um novo gênero; ela assume formas estranhas: quantas pernas e braços ela tem? Não temos a mínima ideia.
Enquanto seus membros são seguros pelos mais incrédulos assistentes, nós vemos aparecerem outros, sem saber de onde eles saem. Os calçados são muitos pequenos para os seus pés enfeitiçados, e essa circunstância particular faz-nos suspeitar da intervenção de

---

2 O senhor Chiaia enviou-me fotografias dessas impressões. Reproduzo aqui algumas delas (Prancha VII).
3 N. da T. - Látex extraído de várias árvores da família das sapotáceas, espécie do gênero *Palaquium*, semelhante à balata e à borracha e que, após a coagulação e purificação, é usada como isolante elétrico, adesivo dentário, e na fabricação de instrumentos cirúrgicos e bolas de golfe. (Fonte: Dicionário eletrônico Houaiss).

um poder misterioso.

Não ria quando eu digo: *faz-nos suspeitar*. Não estou afirmando nada; o senhor terá tempo de rir daqui a pouco.

Quando essa mulher está amarrada, vemos aparecer um terceiro braço e ninguém sabe de onde ele vem. Ele inicia uma longa sequência de brincadeiras engraçadas: arrebata os chapéus, os relógios, o dinheiro, os anéis, os alfinetes, levando-os com grande destreza, uma alegre familiaridade. Ele pega os paletós, os coletes, lustra as botas, escova os chapéus, devolvendo-os aos seus proprietários, enrola e acaricia os bigodes e, ocasionalmente, distribui alguns socos, porque também ele tem seus momentos de mau humor.

A mão é sempre grosseira e calosa (notamos que a da feiticeira é pequena); tem grandes unhas, é úmida e passa do calor natural ao frio glacial do cadáver, que nos faz sentir arrepios; ela se deixa segurar, apertar, observar, e acaba por se elevar, permanecendo suspensa no ar como se o punho lhe tivesse sido cortado; ela se parece, assim, com aquelas mãos de madeira que servem de tabuleta nas lojas dos comerciantes de luvas.

Eu juro que saio com a mente muito calma do antro dessa Circe.[4] Livre dos seus encantamentos, eu passo em revista todas as minhas impressões e acabo não acreditando em mim mesmo, embora o testemunho dos meus sentidos me confirme que não fui joguete de um erro ou de uma ilusão.

Não podemos atribuir à prestidigitação todas essas manobras extraordinárias. Devemos nos precaver contra qualquer embuste, realizarmos uma investigação escrupulosa a fim de impedirmos a mentira ou a fraude. Mas nem sempre os fatos correspondem à atenção inquieta dos espectadores, e isso é ainda um mistério a resolver, que prova que o indivíduo que opera não é o único árbitro dessas maravilhas. Certamente, ele possui a faculdade exclusiva desses atos prodigiosos, mas que só podem se produzir com a ajuda de um agente ignorado, *deus ex machina*.[5]

Como resultado de tudo isso, temos a grande dificul-

---

4 N. da T. – Personagem da mitologia grega, que na Odisseia, atraiu os companheiros de Ulisses ao seu palácio e transformou-os em porcos.

5 N. da T. – Expressão latina, traduzida do grego, que significa Deus surgido da máquina. Era usada no teatro grego para designar solução inesperada para as tragédias, ou seja, um personagem de origem divina que chegava içado em algum artefato para resolver tudo o que não tinha solução no enredo.

dade para estudar o fundo dessa espantosa charlatanice e a necessidade de realizar uma série de experiências, para juntarmos uma quantidade delas capazes de esclarecer os ingênuos e de vencer a obstinação dos questionadores.

Ora, eis meu desafio. Se o senhor não escreveu o parágrafo citado acima pelo simples prazer de escrevê-lo, se o senhor verdadeiramente tem amor à Ciência, se o senhor não tem preconceitos, o senhor, o primeiro alienista da Itália, faça a gentileza de entrar no campo e tenha a certeza de que irá medir-se com um respeitável adversário.

Quando o senhor puder tirar uma semana de férias, deixe seus caros estudos e, em vez de ir ao campo, informe-me um local onde poderemos nos encontrar: escolha, o senhor mesmo, a época.

O senhor terá um cômodo onde, antes da experiência, entrará sozinho. Ali, o senhor disporá os móveis e os objetos como bem lhe convier e fechará a porta à chave.

Creio ser inútil apresentar-lhe a dama de acordo com o costume adotado no paraíso terrestre, porque essa nova Eva é incapaz de desforrar-se na serpente e de seduzi-lo. Quatro senhores deverão nos assistir, como convém a todos os confrontos cavalheirescos: o senhor escolherá dois e eu levarei os outros dois.

Nunca condições melhores do que essas puderam ser estabelecidas pelos Cavaleiros da Távola-Redonda. É evidente que se a experiência fracassar, eu só poderei acusar os duros desígnios do destino. O senhor apenas me julgará como um alucinado que deseja ser curado de suas extravagâncias. Mas se o sucesso coroar nossos esforços, sua lealdade lhe imporá o dever de escrever um artigo, no qual, sem circunlóquios, reticências, nem mal-entendidos, o senhor atestará a realidade dos misteriosos fenômenos e prometerá pesquisar suas causas.

Se o senhor recusar esse encontro, explique-me ao menos a frase: *toda época é imatura*. Certamente isso pode se aplicar às inteligências vulgares, mas não a um Lombroso, a quem se dirige este conselho de Dante: *Com a verdade, a honra deve fechar os lábios da mentira*.

Seu devotado e respeitoso,
Professor Chiaia

O senhor Lombroso não aceitou imediatamente esse eloquente e espirituoso desafio. Daqui a pouco veremos, entretanto, o sábio professor realizando experiências. Nesse ínterim, eis o que o senhor de Rochas nos informa sobre a juventude de Eusapia.

As primeiras manifestações mediúnicas coincidiram com a idade da puberdade, aos treze ou quatorze anos. É uma coincidência encontrada em quase todos os casos em que observamos a singular propriedade da produção dos movimentos à distância.

Nessa época de sua vida, notamos que as sessões espíritas às quais era convidada tinham muito mais sucesso quando ela sentava-se à mesa. Mas elas cansavam-na e aborreciam-na, e ela absteve-se de participar delas durante oito ou nove anos.

Foi somente aos vinte e dois ou vinte e três anos que a cultura espírita de Eusapia teve início, orientada por um espírita, o senhor Damiani.[6] Foi então que apareceu a personalidade de *John King*, que a possuía quando ela entrava em estado de transe.[7] Esse John King dizia ser o irmão de *Katie King*[8] *de Crookes*, e ter sido o pai de Eusapia em outra existência. Era John quem falava quando Eusapia estava em transe. Ele falava dela, chamando-a de "minha filha" e dava conselhos sobre a maneira como ela devia ser tratada. O senhor Ochorowicz pensava que esse John era uma personalidade criada na mente de Eusapia pela reunião de certa quantidade de impressões recolhidas nos diferentes meios aos quais sua vida foi ligada. Essa seria quase a mesma explicação para as personalidades sugeridas pelos hipnotistas e para as personalidades observadas pelos senhores Azam, Bourru,[9] Burot[10] etc.

Pensamos ter notado que Eusapia se preparava, consciente ou inconscientemente, para a sessão, diminuindo sua respiração que permanecia regular; ao mesmo tempo, o pulso acelerava-se gradualmente de oitenta e oito para cento e vinte pulsações por minuto e tornava-

---

6 N. da T. – Giovanni Damiani, italiano, professor e estudioso do espiritismo.
7 Demos o nome de *transe* (os ingleses escrevem *trance*) ao estado especial no qual entram os médiuns quando eles perdem a consciência do meio ambiente. É uma espécie de sono sonambúlico.
8 N. da T. - Katie King era o suposto espírito que se manifestou em fins do século XIX através da médium Florence Cook, uma jovem de quinze anos.
9 N. da T. – Henri Bourru, médico francês.
10 N. da T. – Prosper Ferdinand Burot, médico francês.

se extremamente vigoroso. Seria uma prática análoga à utilizada pelos faquires da Índia, ou um simples efeito da emoção que, antes de cada sessão, Eusapia sentia – pois fazia muita questão de convencer os espectadores, mas nunca tinha certeza da produção dos fenômenos? Eusapia não era hipnotizada. Ela entrava sozinha em transe quando participava da corrente de mãos. Começava a suspirar muito profundamente, depois começava a bocejar, soluçar. Seu rosto passava, a seguir, por uma série de expressões diferentes. Ora ele assumia uma expressão demoníaca, acompanhada de um riso entrecortado idêntico ao que Gounod dá a Mefistófeles na ópera *Fausto* e que sempre precedia um fenômeno importante. Ora ele enrubescia; os olhos tornavam-se brilhantes, úmidos e muito abertos; o sorriso e os movimentos caracterizavam o êxtase erótico; ela dizia "mio caro" (meu querido), apoiava-se no ombro do seu vizinho e quando o achava simpático, procurava carícias. Era então que se produziam os fenômenos, cujo sucesso lhe provocava arrepios agradáveis, até voluptuosos. Durante esse tempo, as pernas e os braços encontravam-se em um estado de grande tensão, quase de rigidez, ou, então, tinham contrações convulsivas, às vezes uma trepidação, que se estendia pelo corpo inteiro.

A esses estados de superatividade nervosa sucedia um período de depressão, caracterizado pela palidez quase cadavérica do rosto, que muitas vezes se cobria de suor, e pela inércia quase completa dos seus membros. Se levantássemos sua mão, ela caía pelo seu próprio peso. Durante o transe, os olhos reviravam-se para cima e só o branco era visível. A presença de espírito e a consciência geral eram diminuídos ou mesmo abolidos: diante das questões, não havia resposta ou a resposta era retardada. Assim, a lembrança do que aconteceu durante as sessões não existia para Eusapia, a não ser quanto aos estados muito próximos ao seu estado normal e, consequentemente, eles eram geralmente relativos somente aos fenômenos de pouca intensidade.

Frequentemente, para ajudar as manifestações, ela pedia que lhe déssemos força, colocando uma pessoa a mais na corrente. Várias vezes, acontecia-lhe de chamar um participante simpático, segurar-lhe os dedos e apertá-los como para deles extrair alguma coisa e, a seguir, rejeitá-los bruscamente, dizendo que ela já tinha força suficiente.

À medida que o transe se acentuava, a sensibilidade à luz aumentava. Uma luz súbita causava-lhe dificuldade de respirar, aceleração dos batimentos cardíacos, sensação de bola histérica,[11] irritação geral dos nervos, dor de cabeça e nos olhos, tremores no corpo inteiro e convulsões, exceto quando ela própria pedia luz (o que acontecia com frequência quando havia constatações interessantes que deviam ser feitas a respeito dos objetos deslocados), pois, então, sua atenção estava voltada para outras coisas.

Ela se movia constantemente durante o período ativo das sessões: poderíamos atribuir esses movimentos às crises de histeria que então a acometiam; mas eles pareciam ser necessários à produção dos fenômenos. Todas as vezes que um movimento devia se produzir à distância, ela o simulava, seja com as mãos, seja com os pés, e desenvolvendo uma força bem mais considerável do que seria necessário para a produção do movimento com contato. Eis o que ela própria conta de suas impressões quando quer produzir um movimento à distância:

> Primeiramente, ela deseja ardentemente executar o fenômeno; depois ela sente entorpecimento e arrepios nos dedos. Essas sensações aumentam sempre e, ao mesmo tempo, ela sente na região inferior da coluna vertebral uma espécie de corrente que se estende rapidamente para os braços até os cotovelos, onde para suavemente. É então que o fenômeno acontece.

Durante e após a levitação das mesas, ela sentia dor nos joelhos; durante e após a realização dos outros fenômenos, sentia dor nos cotovelos e nos braços inteiros.

Foi somente no final de fevereiro de 1891 que o professor Lombroso, cuja curiosidade acabou por ser vivamente excitada, decidiu-se a ir examinar, em Nápoles, esse bizarro assunto de experiências, do qual todos falavam na Itália. Eis os relatórios publicados a esse respeito pelo professor Ernesto Ciolfi:[12]

---

11 N. da T. – Sensação de ter um "nó", um obstáculo na garganta, quando ele não existe.
12 *Annales des sciences psychiques*, 1891, p. 326.

Primeira sessão

Colocaram à nossa disposição um grande cômodo escolhido por esses senhores no primeiro andar. O senhor Lombroso começou por examinar cuidadosamente a médium, após o quê, nós tomamos lugar ao redor de uma mesa de jogo: a senhora Paladino em uma das extremidades; à sua esquerda os senhores Lombroso e Gigli; eu, diante da médium, entre os senhores Gigli e Vizioli. Vinham, a seguir, os senhores Ascensi e Tamburini[13] que fechavam o círculo, este último à direita da médium, em contato com ela.
Sobre um móvel, atrás da senhora Paladino, velas iluminavam o cômodo. Os senhores Tamburini e Lombroso seguravam cada uma das mãos da médium; seus joelhos tocavam os dela, longe das pernas da mesa, e ela mantinha os pés sobre os pés deles.
Após uma espera bastante longa, a mesa começou a se mover, lentamente no início, o que explicava o ceticismo, senão o espírito de oposição declarada dos que formavam o círculo pela primeira vez; depois, pouco a pouco, os movimentos aumentaram de intensidade.
O senhor Lombroso constatou a elevação da mesa, e avaliou em cinco ou seis quilos a resistência à pressão que ele devia exercer com as mãos para fazê-la parar.
O fenômeno de um corpo pesado que se mantinha elevado no ar, fora do seu centro de gravidade, e que resistia a uma pressão de cinco a seis quilos, surpreendeu e desconcertou os doutos assistentes, que o atribuíram à ação de uma força magnética desconhecida.
Atendendo ao meu pedido, pancadas e arranhões foram ouvidos na sala. Essa foi uma nova causa de espanto, que levou esses próprios senhores a pedirem que se apagassem as velas para constatarem se a intensidade dos ruídos aumentaria, como lhes tinha sido dito. Todos continuaram sentados em contato.
Em uma escuridão que não impedia a mais atenta vigilância, começamos a ouvir pancada violentas sobre o centro da mesa; depois, uma sineta, colocada sobre uma mesinha redonda, colocada a um metro à esquerda da médium – de modo que ela se encontrasse atrás e à direita do senhor Lombroso – elevou-se no ar, e tocou acima da cabeça dos presentes, describre-

---

13 N. da T. – Augusto Tamburini, psiquiatra italiano.

do um círculo ao redor de nossa mesa, onde acabou por se colocar.

Em meio a expressões de profundo estupor que provocava esse fenômeno inesperado, o senhor Lombroso manifestou o vivo desejo de ouvir e de constatar uma vez mais esse fato extraordinário. A sineta, então, recomeçou a tocar, e repetiu a volta da mesa, atingindo-a com pancadas redobradas, a tal ponto que o senhor Ascensi, dividido entre o espanto e a apreensão de ter os dedos quebrados (a sineta pesava bem uns trezentos gramas), apressou-se a se levantar, e ir sentar-se em um sofá atrás de mim.

Não deixei de afirmar que nos deparávamos com uma força inteligente – o que os presentes continuavam a negar – e que, em consequência, nada havia a temer. O senhor Ascensi negou-se, mesmo assim, a retomar seu lugar à mesa.

Observei aos presentes que o círculo estava rompido, já que um dos experimentadores continuava afastado e que, sob pena de não mais podermos observar seriamente os fenômenos, era preciso, pelo menos, que ele mantivesse o silêncio e a imobilidade.

O senhor Ascensi garantiu que assim ficaria.

Com a luz apagada, as experiências recomeçaram.

Para atender à decisão unânime, enquanto a sineta recomeçava seus badalos e seus misteriosos circuitos aéreos, o senhor Ascensi – acatando a sugestão que o senhor Tamburini lhe fizera, sem o nosso conhecimento – foi, sem ser percebido, devido à obscuridade, colocar-se, de pé, à direita da médium, e, logo, acendeu, numa só tentativa, um fósforo, com tanto êxito, – como ele declarou – que ele pôde ver *a sineta, que vibrava no ar,* cair bruscamente sobre uma cama, a dois metros atrás da senhora Paladino.

Não tentarei descrever a estupefação dos doutos assistentes: um vaivém de questões e de comentários sobre esse fato estranho era a sua expressão mais satisfatória.

Após minhas observações sobre a intervenção do senhor Ascensi, a qual parecia ter perturbado seriamente o organismo da médium, voltamos à escuridão para continuarmos as experiências.

Primeiramente, foi uma mesa de trabalho, pequena, embora pesada, que se colocou em movimento. Ela se encontrava à esquerda da senhora Eusapia, e era sobre a mesma que estava colocada a sineta no início da sessão. Esse pequeno móvel batia na cadeira onde estava sentado o senhor Lombroso, e *tentava subir* sobre nossa mesa.

Em presença desse novo fenômeno, o senhor Vizioli foi substituído, à mesa, pelo senhor Ascensi, e foi se colocar de pé, entre a mesa de trabalho e a senhora Eusapia, à qual dava às costas. Isso é resultado de suas declarações, pois a obscuridade não nos permitiu constatar. Ele pegou essa mesa com as duas mãos e procurou detê-la, mas *a despeito dos seus esforços, ela se soltou* e foi rolar mais longe.

Ponto importante a notar: embora os senhores Lombroso e Tamburini não tivessem deixado, por um instante, de segurar as mãos da senhora Paladino, o professor Vizioli declarou que estava sentindo suas costas serem beliscadas. Uma hilaridade geral seguiu-se a essa declaração.

O senhor Lombroso constatou que sentiu que alguém estava pegando sua cadeira, o que o obrigara a ficar algum tempo de pé; depois sua cadeira fora recolocada no lugar, o que lhe permitiu sentar-se novamente.

Houve, também, roupas puxadas. Depois, ele e o senhor Tamburini sentiram nas faces e nos dedos os toques de certa mão invisível.

O senhor Lombroso, particularmente impressionado com os dois fatos relativos à mesa de trabalho e à sineta, julgou-os bastante importantes para adiar para terça-feira sua partida de Nápoles, anteriormente marcada para segunda-feira.

A seu pedido, prometi-lhe uma segunda sessão, segunda-feira, no Hotel de Genève.

Segunda sessão

Às oito horas da noite, cheguei ao Hotel de Genève acompanhado pela médium, a senhora Eusapia Paladino.

Fomos recebidos no saguão pelos senhores Lombroso, Tamburini, Ascensi e várias pessoas que eles haviam convidado: os professore Gigli, Limoncelli, Vizioli, Leonardo Bianchi, diretor do hospício de alienados de Sales, o doutor Penta,[14] e um jovem sobrinho do senhor Lombroso, que morava em Nápoles.

---

14 N. da T. – Pasquale Penta, psiquiatra italiano.

Após as apresentações costumeiras, pediram-nos que subíssemos ao andar mais alto do hotel, onde nos fizeram entrar em um cômodo muito grande com uma alcova. Abaixamos as grandes cortinas de tecido que fechavam a alcova; a seguir, atrás dessas cortinas, a uma distância de mais de um metro, medida pelos senhores Lombroso e Tamburini, colocamos, na alcova, uma mesinha redonda com um pires de porcelana cheio de farinha, na esperança de nele obtermos impressões, um trompete de folha-de-flandres, papel, um envelope lacrado contendo uma folha de papel branco, para vermos se nela conseguiríamos obter a *escrita direta*.

Isso feito, todos os assistente inspecionaram minuciosamente a alcova, a fim de se assegurarem de que lá não havia nada de preparado ou de suspeito.

A senhora Paladino sentou-se à mesa, a cinquenta centímetros das cortinas da alcova, dando-lhes as costas. Depois, em atenção ao seu pedido, ela teve o corpo e os pés amarrados à sua cadeira, por meio de faixas de tecido, por três dos presentes, que unicamente lhe deixaram os braços livres. A seguir, tomamos lugar à mesa na seguinte ordem: à esquerda da senhora Eusapia, o senhor Lombroso; depois, em sequência, o senhor Vizioli, eu, o sobrinho do senhor Lombroso, os senhores Gigli, Limoncelli e Tamburini e, finalmente, o doutor Penta que completava o círculo e se encontrava à direita da médium.

Os senhores Ascensi e Bianchi recusaram-se a fazer parte do círculo e permaneceram de pé, atrás dos senhores Tamburini e Penta.

Não opus objeção a isso, certo de que havia uma combinação premeditada para redobrar a vigilância. Limitei-me a recomendar que, sempre observando com o maior cuidado, cada um se mantivesse tranquilo.

As experiências começaram à luz de velas, em quantidade suficiente para que o cômodo ficasse bem iluminado. Após uma longa espera, a mesa se pôs em movimento, lentamente no início, mas depois com mais energia: todavia, os movimentos continuaram intermitentes, trabalhosos, e muito menos vigorosos que na sessão de sábado.

A mesa reclamou espontaneamente, por batimentos de perna representando as letras do alfabeto, que os senhores Limoncelli e Penta trocassem de lugar um com o outro. Operada essa mudança, a mesa indicou que deveria ser feita a escuridão.

Um momento depois, e dessa vez com mais força, os movimentos da mesa voltaram, e ao meio desta, ouvimos pancadas violentas. Uma cadeira, colocada à direita do senhor Lombroso, tentou subir na mesa, depois ficou suspensa no braço do sábio professor. De repente, as cortinas da alcova agitaram-se e foram projetadas sobre a mesa, de modo a envolver o senhor Lombroso, que ficou muito emocionado com o fato, conforme ele próprio declarou.

Todos esses fenômenos ocorridos com grandes intervalos, na escuridão e em meio ao barulho das conversas, não foram levados a sério: foram considerados apenas efeitos do acaso ou brincadeiras de alguns dos assistentes.

Enquanto continuávamos na expectativa, discutindo sobre o valor dos fenômenos ou a maior ou menor importância que devíamos dar a eles, ouvimos o barulho da queda de um objeto. Acendemos a luz e encontramos, a nossos pés, sob a mesa, o trompete que havíamos colocado sobre a mesinha redonda, na alcova, atrás da cortina.

Esse fato, que fez os senhores Bianchi e Ascensi rirem muito, surpreendeu os experimentadores, e teve como consequência, prender mais sua atenção.

Voltamos à obscuridade e, em longos intervalos, à força de insistência, vimos aparecer e desaparecer algumas claridades fugidias. Esse fenômeno impressionou os senhores Bianchi e Ascensi, e colocou um termo às suas zombarias incessantes, levando-os, por sua vez, a tomar lugar no círculo.

No momento da aparição das claridades, e até algum tempo depois que elas pararam de aparecer, os senhores Limoncelli e Tamburini, à direita da médium, declararam estar sendo tocados, em diversos locais, por uma mão. O jovem sobrinho do senhor Lombroso, totalmente cético, que tinha vindo sentar-se ao lado do senhor Limoncelli, declarou estar sentindo toques de uma mão de carne, e perguntou, insistentemente, quem estava fazendo aquilo. Ele se esquecia – pois era ao mesmo tempo cético e ingênuo – que todas as pessoas presentes, como, aliás, ele próprio, formavam a corrente e se encontravam em contato recíproco.

Estava ficando tarde, e a pouca homogeneidade do círculo entravava os fenômenos. Nessas condições, resolvi encerrar a sessão e mandar acender as velas.

Enquanto os senhores Limoncelli e Vizioli se despediam, a médium ainda sentada e amarrada, todos nós de pé, ao redor da mesa, conversando sobre os fenômenos luminosos, comparando os efeitos raros e fracos, obtidos ao longo da sessão, com os do sábado precedente, procurando a razão daquela diferença, ouvimos barulho na alcova, vimos as cortinas que a fechavam serem agitadas fortemente, e a mesinha redonda, que se encontrava atrás delas, *avançar lentamente* em direção à senhora Paladino, sempre sentada e atada.

A visão daquele fenômeno estranho, inesperado e em plena luz causou um estupor, uma surpresa geral. O senhor Bianchi e o sobrinho do senhor Lombroso precipitaram-se para a alcova, pensando que uma pessoa escondida estivesse provocando o movimento das cortinas e da mesinha redonda. Seu espanto foi sem limites quando constataram que lá não havia ninguém e que, *diante dos seus olhos, a mesinha continuava a deslizar sobre o assoalho*, na direção da médium.

E não foi tudo: o professor Lombroso observou que, sobre a mesinha redonda em movimento, *o pires tinha virado de cabeça para baixo,* sem que da farinha que ele continha, *tivesse escapado uma só partícula;* e acrescentou que nenhum prestidigitador seria capaz de executar tal façanha.

Diante desses fenômenos que ocorreram após a ruptura do círculo, de modo a afastar qualquer hipótese de corrente magnética, o professor Bianchi, fiel ao amor à verdade, confessou que, por brincadeira tinha sido ele que tinha combinado e executado a queda do trompete, mas que, em vista de semelhantes fatos, ele não podia mais negá-los e iria estudá-los para pesquisar suas causas.

O professor Lombroso queixou-se do seu procedimento, e disse ao senhor Bianchi que entre professores, reunidos para juntos realizarem estudos e pesquisas científicas, semelhantes mistificações por parte de um colega, como ele, só podiam prejudicar o respeito devido à ciência.

O professor Lombroso, ao mesmo tempo atormentado pela dúvida e pelas ideias que lhe torturavam a mente, comprometeu-se a assistir a novas reuniões, quando do seu retorno de Nápoles, no próximo verão.

Como o senhor Ciolfi enviou esses dois relatórios ao senhor Lombroso, o famoso professor de Turim confirmou sua exatidão pela seguinte carta, datada de 25 de junho de 1891:

> Prezado senhor,
>
> Os dois relatórios que o senhor me endereçou são da mais completa exatidão. Acrescento que, antes que tivéssemos visto o pires virado, a médium anunciara que ela salpicaria farinha nos rostos dos seus vizinhos; e tudo nos leva a crer que essa era a sua intenção, que ela não pôde realizar. Em minha opinião, isso é uma nova prova da total honestidade dessa pessoa, principalmente considerando-se seu estado de semi-inconsciência.
>
> Estou muito confuso e arrependido de ter combatido, com tanta persistência, a possibilidade de existência dos fatos ditos espíritas. Digo fatos, porque continuo ainda contrário à teoria.
>
> Queira cumprimentar, em meu nome, o senhor E. Chiaia e pedir para o senhor Albini examinar, se for possível, o campo visual e o fundo do olho da médium, sobre os quais eu gostaria de obter informações.
>
> Seu devotado,
> C. Lombroso

O próprio senhor Lombroso não tardou em publicar suas experiências e suas reflexões, em um artigo dos *Annales des Sciences physiques* (1892), que termina assim:

> Nenhum desses fatos (que, todavia, devemos admitir, porque não podemos negar fatos que vimos) é de natureza a nos fazer supor, para explicá-los, um mundo diferente daquele admitido pelos neuropatologistas.
>
> Antes de tudo, não devemos perder de vista que a senhora Eupasia é neuropata, que, na sua infância, ela recebeu um golpe no osso parietal esquerdo que produziu um orifício tão profundo que podemos nele colocar um dedo, que ela ficou, a seguir, sujeita a acessos de epilepsia, de catalepsia, de histeria, que ocorrem, sobretudo, durante os fenômenos, que ela apresenta, enfim, uma notável obtusidade do tato.
>
> Pois bem! Nada vejo de inadmissível no fato de que, nos histéricos e nos hipnotizados, a excitação de certos centros, que se torna potente pela paralisia de todos os outros

e provoca, então, uma transposição e uma transmissão de forças físicas, possa também provocar uma transformação de força luminosa ou de força motora. Compreendo, também, como a força que chamarei de cortical ou cerebral de um médium possa, por exemplo, erguer uma mesa, puxar a barba de alguém, bater numa pessoa, acariciá-la etc. Durante a transposição dos sentidos, devida ao hipnotismo quando, por exemplo, o nariz e o queixo veem (e esse é um fato que observei com meus próprios olhos), e quando, durante alguns instantes, todos os outros sentidos estão paralisados, o centro cortical da visão, que tem sua sede no cérebro, adquire tamanha energia que ele substitui o olho. Foi o que pudemos constatar, Ottolenghi[15] e eu, em três pessoas hipnotizadas, servindo-nos da lupa e do prisma.

Os fenômenos observados se explicariam, de acordo com essa teoria, por uma *transformação* das forças da médium. Mas continuemos com a exposição das experiências.

Levando em consideração o testemunho do professor Lombroso, vários cientistas, os senhores Schiaparelli, Diretor do Observatório de Milão, Giuseppe Gerosa, professor de física, Giovanni B. Ermacora, doutor em física, Aksakof, conselheiro de Estado do imperador da Rússia, Charles du Prel, doutor em filosofia de Munique, doutor Richet, de Paris, professor Buffern, reuniram-se, em outubro de 1892, em Milão, no apartamento do senhor Finzi, para renovar essas experiências. O senhor Lombroso assistiu a várias sessões. Foram realizadas dezessete.

Os experimentadores assinaram a seguinte declaração:

> Os resultados obtidos nem sempre corresponderam à nossa expectativa. Não porque não obtivemos uma grande quantidade de fatos aparente ou realmente importantes e maravilhosos, mas, porque na maioria dos casos, não pudemos aplicar as regras da arte experimental que, em outros campos de observação, são consideradas necessárias para se chegar a resultados seguros e incontestáveis.
> A mais importante dessas regras consiste em mudar sucessivamente os modos de experimentação, de modo a

---

[15] N. da T. – Salvatore Ottolenghi, médico e cientista italiano, discípulo de Lombroso, fundou em Roma, a Escola de Polícia Científica.

descobrir a verdadeira causa ou, ao menos, as verdadeiras condições de todos os fatos. Ora, é precisamente sob esse ponto de vista que nossas experiências parecem-nos ainda muito incompletas.

É bem verdade que, com frequência, a médium, para provar sua boa-fé, propunha espontaneamente mudar alguma particularidade de uma ou outra experiência, e, muitas vezes, ela própria tomava a iniciativa dessas mudanças. Mas isso se aplicava, sobretudo, a circunstâncias aparentemente indiferentes, segundo nossa maneira de ver. Ao contrário, as mudanças que nos pareciam necessárias para colocar fora de dúvida o verdadeiro caráter dos resultados, ou não foram aceitos como possíveis, ou proporcionaram resultados incertos.

Não nos julgamos no direito de explicar esses fatos com a ajuda dessas suposições ofensivas que muitos julgam ainda serem as mais simples explicações, e das quais os jornais tornaram-se campeões.

Nós pensamos, ao contrário, que são *fenômenos de uma natureza desconhecida,* e confessamos que não conhecemos as condições necessárias para que eles se produzam. Querer fixar essas condições por nossa própria iniciativa seria, portanto, tão extravagante quanto pretender fazer a experiência do barômetro de Torricelli com um tubo fechado em baixo, ou experiências eletrostáticas em uma atmosfera saturada de umidade, ou, ainda, produzir fotografias expondo a placa sensível à luz antes de colocá-la na câmara escura. Mas, todavia, não é menos verdade que a impossibilidade de variar as experiências a nosso modo diminuiu o valor e o interesse dos resultados obtidos, suprimindo-lhes o rigor de demonstração que temos o direito de exigir, ou melhor, ao qual devemos aspirar, para fatos dessa natureza.

Seguem os principais fenômenos observados.

Levitação de um lado da mesa

Em plena luz, nós deixamos a médium sozinha à mesa, as duas mãos colocadas sobre sua face superior, as mangas erguidas até os cotovelos.

Ficamos de pé ao seu redor e os espaços sobre e sob a mesa estavam bem iluminados. Nessas condições, a mesa ergueu-se, formando um ângulo de vinte a quarenta graus, e manteve-se assim por alguns minutos, enquanto a médium conservava as pernas estendidas e batia os pés um contra o outro. Exercendo, com a mão, uma pressão sobre o lado levantado da mesa, nós sentimos um resistência elástica considerável.

Um dos lados menores da mesa foi suspenso a um dinamômetro amarrado com uma corda, fixado a uma trave apoiada em dois armários. Nessas condições, estando a extremidade da mesa elevada a 15 centímetros, o dinamômetro marcou trinta e cinco quilos.

A médium sentou-se ao referido lado menor, com as mãos *totalmente* colocadas sobre a mesa, à direita e à esquerda do ponto de união do dinamômetro. Nossas mãos formavam a corrente sobre a mesa, sem pressão: *em nenhum caso* elas poderiam agir para *aumentar* a pressão exercida sobre a mesa. Ao contrário, expressamos o desejo de que a pressão diminuísse e, logo, a mesa começou a elevar-se do lado do dinamômetro. O senhor Gerosa, que acompanhava as indicações do aparelho, anunciou essa diminuição, expressa por algarismos sucessivos: 3, 2, 1, 0 quilos. A seguir, a elevação foi tamanha que o dinamômetro repousou horizontalmente sobre a mesa.

Então, nós mudamos as condições, colocando as mãos sob a mesa. A médium, particularmente, colocou as suas, não sob a borda, onde ela poderia atingir a cornija e exercer uma tração para baixo, mas *sob a própria cornija que une as pernas da mesa*, tocando-a não com a palma, mas *com o dorso da mão*. Assim, todas as mãos só poderiam diminuir a tração sobre o dinamômetro. Atendendo ao desejo de vermos essa tração aumentar, ela aumentou, realmente, de 3,5 kg a 5,6 kg.

Durante todas essas experiências, cada um dos pés da médium permaneceu sob o pé do seu vizinho, da direita e da esquerda, mais próximo.

Levitação completa da mesa

Seria natural concluir que, se a mesa, por uma contradição aparente com as leis da gravidade, pudesse elevar-se em parte, ela poderia, também, elevar-se totalmente. Foi, realmente, o que aconteceu, e *essa levitação, um dos fenômenos mais frequentes com Eusapia, prestou-se a um exame satisfatório.*

Habitualmente, ele se produz nas seguintes condições: as pessoas sentadas ao redor da mesa colocam suas mãos sobre a mesma e formam a corrente. Cada mão da médium é segura pela mão adjacente dos seus dois vizinhos, cada um dos seus pés permanece sob os pés dos vizinhos, os quais, além disso, prendem os joelhos dela com os seus. Como de hábito, a médium senta-se a um dos lados menores da mesa, *posição menos favorável para uma elevação mecânica*. Decorridos alguns minutos, a mesa faz um movimento lateral, eleva-se tanto à direita como à esquerda, e finalmente, inteiramente com as quatro pernas no ar, horizontalmente (como se ela flutuasse em um líquido), ordinariamente a uma altura de 10 a 20 centímetros (excepcionalmente até 60 ou 70 centímetros), para, a seguir, cair simultaneamente sobre as quatro pernas.

Com frequência, ela se mantém no ar durante vários segundos e, ainda no ar, realiza movimentos ondulatórios, durante os quais podemos examinar completamente a posição dos seus pés sob a mesa. Durante a elevação, a mão direita da médium muitas vezes abandona a mesa, assim como a mão do seu vizinho, e se mantém acima, no ar.

Para melhor observarmos o fato em questão, eliminamos, pouco a pouco, as pessoas sentadas ao redor da mesa, tendo reconhecido que a corrente formada por várias pessoas não era necessária nem para esse fenômeno, nem para os outros e, finalmente, deixamos apenas uma com a médium, colocada à sua esquerda. Essa pessoa colocava o pé sobre os dois pés de Eusapia e uma das mãos sobre os seus joelhos, segurando, com a outra mão, a mão esquerda da médium, cuja direita estava sobre a mesa, à vista de todos, ou, então, a médium a mantinha no ar durante a elevação. Como a mesa permanecesse no ar durante vários segundos, foi possível obtermos várias fotografias do fenômeno. Três máquinas fotográficas trabalhavam juntas em diferentes pontos do cômodo, e a luz era produzida por uma lâmpada de magnésio no momento oportuno. Obtivemos vinte e uma fotografias, das quais algumas são excelentes. Assim, em uma delas, vemos o professor Richet segurando uma das mãos, os joelhos e um pé da médium, de quem o professor Lombroso segurava a outra mão, como também a mesa elevada horizontalmente, o que é constatado pelo intervalo compreendido entre a extremidade de cada perna e a extremidade da sombra correspondente (Vide a prancha VIII).

Em todas as experiências precedentes, nós concentramos nossa atenção principalmente em vigiar cuidadosamente a posição das mãos e dos pés da médium, e a esse respeito, *acreditamos poder dizer que eles estavam a salvo de qualquer objeção.*

Todavia, por escrúpulo de sinceridade, não podemos silenciar sobre um fato ao qual começamos a prestar atenção somente na noite de 05 de outubro, mas que provavelmente, deve ter se produzido também nas experiências precedentes. Ele consiste no seguinte: as quatro pernas da mesa não podiam ser consideradas como isoladas totalmente durante a elevação, porque uma delas ao menos estava em contato com a borda inferior do vestido da médium.

Naquela noite, notamos que um pouco antes da elevação, a saia de Eusapia, do lado esquerdo, inflava-se até conseguir tocar a perna vizinha da mesa.

Como um de nós estava encarregado de impedir esse contato, a mesa não pôde elevar-se como das outras vezes, e isso só aconteceu quando o observador deixou intencionalmente que o contato se produzisse, o que é visível nas fotografias tiradas dessa experiência, e também, naquelas em que a perna da mesa em questão está visível de alguma forma na sua extremidade inferior.

Notamos que, ao mesmo tempo, a médium tinha a mão apoiada na face superior da mesa e do mesmo lado, de modo que essa perna da mesa estava sob sua influência, tanto em sua parte inferior, por meio do vestido, quanto em sua parte superior, por meio da mão.

Agora, eu pergunto: de que maneira o contato de um tecido leve com a extremidade inferior de uma perna de mesa pode ajudar na levitação? É o que não saberíamos dizer. A hipótese de que o vestido poderia esconder um apoio sólido, habilmente introduzido, para servir de apoio momentâneo à perna da mesa, é pouco aceitável. Realmente, para sustentar a mesa inteira sobre essa única perna por meio da ação que pode produzir uma única mão sobre a face superior da mesa, seria necessário que a mão exercesse sobre a mesa uma pressão muito forte, da qual não podemos supor que Eusapia fosse capaz, mesmo durante três ou quatro segundos. Ficamos convencidos desse fato, realizando nós próprios as mesmas experiências com a mesma mesa.[16]

---

16 Entretanto, poderia restar alguma dúvida: igualmente, nas minhas fotografias

Movimentos de objetos à distância, sem nenhum contato com qualquer uma das pessoas presentes

a) Movimentos espontâneos de objetos
Esses fenômenos foram repetidas vezes observados durante nossas sessões. Frequentemente uma cadeira colocada com esse intuito naquela extremidade não longe da mesa, entre a médium e um dos seus vizinhos, colocou-se em movimento e, algumas vezes, aproximou-se da mesa. Um exemplo digno de nota produziu-se na segunda sessão, *sempre em plena luz*: uma pesada cadeira (10 quilos), que se encontrava a um metro da mesa e atrás da médium, aproximou-se do senhor Schiaparelli, que estava sentado próximo à médium: ele se levantou para recolocá-la no lugar, mas mal tinha se sentado novamente, a cadeira avançou, pela segunda vez, em sua direção.

Prancha VIII – Levitação completa de uma mesa de acordo com uma fotografia instantânea. (Controladores: professores Lombroso e Richet)

b) Movimentos da mesa sem contato
Desejamos obter esse fenômeno por via experimental.
Para tanto, a mesa foi colocada sobre rodinhas, os pés da médium foram vigiados, como já dissemos, e todos os assistentes fizeram a corrente com as mãos, compreendendo as da médium. Quando a mesa se colocou em movimento, todos nós erguemos as mãos sem romper a corrente, e a mesa, assim isolada, realizou vários movimentos. Essa experiência foi repetida várias vezes.

Transportes de vários objetos, sendo que as mãos da médium estavam atadas às dos seus vizinhos

---

(Pranchas I, VI A e VI B), a perna da mesa, à esquerda da médium, está encoberta. Como eu próprio estava precisamente naquele lugar, estou certo de que a médium não pôde erguer a mesa com seu pé, pois *este pé estava sob o meu*, nem com qualquer varão ou suporte, pois eu tinha uma das mãos sobre suas pernas, *que não se mexeram*. Por outro lado, a objeção é refutada pela experiência que fiz em 29 de março de 1906 (vide p. 25) sobre a levitação, com Eusapia *de pé*, experiência já realizada em 27 de julho de 1897, em Montfort-l'Amaury (vide p. 92), com os pés visíveis, naturalmente. Assim, nenhuma dúvida pode subsistir sobre a levitação completa da mesa que flutuava no espaço. Aksakof obteve uma levitação, nas suas sessões em Milão, após ter atado os pés de Eusapia com dois barbantes, cujas extremidades, curtas, tinham sido fixadas no assoalho, bem perto de cada pé.
O leitor terá mais adiante, diante dos seus olhos, outros exemplos irrecusáveis (entre outros, os das páginas 170 e 185).

Para garantirmos que não estávamos sendo vítimas de uma fraude, atamos, com um barbante, as mãos da médium às dos seus vizinhos, de tal forma que os movimentos das quatro mãos podiam se controlar reciprocamente. O comprimento do barbante entre as mãos da médium era de 20 a 30 centímetros, e entre cada uma das mãos da médium e as mãos dos seus vizinhos, de 10 centímetros. Esse espaço foi previsto a fim de que as mãos dos vizinhos pudessem, também, segurar facilmente as da médium durante os movimentos convulsivos que a agitavam.

Nós amarramos suas mãos da seguinte maneira: ao redor de cada punho, demos três voltas com o barbante, sem deixar folga, apertadas quase ao ponto de lhe causar mal,[17] e, a seguir, fizemos, duas vezes, um nó simples. Esse foi feito para que, se por meio de qualquer artifício a mão tivesse conseguido se soltar do barbante, as três voltas se desfizessem imediatamente e a mão não pudesse se recolocar, reconstituindo o modo em que foi inicialmente amarrada.

Colocamos uma campainha sobre uma cadeira, atrás da médium. Formamos a corrente e, além disso, as mãos e os pés da médium foram seguros como de hábito. Apagamos as luzes, expressando o desejo de que a campainha tilintasse imediatamente e que, depois disso, iríamos desamarrar a médium. *Imediatamente,* ouvimos a cadeira se mover, *descrever uma curva sobre o chão, aproximar-se da mesa e logo colocar-se sobre ela.* A campainha tilintou, depois foi projetada sobre a mesa. Acendemos bruscamente as luzes e constatamos que os nós encontravam-se numa ordem perfeita. Está claro que o transporte da cadeira não pôde ter sido produzido pela ação das mãos da médium.

---

17 Já ouvi, com muita frequência, a seguinte objeção: "Só acreditarei nos médiuns não remunerados. Todos os que são pagos são suspeitos". Eusapia enquadra-se nesse último caso. Sem nenhuma fortuna, ela só vai a uma cidade se as pessoas se encarregarem de sua viagem e de sua hospedagem. Além disso, as pessoas ocupam seu tempo e a submetem a uma inquisição pouco agradável. Quanto a mim, não admito absolutamente essa objeção. As faculdades, físicas ou intelectuais, nada têm em comum com a fortuna. Dir-se-á que a médium tem interesse em blefar para ganhar seus honorários. Mas há muitas outras tentações neste mundo. Eu vi médiuns não remunerados, homens e mulheres da sociedade, blefarem sem nenhum escrúpulo, por mera vaidade, ou com um intuito ainda menos confessável: pelo prazer de enganar. As sessões de espiritismo serviram para que se estabelecessem úteis e agradáveis relações sociais... e para realizarem mais de um casamento. Devemos desconfiar tanto de uns como dos outros.

Impressões de dedos obtidas sobre papel esfumaçado

Para decidir se estávamos lidando com mão humana... ou com qualquer outro procedimento, fixamos sobre a mesa, do lado oposto ao da médium, uma folha de papel escurecido com negro-de-fumo, expressando o desejo de que a mão ali deixasse uma impressão, de que a mão da médium continuasse limpa e de que o negro-de-fumo fosse transportado para uma de nossas mãos. As mãos da médium estavam seguras pelas dos senhores Schiaparelli e Du Prel. Formamos a corrente na escuridão. Ouvimos, então, uma mão bater ligeiramente sobre a mesa e logo o senhor Du Prel declarou que sua mão esquerda, que ele mantinha sobre a mão direita do senhor Finzi, estava sendo roçada por dedos. Acendendo as luzes, encontramos sobre o papel várias impressões de dedos, e o dorso da mão do senhor Du Prel tingido de negro-de-fumo, *do qual as mãos da médium, examinadas imediatamente, não traziam nenhum traço*. Essa experiência foi repetida três vezes. Quando insistimos que queríamos uma impressão completa, sobre uma folha obtivemos cinco dedos, e sobre uma terceira, a impressão de uma mão esquerda quase inteira. Isso feito, o dorso da mão do senhor Du Prel estava completamente escurecido e as mãos da médium completamente limpas.

Aparição de mãos sobre um fundo ligeiramente iluminado

Nós colocamos sobre a mesa um cartão revestido com uma substância fosforescente (sulfeto de cálcio) e pusemos outros sobre as cadeiras em diversos pontos do cômodo. Nessas condições, vimos muito bem um perfil de mão que se colocava sobre o cartão da mesa; e sobre o fundo formado pelos outros cartões, vimos a sombra da mão passar e repassar ao redor de nós.
Na sessão de 21 de setembro, um de nós viu, várias vezes, não uma, mas *duas mãos ao mesmo tempo*, projetarem-se sobre a fraca luz de uma janela, somente com a vidraça fechada (fora, já era noite, mas não era ainda uma escuridão absoluta). Essas mãos agitavam-se rapidamente, mas não o suficiente, contudo, para que não pudéssemos distinguir nitidamente o seu perfil. Elas eram totalmente opacas e se projetavam sobre a janela em silhuetas totalmente escuras.

Esses fenômenos de aparição simultânea de duas mãos são *muito significativos*, porque não podemos explicá-los por meio da hipótese de uma trapaça do médium, que não poderia, de modo algum, ter libertado mais do que uma das mãos, graças à vigilância de seus vizinhos. A mesma conclusão aplica-se ao batimento das *duas mãos*, uma contra a outra, que várias vezes foi ouvido no ar.

Levitação da médium sobre a mesa

Nós colocamos entre os fatos mais importantes e mais significativos essa levitação realizada duas vezes, em 28 de setembro e em 3 de outubro: a médium que estava sentada à uma extremidade da mesa, emitindo fortes gemidos, *foi levantada com sua cadeira e colocada sobre a mesa*, sentada na mesma posição, sempre com as mãos presas e acompanhadas por seus vizinhos.

Na noite de 28 de setembro, a médium, enquanto suas mãos eram seguras pelos senhores Richet e Lombroso, queixou-se de mãos que a pegavam por baixo dos braços e depois, em um estado de *transe*, disse com a voz alterada que lhe é comum nesse estado: "Agora, levo minha médium para cima da mesa". Passados dois ou três segundos, a cadeira juntamente com a médium que estava nela sentada foi, não jogada, mas levantada com precaução e colocada sobre a mesa, embora os senhores Richet e Lombroso tivessem certeza de que não contribuíram em nada para essa ascensão. Depois de ter falado, sempre em estado de *transe*, a médium anunciou sua descida e, tendo o senhor Finzi substituído o senhor Lombroso, a médium foi colocada no chão, com tanta segurança quanto precisão, enquanto os senhores Richet e Finzi acompanhavam, sem qualquer ajuda, os movimentos das mãos e do corpo.

Além disso, durante a descida, os dois sentiram, várias vezes, uma mão tocando-os ligeiramente sobre a cabeça. Na noite de 3 de outubro, o mesmo fenômeno se repetiu, em circunstâncias análogas.

Toques

Alguns toques merecem ser particularmente notados, devido a uma circunstância capaz de fornecer alguma noção interessante sobre sua possível origem. Primeiramente, é importante assinalar os toques que foram sentidos pelas pessoas que estavam *fora do alcance das mãos da médium*.

Assim, na noite de 6 de outubro, o senhor Gerosa, que se encontrava três lugares distantes da médium (cerca de 1,20m, Eusapia estando em uma das extremidades menores e o senhor Gerosa em um dos cantos adjacentes ao lado menor oposto), levantando a mão para que ela fosse tocada, sentiu várias vezes uma mão que batia na sua para abaixá-la. Como ele resistia, foi batido com um trompete que, um momento antes, tocara alguns sons no ar.

Em segundo lugar, é preciso notar que os toques constituem operações delicadas, que não podem ser realizadas na escuridão com a precisão que nós observamos. Por duas vezes (16 e 21 de setembro), o senhor Schiaparelli *teve seus óculos tirados* e colocados diante de outra pessoa, sobre a mesa. Esses óculos são presos à orelha por meio de duas molas, e é preciso certa atenção para tirá-los, mesmo para aquele que opera em plena luz. Entretanto, eles lhe foram tirados na escuridão total, com tanta delicadeza e presteza, que o referido experimentador só se deu conta depois, ao não mais sentir o contato habitual de seus óculos com o nariz, com as têmporas e com as orelhas, e teve que se tatear com as mãos para assegurar-se de que eles não se encontravam mais no seu lugar habitual.

Efeitos análogos resultaram de muitos outros toques, executados com uma excessiva delicadeza, como por exemplo, quando um dos presentes sentiu que lhe acariciavam os cabelos e a barba.

Em todas as inúmeras manobras executadas pelas mãos misteriosas, nunca pudemos notar uma falta de jeito ou um choque, o que é ordinariamente inevitável para quem opera na escuridão.

Podemos acrescentar, a esse respeito, que corpos bastante pesados e volumosos, como cadeiras e vasos cheios de argila foram colocados sobre a mesa, sem que nunca esses objetos tivessem esbarrado em uma das numerosas mãos apoiadas nessa mesa, o que era particularmente difícil para as cadeiras que, pelas suas dimensões, ocupavam grande parte da mesa. Uma cadeira foi derrubada para a frente na mesa e colocada no sentido do seu comprimento, sem incomodar ninguém, de tal maneira que ela ocupava quase toda a mesa.

Contatos com um rosto humano

Tendo um de nós expressado seu desejo de ser beijado, ele sentiu diante de sua própria boca o barulho rápido de um beijo, mas não acompanhado de um contato de lábios. Isso se produziu duas vezes. Em três ocasiões diferentes, aconteceu a um dos assistentes tocar um rosto que tinha cabelos e barba; o contato com a pele era realmente a de um homem vivo, seus cabelos eram muito mais ásperos e eriçados do que os da médium, e a barba parecia muito fina.

Tais foram as experiências realizadas em Milão, em 1892, pelo grupo de cientistas citado mais acima.

Como não admitir, após a leitura desse novo relatório: a levitação completa da mesa, – a levitação da médium, – o movimento de objetos sem qualquer contato, – os toques delicados e precisos realizados por órgãos invisíveis, – a formação de mãos e até de rostos humanos? Esses fenômenos são aqui citados como tendo sido observados com os mais escrupulosos cuidados.

Notemos, também, o ato do pequeno móvel, cadeira ou mesinha redonda, que procura subir sobre um dos assistentes ou sobre a mesa, observado igualmente por mim (vide pp. 80, 83, 103 e 106).

Apesar de os cientistas do grupo de Milão lamentarem não terem realizado *experiências*, mas apenas *observações* (já disse mais acima, p. 37, o que devemos pensar a esse respeito), os fatos não foram menos constatados.

Acrescentarei até que, após a leitura desse relatório, as reservas do senhor Schiaparelli parecem exageradas. Se a fraude pôde, algumas vezes, insinuar-se, o que foi observado continua indene e aceito pela ciência.

A mesma médium foi objeto de uma fértil série de experimentações. Assinalemos, ainda, as realizadas em Nápoles, em 1893, sob a direção do senhor Wagner, professor de zoologia da Universidade de São Petersburgo; as de Roma, em 1893-1894, sob a direção do senhor de Siemiradizki, correspondente do Instituto; as de Varsóvia, de 25 de novembro de 1893 a 15 de janeiro de 1894, na casa do doutor Ochorowicz; as do castelo de Carqueiranne e da Ilha Roubaud, em 1894, na casa do professor Richet; as de Cambridge, em agosto de 1895, na casa do senhor Myers; as da Villa de Agnelas, de 20 a 29 de setembro de 1895, na casa do coronel de Rochas; as de Auteuil, em setembro de 1896, na casa do senhor Marcel Mangin[18] etc. Será bem supérfluo e imensamente longo enumerar todas elas. Destaquemos, somente, alguns fatos especiais característicos.

Lemos o que se segue no relatório do senhor de Siemiradizki:

> No canto da sala encontrava-se um piano, à esquerda e um pouco atrás de Ochorowicz e de Eusapia. Alguém expressou o desejo de ouvir o teclado tocar. Imediatamente, ouvimos o piano se deslocar; Ochorowicz pôde até ver esse deslocamento, graças a um raio de luz que caía sobre a superfície polida do instrumento através da veneziana da janela. A seguir, o piano abriu-se ruidosamente e ouvimos soar as notas graves do teclado. Formulei, em voz alta, o desejo de ouvir tocar, simultaneamente, as notas altas e as notas baixas, como prova de que a força desconhecida pudesse agir nas duas extremidades do teclado; minha vontade foi atendida e ouvimos ao mesmo tempo as notas graves e as notas agudas, o que parece provar a ação de duas mãos distintas. A seguir, *o instrumento avançou em nossa direção*; ele se comprimiu contra o nosso grupo que foi obrigado a se deslocar, acompanhado de nossa mesa de experiências, e só paramos depois de termos assim percorrido vários metros.
> Um copo, com água pela metade, que se encontrava sobre o bufê, fora do alcance de nossas mãos, foi levado por uma força desconhecida até os lábios de Ochorowicz, de Eusapia e de outra pessoa, os quais nele beberam. A operação realizou-se na total escuridão, com uma precisão prodigiosa.
> Nós pudemos constatar a existência real de uma mão que não pertencia a nenhum dos presentes: foi por moldagem. Tendo colocado uma pesada bacia cheia de argila para modelar sobre uma grande mesa, ao centro da sala de jantar, sentamo-nos, juntamente com Eusa-

---

18 N. da T. – Pintor orientalista francês.

pia, ao redor da mesinha de experiências, afastada mais de um metro. Após alguns minutos de espera, a bacia veio, sozinha, colocar-se sobre nossa mesa. Eusapia gemia, torcia-se e tremia com todos os seus membros. Entretanto, em nenhum momento suas mãos abandonaram as nossas. A seguir, ela gritou: *È fatto!* (foi feito). Com a vela acesa, encontramos uma cavidade irregular sobre a superfície da argila: essa cavidade, enchida a seguir de gesso, deu-nos a modelagem perfeita de dedos crispados.

Colocamos sobre a mesa um prato coberto de negro-de-fumo. A mão misteriosa deixou nele a impressão da ponta de seus dedos. As mãos dos assistentes, inclusive as de Eusapia, *permaneceram brancas*. A seguir, induzimos a médium a reproduzir a impressão de sua própria mão sobre outro prato esfumaçado. Ela o fez. A camada de fuligem removida por seus dedos os escurecera bastante. A comparação dos dois pratos fez-nos constatar uma semelhança gritante, ou, melhor dizendo, a identidade na disposição dos círculos em espiral da epiderme,[19] e nós sabemos que a disposição desses círculos é diferente para cada indivíduo. *É uma particularidade que fala de um modo eloquente em favor da hipótese do desdobramento da médium.*

    O doutor Ochorowicz empregou, para controlar mecanicamente os movimentos dos pés de Eusapia, o seguinte aparelho: duas caixas de charutos, fundas e estreitas, foram colocadas sob a mesa, e Eusapia colocou os pés descalços nelas. As caixas tinham fundos duplos e eram munidas de um dispositivo elétrico que lhe permitia mexer livremente os pés, movimentando-o alguns centímetros em todas as direções. Mas se ela desejasse tirar os pés da caixa, a campainha elétrica tocava antes que ela tivesse percorrido a metade do caminho necessário para tanto, e só parava quando os pés tivessem retornado ao seu lugar. Eusapia não podia se manter totalmente tranquila durante as sessões: ela possuía a liberdade de movimentos, mas lhe era completamente impossível utilizar as pernas para erguer a mesa. *Nessas condições, a mesa, que pesava 25 libras, elevou-se duas vezes, sem que a campainha fosse ouvida.* Durante a

---

19 N.E. – Impressões digitais.

segunda levitação, fotografamos a mesa por baixo. Vemos na fotografia as quatro pernas da mesa; a esquerda está em contato com o vestido de Eusapia, como sempre acontece quando a luz está forte, mas as caixas com os pés da médium estão no lugar. Então, os assistentes verificaram que a campainha podia ser ouvida não apenas quando a médium tirava os pés, mas também quando ela os levantava muito alto na caixa.

Após todas essas constatações, não farei aos meus leitores a injustiça de pensar que, para todos eles, a levitação da mesa não está *excessivamente provada*.

Eis, agora, uma curiosa observação relativa à enfunação da cortina.

Dez pessoas estavam sentadas ao redor da mesa. Eusapia estava de costas para a cortina e era controlada pelo general Sokrates Starynkiewicz e pelo doutor Xavier de Watraszewski.

Eu estava sentado – escreve o senhor Glowacki-Prus[20] – de frente para Eusapia, próximo à senhorita X..., uma pessoa muito nervosa e facilmente hipnotizável. A sessão já durava aproximadamente uma hora, com numerosos e variados fenômenos. Eusapia, como sempre, parecia semiconsciente. De repente, ela acordou e a senhorita X soltou um grito. Sabendo o que esse grito significava, apertei mais fortemente sua mão esquerda e, a seguir, segurei-a pela cintura, porque essa menina ficava mais forte em determinados momentos. O cômodo estava suficientemente iluminado, e eis o que vimos, e o que eu próprio senti, além disso, pelas mãos. Cada vez que os músculos da senhorita X contraiam-se mais fortemente, a cortina que estava diante dela, a dois ou três metros de distância, executava um movimento. A tabela abaixo indica os detalhes dessa correlação:

---
20 N. da T. Aleksander Glowacki, cujo pseudônimo era Boleslaw Prus – jornalista e escritor polonês.

Fraca tensão dos músculos	A cortina agita-se
Forte tensão	Ela se enfuna como uma vela
Tensão muito forte, gritos	Ela atinge os controladores de Eusapia, cobrindo-os quase completamente
Repouso	Repouso
Tensão dos músculos	Movimentos da cortina
Forte tensão	Grande enfunação da cortina.

Vemos a proporcionalidade evidente que constatei entre a tensão dos músculos da médium (que, neste caso, era a senhorita X) e o trabalho mecânico da cortina em movimento.

Esta experiência é mais interessante pelo fato de não ter sido Eusapia que a produziu, e que, se ela usasse algum artifício para inflar as cortinas, ele não foi empregado aqui. Nós já sabemos que ela não usava nenhum.

Eis as conclusões do senhor Ochorowicz:

> 1º) Não encontrei provas em favor da hipótese espírita, ou seja, em favor da intervenção de uma inteligência estranha à médium. "John" não é para mim senão um desdobramento psíquico da médium. Consequentemente, eu não sou espírita.
> 2º) Os fenômenos mediúnicos confirmam o "magnetismo" em oposição ao "hipnotismo" – ou seja, implicam a existência de uma ação fluídica além da sugestão.
> 3º) Entretanto, a sugestão tem um papel importante, e a médium é apenas um espelho que reflete as forças e as ideias dos experimentadores. Além disso, ela possui a faculdade de realizar, ao exteriorizá-las, seus sonhos sonambúlicos próprios ou sugeridos pelos experimentadores.
> 4º) Nenhuma força meramente física explica esses fenômenos, que são sempre de natureza psicofísica, possuindo um centro de ação no espírito da médium.
> 5º) Os fenômenos constatados não contradizem nem a mecânica, em geral, nem a lei da conservação das forças, em particular. A médium age às custas de suas próprias forças e às custas das forças dos experimentadores.
> 6º) Existe uma série de transições entre a mediunidade

de categoria inferior (automatismo, fraude inconsciente) e a mediunidade de categoria superior ou exteriorização da motricidade (ação à distância sem ligação visível e palpável).

7º) A hipótese de um "duplo fluídico" (corpo astral) que, em certas condições, se desprende do corpo da médium, parece necessária para a explicação da maioria dos fenômenos. Segundo essa concepção, os movimentos dos objetos sem contato seriam produzidos pelos membros fluídicos da médium.[21]

O senhor Oliver Lodge, eminente físico inglês, reitor da Universidade de Birmingham, declarou que, a convite do doutor Richet, ele foi assistir às experiências em Carqueirane convencido de que não poderia haver produção de movimentos sem contato, mas aquilo que viu convenceu-o completamente de que fenômenos desse tipo podiam, em determinadas condições, ter uma existência real e objetiva. Ele testemunha a ocorrência dos seguintes fatos:

1º) Os movimentos de uma cadeira afastada, visível ao luar, e em circunstâncias tais que não seria possível, evidentemente, conexão mecânica;

2º) A enfunação e o movimento de uma cortina, na ausência de vento ou qualquer outra coisa ostensível;

3º) A elevação e a locomoção de uma caixa de música sem ser tocada;

4º) Os sons provenientes de um piano e de um acordeão, os quais não foram tocados;

5º) Uma chave girada na fechadura, por dentro do cômodo onde as sessões se realizavam, depois colocada sobre a mesa e, a seguir, recolocada na fechadura;

6º) Os movimentos e a queda, por meio de evoluções corretas e lentas, de uma mesa pesada, que foi encontrada posteriormente, assim caída;

7º) A elevação de uma mesa pesada, nas condições em que foi feita, a qual seria impossível levantar em condições ordinárias;

8º) O aparecimento de marcas azuis sobre uma mesa, ante-

---
21 Estes relatórios foram publicados detalhadamente na obra do senhor Rochas, *L'Extériorisation de la Motricité*, V. 4ª edição, 1906, p.170.

riormente sem manchas, realizado sem a ajuda dos meios ordinários da escrita;

9º) A sensação de golpes, como se alguém nos pegasse a cabeça, o braço ou as costas, enquanto as mãos e os pés da médium estavam bem visíveis, ou mantidos afastados dos locais em que o corpo foi tocado.

Como vemos, é sempre a confirmação das experiências descritas mais acima.

Em Cambridge, Eusapia foi pega em flagrante delito de fraude devido à substituição das mãos. Enquanto os controladores acreditavam estar segurando suas duas mãos, eles seguravam apenas uma: a outra estava livre. Os experimentadores de Cambridge declararam unanimemente que "tudo era fraude, do início ao fim", nas *vinte sessões* com Eusapia Paladino.

Em um documento endereçado ao senhor de Rochas, o senhor Ochorowicz contestou essa conclusão radical por várias razões. Eusapia é muito sugestionável e, alimentando sua tendência à fraude sem impedi-la, por uma espécie de encorajamento tácito, acabamos por incitá-la mais. Por outro lado, sua fraude é, geralmente, inconsciente. Eis, particularmente, uma história bem típica, relatada pelo senhor Ochorowicz:

> Certa noite, em Varsóvia, Eusapia dormia em seu quarto ao lado do nosso. Eu ainda não estava dormindo e, de repente, ouvi-a se levantar e caminhar, com os pés descalços, pelo apartamento. Depois, entrou em seu quarto e aproximou-se de nossa porta. Fiz um sinal à senhora Ochorowicz, que tinha acordado, para ficar calma e observar bem o que iria acontecer. Um momento depois, Eusapia abriu suavemente a porta, aproximou-se do toucador da minha esposa, abriu uma gaveta, fechou-a e saiu, evitando cuidadosamente fazer barulho. Vesti-me às pressas, e entramos em seu quarto. Eusapia dormia tranquilamente. A luz de nossa vela pareceu acordá-la:
> – O que estava procurando em nosso quarto de dormir?
> – Eu? Eu não saí daqui.
> Percebendo a inutilidade de um interrogatório mais longo, voltamos às nossas camas, recomendando-lhe dormir tranquilamente.
> No dia seguinte, fiz-lhe a mesma pergunta. Ela ficou muito surpresa e até perturbada (ruborizou-se ligeira-

mente). Disse então:
– Como eu ousaria entrar no seu quarto durante a noite? Essa acusação foi muito dura para ela, que procurou persuadir-nos, por meio de uma série de razões insuficientes, que nós nos enganávamos. Ela negou tudo, e sou obrigado a reconhecer que ela não se lembrava de ter-se levantado, nem *mesmo de ter conversado conosco* (já era outro estado sonambulístico).
Peguei uma mesinha e ordenei a Eusapia que colocasse as mãos sobre a mesma.
– Está bem, ela disse, John dirá a vocês que não estou mentindo!
Fiz as perguntas:
– Foi você, John, quem entrou esta noite em nosso quarto de dormir?
– Não.
– Foi a camareira? (Sugeri essa ideia de propósito para colocar à prova a veracidade de John).
– Não, respondeu ele.
– Foi a própria médium?
– *Sim*, respondeu a mesa.
– Não, não é verdade! – respondeu Eusapia vendo sua esperança frustrada.
– Sim! – respondeu a mesa com força.
– Foi em estado de transe?
– Não.
– Em seu estado normal?
– Não.
– Em um estado de sonambulismo espontâneo?
– Sim.
– Com qual objetivo?
– *Para procurar fósforos, pois, em seu sono, ela sentia medo e não queria dormir sem luz.*
E, realmente, sempre havia fósforos na gaveta que Eusapia abriu, exceto, excepcionalmente, naquela noite, e ela voltou ao quarto sem nada pegar.
Ouvindo a explicação da mesa, Eusapia deu de ombros, mas não protestou.
Eis, portanto, uma mulher que é capaz de se encontrar, de um momento a outro, em um estado psíquico inteiramente diferente.
Seria justo acusar semelhante criatura de fraude premeditada, sem o menor exame médico e psicológico, sem o menor teste de verificação?

O senhor Ochorowicz acrescenta aqui que, para ele, não é nem uma pessoa estranha à médium, nem uma força nova independente e oculta, mas um estado psíquico especial que permite ao *dinamismo vital da médium* (corpo astral dos ocultistas) *agir à distância* em certas condições excepcionais. É a única hipótese que lhe parece *necessária, no estado atual de seus conhecimentos*.

Por que a médium tenta, com tanta frequência, soltar sua mão? Para os experimentadores de Cambridge, a causa disso é bem simples e sempre a mesma: ela solta a mão para iludir. Na realidade, as causas da liberação da mão são múltiplas e complicadas. Eis as explicações do doutor Ochorowicz:

> 1º) Devemos observar, primeiramente, que Eusapia solta frequentemente sua mão apenas para tocar em sua cabeça, que dói nos momentos das manifestações. É um movimento reflexo natural e, nela, é um hábito inveterado. Como, geralmente, ela não se lembra ou, pelo menos, não previne o controlador, a escuridão justifica as suspeitas.
> 2º) Imediatamente antes do desdobramento mediúnico, sua mão está hiperestesiada, e, consequentemente, a pressão de mão estranha lhe provoca dor, sobretudo do lado dorsal. Portanto, ela coloca, geralmente, a mão que deve estar ativa mediunicamente em cima e não embaixo da mão do controlador, procurando tocá-la o mínimo possível. Quando o desdobramento está completo e a mão dinâmica mais ou menos materializada, a mão da médium crispa-se e apoia-se com força sobre o controlador, exatamente no momento da produção do fenômeno. Ela está, então, quase insensível e contraída. Em boas condições mediúnicas, o desdobramento é fácil e a hiperestesia inicial de curta duração. Nesse caso, a médium permite que sua mão seja completamente envolvida e que os pés do controlador sejam colocados *sobre* os seus, como sempre fazíamos em Roma, em 1893. Entretanto, depois, ela não suporta mais essa posição e prefere que lhe segurem as mãos sob a mesa.
> 3º) De acordo com as leis psicológicas, a mão segue sempre, automaticamente, a direção dos nossos pensamentos (*Cumberlandismo*).[22] A médium age por autos-

---
22 N. da T. - Cumberlandismo ou adivinhação por contato é um fenômeno que

sugestão, e a ordem para ir até um ponto visado é dada pelo seu cérebro, simultaneamente, à mão dinâmica e à mão corporal, já que no estado normal elas formam apenas uma. E como imediatamente após a hiperestesia inicial, sua sensação muscular se atenua e a mão torna-se entorpecida, acontece, sobretudo quando a médium procede negligentemente e não governa suficientemente seus movimentos, que a mão dinâmica permaneça no lugar, ao passo que é sua própria mão que segue a direção indicada. A primeira, não estando materializada, produz apenas um simulacro de pressão, e outra pessoa, capaz de enxergar um pouco no escuro, nada verá e até poderá constatar, pelo tato, a ausência da mão da médium sobre a do controlador. Ao mesmo tempo, a mão da médium segue na direção do objeto – *e pode até ser que ela não o alcance realmente, agindo à distância por um prolongamento dinâmico.*
É dessa forma que eu explico os casos em que a mão, tendo se soltado, não pôde, entretanto, atingir o ponto visado, fisicamente inacessível, como também explico as inúmeras experiências realizadas em Varsóvia, em plena luz, com uma sineta suspensa de várias formas, com bússolas de formas diferentes, com uma mesinha etc., experiências nas quais os dedos de Eusapia estavam muito próximos, mas não tocavam o objeto. Verifiquei que lá não estava agindo nenhuma força elétrica, mas que as coisas se passavam como se os braços da médium se alongassem, agindo de modo invisível, mas *mecanicamente.*
Em Varsóvia, quando um amigo, o senhor Glowacki, colocou na cabeça "que deveríamos deixar a médium agir para descobrir seu método", tivemos uma sessão inteiramente fraudulenta, e perdemos nosso tempo inutilmente.
Ao contrário, em uma péssima sessão na Ilha Roubaud, nós obtivemos alguns bons fenômenos, após termos dito francamente à médium que ela estava trapaceando.

E eis as conclusões do autor sobre "as trapaças de Cambridge":

1º) Em Cambridge, não somente não provaram a fraude *consciente* de Eusapia, como também não fizeram o

---

pode ser produzido tanto espontaneamente como por meios técnicos, no qual a pessoa que o executa tem a capacidade de adivinhar os pensamentos de outras pessoas. O nome provém de Stuart Cumberland, tido como seu descobridor.

mínimo esforço nesse sentido.

2º) Provaram a fraude *inconsciente* em proporções muito maiores do que em todas as experimentações precedentes.

3º) Esse resultado negativo é justificado por um método inábil, pouco adequado à natureza dos fenômenos.

Essa é também a opinião do doutor Joseph Maxwell e de todos os homens competentes no assunto.

Em resumo, vemos que a influência das ideias preconcebidas, das opiniões, dos sentimentos sobre a produção dos fenômenos é incontestável. Quando todos os experimentadores têm quase a mesma disposição de espírito simpática a esse tipo de pesquisas, e que, estando bem decididos a exercerem um controle suficiente para não serem vítimas de nenhuma mistificação, concordam em aceitar as lamentáveis condições de escuridão, necessárias à atividade dessas radiações desconhecidas e a não perturbar em nada as aparentes exigências do médium, os fenômenos obtidos atingem um grau de intensidade extraordinário.[23] Mas se reinar a discordância, se um ou vários assistentes espionarem insistentemente os atos do médium, convictos de que ele vai trapacear, os resultados assemelham-se ao percurso de um barco a velas, sobre os qual estariam soprando vários ventos contrários. Andamos em círculo sem avançar e o tempo passa quase esterilmente. *As forças psíquicas não são menos reais do que as forças físicas, químicas e mecânicas.* Apesar do desejo que poderíamos ter de convencermos os incrédulos de opinião formada, seria útil só convidar um de cada vez, e colocá-lo próximo ao médium a fim de que ele seja imediatamente atingido, abalado, convencido. Mas, em geral, isso não vale a pena.

No mês de setembro de 1895, uma nova série de experiências foi realizada em Agnelas na *Villa* do coronel de Rochas, administrador da Escola Politécnica, com o concurso do doutor Dariex, diretor dos *Annales des sciences psychiques,* do conde

---

[23] Acrescentarei, para aqueles que desejarem praticar essas experiências, que a melhor condição para se obter êxito, é a formação de um grupo homogêneo, imparcial, sincero, livre de qualquer ideia preconcebida e que não ultrapasse cinco ou seis pessoas. É absurdo objetar que, para a obtenção dos fenômenos, *é preciso ter fé*. Não. Mas é conveniente que não se exerça nenhuma força contrária.

de Gramont,[24] doutor em ciências, do doutor J. Maxwell, procurador geral substituto junto à Corte de Apelação de Limoges, do professor Sabatier, da Faculdade de Ciências de Montpellier, e do senhor Adolphe du Grabe, barão de Watteville, diplomado em letras. Essas experiências confirmaram todas as precedentes.[25]

O mesmo ocorreu em setembro de 1896, em Tremezzo, com a família Blech, então em férias no Lac de Côme; depois em Auteuil, na casa do senhor Marcel Mangin com os senhores Sully Prudhomme,[26] doutor Dariex, Émile Desbeaux,[27] A. Guerronnan[28] e a senhora Boisseaux. Detenhamo-nos um instante nessa última sessão.

Primeiramente, mencionarei a fotografia da mesa suspensa no espaço, levitação que não deixou nenhuma dúvida na mente dos experimentadores, como também não deixará na mente do observador que examinar com atenção esta fotografia (Prancha IX). A mesa desceu lentamente, e *a sucessão de imagens foi registrada pela fotografia* (mesma prancha, figura B). Segue um trecho do relatório do senhor de Rochas sobre essa sessão e sobre a seguinte:

> *21 de setembro* - A mesa elevou-se totalmente, o senhor Guerronnan teve tempo de tirar uma fotografia, mas temeu que ela não tivesse ficado boa. Pedimos a Eusapia para recomeçar. Ela consentiu de bom grado. Novamente, a mesa elevou-se totalmente. O senhor Mangin avisou o senhor Guerronnan que, do lugar onde se encontrava, não tinha visto, e a mesa permaneceu no ar, até que ele tivesse tempo de fotografar sua imagem (de 3 a 4 segundos no máximo). A luz ofuscante do magnésio permitiu-nos constatar a realidade do fenômeno.
> ... A cortina, pendurada no canto do cômodo, veio subitamente cobrir-me a cabeça e, a seguir, senti sucessiva-

---

24 N. da T. – Arnaud de Gramont, físico francês.
25 Em Agnelas houve, além dessas, uma experiência muito curiosa, realizada com uma balança pesa-cartas. Em resposta a uma inesperada proposta do senhor de Gramont, Eusapia consentiu em verificar se, fazendo passes verticais com suas mãos, de cada lado do prato da balança pesa-cartas, indo até 50 gramas, ela conseguiria abaixar seu peso. Ela conseguiu várias vezes seguidas, diante de cinco observadores postados ao seu redor, e que afirmaram que ela não tinha entre os dedos nem fio, nem cabelo.
26 N. da T. – Poeta francês, cujo verdadeiro nome era René Armand François Prudhomme.
27 N. da T. – Escritor de histórias infantis.
28 N. da T. – Anthonny Guerronnan – fotógrafo.

Prancha IX A – Fotografia de uma mesa suspensa.

mente três pressões de mão sobre minha cabeça, pressões cada vez mais fortes: senti os dedos apoiando-se, como poderiam fazê-lo os do senhor Sully Prudhomme, meu vizinho da direita, cuja mão esquerda eu estava segurando para compor a corrente.
Era uma mão, eram dedos que me apertavam daquela maneira, mas de quem? Mantive sempre a mão direita de Eusapia sobre a minha mão esquerda, que ela pegou e apertou no momento da produção do fenômeno.
... Afastei a cortina que permanecia sobre minha cabeça e esperamos. *Meno luce,* pediu Eusapia. Diminuímos a claridade da lâmpada e escondemos a luz atrás de um biombo.
Diante de mim encontrava-se uma janela com as venezianas fechadas, mas de onde se filtrava a claridade da rua.
No silêncio, minha atenção foi surpreendida pela aparição de outra mão, uma pequena mão de mulher, que eu enxergava graças à fraca claridade que vinha da janela.
Não era uma sombra de mão; era uma mão em carne (não acrescento "e osso", porque tenho a impressão que ela não tinha). Essa mão fechou-se e abriu-se três vezes, e isso em um período suficientemente longo para permitir que eu dissesse:
- De quem é esta mão? É sua, senhor Mangin?
– Não.
- Então é uma materialização?
– Sem dúvida. Se você está segurando a mão direita da médium, eu estou segurando a outra.
Eu tinha, então, a *mão direita* de Eusapia sobre a minha mão esquerda, e *seus dedos entrelaçavam-se aos meus.*
Ora, a mão que eu vira era uma *mão direita,* estendida, apresentada de perfil. Ela permaneceu um instante imóvel no espaço, a 60 ou 70 centímetros acima da mesa e a 90 centímetros aproximadamente de Eusapia. Como sua imobilidade (suponho) não deixava que eu a notasse, ela fechou-se e abriu-se: foram esses movimentos

Prancha IX B – A mesa caindo.

que me atraíram o olhar.

Minha posição favorável em relação à janela permitiu, infelizmente, que eu visse apenas aquela mão misteriosa, mas o senhor Mangin viu, por duas vezes, não a mão, mas uma sombra de mão se perfilar sobre a janela oposta. Eusapia virou a cabeça em direção à cortina, atrás da qual se encontrava uma pesada poltrona de couro, e essa poltrona veio, afastando a cortina, apoiar-se em mim. Ela tomou-me a mão esquerda, suspendeu-a acima da mesa com todo o comprimento do seu braço direito e simulou estar batendo no ar: três pancadas soaram sobre a mesa.
Uma campainha foi colocada diante de Eusapia. A médium estendeu as duas mãos à direita e à esquerda da campainha, a uma distância de 8 a 10 centímetros. A seguir, ela trouxe suas mãos em direção ao seu corpo, e eis a campainha sendo arrastada, deslizando sobre a mesa, até bater contra alguma coisa e cair. Eusapia recomeçou a experiência várias vezes. Acreditar-se-ia que suas mãos tinham prolongamentos invisíveis, e isso me parece justificar o nome de "força ectênica",[29] que o professor Thury,[30] de Genebra, em 1855 deu a essa energia desconhecida.
Perguntava-me se, entre seus dedos, ela não segurava algum fio invisível quando, de repente, uma coceira irresistível fê-la levar sua mão esquerda ao nariz; a mão direita permaneceu sobre a mesa junto da campainha, as

---
29 N. da T. – Significa a mesma coisa que força psíquica.
30 N. da T. – Marc Thury, professor de física, pioneiro nas investigações dos fenômenos de telecinesia.

180 Camille Flammarion

duas mãos, naquele momento, estavam afastadas cerca de 60 centímetros uma da outra. Observei cuidadosamente. Eusapia recolocou a mão esquerda sobre a mesa, a alguns centímetros da campainha, e esta, novamente, movimentou-se. Tendo em vista o gesto de Eusapia, ter-lhe-ia sido necessário, para realizar esse passe, um maravilhoso fio elástico, absolutamente invisível, pois, com luz suficiente, nossos seis olhos estavam, por assim dizer, sobre a campainha, sendo que os meus estavam distantes da mesma 30 centímetros no máximo.

É um fenômeno digno de confiança, inegável, e acompanhei à sua casa Sully Prudhomme perfeitamente convencido, como eu.

Por sua vez, o poeta de *Solitudes* e de *Justice* escreveu:

> Após uma espera bastante longa, um pesado tamborete de arquiteto avançou sozinho em minha direção. Roçou-me o lado esquerdo, elevou-se à altura da mesa e foi se colocar sobre a mesma.
> Levantei a mão, senti-a imediatamente presa.
> – Por que você está segurando minha mão? – perguntei ao meu vizinho.
> – Mas não sou eu – respondeu-me ele.
> Enquanto esses fenômenos se produziam, Eusapia parecia estar sofrendo. Parecia-me que ela fornecia, do seu próprio fundo fisiológico, toda a força necessária para fazer com que os objetos se movessem.
> Após a sessão, enquanto ela ainda estava muito prostrada, vimos avançar em sua direção uma poltrona que se encontrava atrás da cortina, como se ela quisesse dizer: "Olhem, vocês me esqueceram".
> Estou convicto de que assisti a fenômenos que não posso atribuir a nenhuma lei física comum. Minha impressão é de que a fraude, em todos os casos, é mais que inverossímil, pelo menos no que se refere aos deslocamentos à distância dos móveis pesados dispostos por mim e meus companheiros. É tudo o que posso dizer. Para mim, chamo de natural tudo o que é cientificamente constatado. De modo que a palavra *misterioso* significa, simplesmente, o que ainda é surpreendente, por ainda não poder ser explicado. Considero que o espírito científico consiste em constatar fatos, em não negar *a priori* nenhum fato que não esteja em contradição com as leis

estabelecidas, e em não aceitar nenhum que não tenha sido determinado por condições verificáveis e seguras.

Sessão de 26 de setembro – Um busto *negro* avançou sobre a mesa, vindo da direção de Eusapia, depois outro e mais outro. O senhor Mangin comentou:
– Dir-se-ia que são sombras chinesas.
Entretanto, eu, que estava mais bem situado devido à claridade da janela, pude constatar as dimensões dessas imagens singulares e, sobretudo, sua *espessura*. Todos esses bustos negros eram bustos de mulheres, de tamanho natural, mas, embora imprecisos, não se pareciam com Eusapia. O último, bem formado, era de uma mulher de aparência jovem e bonita. Esses bustos, que pareciam emanar da médium, deslizaram entre nós, e chegados ao meio ou aos dois terços da mesa, eles se inclinaram *de um só movimento* e desapareceram. Essa rigidez me fez pensar nas sombras de bustos, que teriam escapado do atelier de um escultor, e murmurei:
– Parece-me que estamos vendo bustos modelados em papelão.
Como Eusapia ouvira, respondeu com indignação:
– Não! Não papelão (*sic*)!
Ela não deu maiores explicações, mas acrescentou, dessa vez em italiano:
– Para mostrar que não é o corpo da médium, vocês irão ver um homem com barba, atenção!
Eu nada vi, mas o doutor Dariex sentiu seu rosto sendo bem longamente acariciado por uma barba.

Novas experiências realizadas em Gênova, em 1901, às quais assistiu o senhor Enrico Morselli, professor de psicologia da Universidade de Gênova, tiveram como relator meu sábio amigo, o astrônomo Porro,[31] sucessivamente diretor dos observatórios de Gênova e de Turim, hoje diretor do Observatório Nacional da República Argentina, em La Plata. Eis alguns trechos desse relatório.[32]

Aproximadamente dez anos se passaram depois que Eusapia Paladino debutou, por meio das memoráveis sessões de Milão, em suas turnês mediúnicas pela Eu-

---
31 N. da T. – Francesco Porro de Somenzi.
32 Publicado por C. de VESME, na sua *Revue des Études Psychiques,* 1901.

ropa. Objeto de sagazes pesquisas por parte de observadores experientes e cientistas, alvo de pilhérias, de acusações, de sarcasmos, exaltada por alguns fanáticos como uma personificação de forças sobrenaturais, infamada por outros como uma vulgar charlatã, a humilde vendedora de armarinho causou tanto barulho no mundo que ela própria aborreceu-se e ficou descontente com isso.

Tive a prova disso, quando me despedi dela, depois de ter ouvido, com muita curiosidade, as histórias que ela me contava sobre suas sessões e sobre os homens notáveis com os quais ela teve contato: Richet, Schiaparelli, Lombroso, Flammarion, Sardou, Aksakof etc. Recomendou-me, então, com alguma insistência, que eu não divulgasse aos jornais sua presença em Gênova nem as experiências às quais iria se submeter. Felizmente que ela tenha boas razões para não ler os jornais.

Por que escolheram um astrônomo para relatar as experiências de Gênova? Por que os astrônomos se interessam pelas pesquisas sobre o desconhecido?[33]

Se um homem absorvido por seus estudos e ligado a um método austero de vida laboriosa, como o meu venerado mestre, o senhor Schiaparelli, não hesitou em desafiar os gracejos irreverentes dos jornais cômicos, é preciso concluir que o elo entre a ciência do céu e a da alma humana é mais profundo do que parece. Eis a explicação mais provável. Trata-se de fenômenos que se manifestam em condições totalmente especiais e ainda indeterminadas, em conformidade com leis quase desconhecidas e, em todo caso, de um caráter tal que a vontade do experimentador tem apenas pouca influência sobre as vontades autônomas e muitas vezes contrárias que se revelam a qualquer momento. Ninguém está mais bem preparado por uma educação científica adaptada a tais condições do que um astrônomo. Realmente, na observação sistemática dos movimentos celestes, o astrônomo adquire o hábito de permanecer espectador vigilante e paciente dos fatos, sem procurar deter ou ativar seu desdobramento fatal... Em outras palavras, o estudo desses fenômenos está antes relacionado com a ciência *da observação* do que com a

---

[33] François Arago, em 1846, com a moça elétrica; Flammarion, em 1861, com Allan Kardec, e, a seguir, com diversos médiuns; Zœllner, em 1882, com Slade; Schiaparelli, em 1882, com Eusapia; Porro, em 1901, com a mesma médium (*Revue des Études Psychiques*).

ciência *da experimentação*.

A seguir, o professor Porro expõe a situação atual da questão dos fenômenos mediúnicos:

> A explicação fundamentada na fraude, consciente ou inconsciente – diz ele – está, hoje, quase abandonada, como também aquela que supunha uma alucinação. Com efeito, nem uma, nem outra são suficientes para esclarecer-nos todos os fatos observados. A hipótese da ação automática inconsciente do médium não obteve melhor sorte, já que os mais rigorosos controles provaram-nos que o médium se encontra impossibilitado de provocar um efeito dinâmico direto. A fisiopsicologia viu-se, então, obrigada, nestes últimos anos, a recorrer a uma suprema hipótese, aceitando as teorias do senhor de Rochas, contra as quais ela dirigira, até então, suas mais severas críticas. Ela se resignou a admitir que um médium, cujos órgãos veem-se obrigados à imobilidade por um controle rigoroso, pode, em certas condições, projetar para fora de si, e à distância de alguns metros, uma força suficiente para produzir determinados fenômenos de movimento sobre os corpos inanimados.
> Os partidários mais ferrenhos dessa hipótese chegam até a aceitar a criação efêmera de membros pseudo-humanos – braços, pernas, cabeças – para cuja formação devem provavelmente cooperar, com as energias do médium, as energias das outras pessoas presentes, e que, a seguir, não tardam a desaparecer, dissolvendo-se.
> Com isso, não chegamos ainda a admitir a existência de seres autônomos, aos quais os organismos humanos dariam somente o meio de exercer sua ação – e bem menos ainda admitimos a existência de espíritos que possam ter animado os seres humanos...

O senhor Porro declara abertamente que ele não é nem materialista, nem espiritualista: diz que não está pronto para aceitar, *a priori*, nem as negações da psicofisiologia, nem a fé dos espíritas.

Ele acrescenta que as nove pessoas que assistiam, juntamente com ele, às sessões, representavam as mais diferentes gradações de opiniões sobre o assunto, desde os espíritos mais convictos até os mais incorrigíveis céticos. Além disso, seu papel não era o de escrever um relatório oficial, aprovado por todos os experimentadores, mas unicamente o de relatar fielmente suas próprias impressões.

Eis suas principais impressões, escolhidas nas diversas sessões.

Eu vi, e muito bem, a mesa de pinho tosco, de quatro pernas, com um metro de comprimento, levantar-se do chão um grande número de vezes e ficar suspensa no ar, *sem qualquer contato com os objetos visíveis*, a alguns decímetros do assoalho, por dois, três e até quatro segundos. Esse fenômeno repetiu-se *em plena luz*, sem que as mãos da médium e das cinco pessoas que formavam a corrente ao redor da mesa a tocassem. As mãos de Eusapia se conservaram seguras por seus vizinhos, que lhe controlavam igualmente os pés e as pernas, de modo que nenhuma parte de seu corpo pudesse exercer a mínima pressão para levantar ou manter no ar o móvel bastante pesado em questão.

Foi nessas condições totalmente seguras que pude ver *inflar-se um lençol preto, bastante espesso* e cortinas vermelhas que estavam atrás da médium e que serviam para fechar o vão da janela.

A janela estava cuidadosamente fechada, não havia no cômodo nenhuma corrente de ar, e seria absurdo supor que indivíduos se encontrassem escondidos no vão da janela. Portanto, creio poder afirmar com toda segurança que uma *força* análoga à que produzira a levitação da mesa tivesse se manifestado nas cortinas, *inflando-as, agitando-as e empurrando-as* de modo que elas tocassem ora um, ora outro dos experimentadores.

Naquele momento, produziu-se um fato que merece ser considerado como uma prova, ou ao menos, como um indício do caráter *inteligente* da força em questão. Encontrando-me diante da senhora Paladino, no local mais afastado dela, queixei-me de não ter sido tocado, como o tinham sido as quatro outras pessoas que formavam o círculo. Imediatamente, *eu vi a pesada cortina erguer-se e vir bater sobre o meu rosto*, com sua borda inferior, ao mesmo tempo em que eu sentia um leve choque sobre as falanges dos dedos, como se fosse um corpo de madeira, muito frágil e delicado.

Uma pancada formidável – um verdadeiro soco de atleta – foi desferida no centro da mesa. A pessoa sentada à direita da médium sentiu estar sendo agarrada nos flancos; tiram-lhe a cadeira em que estava sentada, colocando-a sobre a mesa, de onde ela voltou, a seguir, ao seu lugar, sem que ninguém a tenha tocado. O experimentador em questão, que continuara de pé, pôde nela sentar-se novamente. O controle desse fenômeno nada deixou a desejar.

As pancadas repetiram-se, tão violentas que poderíamos pensar que fossem quebrar a mesa. Começamos a sentir mãos que se elevavam e inflavam as cortinas e que avançavam até tocarem um ou outro dos assistentes, acariciando-os, apertando-lhes a mão, puxando-lhes delicadamente uma orelha ou alegremente dando tapas no ar, acima de nossas cabeças.

Sempre achei muito singular e bastante intencional o contraste entre esses toques às vezes enérgicos e nervosos, outras vezes delicados e suaves, mas constantemente amáveis, e as pancadas ensurdecedoras, violentas, brutais desferidas sobre a mesa.

Um só desses socos, desferido nas costas, bastaria para quebrar a coluna vertebral.

Eram mãos grandes e fortes de homens, mãos mais delicadas de mulher, mãozinhas minúsculas de crianças.

Diminuímos um pouco a obscuridade, e imediatamente a cadeira do número 5 (a do professor Morselli), que já dera um salto de lado, foi retirada, enquanto uma mão foi colocada sobre suas costas e seu ombro. *A cadeira subiu na mesa*, desceu novamente ao chão e, após diversas oscilações no sentido vertical e no sentido horizontal, foi se colocar *sobre a cabeça* do professor que permanecia de pé. Ela aí permaneceu alguns minutos, em uma posição muito instável de equilíbrio.

As pancadas violentas e os toques delicados de mãos grandes ou pequenas continuaram sem interrupção, de modo que, sem que pudéssemos provar matematicamente a simultaneidade de diferentes fenômenos, ela era quase certa em alguns casos.

Enquanto nossas instâncias aumentavam para que obtivéssemos um argumento tão preciso de demonstração, a simultaneidade que pedíamos foi-nos finalmente concedida, pois a mesa bateu, a campainha tocou, o pandeiro foi levado ao redor da sala, tilintando sobre nossas cabeças, pousou sobre a mesa e retomou seu voo no ar...

Um buquê de flores que se encontrava no gargalo de uma garrafa, sobre a mesa maior, chegou sobre a nossa mesa, precedido por uma agradável sensação de perfume. Os caules de algumas flores se introduziram na boca do número cinco, e o número oito foi atingido por uma bala de borracha que ricocheteou sobre a mesa. A garrafa foi juntar-se às flores sobre a mesa; a seguir, elevou-se e chegou até a boca da médium, fazendo-a beber duas vezes. Entre uma e a outra vez, ela se colocou de pé sobre a mesa. Ouvimos, distintamente, o som da deglutição da água, e depois, a senhora Paladino pediu que alguém lhe secasse a boca com o lenço. Finalmente, a garrafa retornou à grande mesa.

Mas eis que se realizou um transporte de característica inteiramente diferente. Eu me queixara, várias vezes, que minha posição na corrente, longe da médium, impedira-me de ser tocado durante a sessão. Imediatamente, ouvi um ruído na parede do cômodo, seguido do som das cordas do violão que vibravam como se alguém tivesse tentado arrancar o instrumento da parede onde ele estava pendurado. Finalmente, com o êxito do esforço, o violão avançou obliquamente.

Eu o vi distintamente chegar entre mim e o número oito, com uma rapidez que tornava seu choque pouco desejável. Não podendo, de início, me dar conta daquela massa escurecida que chegava sobre mim, esquivei-me para a direita (o número oito estava sentado à minha esquerda): então, o violão, mudando de direção, desferiu-me com seu braço, com certa força, três pancadas na testa (que continuou um pouco contundida durante dois ou três dias). A seguir, ele colocou-se delicadamente sobre a mesa.

Ele ali não permaneceu por muito tempo e começou a girar ao redor da sala, bem alto sobre nossas cabeças, com rotações à direita e em alta velocidade.

Convém observar que, nessa rotação do violão, cuja vibração das cordas foi acompanhada pelo som do pandeiro tocado ora de um lado, ora do outro, no ar, o grande instrumento nunca esbarrou no lustre central a luz elétrica, nem nas três lâmpadas a gás fixadas nas paredes do cômodo. Tendo em vista a estreiteza do local, era muito difícil evitar esses obstáculos, já que o espaço livre era muito limitado.

Duas vezes seguidas, o violão executou seu voo circular,

sendo que no intervalo, ele ia se repousar no centro da mesa, onde enfim parou, definitivamente. Com um esforço supremo, Eusapia virou-se à esquerda, onde se encontrava, sobre uma mesa, uma máquina de escrever, pesando seis quilos. Devido ao esforço, a médium caiu esgotada, sem forças, sobre o assoalho. No entanto, a máquina levantou-se do seu lugar e foi pousar no meio da nossa mesa, perto do violão. Em plena luz, Eusapia chamou o senhor Morselli e, controlada pelos dois vizinhos, levou-o com ela até a mesa sobre a qual se encontrava um bloco de massa para modelar. Ela pegou-lhe a mão aberta e empurrou-a três vezes sobre o bloco de massa, como se quisesse nele afundá-la e deixar ali uma impressão. A mão do senhor Morselli ficou a uma distância de mais de dez centímetros do bloco. Entretanto, ao final da sessão, os experimentadores verificaram que o bloco trazia a impressão de três dedos – impressões mais profundas do que aquelas que nos é possível obter diretamente, por meio de uma pressão voluntária.

A médium ergueu as duas mãos, sempre seguras pelas minhas e as do número cinco (Morselli), e, continuando a soltar gemidos, gritos e a proferir exortações, *foi levantada, juntamente com a cadeira*, até conseguir colocar seus dois pés e as extremidades das duas pernas anteriores da cadeira na prancha superior da mesa.

Foi um momento de grande ansiedade. A levitação realizou-se sem choques, sem abalos, rapidamente, mas sem sobressaltos. Em outros termos, se quiséssemos, em um esforço de desconfiança suprema, imaginar um artifício para a obtenção do mesmo resultado, deveríamos antes pensar em uma tração vinda de cima (por meio de uma corda e de uma roldana), do que em um impulso vindo de baixo. Mas nenhuma dessas duas hipóteses sustenta o exame mais elementar dos fatos...

Ainda não é tudo. Eusapia elevou-se outra vez, juntamente com a cadeira, da parte superior da mesa, de modo que o número 11 de um lado e eu, do outro, pudemos passar a mão sob os pés da médium e sob as pernas da mesa. Além disso, o fato de que as duas pernas posteriores da cadeira tenham ficado fora da mesa, sem qualquer apoio visível, torna ainda mais inconciliáveis os efeitos dessa levitação com a suposição de que Eusapia tenha se elevado por meio de um salto que teria dado com o corpo e com a cadeira.

O senhor Porro julga que esse fenômeno é um dos mais difíceis de explicar sem se recorrer à hipótese espírita. Parece-se um pouco com o caso do homem que, tendo caído na água, pensava que poderia sair puxando a si próprio pelos cabelos. Ele acrescenta:

> Eusapia desceu sem solavancos, pouco a pouco, sempre com as mãos seguras por mim e pelo número cinco. A cadeira, que estava um pouco mais acima, virou e foi se colocar sobre minha cabeça, de onde ela voltou espontaneamente ao assoalho.
> O fenômeno se repetiu. Eusapia e a cadeira foram novamente transportadas sobre a mesa, com a diferença de que, dessa vez, o resultado do cansaço suportado pela médium era tamanho, que a pobre mulher caiu desmaiada sobre a mesa, de onde nós a retiramos com todos os cuidados necessários.
> Os experimentadores quiseram saber se esses fenômenos, cujo sucesso depende em tão grande parte das condições de luz, não podiam encontrar uma ajuda na luz branca e tranquila que vem do nosso satélite.
> Eles tiveram que se persuadir que não havia uma diferença apreciável entre a luz lunar e as outras. Mas a mesa ao redor da qual eles formavam a corrente deixou a varanda onde se realizava a sessão e, apesar dos desejos fortemente expressos pelos assistentes e pela própria médium, transportou-se para o cômodo vizinho, onde a sessão continuou. Esse cômodo era uma pequena sala cheia de móveis elegantes e de frágeis objetos de arte como lustres de cristal, vasos de porcelana, bibelôs etc. Os experimentadores temeram muito que tudo aquilo fosse sofrer algum dano no turbilhão da sessão, mas nenhum dos objetos foi danificado.
> A senhora Paladino, perfeitamente acordada, pegou a mão do número 11 e colocou-a delicadamente no encosto de uma cadeira, colocando sua mão por cima. Então, ao erguer sua mão e a do número 11, a *cadeira seguiu o mesmo movimento de ascensão* várias vezes.
> O fenômeno repetiu-se em plena luz.
> Tanto o número cinco como os outros experimentadores perceberam, de modo indubitável, uma figura

vaga, indistinta, que se projetou no vão de uma porta que dava para a antecâmara, fracamente iluminada. Eram silhuetas fugidias e mutáveis, ora com um perfil de cabeça e de corpo humanos, ora como mãos que saíam das cortinas. Seu caráter objetivo foi demonstrado pela concordância das impressões, controladas, por sua vez, por meio de enquetes contínuas. Estava fora de questão tratar-se de sombras projetadas voluntária ou involuntariamente pelos corpos, já que nos vigiávamos mutuamente.

A décima sessão, a última, foi uma das mais completas, talvez a mais interessante de todas.

Mal fora apagada a luz elétrica, notamos um movimento automático da cadeira sobre a qual tinha sido colocado um bloco de gesso, enquanto as mãos e os pés de Eusapia estavam atentamente controlados por mim e pelo número três. Em todo caso, como se tratava de prevenir a objeção dos críticos, ou seja, que os fenômenos se produziam no escuro, a mesa pediu tiptologicamente luz e os experimentadores acenderam a luz elétrica.

Imediatamente, *todos os assistentes viram a cadeira* que trazia o bloco de gesso, nada leve, *mover-se entre mim e a médium*, sem que pudéssemos compreender o que determinava esse movimento.

A senhora Paladino colocou minha mão estendida sobre o encosto da cadeira e sua mão esquerda por cima. Quando nossas mãos se ergueram, a cadeira fez o mesmo, sem contato, chegando a aproximadamente quinze centímetros de altura.

O fenômeno se repetiu várias vezes, igualmente com a intervenção da mão do número cinco, em condições de luz e de controle que nada deixavam a desejar.

Voltamos à escuridão quase completa...

Uma corrente de ar frio sobre a mesa precedeu a chegada de um pequeno ramo com duas folhas verdes; todos nós reconhecemos que não havia vegetais nas imediações do Círculo. Parece, então, que se tratava de um fenômeno de *transporte* do exterior.

O número três estava esgotado devido ao calor. Eis que uma mão tirou-lhe o lenço do pescoço e enxugou-lhe o suor do rosto. Ele tentou segurar o lenço com os dentes, mas o mesmo lhe foi arrancado. Uma grande mão ergueu-lhe a mão esquerda e fez com que desse várias pancadas sobre a mesa.

Luzes começaram a aparecer, primeiramente sobre a mão direita do número cinco, depois em diferentes pontos da sala: elas foram percebidas por todos os experimentadores.

A cortina inflou-se, como se estivesse sendo empurrada por um vento muito forte, e foi tocar o número 11 que estava sentado em uma pequena poltrona, a um metro e meio da médium. A mesma pessoa foi tocada por uma mão, enquanto outra mão pegou um leque do bolso interno do seu paletó, levou-o ao número cinco e, depois, novamente ao número 11.

Logo o leque foi tirado do seu proprietário e agitado sobre nossas cabeças, para grande satisfação de todos nós. Do bolso do número três, foi tirada uma bolsa para tabaco, que foi esvaziada sobre a mesa e entregue ao número 10. Diversos caules de planta chegaram sobre a mesa.

As passagens do leque pelas mãos recomeçaram. Então, o número 11 achou que deveria informar que o leque lhe tinha sido oferecido por uma jovenzinha que lhe expressara o desejo que ele fosse tirado do número 11, depois devolvido ao número cinco. Ninguém sabia disso, a não ser o número 11.

O número cinco, que no momento ocupava a pequena poltrona onde antes se encontrava o número 11, *a um metro e meio da médium*, sentiu chegar a borda da cortina e percebeu, a seguir, a presença de um corpo de mulher, cujos cabelos apoiavam-se em sua cabeça.

Encerramos a sessão em torno de uma hora da madrugada. No momento de partirmos, Eusapia viu uma campainha sobre o piano: estendeu a mão. A campainha deslizou sobre o piano, virou e caiu sobre o assoalho.

Repetimos a experiência, sempre em plena luz, e com a mão da médium permanecendo a vários decímetros da campainha...

Como podemos ver, esses fatos são mais extraordinários ainda do que os precedentes, sob certos aspectos.

Eis, a seguir, as *conclusões* do Relatório do professor Porro.

Os fenômenos são reais. Eles não podem ser explicados nem pela fraude, nem pela alucinação. Encontrarão eles sua explicação em certas camadas do inconsciente, em alguma faculdade latente da alma humana, ou então eles revelarão a existência de outras entidades que vivem em condições completamente diferentes das nossas e normalmente inacessíveis aos nossos sentidos? Em outras palavras, a hipótese *anímica* bastaria para resolver o problema e para descartar a hipótese *espírita*? Ou antes, os fenômenos não serviriam aqui, como na psicologia dos sonhos, para complicar o problema, mascarando a solução espírita? Tudo isso é um formidável ponto de interrogação que tentarei responder.

Quando, há onze anos, Alexander Aksakof colocava o dilema entre o *Animismo* ou o *Espiritismo*, e demonstrava claramente, em um livro magistral, que as manifestações meramente anímicas eram inseparáveis daquelas que nos fazem pensar e acreditar na existência de entidades autônomas, inteligentes e ativas, ninguém poderia esperar que o primeiro termo do dilema seria debatido e criticado de mil maneiras, sob mil formas diversas, por aqueles que temiam o segundo.

O que são, com efeito, todas as hipóteses imaginadas durante dez anos para reduzir os fenômenos mediúnicos à simples manifestação de qualidades latentes da psique humana, senão formas diversas da hipótese anímica, tão criticada quando apareceu na obra de Aksakof?

Da ação muscular inconsciente dos experimentadores (antecipada há meio século por Faraday) à projeção da atividade protoplásmica ou à emanação temporária do corpo do médium imaginada por Lodge; da doutrina *psiquiátrica* de Lombroso à *psicofisiologia* de Ochorowiz; da *exteriorização* admitida por Rochas ao *esopsiquismo* de Morselli; do *automatismo* de Pierre Janet ao *desdobramento da personalidade* de Alfred Binet, foi uma profusão de explicações cujo objetivo era a eliminação de uma personalidade externa.

O procedimento era lógico e conforme aos princípios da filosofia científica, que nos ensina a esgotar as possibilidades de tudo o que já é conhecido antes de recorrermos ao desconhecido.

Mas esse princípio, inatacável na teoria, pode conduzir a resultados errôneos quando é levado muito longe, e com obstinação, em um determinado campo de pesquisas. Vallati citou, a esse respeito, uma curiosa anotação de Galileu, publicada recentemente no terceiro volume da edição nacional de suas obras:"Se esquentarmos o âmbar, o diamante ou algumas outras matérias muito densas, elas atrairão os pequenos corpos leves, porque, ao se resfriarem, elas atraem o ar, que arrasta esses corpúsculos". Assim, a vontade de fazer entrar à força um fato físico ainda não explicado nas leis físicas conhecidas em sua época, fez com que fosse formulada uma proposição falsa por um observador e por um pensador tão prudente e tão positivo como era Galileu. Se alguém lhe tivesse dito que, nessa atração exercida pelo âmbar, havia o germe de um novo ramo da ciência e a mais rudimentar manifestação de uma energia, "a eletricidade", então desconhecida, ele, provavelmente, teria respondido que era inútil "recorrer à ajuda do desconhecido".[34]

Mas a analogia entre o erro cometido pelo grande físico e o que os cientistas modernos cometem pode ser levada mais longe.

Galileu conhecia uma forma de energia que a física moderna estuda, ao mesmo tempo em que a energia elétrica, com a qual ela apresenta relações estreitas que confirmam todas as novas descobertas. Se ele tivesse percebido que a explicação que dava para o fenômeno do âmbar não tinha nenhum fundamento, ele poderia ter dirigido sua atenção para as analogias que a atração exercida pelo âmbar esfregado sobre os corpos leves apresenta com a atração exercida pelo imã sobre a limalha de ferro. Chegando a esse ponto, muito provavelmente ele teria descartado sua primeira hipótese e teria admitido que a atração do âmbar é um *fenômeno magnético*. – E teria se enganado, porque ela é, ao contrário, um *fenômeno elétrico*.

Da mesma forma, não poderiam se enganar aquelas pessoas que, para evitar a qualquer preço a necessidade de novas entidades, insistissem, com uma predileção constante, na hipótese anímica, mesmo que esta fosse insuficiente para explicar todas as manifestações mediúnicas? Não poderia acontecer que, da mesma forma que os fenômenos elétricos e magnéticos que estão em estreita conexão entre si e muitas vezes nos parecem inseparáveis, os fenômenos anímicos e os fenômenos espíritas apresentassem uma ligação semelhante? E notemos bem que um único fato inexplicável pela hipótese anímica e explicável pela hipótese espírita bastaria para conferir a esta última o grau de valor científico que até o presente lhe foi negado com tanta energia; exatamente

---

34 Vide o que foi dito mais acima (p.19) sobre as teorias prematuras.

como a descoberta de um fenômeno secundário, o da polarização da luz, bastou a Fresnel[35] para rejeitar a teoria newtoniana da emissão e admitir a da ondulação.

Será que obtivemos, ao longo de nossas sessões com Eusapia, o fato que bastava para tornar a hipótese espírita necessariamente preferencial a todas as outras? É impossível responder categoricamente a essa questão, porque não é – e nunca será – possível obtermos uma prova científica da identidade dos seres que se manifestam. Que eu ouça, que eu veja, que eu toque um fantasma, que eu reconheça nele a forma e as atitudes das pessoas que conheci e que o médium não conheceu, nem mesmo ouviu falar delas, que eu tenha dessa aparição efêmera os mais vivos e os mais emocionantes testemunhos, nada disso poderá bastar para constituir o fato científico irrefutável para todos, destinado a permanecer na ciência ao lado das experiências de Torricelli, de Arquimedes ou de Galvani. – Será sempre possível imaginar um mecanismo desconhecido com a ajuda do qual a matéria e a força serão extraídas do médium e dos experimentadores, e combinadas de modo a produzir os efeitos indicados. – Sempre será possível encontrar nas aptidões especiais do médium, no pensamento dos experimentadores e na própria atenção expectante, a causa da origem *humana* dos fatos. – Sempre será possível desenterrar, do arsenal dos ataques produzidos contra esses estudos durante os últimos cinquenta anos, algum argumento genérico ou específico, *ad rem* ou *ad hominem*,[36] ignorando ou fingindo ignorar a refutação já feita desse mesmo argumento.

A questão se reduz, pois, primeiramente a um estudo individual dos fatos vistos diretamente, ou conhecidos por meio de fonte segura, a fim de, por um lado, criar-se uma convicção pessoal capaz de resistir às críticas ferozes dos céticos e, por outro, de preparar a opinião pública para admitir a verdade dos fatos observados pelas pessoas dignas de fé.

Sobre o primeiro ponto, um experimentador ilustre, Sidgwick[37] já disse que não existia fato capaz de convencer todo mundo, mas que cada um podia, obser-

---
35 N. da T. - Augustin Jean Fresnel, físico francês.
36 N. da T. - Argumento *ad rem* - quando a discussão é dirigida para a coisa em questão. Argumento *ad hominem* (acerca do homem) – quando a discussão é dirigida não sobre a coisa em questão (*ad rem*), mas sobre a pessoa que a afirma.
37 N. da T. – Henry Sidgwick, filósofo inglês.

vando com calma e paciência, chegar ao fato que basta para estabelecer sua convicção pessoal. Eu posso dizer que, *para mim*, esse fato existe; basta me referir aos fenômenos dos quais participei pessoalmente nas sessões com Eusapia.

Sobre o segundo ponto, eu teria muito a dizer, mas isso me faria extrapolar o tema e os limites deste estudo.

De um lado, temos a crença universal na existência objetiva de um mundo normalmente desconhecido por nós; a confiança, base de todas as religiões, em uma vida futura na qual as injustiças desta vida serão reparadas e na qual reencontraremos o bem ou mal que teríamos praticado, bem como a tradição ininterrupta de práticas espontâneas ou metódicas, graças às quais o homem é constantemente mantido em relação mais ou menos direta com esse mundo.

Do lado oposto, temos a negação cética e desesperante dos sistemas da filosofia pessimista e do ateísmo, negação que nasce da ausência de provas positivas em favor da sobrevivência da alma; o movimento sempre mais acentuado da ciência em direção a uma interpretação monista do enigma humano; e a crença de que todos os fenômenos conhecidos da vida estão ligados a órgãos especiais.

Para decidir em tão abstrusa matéria, as experiências mediúnicas não são suficientes; cada pessoa poderá extrair delas a fé ou a incredulidade que lhe será necessária para resolver suas dúvidas em um ou em outro sentido. Mas ela sempre guardará o substrato das disposições que a educação mais ou menos positiva de sua mente ou que suas tendências mais ou menos místicas terão nela desenvolvido.

Apenas mais uma palavra e terminarei.

Se admitirmos como hipótese mais provável a que afirma que as entidades inteligentes a quem devemos os fenômenos são autônomas, pré-existentes e que elas apenas extraem de nós as condições necessárias para sua manifestação em um plano físico acessível aos nossos sentidos, deveríamos também admitir que elas sejam verdadeiramente os *espíritos dos mortos?*

A essa questão eu responderei que ainda não me sinto capaz de dar uma resposta decisiva.

Entretanto, eu estaria inclinado a admitir essa hipótese, se não visse a possibilidade de esses fenômenos entrarem em um esquema de coisas ainda mais vasto. Nada, na verdade, impede-nos de crer na existência de formas de vida completamente diferentes das que nós conhecemos e das quais a vida dos seres humanos antes do nascimento e após a morte não é senão um caso especial, assim como a vida orgânica do homem é um caso especial da vida animal.

Mas estou saindo do campo sólido dos fatos para aventurar-me no campo das hipóteses mais arriscadas. Já falei muito e agora paro.

Eu expus essas considerações em várias obras minhas.[38] Estamos cercados de forças desconhecidas, e nada nos prova que não estejamos também cercados de seres invisíveis. Nossos sentidos nada nos ensinam sobre a realidade. Mas a discussão das teorias deve ser logicamente reservada como complemento de todas as observações, ou seja, no último capítulo. O que importa, antes de tudo, é constatar que os fenômenos mediúnicos existem, o que já foi feito por qualquer leitor imparcial.

Isso será abundantemente confirmado pelos próximos capítulos. Mas há um ponto sobre o qual nós devemos nos deter um pouco. Trata-se da fraude, consciente ou inconsciente, cuja dissimulação aqui, poderia ser considerada, de nossa parte, ao mesmo tempo, uma atitude natural e desleal.

Nosso julgamento não seria completo se não dedicássemos um capítulo especial a essas mistificações, infelizmente muito frequentes entre os médiuns.

---

38 Particularmente em *Urânia, Stella, Lúmen* e em *O desconhecido.* Vide, também, mais acima, p. 47, meu Discurso de 1869.

Capítulo 5

Fraudes, trapaças, logros, simulações, prestidigitações, mistificações, dificuldades

Nos capítulos anteriores, várias vezes, vimos surgir a questão das fraudes dos médiuns, contra as quais os experimentadores devem constantemente se precaver. Foi o que desencorajou vários homens eminentes e impediu-os de continuar suas pesquisas, pois não tinham tempo a perder. Vimos, anteriormente, na carta do senhor Schiaparelli (p. 75) que os espíritas continuam incluindo-o, erroneamente, entre os seus partidários. Mas ele absolutamente não concorda em ser identificado com eles. Ele não aceita nenhuma teoria e nem mesmo tem certeza da existência real dos fatos, aos quais desistiu de dedicar o tempo necessário.

No segundo volume do *Desconhecido*, terei oportunidade de tratar do espiritismo propriamente dito, da doutrina da pluralidade dos mundos, da pluralidade das existências, da reencarnação, da preexistência, das comunicações com os mortos, assuntos independentes dos fenômenos materiais, aos quais esta obra se dedica, e com os quais essas manifestações físicas contribuem apenas de uma maneira muito indireta. Como já declaramos várias vezes nas páginas precedentes, nossa única preocupação aqui é de *provar a existência real desses fenômenos extraordinários*. Essa prova está baseada, antes de tudo, na eliminação da fraude.

No caso de Eusapia, que foi a médium mais completamente examinada neste trabalho, a fraude infelizmente foi confirmada em mais de uma circunstância.

Mas devemos fazer, aqui, uma observação muito importante. Todos os fisiologistas sabem que as histéricas têm uma tendência à mentira e à simulação. Elas mentem, sem razão aparente, e apenas pelo prazer de mentir. Encontramos histéricas entre as mulheres e jovens das classes mais altas. Esse defeito característico prova que a histeria não existe? Ele prova o contrário.

Consequentemente, os que pensam que as fraudes dos médiuns dão o golpe mortal na mediunidade estão enganados.

A mediunidade existe, como também existem a histeria, o hipnotismo, o sonambulismo. A trapaça também existe.

Não direi, como certos teólogos: há *falsos* profetas, portanto há *verdadeiros*, pois isso é um sofisma da pior espécie. Mas o falso não impede que o verdadeiro exista.

Conheci uma senhora cleptomaníaca que foi presa mais de uma vez nas grandes lojas de Paris por roubo confesso de diversos objetos. Isso não prova que ela nunca comprava nada e que só obtinha seus objetos de consumo por meio do roubo. Ao contrário, os objetos roubados só deviam representar uma parte dos seus artigos de toalete.

Mas o fato existe incontestavelmente. Nas experiências das quais nos ocupamos, o logro representa um coeficiente não negligenciável.

Meu dever é citar aqui alguns exemplos. Antes de relatá-los, devo lembrar que estudei, por aproximadamente quarenta anos, quase todos os médiuns cujas experiências tiveram maior repercussão: Daniel Dunglas Home, particularmente dotado de faculdades espantosas, que realizou nas Tulherias, diante do imperador Napoleão III, sua família e seus amigos, sessões tão extraordinárias e que mais tarde foi empregado por William Crookes para experiências científicas muito precisas; a senhora Rodière, famosa médium tiptóloga; Camile Brédif, que produzia aparições bizarras; William Eglington, com suas lousas encantadas; Henry Slade, que fizera com o astrônomo Zöllner aquelas experiências inconcebíveis nas quais a geometria somente poderia existir admitindo-se a possibilidade de uma quarta dimensão do espaço; Édouard Buguet, cujas fotografias mostravam as sombras dos mortos e que, tendo me autorizado a fazer experiências com ele, deixou-me pesquisando durante cinco semanas antes de descobrir seus truques; Lacroix, à voz de quem os espíritos (de todas as idades!) pareciam acorrer em massa, e muitos outros que chamaram vivamente a atenção dos espíritas e dos pesquisadores por meio de manifestações mais ou menos estranhas e prodigiosas. Frequentemente fiquei totalmente decepcionado. Quando eu tomava as precauções necessárias para impedir o médium de ludibriar, eu não obtinha nenhum resultado; se eu fingia nada ver, eu percebia com o canto do olho a trapaça. E, em geral, os fenômenos que se produziam, chegavam nos momentos de distração, em que minha atenção tinha se relaxado. Levando a investigação um pouco mais longe, eu vi com meus próprios olhos Slade escrever, embaixo da mesa, em uma lousa dissimulada, entre outras coisas. A respeito desse famoso médium, Slade, eu posso lembrar que, após suas experiências com Zöllner, diretor do observatório de Leipzig, ele veio a Paris, e colocou-se à minha disposição e à disposição de todos os astrônomos do observatório que eu lhe indicasse para a realização de experiências. Ele dizia que podia obter a escrita direta dos espíritos, com um pedaço de lápis colocados entre duas lousas amarradas; oscilações de agulhas imantadas, deslocamentos de móveis, lançamentos automáticos de objetos etc. Ele dispôs-se a realizar uma sessão por semana, durante seis semanas, às segundas-feiras, das onze ao meio-dia, na Rua Beaujon, número 21. Mas nada obtive de concreto. Em caso de sucesso, a substituição das lousas era possível. Cansado dessas perdas de tempo, combinei com o almirante Mouchez,[1] diretor do Observatório de Paris, de confiar a Slade uma lousa dupla preparada por nós dois, com as precauções necessárias para não sermos pegos. As duas lousas estavam coladas de tal forma com o papel do Observatório que, caso ele as separasse, não poderia reparar a fraude. Ele aceitara as condições da experiência. Levei-lhe as lousas em casa. Elas ficaram não apenas quinze minutos, nem meia hora, nem uma hora, mas dez dias em sua própria casa, e quando nos foram devolvidas, não possuíam o mínimo vestígio de escrita interna, como ele oferecia quando tinha oportunidade de transformar as peças preparadas antecipadamente.[2]

1 N. da T. - Amedée Ernest Barthélémy Mouchez.
2 Slade foi condenado, em Londres, por fraude, a três meses de *hard labour* (trabalhos forçados) e morreu em uma casa de saúde no Estado de Michigan, em setembro de 1905.

Sem entrar em maiores detalhes, basta que eu diga que, constantemente enganado por médiuns indelicados, desonestos e mentirosos, eu conduzia minhas experiências com Eusapia com uma reserva mental de ceticismo, de dúvida e de suspeita. As condições de experimentação são, em geral, tão tortuosas, que é fácil ser enganado. E os cientistas talvez sejam os homens mais fáceis de enganar, porque as observações e as experiências científicas são sempre honestas, já que não precisamos desconfiar da natureza – quer se trate de um astro ou de uma molécula química – e porque temos o hábito de constatar os fatos tais como eles se apresentam.
Isso posto, eis algumas observações relativas a Eusapia.
Vimos mais acima (p. 179) a curiosa experiência da balança pesa-cartas, realizada pelo coronel de Rochas, que foi considerada pelos experimentadores como totalmente convincente. Eu estava curioso de verificá-la.
Seguem minhas notas a esse respeito.

I

12 de novembro de 1898 – Naquela tarde, Eusapia e eu fizemos um passeio de landau, em companhia do senhor e da senhora Pallotti, do Cairo, e visitamos, entre outras coisas, a exposição de crisântemos nas Tulherias. Eusapia estava encantada. Voltamos para casa lá pelas seis horas. Minha esposa sentou-se ao piano e Eusapia cantou algumas árias napolitanas, bem como pequenos trechos de óperas italianas. A seguir, nós três conversamos intimamente. Ela estava bem disposta e contou-nos que, às vezes, nos dias de tempestade, ela sentia na cabeleira, notadamente sobre um ferimento antigo que recebeu no crânio, crepitações elétricas e faíscas. Disse-nos também que quando ficava muito tempo sem realizar uma sessão, irritava-se e sentia a necessidade de descarregar o fluido que a saturava. Essa confissão me surpreendeu, pois ela antes parecia aborrecida e triste no início de cada sessão, dando a impressão que ela a aceitava a contragosto. Eusapia acrescentou que tinha, com frequência, alongamentos fluídicos da extremidade dos dedos: colocou as duas mãos com as palmas para cima sobre os meus joelhos, afastou os dedos e colocou-os uns diante dos outros, aproximando e

afastando alternativamente uma mão da outra, dizendo-nos que via de vez em quando aquelas radiações que alongariam seus dedos, formando em suas extremidades uma espécie de auréola luminosa. Minha esposa achou que estava vendo algumas delas. Não consegui ver nada, apesar de todos os meus esforços e de tentar todas as combinações de luz e a sombra. Naquele momento, a sala estava iluminada por dois bicos Auer bem fortes. Passamos ao quarto de dormir, iluminado apenas por velas, e também não vi nada. Apaguei as velas, supondo que talvez pudesse haver um fenômeno de fosforescência, e continuei a não perceber nada. Voltamos à sala. Eusapia estendeu um xale de lã preta sobre sua saia de seda e mostrou-me os eflúvios. Continuei a não perceber nada, exceto, em um momento, uma espécie de raio pálido na ponta do indicador da mão direita.

A hora do jantar se aproximava. Eram sete horas. Uma balança pesa-cartas, que eu comprara para repetir a curiosa experiência do senhor de Rochas, estava sobre a mesa. Perguntei a Eusapia se ela se lembrava de ter feito abaixar um aparelho análogo colocando suas mãos de cada lado, à distância, e realizando espécies de passes magnéticos. Ela não pareceu se lembrar e cantarolou um pequeno refrão de *Santa Lucia*. Pedi-lhe que tentasse e ela aquiesceu. Nada se mexeu. Ela pediu-me para colocar as mãos sobre as suas. Fizemos os mesmos passes e, para minha estupefação, porque eu não esperava absolutamente nada, o pequeno prato abaixou-se até o ponto em que ele encontra a alavanca, produzindo o ruído seco do contato. Esse ponto está além da graduação que termina em 50 gramas e pode ir a 60, representando, no mínimo, 70 gramas. O prato voltou a subir imediatamente. Nós recomeçamos. Nada. Terceira vez: mesmo abaixamento e mesmo retorno ao equilíbrio. Então, pedi que recomeçasse a experiência sozinha. Eusapia esfregou as mãos e fez os mesmos passes. A balança pesa-cartas desceu até o mesmo ponto máximo. Estávamos todos próximos, em plena luz dos bicos Auer. Ela repetiu os mesmos gestos durante cinco minutos aproximadamente. O movimento não se produziu imediatamente, havia, às vezes, três, quatro tentativas sem sucesso, como se a força tivesse se esgotado devido ao êxito anterior. A balança já se abaixara quatro vezes diante de nossos olhos, sempre atingindo o máximo quando chamei o camareiro, que passava para tratar de assuntos de serviço, e pedi-lhe para ficar e observar. Eusapia recomeçou e não conseguiu. Esperou um instante, esfregou as mãos, recomeçou, e o mesmo movimento sem contato se produziu pela sétima vez, diante de três testemunhas, uma mais surpresa do que a outra. Suas mãos resfriaram-se sensivelmente. Pensei

Balança pesa-cartas

no truque do fio de cabelo, passei a mão entre as duas mãos dela, mas não encontrei nada; eu não o vi. Além disso, não parecia que ela tivesse tocado na cabeça, e suas mãos permaneceram diante de nós desde o começo da experiência, livres e intatas.

Supondo que pudesse haver alguma força elétrica em jogo, pedi-lhe para dirigir seus dedos sobre uma bússola extremamente sensível. De qualquer maneira que ela a segurasse, o ponteiro não se mexia.

Sentamo-nos à mesa. Pedi-lhe para erguer um garfo de sobremesa, como ela havia feito em Montfort. Ela conseguiu na quarta tentativa... e sem cabelo, ao menos aparentemente.

II

16 de novembro – Ontem à noite, para distrair Eusapia, Adolphe Brisson ofereceu-lhe um camarote no Folies-Bergère, onde Loïe Fuller[3] apresentava suas magníficas exibições ópticas. Nós a acompanhamos. Ela voltou encantada, e hoje estava muito alegre e animada, falando de seu caráter franco e leal e criticando as comédias da vida social. Durante o jantar, contou-nos parte de sua vida!

Nove horas – O senhor e a senhora Lévy e o senhor G. Mathieu chegaram.

Conversamos. Colocando suas mãos sobre uma perna do senhor Mathieu no escuro, ela mostrou-lhe as radiações emanadas dos seus dedos, aliás, apenas aparentes para nós.

Foi depois de me ter mostrado essas radiações, outro dia,

---

3 N. da T. – Marie Louise Fuller, atriz e dançarina americana, que combinava suas coreografias com roupas de seda iluminadas por luzes coloridas.

que a experiência da balança pesa-cartas aconteceu. Eusapia associou os dois fenômenos, e aceitou tentar novamente. Ela me pediu um pouco de água. Fui à sala de jantar buscar uma garrafa e um copo de água. O senhor Mathieu notou que, durante minha ausência, enquanto minha mulher conversava com o senhor e a senhora Lévy, Eusapia levou a mão à cabeça e fez um pequeno gesto, como se estivesse arrancando um fio de cabelo.

Voltei com uma garrafa de água e um copo, no qual coloquei a quantidade de água que ela desejava. Ela bebeu um quarto da água do copo.

Atendendo ao meu pedido, ela abaixou as mãos, como anteontem, de cada lado da balança, e após dois ou três passes, a balança abaixou, não até o fim da régua graduada, como das outras vezes, mas até 35 ou 40 gramas.

A experiência foi realizada uma segunda vez, obtendo o mesmo resultado.

Pretextando ir buscar uma máquina fotográfica, o senhor Mathieu levou-me a outro cômodo e mostrou-me um longo fio de cabelo, muito fino, que após a experiência, caiu-lhe na mão, no momento em que Eusapia fazia um gesto, como se estivesse sacudindo a mão.

O cabelo era castanho escuro (cor dos cabelos de Eusapia) e media 39 centímetros de comprimento. *Eu o guardei.*

Isso se passava às nove horas e quinze minutos. A sessão teve início às nove horas e terminou às 11 horas e trinta minutos. Após a sessão, Eusapia pediu-me mais um copo de água e mostrou-me um pequeno fio de cabelo entre seus dedos.

No momento de sua partida, à meia-noite, meio rindo, meio séria, ela arrancou um fio de cabelo da parte posterior da cabeça e, pegando a mão da minha esposa, colocou esse fio dentro, fechou-lhe a mão, e olhou-a.

Ela certamente notou que havíamos percebido a fraude.

III

19 de novembro – Eusapia é muito astuta. Ela é dotada de uma grande acuidade visual e, sobretudo, auditiva. É mui-

to inteligente e, além disso, de rara sensibilidade. Ela sente e adivinha tudo o que lhe diz respeito. Nunca lendo, pois ela não sabe ler, nunca escrevendo, pois não sabe escrever, falando pouco quando se encontra no exterior, pois raramente encontra pessoas que entendam e falem o italiano, ela permanece constantemente concentrada em si mesma, e nada a desvia de uma atenção pessoal permanente. Certamente, será impossível encontrar um estado de espírito análogo ao seu em outras pessoas, ocupadas, como geralmente estão, com mil coisas que desviam sua atenção para objetos diferentes e variados.

Cheguei às 11h30min na casa do doutor Richet para pegá-la e levá-la para almoçar na casa da senhora Fourton, como fora combinado. Ela estava fria e aborrecida. Fiz que não percebia e conversei com o doutor. Ela foi vestir o seu chapéu e nós descemos. Mal chegamos à escada, Eusapia perguntou: "O que o senhor Richet dizia ao senhor? De que falavam? E um instante depois, referindo-se à última sessão: "Os senhores ficaram totalmente satisfeitos?"

No carro, peguei-lhe a mão e falei-lhe amigavelmente: "Tudo está indo muito bem, mas algumas experiências ainda serão necessárias para não deixar nenhuma dúvida". A seguir, falei-lhe de outras coisas.

Gradualmente, ela foi se tornando mais sociável e as nuvens pareciam estar se dissipando de sua fronte. Entretanto, ela sentiu, evidentemente, que apesar da minha amabilidade um pouco superficial, eu não era o mesmo para ela. Durante o almoço, ela pegou sua taça de champanhe e bebeu à minha saúde. A senhora Fourton estava convencida da sinceridade de Eusapia, sem que nenhuma dúvida pudesse passar por sua mente. Um pouco mais tarde, conversando, Eusapia lhe disse: "Tenho confiança na senhora, na senhora Blech, no senhor Richet, no senhor de Rochas, mas não tenho confiança no senhor Flammarion".

Repliquei:

– A senhora tem confiança na senhora Fourton. Muito bem. Mas reflita, por um momento, que vários milhares de pessoas estão esperando minha opinião para se decidirem. O senhor Chiaïa já lhe disse isso em Nápoles, o senhor de Rochas lhe repetiu em Paris. Portanto, tenho uma responsabilidade muito grande, e a senhora mesmo sente, certamente, que eu não posso afirmar algo de que não esteja absolutamente certo. A senhora deve ajudar-me, lealmente, a ter essa certeza.

Ela respondeu:
– Sim, eu compreendo muito bem a diferença. Além disso, se não fosse pelo senhor, eu não teria viajado de Nápoles, pois o clima de Paris não é muito bom para mim. Sim, é preciso que o senhor esteja convencido, sem restrições.

Então, Eusapia retornou à sua intimidade habitual. Conduzimo-la ao Museu do Louvre, que ela não conhecia, e depois, a um encontro, no qual o senhor Jules Bois realizava experiências de sugestão com a senhorita Lina. Ela ficou muito interessada. Conversamos sobre brincadeiras e simulações dos comediantes.

À noite, ao jantar, a brilhante conversa de Victorien Sardou, as réplicas do coronel de Rochas, as questões um pouco insidiosas de Brisson, tudo lhe despertou interesse. Mas era evidente que ela nunca se esquecia. Assim, antes do jantar, ela me disse que estava com dor de cabeça, sobretudo perto do seu ferimento. Passou as mãos pelos cabelos "que doíam" e pediu-me uma escova, dizendo: "É para que, durante as experiências, não sejam encontrados cabelos". E escovou cuidadosamente os ombros. Continuei fazendo-me de desentendido. Mas não havia dúvidas que ela sabia que... nós havíamos encontrado um fio de cabelo.

IV

(Nota mais recente: março de 1906)

Na quinta-feira, 29 de março, Eusapia, encontrando-se em Paris, veio me ver. Eu não a vira mais, desde suas sessões em minha casa, em novembro de 1898. Convidamo-la para jantar e, após o jantar, pedi-lhe que fizesse, comigo, algumas experiências.

Primeiramente, pedi-lhe que colocasse as mãos sobre o piano, pensando que, talvez, algumas cordas vibrariam. Nada obtive.

Então, induzi-a a colocar suas mãos sobre o teclado fechado. Ela pediu que ele fosse ligeiramente aberto, sustentado por um calço. Pus minhas mãos sobre ele, ao lado das suas, pois, mantendo contato, meu intuito era que ela não pudesse deslizar

um dedo sobre as teclas. Constantemente ela procurou substituir uma das duas mãos que eu segurava, de modo a ficar com uma livre, e algumas notas ressoaram. Experiência nula. Deixamos o piano para ir a uma mesa de madeira branca. Alguns balanços insignificantes.
– Há algum espírito aí?
– Sim (resposta dada com três pancadas).
– Ele quer se comunicar?
– Sim.
Pronunciei sucessiva e lentamente as letras do alfabeto. Resposta: *Tua madre* (Tua mãe).
Certamente: *Tua madre*. (Devo lembrar que Eusapia não sabia ler nem escrever).

Eusapia percebeu que eu estava de luto e informei-lhe que minha mãe havia falecido em 01 de julho último.

Perguntei, então, o nome de minha mãe. Eusapia não sabia. Nenhuma resposta.

Os movimentos que a mesa produziu a seguir não ofereceram nada digno de nota.

Entretanto, repetidas vezes, uma poltrona que estava próxima, tipo pufe, deslocou-se, sem contato, avançando sozinha em direção à Eusapia. Como o lustre estava aceso, não havia a possibilidade de existência de qualquer barbante e meu pé estava sobre o pé de Eusapia mais próximo do pufe, o movimento só poderia ter sido realizado por uma força que emanava da médium.

Por três vezes afastei a poltrona e por três vezes ela voltou. O mesmo fato repetiu-se alguns dias depois.

Devo notar que, se ela pudesse ter soltado seu pé do meu, ela poderia ter alcançado o móvel (com alguma contorção) e que o fenômeno, para se produzir, deveria estar no círculo de atividade (e de impostura) da médium. Aqui a impostura foi impossível.

Como não obtínhamos levitação da mesa e que, certamente, as forças das quatro pessoas (Eusapia, eu, minha esposa e a dama de companhia de Eusapia, que se colocara à mesa por um momento, mas que, normalmente, sempre se mantinha afastada) eram insuficientes, fui buscar uma mesinha redonda mais leve.

Com as mãos de Eusapia colocadas *sobre* essa mesinha e

em contato com as minhas, esse móvel elevou-se totalmente, com suas três pernas, 30 ou 40 centímetros acima do assoalho. Repetimos três vezes a experiência, com êxito total.

Eusapia, com sua mão (direita) que estava sobre a mesa, apertava-me a mão com violência.

Mentira e verdade!

Essas notas fazem-nos lembrar, uma vez mais, que quase constantemente, há uma mistura de fatos sinceros e de produções fraudulentas.

Podemos admitir que a médium querendo produzir um efeito e tendo à sua disposição dois meios: um fácil que exige apenas habilidade e astúcia, e o outro penoso, custoso e doloroso, era tentada a escolher, conscientemente ou *mesmo inconscientemente*, aquele que lhe custasse menos.

Vejam como ela procedia para conseguir a substituição das mãos. As figuras abaixo representam cinco posições sucessivas da mão da médium e das mãos dos controladores. Elas mostram como Eusapia podia, graças à obscuridade e a uma série de movimentos habilmente combinados, deixar que o controlador da direita (da direita para o espectador) pensasse que ele ainda estava sentindo a sua mão direita sobre a dele, embora ele só estivesse sentindo a mão esquerda, sempre segura pelo controlador da esquerda. Essa mão direita, tendo se tornado livre, podia produzir, então, um determinado número de efeitos *ao seu alcance*. Essa substituição pode ser obtida de diversas maneiras. Mas, seja qual for o método utilizado, é evidente que a mão livre só podia operar no espaço ao seu alcance.

A esse respeito, o doutor Dariex escreveu:[4]

> Qual de nós é sempre senhor de suas impressões e suas faculdades? Qual de nós pode, por sua própria vontade, colocar-se neste ou naquele estado físico e neste ou naquele estado moral? O compositor de música é o senhor da sua inspiração? Um poeta sempre compõe versos de igual valor? Um homem de talento tem sempre talento? Ora, o que existe de menos normal, de mais impressionável e de mais variável do que um sensitivo, um médium, sobretudo quando ele se encontra fora de

---
4 *Annales des sciences psychiques,* 1896, p.66.

Como uma médium liberta a mão que o controlador pensa estar segurando.

casa, convivendo com hábitos diferentes e com estrangeiros que ele não ou mal conhece, os quais serão seus juízes e que esperam dele fenômenos anormais e raros, cuja produção não depende constante e completamente de sua vontade?

Um sensitivo em tais condições será fatalmente levado a simular o fenômeno que não se produz espontaneamente, ou a realçar, pela fraude, a intensidade de um fenômeno em parte verídico.

A simulação é com toda certeza uma coisa desagradável e lamentável, que lança a suspeita sobre as experiências, tornando-as muito mais difíceis e muito menos ao alcance de todos os investigadores. Mas isso é apenas uma dificuldade que não deve nos fazer parar e emitir um julgamento apressado. Todos nós que fizemos experiências e que lidamos com esses sensitivos sabemos que, a cada passo, deparamo-nos com a fraude, consciente ou inconsciente, e que todos os médiuns – ou quase todos – recorrem a isso. Todos nós sabemos que é preciso nos resignar a essa lamentável fraqueza e sermos bastante perspicazes para impedirmos, ou pelo menos descobrirmos o truque, separando o verdadeiro do falso.

Entre os que perseguiram com perseverança a experimentação psíquica, mais de um poderá dizer que por

vezes ficou enervado e, irritado com a espera do fenômeno que não se produziu e que sentiu algo como a vontade de pôr um termo a essa espera, fazendo ele próprio uma intervenção discreta.[5]
Todos os que se sentem assim podem perceber que, se em vez de serem experimentadores conscienciosos, sempre senhores de si mesmos, incapazes de enganar e unicamente preocupados com a ciência e a verdade, eles fossem, ao contrário, impulsivos inconscientes e sugestionáveis, cujo amor-próprio está em jogo e para quem a probidade científica não é a primeira preocupação, certamente eles seriam levados, mais ou menos involuntariamente, a produzir artificialmente o fenômeno que não se produziu naturalmente.
Quanto a Eusapia, se ela às vezes simula, só o faz enganando a vigilância dos experimentadores e escapando momentaneamente do seu controle. Mas ela faz isso sem qualquer outro artifício. Suas experiências não são maquinadas, e, ao contrário dos prestidigitadores, *ela não traz consigo nenhum artefato*. É fácil de nos certificarmos desse fato, pois ela de bom grado se despe completamente diante de uma mulher designada para controlá-la.
Por outro lado, ela realiza tantas experiências quanto lhe pedirem, com as mesmas pessoas diante das quais ela repete indefinidamente as mesmas experiências. Não é assim que os prestidigitadores procedem.

É infinitamente lamentável que não possamos confiar na lealdade dos médiuns. Quase todos blefam. É completamente desencorajador para o pesquisador, e essa perplexidade constante da nossa mente nessas experiências torna esses estudos completamente estafantes. Quando, após termos passado alguns dias envolvidos com essas pesquisas inextricáveis, voltamos, por exemplo, ao trabalho científico, a uma observação ou a um cálculo de astronomia ou ao exame de um problema de ciência pura, sentimos uma sensação de frescor, de calma, de alívio, de serenidade que nos dá, por contraste, a mais viva das satisfações. Sentimos que caminhamos sobre um terreno sólido e que não precisamos desconfiar de ninguém. Realmente, é

---

5 Não citamos mais acima (p. 155) a brincadeira feita pelo professor Bianchi em uma reunião de experimentadores sérios?

necessário todo o interesse intrínseco dos problemas psíquicos para que tenhamos a coragem de renunciarmos, algumas vezes, à felicidade do estudo científico, para nos consagrar a investigações tão laboriosas e intricadas.

Creio que temos somente uma maneira de nos assegurarmos da realidade dos fenômenos: impedindo o médium de blefar. Pegá-lo em flagrante delito de fraude seria extremamente fácil. Bastaria não intervir. Além disso, podemos, facilmente, ajudá-lo a blefar e a ser pego: basta estarmos convencidos de sua desonestidade. Eusapia, em particular, é fácil de ser sugestionada. Certo dia, voltando em carro descoberto para jantar em casa, o coronel de Rochas lhe disse, na minha frente: "A senhora não pode mais levantar a mão direita. Tente!" Ela tentou, mas seus esforços foram inúteis. *Non posso, non posso.* A sugestão tinha sido suficiente.

Nos fenômenos relativos aos movimentos de objetos sem contato, ela sempre fazia um gesto correspondente ao fenômeno. Uma força emanava de si própria e agia. Assim, por exemplo, ela desferia, com o punho, três ou quatro pancadas no ar, a 30 ou 40 centímetros da mesa: as mesmas pancadas eram ouvidas na mesa. E era realmente na madeira da mesa. Não era embaixo, nem sobre o assoalho. Prendíamos-lhe as pernas e ela não podia mexê-las.

Ela deu cinco pancadas, com o dedo médio, sobre a minha mão no ar: as cinco pancadas foram dadas sobre a mesa (19 de novembro).

E ainda mais, essa força pode ser transmitida por meio de outra pessoa. Segurei suas pernas com minha mão esquerda esticada sobre elas; o senhor Sardou segurou sua mão esquerda; Eusapia pegou-me o punho direito com sua mão direita e me disse: "Bata na direção do senhor Sardou". Bati três ou quatro vezes. O senhor Sardou sentiu minhas pancadas no corpo, quase sincronicamente com meu gesto, com um atraso de quase um segundo. Tentamos a experiência novamente, obtendo o mesmo resultado.

Naquela noite, não somente não largamos *um só instante* as mãos de Eusapia, distantes uma da outra de toda a largura do seu corpo, e colocadas perto de nós, como também, não as deixamos se dirigirem para o lado dos objetos que deveriam ser deslocados. Demoramos muito para obter os resultados das experiências. Mas mesmo assim, elas obtiveram pleno êxito.

Eusapia tinha uma tendência a ir pegar os objetos: é preciso detê-la a tempo.

Além disso, ela mesma os pegava, de fato, pelo prolongamento de sua força muscular, e ela dizia: "Peguei-os, estão comigo". Competia a nós mantermos suas verdadeiras mãos nas nossas.

Algumas vezes, tínhamos boas razões para supor que Eusapia pegava os objetos que deveriam ser movidos, os instrumentos de música, com a mão livre. Mas há inúmeras provas que nem sempre foi assim. Eis uma delas:

Em 1902, estávamos em Nápoles, com o professor von Schrenck-Notzing[6]

A sessão realizou-se em um pequeno cômodo, com uma luz fraca, mas suficiente para que distinguíssemos as pessoas e seus movimentos. Atrás da médium, sobre uma cadeira, havia uma harmônica, distante de aproximadamente um metro.

Ora, em certo momento, Eusapia pegou entre suas mãos uma das mãos do professor e começou a juntar e a afastar-lhe os dedos, como podemos ver nesta figura.

Então, a harmônica começou a tocar, à distância, de uma maneira perfeitamente sincrônica com os movimentos feitos pela médium. O instrumento encontrava-se totalmente isolado; tínhamos verificado se nele não havia barbantes conectados com a médium. Muito menos podíamos temer a existência de *cúmplices*, cuja intervenção poderia ser traída pela luz. Foi uma operação análoga àquela que foi feita comigo, em 27 de julho de 1897 (vide mais acima, p. 82).

Eis um exemplo típico dos movimentos "de consentimento" extraído de um relatório do doutor Dariex. Tratava-se de fazer sair uma chave da fechadura, à distância.

A luz era suficiente para distin-

---

6 N. da T. – Barão Albert von Schrenck – médico alemão, que dedicou parte do seu tempo ao estudo de fenômenos paranormais.

guirmos perfeitamente cada movimento de Eusapia. Imediatamente, ouvimos a chave do cofre estalar na fechadura; mas a chave, emperrada de alguma forma, recusou-se a sair. E, então, Eusapia pegou com sua mão direita o punho esquerdo do senhor Sabatier e, ao mesmo tempo, envolveu-lhe o indicador com os dedos da sua outra mão. Depois, começou a executar, ao redor dedo, movimentos alternados de rotação, aos quais imediatamente correspondiam os estalos sincrônicos da chave, que girava na fechadura do mesmo modo que os dedos da médium.[7]

Suponhamos que o cofre, em vez de estar afastado da médium, estivesse ao seu alcance; suponhamos ainda que a luz, em vez de ser suficiente, fosse fraca e incerta: os experimentadores não teriam deixado de confundir essa forma de automatismo sincrônico com uma fraude consciente e impudente de Eusapia. E eles estariam enganados.

Sem desculpar a fraude, que é abominável, vergonhosa e desprezível em todos os casos, podemos explicá-la humanamente, sem dúvida, sempre reconhecendo, por outro lado, a realidade dos fenômenos. E em primeiro lugar, os fenômenos reais esgotam consideravelmente a médium e apenas se realizam a preço de um enorme gasto de força vital. Com frequência, no dia seguinte, ela está doente e, algumas vezes, até no outro dia, sendo incapaz de ingerir alguma alimentação sem vômitos imediatos. Concebemos, pois, que quando ela pode produzir determinados fatos sem qualquer gasto de força, por meio de um truque mais ou menos hábil, ela prefere esse segundo procedimento ao primeiro. Ele não a esgota absolutamente e pode até diverti-la.

Notemos, a seguir que, geralmente, durante essas experiências, ela está sempre em um estado de semissonolência que tem alguma analogia com o sono sonambúlico ou hipnótico. Sua ideia fixa é produzir os fenômenos, e ela os produz não importa como.

É, portanto, urgente e indispensável, estarmos constantemente atentos e controlarmos o mais cuidadosamente possível todos os fatos e gestos.

---

[7] Vide em *Annales*, 1896, esse relatório muito rico em documentos. A porta do cofre abriu-se e fechou-se sozinha, várias vezes consecutivas, em sincronia com os movimentos das mãos da médium, a um metro de distância. Um pequeno piano, pesando 900 gramas, foi transportado e tocou, sozinho, diversas árias etc.

Eu poderia citar centenas de exemplos análogos, observados por mim durante anos. Cito um, extraído de minhas notas.

Em 2 de outubro de 1899, uma sessão de espiritismo reunia alguns pesquisadores na hospitaleira residência da condessa de Mouzay, em Rambouillet. Diziam-nos que tínhamos a raríssima sorte de ter, conosco, uma verdadeira e excelente médium, a senhora X, esposa de um brilhante médico parisiense, ela própria muito instruída e que inspirava a maior confiança.

Colocamo-nos, quatro pessoas ao todo, ao redor de uma pequena mesa de madeira leve. Mal passado um minuto, essa pequena mesa pareceu animada por um estremecimento e quase imediatamente elevou-se e caiu.

Esse movimento vertical repetiu-se várias vezes, em plena luz das lâmpadas da sala.

No dia seguinte, as mesmas levitações aconteceram, em pleno dia, ao meio-dia, quando esperávamos um conviva atrasado para o almoço, e com uma mesinha redonda muito mais pesada.

Perguntamos:
– Há aí algum "espírito"?
– Sim.
– Ele quer dizer seu nome?
– Sim.

Pegamos um alfabeto, contamos as letras, recebemos, por meio de pancadas dadas por uma perna da mesa o nome LÉOPOLDINE HUGO.

– A senhora tem alguma coisa a nos dizer?
– Charles, meu marido, gostaria de juntar-se a mim.
– Onde, pois, ele está?
– Nos espaços flutuantes.
– E a senhora?
– Ao lado de Deus.
– Tudo isso é muito vago. Poderia nos dar uma prova de identidade, que nos mostrasse que a senhora é realmente a filha de Victor Hugo, a mulher de Charles Vacquerie? Lembra-se do lugar onde a senhora morreu?
– Sim, em Villequier.
– Como a catástrofe do seu naufrágio no rio Sena é conhecida, como tudo isso pode estar latente em nossos cérebros, gos-

taria de nos citar outros fatos? Lembra-se do ano da sua morte?
– 1849.
– Não acho – eu repliquei – pois tenho presente na mente uma página de *Contemplações* na qual a data de 4 de setembro de 1843 está escrita. Seria minha memória infiel?
– Sim. Foi em 1849.
– A senhora me surpreende singularmente, pois em 1843, Victor Hugo voltou da Espanha devido à sua morte, ao passo que em 1849 ele era representante do povo em Paris. Além disso, a senhora morreu seis meses após seu casamento, que foi realizado em fevereiro de 1843.

Nesse ponto, a condessa de Mouzay observou que ela conhecera muito bem Victor Hugo e sua família, que eles moravam, então, na Rua de Latour-d'Auvergne, e que, portanto, a data de 1849 deveria estar certa.

Continuei sustentando o contrário. O espírito persistiu.
– Em que mês o evento ocorreu?
– Julho.
– Não. Foi em setembro. A senhora não é Léopoldine Hugo. Qual era sua idade quando morreu?
– Dezoito anos. As pessoas não se lembram, com muita frequência, de colocar flores no meu túmulo.
– Onde?
– No cemitério de Père-Lachaise.
– Mas não, a senhora foi enterrada em Villequier, e eu próprio fui visitar o seu túmulo. Seu marido, Charles Vacquerie também está lá, com as duas outras vítimas da catástrofe. A senhora não sabe o que diz.

Aqui, nossa anfitriã declarou que ela não havia pensado no Père-Lachaise e que, para ela, Léopoldine Hugo e seu marido tinham ficado no fundo do Sena.

Após o almoço, voltamos à mesa. Oscilações variadas. Depois, um nome foi ditado:
– Silvel.[8]
– O aeronauta?
– Sim.

---

[8] N. da T. – Théodore Sivel, aeronauta francês, que morreu asfixiado, durante seu voo no balão *Zénith*.

As Forças Naturais Desconhecidas   215

– Em que ano o senhor morreu?
– 1875. (Exato).
– Em que mês?
– Março. (Foi em 15 de abril).
– De onde o seu balão partiu?
– La Villette. (Exato).
– Onde o senhor caiu?
– No rio Indre.

Todos esses elementos eram mais ou menos conhecidos por nós. Pedi uma prova de identidade mais especial.

– Onde o senhor me conheceu?
– Na casa do almirante Mouchez.
– É impossível. Só conheci o almirante Mouchez quando de sua nomeação para diretor do Observatório de Paris: ele sucedeu Le Verrier em 1877, dois anos após sua morte.

A mesa agitou-se e ditou algumas palavras.

– Diga o seu nome.
– Witold. Marquesa, eu sempre a amei.
– É feliz?
– Não. Portei-me mal com a senhora.
– O senhor bem sabe que eu o perdoo e que guardei do senhor as melhores lembranças.
– A senhora é muito boa.

Etc. Esses pensamentos estavam, evidentemente, na mente da senhora. Também nesse caso, nenhuma prova de identidade.

Subitamente, a mesa agitou-se violentamente, e outro nome foi ditado: "RAVACHOL".[9]

– Oh! O que ele vai nos dizer?

Transcrevo sua frase, envergonhado, pedindo desculpas às minhas leitoras. Ei-la, em sua descomedida crueza:

– Grandes cretinos, suas imundas cabeças estão ainda cheias dos odores do festim.
– Senhor Ravachol, é sutil sua linguagem. O senhor não tem algo mais distinto para nos dizer?
– Dane-se!

---

9 N. da T. - François Claudius Kœnigstein, conhecido como Ravachol. Anarquista francês, que se insurgiu contra a Terceira República.

Certamente, nenhum de nós compôs essa frase de um modo consciente. Mas as palavras empregadas eram conhecidas por todo mundo. Teriam nossos inconscientes ou nossos subconscientes agido? Seriam os da senhora X?

Nas incertezas em que nos mergulhavam essas duas sessões, pedimos ao senhor e à senhora X para irem passar um domingo em Juvisy e tentarem novas experiências.

No domingo, 8 de outubro, obtivemos levitações notáveis. Mas como as dúvidas subsistiam em nossas mentes, decidimos realizar outra sessão dentro de quinze dias.

No domingo, 22 de outubro de 1899, desejando controlar as experiências, eu mandei pregar quatro pranchas verticais, com as quais cerquei, como um quadro, a pequena mesa destinada à sessão. Se ela se elevasse apesar dessa moldura que impedia os pés dos experimentadores de passar por baixo dela, seria porque sua levitação devia-se a uma força desconhecida.

As reflexões da senhora X, ao avistar aquela moldura, imediatamente fizeram-me pensar que a mesa não se ergueria: "Essa faculdade é caprichosa: um dia obtemos muito, outra vez nada, sem causa aparente".

– Mas será que obteremos pancadas?

– Certamente. Não devemos julgar antecipadamente nada. Podemos sempre tentar.

Duas horas após o almoço, a senhora X concordou em tentar uma experiência.

Nenhuma levitação se produziu.

Foi o que eu suspeitava que fosse acontecer. Desejava ardentemente o contrário, e empregamos nisso toda a nossa força de vontade possível. Propositalmente, compareceram os mesmos experimentadores presentes à sessão realizada quinze dias antes, na qual tudo se passou admiravelmente bem (senhora X, senhor e senhora Cail e eu), os mesmos lugares, as mesmas cadeiras, a mesma sala, a mesma temperatura, o mesmo horário etc.

Pancadas indicaram que um espírito queria falar.

Percebi que as pancadas correspondiam a um movimento muscular da perna da senhora X.

– Quem é você?

As Forças Naturais Desconhecidas   217

– Na biblioteca do dono da casa: meu nome está dentro de um livro.
– Como encontrá-lo?
– Ele está escrito em um pedaço de papel.
– Em que livro?
– *Astronomia.*
– De que época?
Sem resposta.
– De que cor?
– Amarela.
– Encadernado?
– Não.
– Brochura?
– Sim.
– Em que prateleira?
– Procurem.
– É impossível procurá-lo no meio de milhares de volumes. E depois, não há brochuras nesta biblioteca.
Sem resposta.
Após uma série de questões, conseguimos saber que aquele livro estava na sexta prateleira do corpo da biblioteca, à direita da porta. Mas antes, fomos naquele cômodo constatar que não havia brochuras.
– Então, o volume é cartonado?
– Sim, ele contém quatro livros.
Voltamos à biblioteca e realmente encontramos, em um volume intitulado *Anatomia Celeste*, Veneza, 1573, um pedaço de papel no qual estava escrito a lápis o nome KRISHNA.
Retornamos à mesa.
– Você é Krishna?
– Sim.
– Em que século você vivia?
– Na época de Jesus.
– Em que região?
– Nas proximidades do Himalaia.
– E como você escreveu seu nome neste papel?
– Passando pelo pensamento da minha médium.
Etc. etc.
Penso que teria sido supérfluo insistir.

A senhora X, não conseguindo erguer a mesa, escolhera as pancadas. A evocação do profeta indiano era, todavia, de uma bela audácia.

A hipótese mais simples é que ela fora à minha biblioteca colocar aquele pedaço de papel.

Realmente, ela lá fora vista. Mas mesmo que ninguém a tivesse visto, a conclusão não teria sido menos decisiva, pois aquele cômodo estava aberto e a senhora X passara cerca de uma hora no cômodo vizinho, retida por uma "enxaqueca".

Como já disse, entre centenas de outros, estou citando esse exemplo de fraude. Realmente, é preciso ser dotado de uma perseverança a toda prova para continuar a dedicar a essas investigações horas que seriam muito mais bem empregadas, mesmo a não fazer absolutamente nada.

Entretanto, quando sabemos que existe alguma coisa, voltamos sempre, apesar dos logros intermináveis.

Em 1901, em maio, a princesa Karadja apresentou-me uma médium profissional, uma alemã, *frau* Anna Rothe, cuja especialidade era a de fazer com que flores entrassem em uma sala bem fechada, em pleno dia.

Aceitei realizar uma sessão em meu apartamento, em Paris. Buquês de flores, de todos os tamanhos, chegaram, realmente, mas sempre vindos de uma direção oposta à qual a senhora Rothe e seu empresário Max Ientsch nos convidavam a olhar.

Quase convencido da fraude, mas não tendo tempo para me dedicar a essas sessões, pedi ao senhor Cail assistir, sempre que possível, às reuniões que seriam realizadas em diversos salões de Paris.

Meu correspondente consentiu de bom grado e conseguiu ser convidado ao hotel Clément Marot, onde uma sessão deveria ser realizada. Colocando-se um pouco atrás, ele viu a médium das flores deslizando habilmente a mão por baixo de sua saia e de lá retirar os ramos que ela lançava na sala.

Ele também a viu pegar laranjas de dentro de seu corpete e constatou que elas estavam quentes.

A impostura era flagrante. Ele desmascarou-a imediatamente, para o grande escândalo dos assistentes, que o injuriaram. Uma última sessão tinha sido organizada em minha casa, na

Senhora Williams

terça-feira seguinte. A senhora Rothe e seus dois acólitos tomaram o trem logo de manhã, na estação do Leste, e desapareceram.

No ano seguinte, ela foi presa em Berlim, após uma sessão fraudulenta, e condenada a um ano de prisão por vigarice.[10]

Nesse tipo de coisas, as trapaças e as mistificações são tão numerosas quanto as realidades autênticas. Os que se interessam por esses fenômenos não esqueceram o flagrante delito da célebre senhora Williams, americana, recebida com toda confiança, em 1894, em Paris, pela minha excelente amiga, a duquesa de Pomar. Como ela já caíra em descrédito pelas observações engenhosas do jovem duque, preparamos tudo para que não fôssemos, por muito tempo, enganados por suas farsas, quando organizamos uma sessão da qual participaram os senhores de Watteville, Dariex, Mangin, Ribero, Wellemberg, Lebel, Wolf, Paul Leymarie, filho do diretor da *Revista Espírita* etc.

A senhora Williams despindo-se no gabinete, para vestir um traje masculino.

O fantasma manequim.

A especialidade da senhora Williams, que era uma mulher robusta como podemos ver pelo seu retrato, era a de mostrar aparições. As referidas aparições eram manequins bem pobremente preparados, pois tanto as espectadoras quanto os espectadores ficavam desapontados com a falta de *formas* dos trapos moles e achatados que em nada lembravam os contornos acadêmicos da mulher, dos quais deveríamos ao menos ter adivinhado um pouco as elegâncias sob gaze leve que os cobria. Várias dessas damas, bastante irreverentes, não escondiam

---

10 Ela faleceu, em Berlim, no dia 16 de dezembro de 1904.

Uma aparição diante da cortina e uma aparição em vias de desmaterialização.

que preferiam o nada a esse outro mundo, se lá elas tivessem que se encontrar tão... reduzidas, tão incompletas. E os cavalheiros acrescentavam que elas não seriam as únicas a ficarem desoladas.

Não havia qualquer atmosfera religiosa durante a realização dessas sessões. O truque foi descoberto, ou melhor dizendo, pego, pelo senhor Paul Leymarie. As figuras aqui reproduzidas, de acordo com a *Revista Espírita* bastam para colocar em evidência a simplicidade brutal do procedimento. Luzes foram acesas e, em meio à terrível confusão de vinte e cinco assistentes enganados, a heroína da festa foi obrigada a se deixar ver em malha colante, enquanto todos os utensílios do seu teatro de marionetes foram encontrados no gabinete.

A senhora Williams sendo agarrada pelo senhor Paul Leymarie e ainda segurando o fantasma.

A senhora Williams teve o atrevimento de se defender, um pouco mais tarde, no jornal americano *Light*, chamando de bandidos os que a haviam desmascarado em Paris.

Esse é um exemplo de alta mistificação e de ilusionismo digno das apresentações de um prestidigitador.

Como vimos, nem sempre as coisas atingem esse nível e com bastante frequência as fraudes só acontecem quando as faculdades reais se enfraquecem. Tal foi o caso de muita repercussão de Angélique Cottin, a "menina elétrica",[11] que teve muita repercussão.

---

11 N. da T. - No original francês "*fille torpille*" (garota ou menina torpedo). *Torpille* é uma espécie de arraia (ou raia) que emite descargas elétricas: seria a arraia-elétrica, da família dos Torpedinídeos.

Em 15 de fevereiro de 1846, na aldeia de Bouvigny, nos arredores da comuna de La Perrière (Orne), uma menina de treze anos chamada Angélique Cottin, pequena, robusta, mas extremamente apática física e intelectualmente, apresentou, de repente, poderes estranhos: os objetos tocados por ela ou por suas roupas eram violentamente repelidos; às vezes, até, à sua simples aproximação, as pessoas próximas sentiam comoções, e móveis e utensílios agitavam-se. Essa propriedade subsistiu, com variações de intensidade e intervalos, às vezes, de dois ou três dias, durante aproximadamente um mês, desaparecendo, posteriormente, inopinadamente como tinha vindo. Ela foi constatada por um grande número de pessoas, algumas das quais submeteram a menina a verdadeiras experiências e registraram suas observações em relatórios que foram reunidos e publicados pelo doutor Stanilas Tanchou. Este viu Angélique Cottin pela primeira vez em 12 de fevereiro, em Paris, para onde fora levada para ser exibida: as manifestações cuja energia diminuíra desde o dia em que seus hábitos foram mudados, estavam a ponto de desaparecem; todavia, elas ainda eram bastante nítidas para permitir ao experimentador redigir a seguinte nota, que foi lida em 17 de fevereiro, na Academia de Ciências, por François Arago,[12] testemunha ocular dos fatos.[13]

Diz o doutor Tanchou:

> Eu vi duas vezes a menina elétrica.
> Uma cadeira que eu segurava com o pé e as duas mãos, empregando a maior força possível, foi arrancada de mim no momento em que ela ali se sentou.
> Uma pequena tira de papel que eu equilibrava em meu dedo, foi levada várias vezes, como por uma lufada de vento.
> Uma mesa, de tamanho médio e bastante pesada, foi várias vezes empurrada e deslocada ao simples contato com suas roupas.
> Um canapé grande e pesado, sobre o qual eu estava sentado, foi empurrado violentamente até a parede, no momento em que essa menina veio sentar-se ao meu lado.

---
12 N. da T. – Astrônomo e físico francês.
13 Vide, também *Enquête sur l'authenticité des phénomènes électriques d'Angélique Cottin*. Paris, Germer Baillière, 1846. – Vide l'*Extériorisation de la motricité*, de Albert de Rochas.

Uma cadeira presa ao chão por pessoas fortes, sobre a qual eu estava sentado de modo a só ocupar a metade, foi violentamente arrancada de debaixo de mim, logo que a menina sentou-se sobre a outra metade.

Um pequeno disco de papel, colocado vertical ou horizontalmente sobre seu eixo, recebeu um rápido movimento pelas emanações que saíam do punho e da dobra do braço dessa menina.[14]

Um fato singular observado é que, todas as vezes que a cadeira foi levada, ela parecia estar presa às roupas de Angélique; ela a seguia por um instante e só se soltava depois.

Duas bolinhas de sabugueiro ou de pena suspensas por um fio de seda foram agitadas, atraídas e, às vezes, afastaram-se uma da outra.

As emanações dessa menina não foram permanentes durante todo o dia. Elas acontecem, sobretudo, à noite, das dezenove às vinte e uma horas, o que me faz pensar que sua última refeição, que ela faz às dezoito horas, tem alguma influência sobre isso.

Elas acontecem apenas na face anterior do corpo, particularmente no punho e na dobra do braço. Elas se produzem, apenas, do lado esquerdo, sendo que o braço desse lado é mais quente que o outro; dele emana um calor ameno, como de uma parte onde se produz uma viva reação. Esse membro é trêmulo e continuamente agitado por contrações insólitas e de tremores que parecem se transmitir à mão que o toca.

Durante o tempo em que observei a menina, seu pulso variou de 105 a 120 pulsações por minuto e pareceu-me, constantemente, irregular.

Quando essa pessoa é afastada do reservatório comum, seja sentando-se sobre uma cadeira sem que seus pés toquem o chão, seja colocando seus pés sobre a cadeira da pessoa sentada à sua frente, o fenômeno não acontece. Ele também cessa quando a fazemos sentar-se sobre suas duas mãos. Um assoalho encerado, um pedaço de tafetá engomado, uma lâmina de vidro colocada sob

---

[14] Lafontaine, que foi também um dos observadores, disse que "quando ela aproximava seu punho esquerdo de uma vela acesa, a luz passava da posição vertical para a horizontal, como se estivesse sendo soprada continuamente" (*L'art de magnétiser*, p. 273).
O senhor Pelletier observou o mesmo fenômeno com algumas das pessoas por ele estudadas, quando elas aproximavam a palma da mão da chama de uma vela.
Os especialistas chamam esses pontos de pontos hipnógenos, de onde irradiariam jatos de fluido.

seus pés ou sobre sua cadeira anulam igualmente sua propriedade elétrica.

Durante o paroxismo, a menina não pode tocar quase nada com sua mão esquerda, sem que ela jogue o objeto ao longe como se estivesse sendo queimada; *quando suas roupas tocam os móveis, ela os atrai, os desloca, os derruba.* Isso pode ser entendido mais facilmente, se explicarmos que a cada descarga elétrica, ela foge para evitar a dor. Então, ela diz que "isso a pica" no punho e na dobra do cotovelo. Ao tentar sentir-lhe o pulso na artéria temporal, pois não conseguia localizá-lo no braço esquerdo, por acaso meus dedos tocaram a nuca: na mesma hora ela gritou e afastou-se rapidamente de mim. Angélique possui, na região do cerebelo (várias vezes certifiquei-me disso), no local em que os músculos da parte superior do pescoço se inserem no crânio, um ponto tão sensível que ela não permite que seja tocado, e no qual ecoam todas as sensações que ela sente no braço esquerdo.

As emanações elétricas dessa criança parecem acontecer *em ondas*, de modo intermitente e sucessivamente através de diferentes pontos da parte anterior do seu corpo.

Mas seja como for, *elas acontecem por meio de uma corrente gasosa que produz a sensação de frio;* senti nitidamente sobre a mão um sopro instantâneo parecido com aquele que produzimos com os lábios.

Cada fenômeno produzido por essa menina é marcado pelo terror, pela fuga e por um ar de pânico. Quando ela aproxima a ponta do dedo do polo norte de um ferro imantado, ela recebe um forte choque: o polo sul não produz nenhum efeito. Tentamos alterar o ferro, a fim de que não conseguíssemos reconhecer o polo norte, mas a menina soube muito bem indicá-lo.

Essa menina tem treze anos e ainda não atingiu a idade da puberdade. Eu soube, por sua mãe, que ainda não surgiu nada análogo à menstruação.

Ela é muito forte e saudável. Sua inteligência é pouco desenvolvida. É uma aldeã na completa acepção da palavra. Contudo, ela sabe ler e escrever. Ocupa-se em fazer luvas de linha para as senhoras. Os primeiros fenômenos datam de um mês.

Julgo conveniente acrescentar a essa nota alguns trechos dos outros relatórios. Eis uma passagem do relatório do senhor Hébert.

> Em 17 de janeiro, ou seja, no segundo dia da aparição dos fenômenos, tesouras suspensas à sua cintura, por meio de uma faixa de linha, foram lançadas sem que o cordão fosse rompido e sem que pudéssemos saber como ele fora desatado. Esse fato, o mais incrível por sua analogia com os efeitos do raio, fez-nos pensar, imediatamente, que a eletricidade devia representar um importante papel na produção desses efeitos surpreendentes. Mas essa via de observação foi de curta duração, pois esse fato produziu-se apenas duas vezes, das quais uma na presença do senhor vigário que, jurando sobre sua honra, garantiu-me a veracidade. Os efeitos, quase nulos na metade do dia, redobraram-se à noite, à hora costumeira. Então, ocorreu a ação *sem contato* e efeitos foram produzidos sobre corpos orgânicos vivos, ações essas que se iniciaram por violentos espasmos que uma operária, sentada diante de Angélique, sentiu nas panturrilhas, sendo que as pontas dos seus tamancos estavam à distância de um decímetro da menina.

Por sua vez, o doutor Beaumont Chardon, médico de Mortagne, publicou, entre outras, as seguintes observações análogas.

> Repulsão e, também, atração, pulos, deslocamento de uma mesa bem maciça –, de outra mesa de três metros por dois, colocada sobre rodinhas, – de outra mesa de carvalho, quadrada, de um metro e meio, de uma poltrona em mogno maciço. *Todos esses deslocamentos aconteceram com o contato voluntário ou involuntário das roupas da menina Cottin.*
> Sensação de violentas picadas quando nos colocávamos em contato com a dobra do seu braço esquerdo ou com sua cabeça, ou simplesmente, quando aproximávamos, à pequena distância, um bastão de cera para lacrar ou um tubo de vidro, ambos convenientemente esfregados. Quando não os esfregávamos ou quando os enxugávamos ou molhávamos, o efeito cessava. Os pelos dos braços, assentados com um pouco de saliva, eriçavam-se à aproximação do braço esquerdo da menina.

Como já dissemos, essa menina fora levada a Paris como objeto de observação.

No Observatório, o próprio Arago constatou, em presença dos seus colegas, os senhores Mathieu, Laugier[15] e Goujon,[16] os seguintes fenômenos:

Tendo a menina apresentado sua mão a uma folha de papel colocada sobre a borda de uma mesa, essa folha foi rapidamente atraída por sua mão. – Tendo-se aproximado da mesinha redonda, roçando-o com seu avental, essa mesinha foi afastada.

– Tendo-se sentado em uma cadeira, colocando os pés no chão, a cadeira foi projetada violentamente contra a parede, e a menina jogada ao outro lado. Essa última experiência, realizada várias vezes, sempre teve êxito: nem Arago, nem os astrônomos do Observatório conseguiram manter a cadeira imóvel. O senhor Goujon, que previamente se sentara na metade da cadeira que ia ser ocupada por Angélique, foi derrubado no momento em que ela veio dividir a cadeira com ele.

Baseada em um relatório favorável de seu perpétuo ilustre secretário,[17] a Academia de Ciências nomeou uma comissão para examinar Angélique. Essa comissão ocupou-se, quase que exclusivamente, de conseguir constatar em um indivíduo uma eletricidade análoga àquela das máquinas ou da arraia-elétrica. Ela não conseguiu chegar a nenhum resultado, provavelmente em consequência da emoção que a visão dos aparelhos de física causaram na menina, cujas faculdades já estavam declinando. Dessa forma, a comissão apressou-se em declarar nulas e sem valor todas as comunicações feitas precedentemente à Academia sobre o assunto.

Eis o que escreveu sobre esse ponto meu antigo mestre e amigo Jacques Babinet, que fazia parte da Comissão:

> Os membros da Comissão não puderam verificar nenhuma das particularidades anunciadas. Não houve elaboração de relatório e os pais de Angélique, pessoas de uma probidade exemplar, voltaram com ela para sua região. A boa fé do casal Cottin e de um amigo que os acompanhava interessou-me muito, e eu gostaria por

---
15 N. da T. – Paul Auguste Ernest Laugier.
16 N. da T. – Jean-Jacques Émile Goujon.
17 N. da T. – O próprio Arago.

tudo neste mundo ter encontrado algo real nas maravilhas anunciadas.

A única evolução digna de nota que ela executava, era, ao se levantar com a mais perfeita calma de uma cadeira onde estava sentada, lançar essa cadeira para trás, com tal força que, frequentemente a cadeira ia se quebrar contra uma parede. Mas a experiência capital, aquela que, segundo seus pais, revelava o milagre de produzir movimento sem tocar os objetos, era a seguinte: a menina era colocada de pé diante de uma leve mesinha redonda recoberta com um fino pano de seda. Seu avental, também em seda muito fina e quase transparente, pousava sobre a mesinha, mas essa última condição não era obrigatória. Então, *quando seus dons elétricos se manifestavam*, a mesinha redonda era derrubada, enquanto a menina elétrica conservava sua estúpida impassibilidade ordinária.

Nunca fui testemunha de nenhum êxito nesse tipo de desempenho, nem eu, nem meus colegas da Comissão do Instituto, nem os médicos, nem alguns escritores que acompanharam assiduamente todas as sessões indicadas no domicílio dos seus pais. Quanto a mim, eu já tinha ultrapassado todos os limites de uma complacência amigável, quando uma noite seus pais foram pedir-me, em nome do interesse que eu lhes testemunhara, de realizar ainda uma sessão a mais, pois o dom elétrico acabava de se manifestar novamente com uma grande energia. Cheguei por volta das oito horas da noite ao hotel em que se hospedava a família Cottin. Fiquei desagradavelmente surpreso de encontrar, em uma sessão destinada somente a mim e aos que eu convidara, a sala invadida por uma grande reunião de médicos e de jornalistas atraídos pelo anúncio de futuros prodígios que iriam recomeçar. Após os pedidos de desculpas, fui introduzido em um cômodo de fundo, que servia de sala de jantar, e ali encontrei uma imensa mesa de cozinha, construída com espessas pranchas de carvalho de largura e peso imensos. À hora do jantar, a menina elétrica havia, voluntariamente, derrubado aquela mesa maciça, e quebrado, consequentemente, todos os pratos e garrafas que se encontravam em cima da mesma. No entanto, aquelas excelentes pessoas não lamentavam a perda, nem o péssimo jantar que se seguiu, na esperança de que as propriedades maravilhosas da pobre idiota fossem se manifestar e tornar-se oficiais. Não havia como duvidar da sinceridade dessas honestas testemunhas. O senhor M., um senhor octogenário, o mais cético dos homens, que me acompanhara, acreditou naquele discurso como eu, mas entrando comigo na sala lotada, esse observador desconfiado ficou, apesar do frio, na própria porta de entrada, pretextando a multidão que enchia o cômodo, e se colocou de modo a poder ver, de lado, a menina elétrica com sua mesinha redonda diante de si. A menina estava de frente para aqueles que lotavam o fundo e as laterais da sala. Após uma hora de espera paciente, como nada se manifestava, eu me retirei, expressando minha simpatia e meu pesar. O senhor M. permaneceu obstinadamente no seu posto: ele mirava, com seu olho infatigável, a menina elétrica, como um cachorro que arma o bote sobre uma perdiz. Enfim, ao fim de outra hora, quando mil preocupações já tinham distraído os presentes e inúmeras conversas tinham se estabelecido, o milagre, de repente, operou-se: a mesinha redonda fora derrubada. Grande surpresa! Grande esperança! Quando iam gritar "Bravo!", o senhor M., avançando com a autoridade da idade e da verdade, declarou que vira Angélique, com um movimento convulsivo do joelho, empurrar a mesinha redonda que estava à sua frente. Ele concluiu que o esforço que ela devia ter feito antes do jantar para derrubar uma pesada mesa de cozinha deveria ter provocado acima do joelho uma forte contusão, o que foi verificado e considerado real.

Tal foi o fim dessa triste história em que tantas pessoas foram enganadas por uma pobre idiota, bastante esperta, no entanto, para iludir por meio de sua própria calma.

Também constam nos *Anais* da Academia, fatos singulares observados nas proximidades de Rambouillet, na casa de um abastado fabricante, onde todos os vasos estilhaçaram-se em mil pedaços no momento em que menos se esperava. Caldeiras e vasos em ferro fundido, de grande dimensão, voavam, da mesma forma, em fragmentos, com grande prejuízo do proprietário, cujos aborrecimentos terminaram com a demissão de um empregado que estava em entendimentos com aquele que devia ocupar a fábrica tão logo pudesse obtê-la pelo melhor preço.

Entretanto, é lamentável que o caso tenha terminado antes que pudéssemos saber que tipo de pó fulminante fora utilizado para produzir aqueles efeitos tão curiosos, tão inusitados e, aparentemente, tão bem constatados.[18]

A respeito de Angélique Cottin, Babinet acrescenta mais adiante, no mesmo volume:

> Em meio aos prodígios que ela não operava, encontrava-se um efeito bem natural de *primeiro relaxamento de músculos*, que era curioso no mais alto grau. Essa menina, de estatura baixa, apática, que foi justamente chamada de *menina-elétrica* - estando primeiramente sentada em uma cadeira e, a seguir, levantando-se lentamente – possuía a faculdade, no meio do movimento que fazia para levantar-se, de jogar para trás, com uma terrível velocidade, a cadeira que ela abandonava, sem que pudéssemos perceber nenhum movimento do torso, e por meio de um simples relaxamento do músculo que ia deixar a cadeira. Em uma das sessões de exame, no gabinete do físico do Jardin des Plantes, várias cadeiras de anfiteatro, de madeira branca, foram lançadas contra as paredes de modo a lá se quebrarem. Uma segunda cadeira, que por precaução certa vez eu colocara atrás daquela em que a menina elétrica estava sentada, com a intenção de proteger, em caso de necessidade, duas pessoas que conversavam ao fundo do cômodo, foi arrastada pela cadeira lançada, e juntamente com ela, foi despertar de sua distração os dois cientistas, absortos em sua conversa particular. Além disso, vários jovens empregados do Jardin des Plantes conseguiram operar, embora com menos brilhantismo, esse belo passe de mecânica orgânica.

É esse o relatório do douto físico. Foi assim que, uma vez mais, a fraude impediu que se reconhecesse a veracidade de fenômenos devidamente constatados anteriormente. Certamente, havia, também, o enfraquecimento das faculdades. Mas seria absurdo concluirmos que os primeiros observadores desse caso, incluindo Arago e seus colegas do Observatório, Mathieu, Laugier e Goujon, assim como o examinador Hébert, o doutor Beaumont Chardon, entre outros, viram mal e foram enganados

---
18 *Études et lectures sur les sciences d'observation*, t. II, 1856.

As Forças Naturais Desconhecidas

pelos pontapés dessa criança.

Admitamos a fraude, consciente e inconsciente, dos médiuns, deploremo-la, pois ela lança uma sombra desagradável sobre todos os fenômenos; mas não acreditemos que as falsas notas de dinheiro impeçam as verdadeiras de existir, façamos justiça aos fatos incontestáveis e continuemos a observá-los.

Quære et invenies! Procura e acharás. É o *desconhecido*. É a ciência do amanhã.

Continuemos, pois, o nosso estudo.

Capítulo 6

As experiências de Gasparin

Uma das mais importantes séries de experiências que foram feitas com as mesas moventes é a do conde Agénor de Gasparin, em Valleyres (Suíça), em setembro, outubro, novembro e dezembro de 1853, cujos relatórios ele publicou em sua grande obra, em dois volumes, sobre esse assunto.[1] Essas sessões podem ser qualificadas de nitidamente científicas, pois elas foram conduzidas com todos os cuidados necessários e sob o mais rígido controle. A mesa que geralmente foi usada compunha-se de um tampo de freixo, de 80 centímetros de diâmetro, montado sobre uma pesada coluna, com três pés distantes de 55 centímetros entre si. Os experimentadores eram, ordinariamente, em número de dez a doze, e eles formavam a corrente sobre a mesa, tocando-se pelos dedos mínimos, de tal forma que o polegar da mão esquerda de cada operador tocava o de sua mão direita e o dedo mínimo da mão direita tocava o da mão esquerda do vizinho. Segundo o autor, essa corrente era útil, mas não absolutamente necessária. A rotação manifestava-se, ordinariamente, após cinco ou dez minutos. A mesa elevava um pé até uma altura variável e, a seguir, voltava a cair. Essa elevação acontecia mesmo quando um homem muito pesado se colocava sobre a mesa. Foram assim obtidas rotações e elevações sem o contato das mãos. Escutemos, além disso, o próprio autor.

---
[1] *Des Tables tournantes, du Surnaturel em général e des Esprits*, do conde Agénor de Gasparin, Paris, Dentu, 1854.

É uma questão de fato que quero resolver. A teoria virá mais tarde.

Demonstrar que o fenômeno das mesas girantes é real e que ele é de natureza meramente física; que ele não pode ser explicado nem pela ação mecânica dos nossos músculos, nem pela ação misteriosa dos Espíritos, esta é a minha tese. Faço questão de determiná-la e circunscrevê-la imediatamente.

Sinto alguma satisfação, confesso, em apresentar, enfim, provas irrefutáveis aos sarcasmos das pessoas que acham mais cômodo ridicularizar do que examinar. Eu bem sabia que seria preciso passar por isso e que nenhuma verdade nova torna-se evidente antes de ter sido considerada ridícula. Mas não é menos agradável esperar o momento em que as coisas assumem seu lugar legítimo e em que os papéis deixam de ser invertidos. Esse momento poderia ter demorado a chegar. Por muito tempo, temi que o fenômeno das mesas não se prestasse a uma demonstração científica e decisiva; que ao dar uma certeza absoluta aos operadores e às testemunhas imediatas, ele não fornecesse um argumento irrefutável para o público. Em presença de simples probabilidades, cada qual permaneceria livre para conservar sua opinião particular. Teríamos tido crentes e incrédulos; a classificação pareceria antes ter sido feita em função das tendências do que em função do conhecimento ou da ignorância dos fatos. Alguns, na agradável sensação de sua superioridade intelectual, vangloriar-se-iam; outros, em desespero, ter-se-iam abandonado à corrente das superstições na moda; a verdade, incompletamente demonstrada, teria sido considerada como mentira e, o que é pior, ela teria acabado por se tornar uma mentira. Graças a Deus, que isso não acontecerá.

Nossos encontros foram verdadeiras sessões, às quais foram dedicadas as melhores horas do dia, e cujos resultados, verificados com um cuidado minucioso, foram consignados em verdadeiras atas.

Tenho esses relatórios diante de mim, e parece-me que não poderia fazer melhor do que pegá-los sucessivamente, e extrair de cada um deles as observações interessantes que ele pode conter. Assim, seguirei um método histórico que contará a verdade em vez de sistematizá-la. O leitor poderá acompanhar-nos, por assim dizer, passo a passo; ele controlará minhas diversas asserções, comparando-as; ele formará sua própria opinião e julgará se minhas provas possuem o caráter de frequência, de persistência, de desenvolvimento progressivo que não possuem as falsas descobertas baseadas em qualquer coincidência fortuita e mal definida. Essas são premissas promissoras. Iremos ver que essas promessas serão mantidas. O primeiro relatório é datado de 20 de setembro de 1853. Anteriormente, tivemos inúmeras sessões, mas não pensamos ser necessário anotarmos seus resultados. Eis, em poucas palavras, os resultados a que os observadores chegaram.

Apenas possuem uma convicção inalterável – escreve o autor – aqueles que participaram direta e frequentemente das experiências, que sentiram se produzir sob seus dedos aqueles movimentos de natureza particular que a ação dos nossos músculos não poderia imitar. Eles sabem quais são suas próprias limitações, pois viram, às vezes, a mesa recusar-se a executar qualquer rotação, apesar da impaciência dos experimentadores e apesar de seus ardentes apelos. Também, eles assistiram ao início do seu movimento tão lento, tão suave, tão espontâneo, ao início do seu movimento que se operava, por assim dizer, sob os dedos que apenas a roçavam. Às vezes, eles viram suas pernas, quase grudadas ao assoalho, não se soltarem por nenhum preço, apesar da excitação das pessoas que formavam a corrente; depois, viram-nas, outras vezes, realizar levitações reais e enérgicas, que se antecipavam às mãos, não esperando ordens para executar com um vigor quase assustador os pensamentos apenas esboçados. Eles ouviram, com seus próprios ouvidos, pancadas fortes e fracas, as primeiras ameaçando quebrar a mesa; as segundas que mal davam para serem ouvidas durante sua passagem, e cuja prodigiosa delicadeza nenhum de nós poderia imitar. Eles constataram que a força das levitações não diminuiu quando a corrente foi desfeita do lado do móvel que deveria formar o apoio; eles próprios mandaram a mesa erguer a perna sobre a qual repousavam as únicas mãos que compunham a porção da corrente que ainda subsistia, e a perna ergueu-se tantas vezes e tão alto quanto eles desejaram. Eles acompanharam a mesa em suas danças quando ela marcava o compasso com uma ou duas pernas; quando ela reproduzia exatamente o ritmo da música que acabava de ser cantada; quando, conformando-se do modo mais cômico ao convite para dançar o minueto, ela assumia ares de dama antiga e realizava uma volta sobre si mesma, fazia a reverência e, a seguir, avançava, girando do outro lado.

A maneira pela qual os fatos se realizavam disse-lhes mais do que os próprios fatos. Eles estiveram em contato com uma realidade que logo se fez conhecer.

Os testes perseverantes que tentáramos antes de 20 de setembro já nos haviam conduzido a constatar duas coisas principais: o levantamento de um peso que a ação muscular dos operadores seria incapaz de mover e a reprodução dos números que nós pensávamos.

Seguem os relatórios publicados pelo conde de Gasparin ou, ao menos o que eles contêm de essencial. Eu os apresentarei aqui como o autor o fez: sessão por sessão. O leitor julgará. Nós recomendamos que eles sejam lidos com a maior atenção. São documentos científicos do mais alto valor, e tão importantes quanto os precedentes.

Sessão de 20 de setembro

Propusemos a experiência que consiste em fazer a mesa girar e dar pancadas, portanto sobre ela um homem pesando 87 quilos. Esse homem colocou-se sobre a mesa e os dozes experimentadores, tendo o cuidado de formar a corrente, colocaram seus dedos sobre ela.
O sucesso foi absoluto. A mesa girou e deu várias pancadas. *Depois, levantou-se inteiramente*, de modo a derrubar a pessoa que ela carregava.
Que me seja permitido de deixar aqui, de passagem, uma observação geral. Nós já havíamos tido inúmeras reuniões. Nossos experimentadores, entre os quais se encontravam várias moças delicadas, agiram com uma energia e uma perseverança incomuns; seu cansaço físico ao final de cada sessão era, naturalmente, imenso. Parece-me que, consequentemente, nós deveríamos esperar ver a manifestação, no meio de nós, de alguns colapsos nervosos mais ou menos graves. Se as expli-

cações baseadas nos atos involuntariamente realizados em um estado de excitação extraordinário tivessem o mínimo fundamento, deveríamos ter tido êxtases, quase possessões, ou, em qualquer hipótese, ataques de nervos. Ora, acontece que, no período de cinco meses, apesar do caráter animado e ruidoso de nossas experiências, nenhum de nós sentiu, em nenhum momento, o mínimo mal-estar.

E mais ainda: quando a pessoa está em um estado de tensão nervosa, torna-se totalmente inapropriado que ela aja sobre a mesa. Esta quer ser manipulada alegremente, agilmente, com confiança e autoridade, mas sem paixão. E tanto isso é verdade que, quando eu me interessava em demasia, não era mais obedecido. Se, devido a discussões públicas em que eu me envolvia, acontecesse de eu desejar muitíssimo o sucesso e de me impacientar, em caso de demora, eu não obtinha nenhuma ação da mesa.

Sessão de 24 de setembro

Nós começáramos muito mal e pensávamos que o resultado líquido do dia limitar-se-ia às duas seguintes observações, que têm o seu preço, realmente, e que nossa prática não deixou de confirmar. Primeiramente, há dias em que nada podemos fazer, embora sejamos tão numerosos, tão fortes e tão excitados, o que prova que os movimentos da mesa não são obtidos nem pela fraude, nem pela pressão involuntária dos músculos. Em segundo lugar, há pessoas (entre outras, as que estão adoentadas ou cansadas), cuja presença na corrente não é somente inútil, como também prejudicial. Desprovidas de fluido, elas parecem, além disso, impedir sua circulação e sua transmissão. Sua boa-vontade, sua fé na mesa não ajudam em nada e enquanto elas estão presentes, as rotações são fracas, as levitações são débeis, os comandos não são atendidos, a perna situada diante delas é particularmente atingida por paralisia. Peçam que elas se retirem, e imediatamente a vida aparecerá e tudo dará certo, como por encanto.

Realmente, foi somente após termos tomado essa decisão, que finalmente voltamos a obter os movimentos reais e enérgicos aos quais estávamos acostumados. Estávamos, pois, bastante desanimados, quando, finalmente, a depuração, da qual eu falava há pouco, foi tentada e, imediatamente, que metamorfose! Nada nos pareceu difícil: até mesmo aqueles que, como eu, de ordinário, obtinham um êxito medíocre, conseguiram que as pancadas reproduzissem os números por eles pensados com um sucesso absoluto ou com a pequena imperfeição, bastante frequente, de uma pancada a mais, devida ao atraso da ordem mental que devia fazer parar as pancadas.

Vendo que tudo caminhava a contento e decididos a tentar o impossível, iniciamos, então, uma experiência que marcou nossa entrada em uma novíssima fase e que colocou nossas demonstrações anteriores sob a garantia de uma demonstração irrefutável Nós íamos deixar o campo das probabilidades para entrar no campo da evidência. Nós íamos fazer a mesa se mover *sem tocá-la*. Eis como nos saímos nessa primeira vez:

No momento em que a mesa era movida por uma rotação enérgica e realmente irresistível, a um sinal, todos nós erguemos nossos dedos; a seguir, mantendo nossas mãos unidas pelos dedos mínimos e continuando a formar a corrente a alguns milímetros acima da mesa, continuamos nosso percurso circular. *Para nossa grande surpresa, a mesa também continuou o seu trajeto:* ela deu, assim, três ou quatro voltas!

Nós mal acreditávamos em tal êxito; as testemunhas da experiência não podiam deixar de bater palmas. E o que não foi menos extraordinário: obtivemos a rotação da mesa sem contato. Uma ou duas vezes a mesa deixou de nos acompanhar, porque os acidentes do nosso percurso tinham tirado nossos dedos de sua posição regular acima das bordas da mesa; uma ou duas vezes, se ouso assim me expressar, a mesa adquiriu vida, a partir do momento em que a corrente girante tinha novamente entrado em contado com ela. Todos nós tínhamos a sensação de que cada mão levara, por uma espécie de atração, a parte da mesa situada embaixo dela.

Sessão de 29 de setembro

Obviamente, estávamos impacientes para submeter a uma nova prova a rotação sem contato. Na confusão do primeiro sucesso, não tínhamos pensado nem em repetir nem em variar essa experiência decisiva. Depois, refletimos sobre o assunto. Sentimos que seria importante refazer a experiência com mais cuidado e em presença de novas testemunhas e que seria importante, sobretudo, produzir o movimento em vez de continuá-lo, produzindo-o sob forma de levitações em vez de nos limitarmos às rotações.

Era esse o programa da reunião de 29 de setembro. Nunca, até então, qualquer programa fora mais exatamente executado.

Preliminarmente, nós recomeçamos pelo que tinha sido obtido no dia 24. Enquanto a mesa girava rapidamente, as mãos dos experimentadores tinham se desprendido continuaram a girar sobre ela, formando a corrente. A mesa acompanhou o movimento, ora realizando uma ou duas voltas, ora uma meia-volta ou apenas um quarto de volta. O sucesso, mais ou menos demorado, era indubitável. Várias vezes isso foi constatado.

Mas, podíamos dizer que, já estando em movimento, a mesa conservava um determinado impulso ao qual ela obedecia mecanicamente, embora imaginássemos que ela obedecia à nossa força fluídica. A objeção era absurda, e teríamos desafiado qualquer um a obter um único quarto de volta sem formar a corrente, qualquer que fosse a velocidade de rotação transmitida. Sobretudo, teríamos desafiado qualquer pessoa a retomar o movimento suspenso por um instante. Entretanto, em tais casos, é conveniente prevenir mesmo as objeções absurdas, por pouco que elas sejam plausíveis. E essa objeção, em particular, poderia parecer plausível aos olhos de qualquer homem desatento. Era imperativo, portanto, que conseguíssemos produzir a rotação, partindo do estado de repouso completo.

Foi o que nós fizemos. Estando a mesa tão imóvel quanto nós estávamos, a corrente de mãos se separou dela e começou a girar lentamente a, aproximadamente, um centímetro acima de suas bordas. Em um instante, a mesa fez um ligeiro movimento, e como cada um de nós tentava atrair, por meio de sua vontade, a parte situada sob nossos dedos, conseguimos arrastar o tampo atrás de nós. As coisas se passaram, a seguir, como no caso precedente; houve tamanha dificuldade para manter a corrente no ar sem rompê-la, sem afastá-la das bordas da mesa, sem ir muito depressa e assim suprimir a relação estabelecida, que, muitas vezes, acontecia de a rotação parar depois de uma volta ou de uma meia-volta.

As Forças Naturais Desconhecidas

Entretanto, por vezes, ela se prolongava durante três ou mesmo quatro voltas.

Esperávamos obter mais obstáculos ainda, quando fosse a vez do levantamento sem contato. Ora, aconteceu exatamente o contrário, e isso pode ser explicado porque nesse caso não há movimento circular, e é muito mais fácil manter a posição normal das mãos na mesa. A corrente foi então formada a alguns milímetros do tampo da mesa e nós ordenamos a uma das pernas que se erguesse, e ela nos obedeceu.

Estávamos eufóricos. Essa bela experiência foi repetida muitas vezes. Nós ordenamos à mesa, sem tocá-la, igualmente, se elevar e resistir às testemunhas, que precisavam fazer força para levá-la de volta ao chão. Nós lhe ordenamos que caísse totalmente de ponta-cabeça e ela caiu com as pernas para o ar, embora nossos dedos estivessem sempre separados dela e a tivessem precedido na distância convencionada.

Tais foram os resultados essenciais dessa reunião. Eles são tantos que eu hesito em mencionar, paralelamente, incidentes de uma importância secundária.

Somente direi, de passagem, que a sessão, no início, tinha sido muito desencorajadora; que não apenas foi necessário que afastássemos alguns dos novos operadores, como também vários dos antigos que estavam desprovidos de seu entusiasmo habitual. A mesa obedecia mal; as pancadas eram desferidas molemente e como com relutância; a reprodução dos números que pensávamos não se operava. Então, tomamos uma decisão que foi muito acertada: nós insistimos e insistimos alegremente: cantamos, fizemos a mesa dançar, afastamos do pensamento as novas tentativas e insistimos nas operações fáceis e divertidas. Após certo tempo, as disposições tinham mudado; a mesa dava saltos e mal esperava nossas ordens: estávamos em condições de tentar as coisas sérias.

Sessão de 7 de outubro

A reunião foi longa e muito cansativa. Ela foi especialmente dedicada a testar diversos mecanismos que não obtiveram nenhum resultado: aros de metal, molduras de talagarça ou de papel colocadas acima da mesa, pratos giratórios, teclas com molas. Seja porque a visão dos objetos em questão suprimisse a emissão do fluido nos operadores, seja porque os próprios objetos suprimissem a circulação do fluido na mesa, seja, enfim, porque as condições naturais do fenômeno foram perturbadas de alguma outra forma, o certo é que os resultados foram nulos ou contestáveis.

Apenas uma experiência nova obteve êxito. Um prato giratório sobre um pivô sustentava uma tina. Após tê-la enchido de água, dois operadores e eu mergulhamos aí nossas mãos, Formamos a corrente, começamos a girar, evitando tocar a tina. Esta não tardou a também se por em movimento. A mesma coisa foi feita várias vezes seguidas.

Como poderíamos ter suposto que o impulso dado à água seria suficiente para colocar em movimento uma tina tão móvel, procedemos, imediatamente, à contraprova. A água foi agitada circularmente, e com muito mais rapidez do que quando nós formávamos a corrente; mas a tina não se mexeu. Resta saber, certamente, se um de nós três tocou a parece interna da tina, podendo, assim determinar seu movimento. A isso eu respondo, primeiramente, que o modo pelo qual nossas mãos tinham mergulhado na água, provava obviamente que nenhum dos nossos dedos poderia, materialmente, atingir o fundo; em segundo lugar, tomando o cuidado de formar a corrente no centro, não seria menos difícil que entrássemos em contato com as paredes verticais da tina.

Entretanto, não sendo a dúvida totalmente inadmissível, eu coloco essa experiência junto com aquelas de que não pretendo fazer qualquer uso. Quero mostrar como sou exigente em matéria de provas.

A prova fornecida pela reprodução, por meio de pancadas, dos números pensados sempre me pareceu uma das mais sólidas. Na sessão que estou descrevendo, houve de particular o fato de que cada um dos dez operadores, sucessivamente, recebeu a comunicação, por escrito, de um algarismo, sendo que os outros estavam de olhos fechados. Apenas um, dos dez, não obteve uma obediência perfeita da perna da mesa que lhe tinha sido indicada por testemunhas muito desconfiadas. Se meus leitores quiserem refletir cuidadosamente sobre isso, verão que as combinações de movimentos realizados e de fraudes que tal resultado exigiria, ultrapassariam em muito o círculo das coisas admissíveis.

A objeção precisa inventar um prodígio bem mais surpreendente que o nosso.
Voltemos, agora, à demonstração por excelência, aquela da levitação sem contato. Nós começamos por realizá-la três vezes. Depois, como pensamos que a vigilância das testemunhas se exerceria de uma maneira mais segura sobre uma pequena mesa do que sobre uma grande, e sobre cinco operadores do que sobre dez, trouxemos uma mesinha redonda de pinho, que a corrente reduzida à metade bastou para colocar em rotação. Então, as mãos foram levantadas, e *tendo cessado todo o contato com a mesa, ela ergueu-se no ar sete vezes*, sob nosso comando.

Sessão de 08 de outubro

Dois fatos vieram confirmar nossos resultados precedentes.

Entre os números pensados, a malícia de uma testemunha havia colocado um zero, e a perna que ela indicara para responder estava à esquerda do operador, fora do alcance de sua ação muscular. Ora, o comando tinha sido dado para a perna, sem resultar em nenhum movimento. Estávamos todos desolados, convencidos de que nossa impotência naquele dia era tão grande que não iríamos obter nem mesmo uma simples levitação. Eu afirmo enfaticamente que se, por acaso, alguma vibração tivesse sido provocada pelos experimentadores que estavam diante da perna, ela teria aparecido naquele momento. Nossos nervos estavam exaltados e nossa impaciência era imensa. Entretanto, nenhuma oscilação ocorreu e ficamos muito aliviados quando soubemos que o número comunicado tinha sido o zero.

O movimento sem contato foi realizado duas vezes.

À nossa experiência da mesa que dava pancadas carregando um homem, haviam objetado que esse homem poderia ter ajudado o seu movimento e até tê-lo, em parte, provocado. Decididos a pesquisar seriamente a verdade, reconhecemos certa plausibilidade nessa objeção e decidimos a fazer-lhe justiça. O ser vivo, inteligente (e, consequentemente, suspeito), devia ser substituído por um peso inerte; retortas cheias de areia deviam ser colocadas exatamente no centro da mesa, intimada, então, a mostrar sua perícia.

Mas o dia tinha sido mal escolhido. Depois de termos posto, uma sobre a outra, duas tinas que pesavam, no total, 65 quilos, descobrimos que éramos incapazes de produzir as levitações. Devíamo-nos contentar com o prosseguimento dos movimentos circulares. Retiramos as tinas, a mesa moveu-se, e as tinas, recolocadas durante o movimento, de modo algum o fizeram cessar. Elas giraram com tanta força, que a areia voou por todos os lados.

O resto da sessão foi consagrado a novas experiências sobre a pretensa adivinhação.

Quando pedíamos à mesa para adivinhar uma coisa conhecida por um dos membros da corrente, com muita frequência e muito naturalmente, ela adivinhava. É a operação dos números pensados, sem qualquer diferença. Quando pedíamos à mesa para adivinhar uma coisa que era conhecida por um dos assistentes que não fazia parte da corrente, algumas vezes ela adivinhava. Isso ocorria quando a pessoa em questão era dotada de uma grande força fluídica e podia exercê-la à distância. Não obtivemos nada parecido, mas outras pessoas conseguiram e seu testemunho parece-nos muito bem estabelecido para ser posto em dúvida.

Até o presente, como podemos ver, nenhum traço de adivinhação. É a ação fluídica, próxima ou à distância. Se as mesas adivinham, se elas pensam, se nisso tudo há a presença de Espíritos, deveríamos obter respostas concludentes no caso de ninguém conhecer os fatos, nem na corrente nem fora dela. Ora, com o problema assim colocado, sua solução não é difícil.

Peguem um livro, mas não o abram. Peçam à mesa para que leia a primeira linha da página que vocês escolherem, da página 162 ou da página 354, por exemplo. A mesa não recuará. Por meio de pancadas, ela comporá as palavras. Pelo menos, foi assim que ela sempre agiu conosco. De qualquer forma, uma coisa é certa: é que nem aqui, nem em outra parte; nem no presente momento, nem mais tarde, nenhum Espírito, por mais astuto que seja, não leu, nem lerá essa mera linha. Eu recomendo a experiência aos partidários das evocações. Quanto às avelãs, às moedas que a bolsa contém, às horas, às cartas de baralho, as mesas se conformam exatamente ao cálculo das probabilidades, adivinhando tanto quanto vocês, quanto eu. Como se trata de números baixos, dos quais fazemos uma ideia aproximativa, o círculo de combinações possíveis é muito pouco extenso; a mente se detém sobre um algarismo que tem, passavelmente, chances de ser verdadeiro; a proporção entre os erros da mesa e seus acertos é, nesse caso, exatamente o que ela seria fora de qualquer adivinhação milagrosa.

Sessão de 9 de novembro

Antes de entrar no relato dessa sessão, a mais notável de todas, eu direi que o termômetro e a bússola também não forneceram a mínima indicação interessante. Pensei ser meu dever observar esse fato, de passagem, para mostrar aos leitores que não negligenciamos o emprego de instrumentos que poderiam, talvez, colocar-nos no caminho de uma explicação científica. Em geral, eu silenciaria sobre esses fatos, bem como sobre os diversos testes que permaneceram em estado de teste e não nos conduziram a nada de positivo.

Nosso primeiro cuidado foi o de repetir a experiência do levantamento de um peso inerte. Dessa vez, combinamos que sempre iríamos começar pela imobilidade absoluta: queríamos produzir o movimento e não continuá-lo.

Então, tendo o centro da mesa sido fixado com precisão, uma primeira tina cheia de areia e pesando 21 quilos foi aí colocada. *As pernas levantaram-se facilmente a partir do momento que a ordem lhes foi dada.*

A seguir, colocamos uma segunda tina, pesando 19 quilos, sobre o centro da primeira. *Ambas se levantaram,* com menos facilidade, mas bem nitidamente.

Então, uma terceira tina, menor, e pesando 13 quilos, foi colocada sobre as duas primeiras. *As levitações aconteceram.*

Também tínhamos preparado enormes pedras que pesavam, juntas, 22 quilos. Elas foram colocadas sobre a terceira tina. Após bem longas hesitações, *a mesa levantou sucessivamente,* várias vezes, *cada uma das suas três pernas,* com uma força, uma decisão e uma vivacidade que nos surpreenderam. Mas sua solidez, já submetida a tantas provas, não pôde resistir dessa vez. Vergando sob a oscilação aplicada àquela massa total de 75 quilos, *ela quebrou-se subitamente,* e sua coluna maciça fendeu-se de cima a baixo, colocando em risco

os operadores que estavam no mesmo lado em que a carga inteira desmoronou.
Não me detenho a comentar tal experiência. Ela responde a todas as perguntas. Nossa força muscular não teria sido suficiente para determinar os movimentos que ocorreram. Um peso inerte e livre de suspeita de complacência substituíra a pessoa da qual haviam suspeitado de cumplicidade. Enfim, como as três pernas se elevaram, uma de cada vez, não restava mais o recurso de insinuarem que tínhamos colocado mais peso de um lado do que do outro.
Como nossa pobre mesa tinha sido ferida no campo de honra e não podendo ser curada imediatamente, pegamos uma nova mesa muito parecida com ela. No entanto, ela era um pouco maior e um pouco mais leve.
Restava saber se éramos obrigados a esperar que ela fosse carregada de fluido. A ocasião era perfeita para resolver um problema importante: onde reside o fluido? Nos operadores ou no móvel? A solução era tão imediata quanto decisiva. Mal nossas mãos que formavam a corrente tinham sido colocadas sobre a segunda mesa, ela girou com a mais imprevista e cômica rapidez. Evidentemente, o fluido estava em nós, e éramos livres para aplicá-lo sucessivamente em diversas mesas.
Não perdemos tempo. Nas condições em que nos encontrávamos, os movimentos sem contato deveriam ter mais êxito do que nunca. Não nos enganamos ao fazer tal suposição.
As rotações sem contato inicialmente se operaram, em número de cinco ou seis.
Quanto às levitações sem contato, nós encontramos um procedimento que tornava o seu sucesso mais fácil. A corrente, formada a alguns milímetros acima do tampo da mesa, coordena-se para andar no sentido em que o movimento deve ocorrer; as mãos mais próximas da perna convocada a elevar-se ficavam fora do tampo, aproximavam-se do mesmo e o ultrapassavam gradualmente, enquanto as mãos colocadas frente a frente e que inicialmente tinham avançado em direção à mesma perna, afastaram-se dela, atraindo-a. Foi durante essa progressão da corrente, enquanto todas as vontades estavam voltadas para um determinado nó da madeira e que as ordens de levantamento foram proferidas com força, que a perna deixou o chão e que o tampo seguiu

as mãos, a ponto de cair, se nós não o segurássemos. Essa *levitação sem contato* reproduziu-se, aproximadamente, trinta vezes. Nós a executamos sucessivamente com cada uma das três pernas, a fim de abolir qualquer pretexto para a crítica. Além disso, nós vigiamos as mãos com uma atenção escrupulosa. Se o leitor quiser notar que essa vigilância foi exercida durante trinta operações sem que o mínimo contato tenha sido percebido, penso que ele concluirá que a realidade do fenômeno está, doravante, colocada acima de qualquer contestação razoável.

Sessão de 21 de novembro

O que caracterizou essa sessão foi a ausência da pessoa que, entre todos nós, possuía a maior autoridade sobre a mesa.[2] Operando sem ela, ficamos em condições de constatar duas coisas: a primeira, é que não podemos nos privar impunemente de um experimentador extraordinário; a segunda, todavia, é que, a rigor, podemos nos privar, e que o sucesso, embora menos brilhante, não é impossível. Eu peço especial atenção sobre esse ponto, assim como sobre as modificações frequentes do nosso pessoal, das pessoas desconfiadas que, não conhecendo o valor moral das pessoas em questão, estariam dispostas a atribuir às suas habilidades os resultados aos quais elas essencialmente contribuem.

O fenômeno tem uma natureza mista, sendo que uma postura determinada e um percurso circular não bastam absolutamente para fazê-lo surgir. Sobretudo e ainda, é preciso a vontade.

Finalmente, tendo nossa vontade se afirmado e a pressão muscular cedido lugar à pressão dos comandos, a rotação fluídica chegou depois de cinco ou seis minutos de concentração dos nossos pensamentos. Bem sentíamos que nos faltava alguém importante e que não possuíamos toda a nossa força habitual. Entretanto, estávamos decididos a obter êxito, mesmo a preço de uma maior fadiga mental.

Então, enfrentamos corajosamente a grande dificuldade, ou seja, os movimentos sem contato.

As rotações sem contato foram obtidas três vezes. Devo acrescentar que elas eram muito incompletas: um quarto de volta ou meia volta, no máximo.

---

2 Aquela que, logo depois, foi qualificada de *médium*.

Quanto às levitações sem contato, o sucesso foi mais decisivo, mas ele foi comprado a preço de um gasto de força extremamente considerável. Após cada levitação, éramos forçados a nos repousar, e quando atingimos nove levitações, fomos obrigados a parar, pois sucumbíamos ao cansaço. É preciso ter passado por tais experiências para sabermos o que elas exigem de atenção e de energia, a que ponto é indispensável desejarmos, desejarmos totalmente que o referido nó da madeira da mesa siga os dedos estendidos que o atraem à distância. De qualquer forma, nossa tentativa foi coroada de sucesso e podíamos encerrar a sessão com exercícios menos exaustivos.

Então, veio-nos a idéia de tentarmos com uma grande mesa de quatro pernas. Habitualmente, pensávamos que as mesinhas redondas de três pernas eram as únicas que se prestavam às nossas operações. Já era tempo de obtermos a prova demonstrativa do contrário. Dessa forma, pegamos uma mesa cujo diâmetro era de um metro e dezesseis centímetros, e da qual uma metade, independente da perna que a suportava quando ela era puxada, dobrava-se à vontade.

Mal nossos dedos se colocaram sobre ela, ela iniciou, com grande barulho, uma rotação cuja velocidade surpreendia-nos. Ela mostrava, assim, que as mesas de quatro pernas não eram mais rebeldes do que as outras. Além disso, ela nos fornecia um novo argumento em favor de uma de nossas observações precedentes: o fluido estava nas pessoas e não nos móveis. Com efeito, o movimento se produzira quase imediatamente, e antes que a grande mesa pudesse ser considerada carregada. Tratava-se, a seguir, de fazer com que suas diversas pernas produzissem pancadas. Começamos pelas que aderiam a uma das metades do tampo (no caso, eram três). Elas se erguiam, duas a duas, com tamanha força que passado um momento, uma das rodinhas voava em estilhaços.[3] Ora, é difícil para o leitor fazer uma idéia da intensidade que deveria ter adquirido a ação fraudulenta dos dedos para servir de alavanca a um móvel tão pesado e para lançá-lo àquela altura.

Restava a perna independente do tampo. Nós pensávamos que ela obedeceria tão bem quanto as outras. Pois bem! Não foi o que aconteceu. Em vão prodigalizamos

---

3 Foi a única mesa sobre rodinhas que os operadores usaram.

As Forças Naturais Desconhecidas

os mais veementes pedidos, mas ela nunca concordou em se erguer, seja na companhia de sua vizinha da direita, seja em companhia da sua vizinha da esquerda. Supusemos, então, que isso se devia às pessoas que se encontravam perto dela. Mudamos a respectiva posição dos membros da corrente. Esforços inúteis! Todas as combinações acabavam por fracassar sucessivamente. Já tirávamos grandes conclusões desse fato. Mas, como foi desmentido posteriormente, ou seja, como a perna rebelde obedeceu perfeitamente em outra reunião, não revelarei nossos raciocínios ao público, pedindo-lhe apenas que note duas coisas: em primeiro lugar, o cuidado que constantemente tivemos de verificar várias vezes as coisas antes de afirmá-las; em segundo lugar, a impossibilidade de recorrer às explicações relativas à ação muscular. Essa ação era exercida tão facilmente para erguer o pé independente quanto para erguer os pés colados; e, entretanto, por uma razão desconhecida, mas, evidentemente, estranha às leis da mecânica, apenas as duas últimas concordaram em se mover.

Sessão de 27 de novembro

Todos nós estávamos presentes, mas dois ou três operadores estavam ligeiramente indispostos. Em suma, qualquer que fosse a causa, a reunião não teve quase nada digno de nota, a não ser a ausência quase total de força fluídica. Em um só momento, tivemos um pouco dessa força. Meia-hora de ação e duas horas e meia de inércia, eis nosso balanço.

Nada era mais lamentável e, ao mesmo tempo, mais curioso do que nos ver ao redor de diversas mesas, passando de uma a outra, ordenando-lhe as coisas mais elementares, e não podendo obter senão uma rotação enfraquecida, que por si só acabava por interromper-se inteiramente.

Sessão de 2 de dezembro

Eu teria ficado aborrecido de encerrar meu relato com uma lembrança tão pouco brilhante. Por felicidade, o último dos nossos relatórios me dá o direito de deixar ao leitor uma impressão bem diferente.

Nós estávamos bem dispostos, talvez devido ao bom tempo, e não foi a única vez que reparei nesse pormenor. O que é certo, é que as mesmas pessoas que, no dia 27 de novembro, não haviam obtido senão uma meia-hora de sucesso e tinham passado o resto da sessão a solicitar em vão pobres rotações fracassadas ou pancadas enfraquecidas, na presente sessão governavam a mesa com uma autoridade, uma presteza e, se ouso dizer, uma facilidade de ação que não deixavam nada a desejar.

A grande mesa de quatro pernas foi colocada em movimento, e dessa vez, a facilidade com a qual a perna não colada ergueu sua parte do tampo provou que estávamos certos de não tirar da sua recusa anterior conclusões muito definitivas.

Cada vez que procurávamos erguer sem contato a parte da mesa mais afastada de mim, eu sentia a perna da mesa da qual eu era vizinho aproximar-se gradualmente e apoiar-se à minha perna. Impressionado com esse fato, que se repetiu várias vezes, conclui que a mesa *deslizava para frente*, não possuindo força suficiente para elevar-se. Portanto, exercíamos sobre aquele grande móvel uma ação sensível, sem tocá-lo de nenhum modo. A fim de melhor me assegurar sobre isso, deixei a corrente e observei o movimento das pernas da mesa no assoalho. Ele variava entre alguns milímetros e vários centímetros. A seguir, tendo tentado dobrar, sem contato, a parte móvel de uma mesa de jogo, coberta com um pano, obtivemos o mesmo resultado. O tampo não cedia à nossa influência; mas a mesa inteira avançava na direção do movimento ordenado. Ora, devo acrescentar que o deslizamento estava longe de ser fácil, pois o assoalho da nossa sala de experiências era desigual e rugoso.

É interessante notar aqui o momento em que o movimento iniciava-se ordinariamente. Ele ocorria precisamente no mesmo momento em que a levitação sem contato acontecia, quando ela se operava. Quando a parte da corrente que empurrava acabava de ultrapassar a borda do tampo onde ela vira, e quando a parte da corrente que empurrava acabava de cruzar o meio dessa recessão, então se manifestava ou o movimento ascendente, ou, na sua falta, *o deslizamento*. Nossa força fluídica alcançava, portanto, o seu ponto máximo, exatamente no momento em que nossa força mecânica alcançava o seu ponto mínimo, quando as mãos que empurravam deixavam de poder agir (supondo-se um caso de fraude) e quando as mãos que puxavam ainda não podiam agir. Mas voltemos à nossa mesa habitual. Nós tentamos produzir rotações e levitações sem contato e obtivemos pleno êxito.

Tais relatórios têm mais valor do que todas as dissertações. Eles mostram a inegável realidade da levitação, não total, mas parcial, da mesa que permanecia na posição oblíqua, sustentada por apenas duas pernas. Eles também mostram as rotações e as levitações *sem contato*, assim como os deslizamentos sob a influência de uma força natural desconhecida.

Levitações da mesa pesada, carregando, além do mais, um homem pesando 87 quilos, ou tinas cheias de areia e pedras pesando 75 quilos. Não podemos admitir nenhuma contestação dessas observações.

O mesmo é verdadeiro para os movimentos da mesa dançando de acordo com o ritmo de certas árias, de suas quedas, de sua obediência às ordens dadas. Esses fatos foram observados precisamente como os fatos mecânicos, físicos, químicos, meteorológicos e astronômicos foram observados.

A esses relatórios, acrescentarei ainda uma experiência suplementar descrita no prefácio do livro do conde de Gasparin.

Alguns eminentes cientistas aos quais eu tinha comunicado os resultados obtidos, concordaram em me responder que as levitações sem contato teriam caráter de prova totalmente confirmada, se conseguíssemos constatá-las por meio de um procedimento material. Eles me disseram:
– Espalhem farinha sobre a mesa no momento em que suas mãos se separarem dela. A seguir, produzam uma ou mais levitações. Finalmente, certifiquem-se de que sobre a camada de farinha não há qualquer traço de toques, e não haverá mais nenhuma palavra de objeção.
Pois bem, essa era precisamente a experiência que várias vezes havíamos realizado com sucesso. Permitam-me citar alguns pormenores:
Nossas primeiras tentativas foram um fracasso. Nós

utilizamos uma peneira de malhas largas que devíamos passar sobre toda a mesa. Isso tinha um duplo inconveniente: em primeiro lugar, termos que suspendê-la durante muito tempo e, consequentemente, anular a ação dos operadores e, em segundo lugar, o fato de precisarmos espalhar uma camada de farinha muito mais espessa. O arrebatamento das vontades tinha arrefecido, a ação fluídica prejudicada, o tampo esfriara, nada funcionava. O efeito foi tal que a mesa não apenas nos recusava as levitações e as rotações sem contato, como também quase nos recusava as levitações e as rotações ordinárias.

Então, um de nós teve uma ideia luminosa. Possuíamos um desses foles utilizados para sulfurar as vinhas atacadas pelo oídio. No lugar de flor de enxofre, colocamos farinha, e recomeçamos a operação.

As condições eram as mais favoráveis. O tempo estava quente e seco, a mesa saltava sob nossos dedos, e até mesmo antes que a ordem de levantar as mãos fosse dada, a maioria já havia deixado espontaneamente de tocar o tampo. Então, o comando soou, a corrente inteira separou-se da mesa e, ao mesmo tempo, o fole recobriu-a totalmente com uma leve nuvem de farinha. Nem um segundo fora perdido; a levitação sem contato já acontecera e, para não deixar nenhuma dúvida, isso se repetiu três vezes seguidas.

Isso feito, a mesa foi escrupulosamente examinada: *nenhum dedo a tocara nem absolutamente a roçara.*

O medo de roçar sem querer a farinha era tão grande, que as mãos tinham agido fluidicamente a uma altura muito mais considerável do que nas sessões anteriores. Cada um de nós pensara que não poderia se afastar muito, e essas mãos tão afastadas do tampo não puderam recorrer a nenhuma manobra, a nenhum dos passes dos quais tínhamos feito uso das outras vezes. Permanecendo em seu lugar, acima do móvel que deveria ser erguido, a corrente havia conservado sua forma; ela apenas moveu-se ligeiramente no sentido do movimento que ela produzira à distância.

Devo acrescentar, finalmente, que não nos contentamos com uma única experiência. Sempre, logo após várias levitações sucessivas, uma inspeção cuidadosa mostrou que a nuvem de farinha, da qual não escapara nenhuma porção do tampo da mesa, continuava perfeitamente intacta.

Como veremos a seguir, o próprio autor analisa os resultados registrados nesses relatórios:

> Os fenômenos observados se confirmam e se elucidam. As grandes mesas de quatro pernas competem com as mesas de três pernas. Os pesos inertes substituem as pessoas suspeitas de ajudar o móvel encarregado de erguê-las. Por sua vez, a grande descoberta finalmente acontece. Iniciamos os movimentos continuando sem contato; acabamos por produzi-los; conseguimos até criar, de algum modo, o processo para que tais fatos extraordinários se manifestem, às vezes, em séries ininterruptas de quinze ou de trinta. Os deslizamentos acabam por deixar explícito um dos lados da ação exercida à distância; eles demonstram que ela é incapaz de erguer a mesa e capaz de arrastá-la.
>
> Tal é o breve histórico dos nossos progressos. Por si só ele constitui uma prova sólida, cujo exame eu recomendo aos homens sérios. Não é assim que o erro procede. As ilusões originadas por acaso não resistem, assim, a um longo estudo, e não atravessam toda uma série de experiências que se justificam cada vez mais.
>
> A reprodução dos números pensados e o equilíbrio de forças merecem uma consideração especial.
>
> Quando, à exceção de um, todos os operadores ignoram completamente o número que deverá ser reproduzido por meio de pancadas, a execução (se ela não for fluídica) deve proceder ou da pessoa que sabe o número e que fornece, ao mesmo tempo, o movimento e a parada, ou de uma relação que se estabelece instintivamente entre essa pessoa que determina a parada e seus vis-à-vis que fornecem o movimento. Examinemos ambas as hipóteses.
>
> A primeira é insustentável, pois no caso em que escolhemos uma perna sobre a qual o operador que conhece o número não pode exercer nenhuma ação muscular, a perna, assim designada, não se ergue ao seu comando.
>
> A segunda é insustentável, pois, no caso em que o número indicado é o zero, o movimento que deveria acontecer não acontece. E bem mais, se colocarmos em confronto duas pessoas situadas nos dois lados opostos da mesa e encarregadas de obterem a reprodução de dois números, o operador mais forte obtém a execução do número principal, embora o que está sentado à sua

250 Camille Flammarion

frente esteja interessado não somente em não lhe fornecer os últimos movimentos, como também em pará-los. Eu sei que esse assunto de adivinhação de números pensados não tem boa reputação. Falta-lhe certo estilo pedante e científico. Entretanto, não hesitei em insistir nele, pois há poucas experiências nas quais se manifesta melhor o *caráter misto* do fenômeno, a força física desenvolvida e aplicada fora de nós pelo efeito de nossa vontade. Como tal fato provoca um grande escândalo, não quero me envergonhar disso. Aliás, continuo sustentando que tudo isso é tão científico como qualquer outra coisa. A verdadeira ciência não está ligada ao emprego de tal procedimento ou de tal instrumento. Aquilo que um fluidímetro poderia mostrar não seria mais cientificamente demonstrado do que aquilo que é visto pelos olhos e apreciado pela razão.

Entretanto, avancemos. Ainda não chegamos ao fim de nossas provas. Há uma que particularmente me impressionou: é a prova derivada de nossos fracassos.

Alguns asseveram que os movimentos são produzidos pela ação dos nossos músculos, por nossa pressão involuntária! Ora, eis os mesmos operadores que, ontem, obtinham da mesa a realização de todos os seus caprichos; seus músculos continuam tão fortes, sua animação continua tão grande, sua vontade de conseguir talvez esteja ainda mais viva e, entretanto, nada! Absolutamente nada! Uma hora inteira se passará sem que a mínima rotação se manifeste ou, se houver rotação, as levitações são impossíveis. O pouco que a mesa executa, é executado fracamente, miseravelmente, e como se fosse com relutância. Repito mais uma vez: os músculos não mudaram. Qual o motivo dessa incapacidade súbita? A causa permanecendo a mesma, o que leva o efeito a variar a esse ponto?

– Ah! – dirão – é que o senhor está falando de pressões involuntárias, e não fala nada sobre as pressões voluntárias, da fraude, em resumo. Não está percebendo que os trapaceiros podem assistir a uma sessão e faltar a outra, que eles podem agir um dia e não se dar ao trabalho de agirem no dia seguinte?

Responderei de maneira muito simples, e por meio de fatos. Os trapaceiros estão ausentes quando não conseguimos! Mas já aconteceu, muitas vezes, de o nosso pessoal ter permanecido completamente inalterado. As mesmas pessoas, absolutamente as mesmas, passaram de um estado de poder extraordinário a um estado de impotência relativa. E isso não é tudo. Se não existe nenhum operador cuja presença tenha sempre nos preservado dos fracassos, tampouco existe algum cuja ausência nos tenha tornado incapazes de obter o sucesso. Com e sem cada um dos membros da corrente, nós conseguimos executar todas as experiências, todas, sem exceção. Os trapaceiros não se incomodariam tanto todos os dias. O incômodo seria grande, realmente, e aqueles que supõem a existência de fraude não podem imaginar a que prodígios eles recorrem. A acusação é um absurdo que beira a estupidez e sua estupidez acaba com o seu veneno. Não nos ofendemos com essas coisas. Mas enfim, admitamos por um momento que Valleyres esteja povoada com os discípulos de Bosco,[4] que, geralmente, a prestidigitação seja praticada aqui, e que, durante cinco meses, ela tenha sido realizada diante dos nossos olhos, diante dos olhos de numerosas e desconfiadas testemunhas, sem que uma única perfídia tenha sido notada. Nós escondemos tão bem nosso jogo, que inventamos uma telegrafia secreta para as experiências de leitura dos números pensados, um gesto de dedo particular para mover as mais enormes massas, um método para levantar gradualmente as mesas que parecemos não tocar. Somos todos mentirosos; todos, pois faz muito tempo que nos vigiamos reciprocamente e que não denunciamos ninguém. E tem mais, o contágio dos nossos vícios é tão rápido que, logo que admitimos um estranho, uma testemunha hostil na nossa corrente, ele se torna nosso cúmplice; ele fecha voluntariamente os olhos às transmissões de sinais, aos esforços musculares, aos movimentos suspeitos repetidos e prolongados dos seus vizinhos! Pois bem, mesmo supondo que estamos de acordo com tudo isso, nós não teremos feito algum progresso no assunto. Resta a ser explicado por que os trapaceiros às vezes não fazem nada no exato momento em que eles teriam mais interesse em obter êxito. Já aconteceu, realmente, de determinada sessão, em que tínhamos muitas testemunhas e grande desejo de convencê-las, ter sido uma sessão medíocre e, outra, ao contrário, nas mesmas condições, ter sido brilhante.

---

4 N. da T. – Giovanni Bosco, padre italiano, conhecido por sua ação pedagógica entre os jovens, fazia uso da prestidigitação com o objetivo de ganhar almas.

Eis, pois, desigualdades reais e consideráveis. E ainda ousam nos falar de ação muscular ou de fraude! A fraude e a ação muscular! Eis uma ótima ocasião para colocá-las à prova. Acabamos de colocar um peso sobre a mesa. Esse peso é inerte e não pode se prestar a nada. Talvez a fraude esteja em toda parte, mas ela não está dentro das tinas com areia. Esse peso é igualmente repartido entre as três pernas da mesa e elas vão prová-lo erguendo-se, uma de cada vez. A carga total é de 75 quilos e mal ousamos aumentá-la, pois ela bastou para, um dia, quebrar nossa mais sólida mesa. Pois bem! Vamos tentar mover esse peso. Já que a ação muscular e a fraude podem explicar tudo, será fácil colocar a massa em movimento! Ora, elas não conseguem: os dedos se crispam e as falanges se embranquecem sem obterem uma levitação, ao passo que alguns momentos depois as levitações acontecerão sob os mesmos dedos que roçarão delicadamente o tampo e não farão nenhum esforço, como será fácil de verificar.

Certas medidas científicas muito engenhosas, de cuja invenção eu não tenho o mérito, permitiram-nos traduzir em algarismos o esforço que a rotação ou a levitação da mesa carregada exige. Com esse último peso, a rotação é obtida por meio de uma tração lateral de aproximadamente oito quilos, enquanto a levitação só é obtida por uma pressão perpendicular de, no mínimo, 60 quilos (que, no entanto, reduziremos a 50, se assim o desejarem, supondo que a pressão não seja absolutamente vertical). Disso, várias deduções foram feitas. Em primeiro lugar, a ação muscular pode levar a mesa a girar, mas ela não pode erguê-la. Com efeito, os dez operadores têm 100 dedos aplicados sobre o tampo. Ora, a pressão vertical ou quase vertical de cada dedo não poderia ultrapassar, em média, 300 gramas, com a corrente composta da forma que se apresenta. Eles exercem, portanto, apenas uma pressão total de 30.000 gramas ou de 30 quilos, bem insuficiente para operar a levitação.

Em segundo lugar, acontece algo de surpreendente, ou seja, o fenômeno cuja ação muscular poderia facilmente produzir é precisamente aquele que mais raramente e mais dificilmente obtemos, e o fenômeno cuja ação muscular não ocorre é aquele que mais habitualmente se realiza quando formamos a corrente. Por que nosso impulso involuntário não faria sempre a mesa girar? Por que nossa fraude não tentaria sempre obter tal triunfo? Por que, ordinariamente, só conseguimos operar o que é mecanicamente impossível? Eu aconselho às pessoas que fazem questão de ridicularizar as mesas girantes, a não as investigarem minuciosamente e, sobretudo, a não dar muita atenção à nossa última prova, a dos movimentos sem contato, porque ela não deixará o mínimo pretexto para a incredulidade. Assim o fato está estabelecido. Múltiplas experiências, diversas e irrefutáveis provas unidas, aliás, pela mais estreita solidariedade, dão à ação fluídica uma credibilidade total. Os que tiveram a paciência de me acompanharem até aqui, terão sentido suas desconfianças progressivamente desaparecerem e sua fé no novo fenômeno afirmar-se progressivamente. Eles terão constatado a mesma coisa que nós constatamos, pois ninguém mais do que nós opôs dificuldades às mesas girantes, ninguém se mostrou mais curioso e mais exigente a seu respeito.

Não temos culpa se os resultados foram concludentes (e cada vez mais), se eles se confirmaram reciprocamente, se eles acabaram por tomar corpo e por adquirir um caráter de perfeita evidência. Estudar, comparar, recomeçar e recomeçar ainda, excluir, enfim, tudo o que permanecia contestável de alguma forma, eis o que era o nosso dever. Não deixamos de realizar isso. Aqui eu não afirmo nada que não tenha constatado repetidas vezes.

Foram essas as memoráveis experiências do conde de Gasparin, cujo valor será apreciado por todos os leitores. Fiz questão de reproduzir esses relatórios tão cuidadosos, porque eles estabelecem, por seu lado, *a realidade absoluta e inegável desses movimentos contrários à lei da gravidade*. O conde de Gasparin expõe, a seguir, suas hipóteses explicativas.

O leitor deve ter notado o cuidado que eu tive para me restringir à constatação dos fatos, sem aventurar nenhuma teoria explicativa. Se eu empreguei a palavra *fluido* foi para evitar as perífrases. O rigor científico teria exigido que eu sempre escrevesse "o fluido, a força, ou qualquer agente físico". Espero ser perdoado por ter sido um pouco menos exato na minha linguagem. Bastava que meu pensamento fosse perfeitamente claro. Se há um fluido propriamente dito, eu não posso absolutamente afirmar. Afirmo que há um agente e que esse agente *não é sobrenatural*, que ele é *físico* e que transmite aos objetos físicos os movimentos que nossa vontade determina.

Nossa vontade, como eu já disse. E ela é, de fato, a observação fundamental que nós fizemos a respeito desse agente; é o que o caracteriza e é, também, o que o compromete aos olhos de muitas pessoas. Talvez possamos nos resignar a um novo agente, se ele fosse o produto necessário e exclusivo das mãos que formam a corrente, se certas posições ou certas ações garantissem sua manifestação. Mas não é o que acontece: o mental e o físico devem se combinar para que ele nasça. Há mãos que se esgotam para formar a corrente e que não obtêm nenhum movimento; a vontade não interveio. É uma vontade que comanda em vão; as mãos não se colocaram em uma posição conveniente.

Nós evidenciamos esses dois lados do fenômeno.

Notamos outro fato que deve entrar na descrição do agente físico em questão. Ele é inerente às pessoas e não à mesa. Se os operadores, quando estiverem em comunicação, se colocarem ao redor de uma nova mesa, imediatamente eles exercerão sobre ela toda a sua autoridade; sua vontade continuará a dispor do agente físico e se servirá dele para reproduzir, por meio de pancadas, os números pensados ou para operar os movimentos sem contato.

Tais são os fatos. A explicação virá mais tarde.

Entretanto, é bem natural procurá-la desde agora e elaborar hipóteses, não como verdadeiras, mas ao menos como possíveis. Eu me arrisquei e não me arrependo. Não era preciso provar aos adversários que eles não tinham nem mesmo o pretexto de uma impossibilidade científica? As hipóteses têm sua legitimidade e sua utilidade, mesmo se forem inexatas. Se elas forem admissíveis em si, já basta, pois isso defende os fatos aos quais elas se aplicam contra a acusação de monstruosidade. Os críticos não têm mais o direito de exigir a questão prévia.

Vendo que essa questão era exigida de todas as partes, arrisquei-me a dizer o seguinte:

Vocês pretendem que nossas asserções são falsas pela simples razão de que elas *não podem* ser verdadeiras! Pois bem, permitam-me propor ao acaso algumas suposições. Suponham, primeiramente, que vocês não sabem tudo, que a natureza moral e a própria natureza material apresentam obscuridades para vocês. Suponham que a menor erva que cresce em um campo, que o menor grão que reproduz sua planta e que o menor membro que se move sob a ordem que vocês lhes dão, encerram mistérios que ultrapassam o alcance das academias, os quais elas considerariam absurdos se não fossem compelidas a reconhecê-los como reais. Suponham a seguir, que homens que desejam fazer isso e cujas mãos estão em comunicação de certa forma, *geram um fluido* ou uma força particular. Não estou pedindo que admitam que tal força exista; só que concordem comigo que ela é possível. Não há lei natural que se oponha a ela, que eu saiba.

Agora, avancemos mais um passo. A vontade dispõe desse fluido. Ele apenas dá impulso aos objetos externos quando assim o desejamos, e nas partes que queremos. O impossível estaria aqui? É inaudito o fato de transmitirmos um movimento à matéria que está fora de nós? Mas fazemos isso a cada dia, a cada instante e nossa ação mecânica não é outra coisa. O horrível é, sem dúvida, o fato de não agirmos mecanicamente! Mas a ação mecânica não é a única ação neste mundo. Há outras fontes físicas de movimento além da ação mecânica. O calórico que penetra num corpo, nele produz uma dilatação, ou seja, um movimento universal; o ímã colocado perto de um pedaço de ferro o atrai e o faz transpor a distância.

Sim, vocês responderão, não teríamos nada a objetar, contanto que o seu pretenso fluido não obedeça a uma direção no seu percurso. Se ele seguisse em frente, em força cega, perfeito! Ele seria semelhante ao calórico que dilata tudo o que se encontra no seu caminho; ele seria semelhante ao imã que atrai indiscriminadamente e a um ponto único todas as partículas de ferros situadas nas suas vizinhanças. Vocês inventam uma teoria do fluido rotativo e essa teoria lembra perfeitamente a explicação das propriedades soporíficas do ópio. Seria impossível enganar-se mais completamente sobre as coisas. Ninguém imaginou um "fluido rotativo".

Contentamo-nos em afirmar que quanto o fluido emite e imprime um impulso ou uma atração lateral a um móvel que se apoia sobre pernas, uma lei de mecânica muito simples transforma a ação lateral em rotação. Eu não estou dizendo: "as mesas giram porque meu fluido é rotativo", mas eu digo: "as mesas giram porque, quando recebem um impulso ou sofrem uma atração, elas não podem não girar". É um pouco menos ingênuo. Consequentemente, ninguém me obrigaria a tomar a meu cargo a causa daquele pobre aspirante a médico do *Doente Imaginário* e defender sua famosa resposta: *Opium facit dormire, quia est in eo virtus dormitiva* (O ópio faz dormir porque possui uma virtude dormitiva). Entretanto, é mais forte do que eu, devo confessar, eu acho a resposta excelente. Duvido que os cientistas tenham encontrado uma melhor desde então, e eu os aconselho a se resignarem a raciocinar, algumas vezes, assim: O ópio faz dormir porque ele faz dormir; as coisas são porque elas são. Em outras palavras, eu vejo os fatos e não sei as causas, eu ignoro. Eu ignoro! Expressão terrível que temos dificuldade em pronunciar! Ora, desconfio muito que a malícia de Molière foi dirigida aos doutores que, pretendendo tudo compreender, imaginam explicações que nada explicam e não sabem aceitar os fatos enquanto esperam uma explicação melhor.

Mas ainda não terminamos. A hipótese do fluido (mera hipótese, não esqueçamos) precisa ainda provar que ela é conciliável com as diversas circunstâncias do fenômeno. A mesa não apenas gira, ela ergue as pernas, ela reproduz, por meio de pancadas, os números mentalmente indicados para ela, ela obedece, em uma palavra, à vontade, e obedece-lhe tão bem que a supressão do contato não suprime sua obediência. O impulso ou a atração lateral, que explica as rotações, não poderia explicar as levitações!

Mas por quê? Porque a vontade dirige o fluido tanto a uma perna quanto a qualquer outra. Porque, de alguma maneira, a mesa se identifica conosco, torna-se um de nossos membros e opera os movimentos pensados por nós da mesma forma que nosso braço o faria. Porque nós não temos consciência da direção transmitida ao fluido e porque nós governamos a mesa, mesmo sem imaginarmos que qualquer fluido ou força esteja em ação.

Em todos os nossos atos, em todos, sem exceção, nós

não temos consciência da direção transmitida por nossa vontade. Quando vocês tiverem me explicado como ergo a mão, eu explicarei como eu faço com que a perna da mesa se erga. Eu quis erguer a mão! Sim, e eu também quis erguer essa perna da mesa. Quanto à execução, quanto à entrada em ação dos músculos necessários ao primeiro ato, eu não tenho nenhuma consciência do que se passa em mim a respeito disso. Estranho mistério, que deveria nos inspirar um pouco de modéstia! Há em mim um poder executivo, um poder que, quando desejei esse ou aquele movimento, dirigiu as ordens detalhadas aos diferentes músculos e fez executar cem movimentos complicados para levar ao resultado final que é meramente pensado e meramente desejado: isso se opera em mim e nada compreendo e nunca compreenderei nada disso! Vocês não admitiriam que o mesmo poder executivo pode indicar ao fluido as direções que ele indica aos músculos? Eu quis executar uma sonata, e alguma coisa em mim, sem meu conhecimento, comandou centenas de milhares de ações musculares. Eu quis que essa perna da mesa se erguesse, e alguma coisa em mim, sem meu conhecimento, comandou as atrações ou impulsos do fluido para o local designado.

A hipótese do fluido é, portanto, sustentável. Ela está de acordo com a natureza das coisas e com a natureza do homem. Não tenho a pretensão de ir mais longe e dar, a partir de agora, uma explicação definitiva. Mas eu estou tranquilo. Uma vez admitidos os fatos, as explicações não tardarão a surgir. Então, o que parece impossível parecerá muito simples. Às coisas incontestáveis não apresentamos obstáculos. Somos feitos de tal maneira que, passando de um extremo ao outro, depois de termos proclamado ser impossível tudo o que não compreendíamos, declaramos ser compreensível tudo o que reconhecemos como real. Só encontramos pessoas que dão de ombros quando lhes falamos sobre as mesas girantes e que, a seguir, acham muito simples o fato de o circuito do telégrafo elétrico terminar, infalivelmente seu ciclo através da terra em uma fração de minuto, ou que as semelhanças físicas e mentais se transmitam dos pais para os filhos! O fenômeno das mesas não poderia escapar da sorte comum: absurdo hoje, evidente amanhã.

Essas experiências do conde de Gasparin e de seu grupo

são conhecidas há mais de meio século e é realmente incompreensível que o próprio fato da levitação das mesas e de seus movimentos continue a ser negado. Se as mesas às vezes são leves, é preciso reconhecer que a espécie humana é realmente uma raça um pouco pesada.

Quanto à teoria, à hipótese do fluido... *felix qui potuit rerum cognoscere causas* (feliz o homem que pode conhecer a causa das coisas). Voltaremos ao assunto no capítulo sobre as teorias explicativas. Mas é incontestável que *nós agimos, nessas experiências, por meio de uma força que emana de nós*. É preciso ser cego para não admitir isso.

Após uma série de experiências tão admiravelmente conduzidas, podemos entender porque o autor tenha se permitido a rir um pouco dos opositores tendenciosos. Terminando este capítulo, não posso resistir de citar o conde de Gasparin a respeito das refutações de Babinet[5] e de seus êmulos do Instituto:

> Os cientistas não são os únicos a ter sua dignidade. Eu também tenho a minha e tenho orgulho de pensar que um certificado assinado por mim não será considerado por ninguém como um produto de impostura, nem de leviandade. Todos sabem que tenho o hábito de pesar minhas palavras; todos sabem que amo a verdade e que não a sacrificaria a nenhuma consideração. Todos sabem que sempre preferirei reconhecer um erro a persistir nele e que, quando, após um longo exame, eu persisto com uma convicção mais profunda e mais firme, ninguém se enganará sobre o alcance da minha declaração.
>
> Eu responderei, a seguir, que o testemunho dos olhos tem, em minha opinião, um valor científico. Independentemente dos instrumentos e dos números, aos quais dou grande valor, eu penso que a visão pode servir. Penso que ela também é um instrumento. Se uma quantidade conveniente de bons pares de olhos constatou dez, vinte, cem vezes que uma mesa foi colocada em movimento sem contato; se ainda por cima, a explicação do fato por meio de fraudulentos ou involuntários contatos ultrapassa os limites nos quais se encontra forçosamente a incredulidade, a conclusão é clara. Ninguém está autorizado a protestar: "Vocês não possuem

---

5 N. da T. – Jacques Babinet, físico e astrônomo francês.

fluidímetro, nem alambique; vocês não colocam o seu agente físico dentro da garrafa; vocês não descrevem sua ação sobre uma coluna de mercúrio ou sobre a inclinação de uma agulha. Nós não acreditamos em vocês, porque vocês não fizeram nada além de ver!". Eu não acredito em vocês, pois vocês nada fazem além de ver! Eu não acredito em vocês, porque eu mesmo não vi! Tantos sábios, tantas objeções. Eles não se preocupam nem um pouco de entrarem de acordo entre si; para eles, se for contra as mesas, tudo é válido.

Não posso esquecer que os cientistas só falavam de rotações no momento em que Faraday inventou seus discos. Em presença de um fenômeno tão inadequado e, admitamos, tão suspeito, podemos entender porque os cientistas mostraram-se tão céticos e se contentaram com refutações pouco sólidas. Eles proporcionaram suas armas de acordo com a aparência do inimigo. Aquele que entre eles mostrou mais penetração e que propôs a explicação mais plausível foi, seguramente, o senhor Chevreul.[6] Sua teoria sobre a tendência ao movimento é incontestavelmente verdadeira. Ela basta para explicar como os objetos que suspendemos com nosso dedo acabam por adquirir uma vibração no sentido indicado por nossa vontade. Eu não me surpreendo que algumas pessoas tenham pensado que essa teoria era também suficiente para explicar como os experimentadores terminavam por conseguir proporcionar uma rotação à mesa e por participarem eles próprios do movimento. Não preciso acrescentar que os levantamentos de peso e os movimentos sem contato não permitem, ainda, que recorramos a uma explicação semelhante. Todas as tendências ao movimento reunidas não produzirão sequer um impulso à distância, nem farão mover uma massa que a ação mecânica não seria capaz de fazer mover.

Os cientistas não deveriam tornar públicas essas explicações que nada explicam. Eles deveriam começar a trabalhar e mostrar-nos, de fato, como fazer para erguer direta e mecanicamente um peso de 100 quilos sem nele aplicar uma força de 100 quilos.

Mas eles preferem insultar e, a seguir, inventar uma teoria qualquer, cujo único defeito é o de não se sustentar. O recente artigo do senhor Babinet na *Revue des Deux Mondes* é a obra-prima do gênero. Se eu precisasse ser

---
6 N. da T. – Michel-Eugène Chevreul – químico francês.

convencido da realidade do fenômeno das mesas, seguramente eu o seria pela leitura de semelhante refutação. Na opinião do senhor Babinet, esse fenômeno não oferece nenhuma dificuldade. Feliz física! Feliz mecânica que possui resposta para tudo! Nós, pobres ignorantes, pensávamos que tínhamos detectado alguma coisa extraordinária e não sabíamos que obedecíamos às duas leis mais elementares do mundo, a lei dos movimentos inconscientes e, sobretudo, à lei dos movimentos nascentes, movimentos cujo poder parece ultrapassar o dos movimentos desenvolvidos. Quanto aos movimentos inconscientes, o senhor Babinet nada acrescenta às explicações anteriores, nada que a história daquele lorde (um lorde Inglês, segundo ele), cujo cavalo era tão admiravelmente adestrado que parecia que bastava que se pensasse no movimento que ele deveria executar, para que ele o realizasse imediatamente. Estou perfeitamente convencido, como o senhor Babinet, que o lorde em questão dava um impulso sobre a rédea sem perceber, e não estou menos convencido de que os experimentadores cujas mãos tocam uma mesa possam exercer uma pressão da qual eles não têm consciência. Penso, apenas, que entre a causa e o efeito deve haver alguma proporção. Mesmo que os movimentos sejam inconscientes, eles não serão mais fortes por isso. Resta-nos, pois, provar que os mesmos dedos que se retesando não conseguem erguer um peso de 40 quilos, conseguirão erguer o dobro desse peso, apenas pelo fato de não terem consciência do esforço que estão fazendo. Meu honrado e sábio oponente não deseja que lhe falemos dos movimentos obtidos sem contato. "Devemos relegar ao campo da ficção tudo o que foi dito sobre ações exercidas à distância". A sentença é sumária. Os movimentos sem contato são uma ficção, primeiramente porque eles são impossíveis, e depois, porque o talco em pó impediu a rotação de uma mesa e, finalmente, porque o movimento perpétuo não poderia existir.
Os movimentos à distância são impossíveis! Para se ater à lógica estrita, o senhor Babinet deveria parar por aí e lembrar-se da resposta dada por Henrique IV aos magistrados que assim tinham iniciado a sua arenga:
– Não disparamos a salva de canhão à aproximação de Sua Majestade, e isso por três bons motivos. Em primeiro lugar, porque não tínhamos canhões...
– Esse motivo já basta, respondeu o rei.

Somos levados a acreditar que o próprio senhor Babinet duvida um pouco de sua "impossibilidade". Quanto a isso, ele agiu sabiamente, pois essa pretensa impossibilidade repousa inteiramente em um círculo vicioso. "Existe um único exemplo de movimento produzido sem a ação de uma força externa? Não. Ora, o movimento à distância se operaria sem a ação de uma força externa, portanto o movimento à distância é impossível".

Realmente, sinto vontade de dizer ao senhor Babinet, em linguagem didática, que sua premissa maior é verdadeira e que sua conclusão seria legítima se sua premissa menor não fosse pura e simplesmente uma petição de princípio. O senhor pretende que não há força exterior atuando na mesa que se ergue sem contato das mãos. Mas é precisamente o que é debatido entre nós. Um fluido é uma força externa ativa. Na verdade, é cômodo começar estabelecendo esse axioma. Não existe fluido (ou agente físico análogo), para acrescentar: *logo* não há efeito produzido.

Os cientistas, tais como Faraday, Babinet etc. não se limitam às objeções derivadas dos movimentos nascentes ou inconscientes, pequenas causas que produzem grandes efeitos; eles têm ainda outro método de procedimento. Se uma experiência deu certo, ela não tem mais qualquer valor. Oh, se conseguirmos obter o mesmo êxito em outra experiência, tanto melhor! O que não impede que, uma vez operada, a nova experiência se torne, por sua vez, insignificante e ceda lugar a novo *desiderato*. Eis mais ou menos como eles se expressariam:

>Vocês estão fazendo tais e tais coisas. Isso é ótimo, mas façam uma coisa diferente. Vocês empregam tais ou tais procedimentos, queiram contentar-se como aqueles que lhe prescrevemos. Obter êxito à sua maneira, não é obter êxito, é preciso obter êxito à nossa maneira. A maneira de vocês não é científica, ela contraria as tradições. Fecharemos a porta aos fatos se eles não estiverem de acordo com os princípios estabelecidos. Nem prestaremos atenção às suas experiências se nossos aparelhos experimentais não figurarem nelas.

Estranha maneira de constatar o resultado das experiências! Eles iniciam mudando as condições em que elas se produzem. Seria a mesma coisa se disséssemos ao homem que viu a colheita de cevada ser realizada em janeiro, no Alto Egito: "Eu acreditarei nisso quando a mesma coisa for feita diante dos meus olhos na Borgonha". Nesse caso, trata-se, naturalmente, da dúvida que sempre surge diante de um relato de viagem. Mas as experiências têm um caráter diferente. Em presença de fatos tão evidentes, é quase inacreditável que queiram impor-nos instrumentos, agulhas e dispositivos mecânicos.

Introduzir os *já que* e os *portanto* em uma pesquisa em que a natureza real do agente é um mistério para todo o mundo!

Os testes de refutação não são estudos e, normalmente, é exatamente o contrário. Quando pessoas que nada viram, que não dedicaram às experiências nenhuma porção considerável de sua energia e do seu tempo, que talvez não tenham assistido senão a algumas rotações de mesinhas redondas ridículas, pegam sua pena e se põem a expor teorias ou a censurar os experimentadores, eu não penso que elas estejam estudando.

Acredito que as pessoas nunca estudam realmente o que elas declaram ser estúpido *a priori*. Se os ataques são estudos, então os estudos não faltam e, acrescento ainda, que eles nunca faltarão. Na época em que a Academia de Medicina enterrava o relatório do senhor Husson[7] e proclamava o que todo mundo na Europa persistiu em chamar de recusa de exame, todas as manhãs aparecia um artigo contra o magnetismo; todas as manhãs declaravam que os partidários do magnetismo eram imbecis, e propunham sistemas explicativos.

Se vocês chamam a isso de estudar, hei de convir que nós estudamos as mesas girantes, pois não lhes pouparam nem injúrias, nem teorias. Elas receberam toda a atenção possível, salvo o favor de olhar, experimentar, escutar e ler.

Duas vezes, a um mês de distância, o Instituto anunciou (sem o protesto de ninguém) aos experimentadores que estava arquivando as comunicações relativas às mesas; que não era obrigado a se ocupar com besteiras, que tinha um lugar reservado às elucubrações dessa natureza, ou seja, o lugar para onde vão os artigos sobre o movimento perpétuo.

Oh, Molière! Por que você não está aqui? Mas na re-

---

[7] N. da T. - Henri-Marie Husson, médico francês.

alidade, você está aqui. Seu gênio marcou com traços indeléveis essa eterna doença das corporações especiais: o desdém aos leigos, o respeito aos colegas, a idolatria aos antigos. Doença estranha que se reproduz em todos os séculos, sob todas as formas e no seio de todos os ramos da atividade humana, ora em nome da religião, ora em nome da medicina, ora em nome da ciência ou da arte. Sim, mesmo através das revoluções, que nada poupam, mesmo entre as paredes das Academias que se associam ao grande movimento das inovações modernas, uma coisa permanecerá, o corporativismo, a tradição, a superstição das formas.

Podemos dizer, realmente, que se alastram um pouco por toda a parte juramentos que se assemelham à cerimônia do *Doente Imaginário*.

O senhor Foucault gosta muito dessa cena e, assim, ele não se incomodará que eu lhe lembre uma passagem:

Essere in omnibus
Consultationibus
Ancieni aviso.
Aut mauvaiso.
- Juro!
De non jamais te servire
De remediis alcunis
Quam de ceux seulement doctæ facultatis,
Maladus dut-il crevare,
Et mori de suo malo.
- Juro![8]

Se vocês não considerarem isso como uma recusa ao exame, eu não sei mais o que significam as palavras em bom francês.

Eis a espirituosa franqueza e a autoridade com que se expressava, em 1854, o conde Agenor de Gasparin. Parece-me que as experiências expostas neste livro mostram com evidência que os acontecimentos lhe deram razão.

Entretanto, ainda tenho amigos no Instituto que sorriem

---

8 N. da T. – Jura que em todas as consultas acatará a opinião dos mais velhos, seja ela boa ou má? – Juro. – Jura nunca fazer uso de nenhum remédio, exceto daqueles prescritos pela faculdade de medicina, mesmo que o paciente exploda e morra da sua própria doença? – Juro.

com um perfeito desdém quando lhe pedem a opinião sobre os fenômenos de levitação das mesas, os movimentos de objetos sem causa visível, os ruídos inexplicáveis nas casas assombradas, as comunicações de pensamento à distância, os sonhos premonitórios, as manifestações dos moribundos. Embora esses fatos inexplicáveis sejam inegavelmente constatados, esses doutos espíritos continuam convencidos de que "essas coisas são impossíveis".

Capítulo 7

As pesquisas do professor Thury

As explicações insuficientes de Chevreul e de Faraday, as negações científicas de Babinet e as experiências tão conscienciosas do conde de Gasparin tinham incentivado vários homens de ciência a estudar a questão sob o ponto de vista puramente científico. Entre eles encontrava-se um cientista de grande valor que visitei em Genebra, o senhor Marc Thury, professor de física e de astronomia da Academia daquela cidade. Devemos-lhe uma excelente e pouco conhecida dissertação.[1]

Em presença de fenômenos novos – escreve Thury – há apenas uma alternativa:

1º) Rejeitar, em nome do senso comum e dos resultados adquiridos pela ciência, todos os pretensos fenômenos das mesas, considerando-os brincadeiras infantis, indignas de ocupar as horas do verdadeiro cientista, porque seu absurdo é *a priori* evidente. Em resumo, abandonar o assunto, recusando-lhe a atenção séria que ele não merece.

2º) Ou então, mesmo assim examiná-lo, estudar os fatos pormenorizadamente, a fim de trazer à luz as causas de ilusão que enganam o público, separar o falso do verdadeiro e colocar em evidência todos os lados do fenômeno físico, fisiológico ou psicológico, a fim de que essa transparência superabundante não mais dê margem à dúvida.

---

1 *Les Tables tournantes*, consideradas do ponto de vista da questão de física geral a elas relacionadas. Genebra, 1855.

Como nem é preciso dizer, essa última alternativa foi a adotada por Thury, como também pelo conde de Gasparin, e a que ele considera como a única conveniente, eficaz e legítima.

A única força da ciência está na luz; ela não tem nenhum poder sobre o que ela deixa na sombra. Portanto, a questão é esta: o que se passa nos fenômenos das mesas é tão evidente que podemos tocar com o dedo as causas da ilusão, mostrando claramente que nele não há em jogo nenhum elemento desconhecido e novo?

Eu não acho – responde o professor genebrino – que tenhamos chegado a esse grau de evidência: quero apenas uma prova, explicações para aquilo que foi experimentado.

Portanto, se está bem estabelecido que a explicação comum não é evidente aos olhos de todos os homens inteligentes e sensatos, resta uma tarefa a ser executada, um dever para com a ciência, ou seja, elucidar completamente o fenômeno em questão, e essa tarefa não poderia ser trocada com aquela, mais fácil, de ironizar ou desdenhar aqueles que se afastaram do caminho que a ciência não quis esclarecer.

Os cientistas são, todavia, desculpáveis por não desejarem ir muito depressa, diremos nós, juntamente com Thury.

Como, pois! Uma força perturbadora que o organismo humano possuiria, uma força com capacidade para erguer mesas e que nunca teria causado a menor interferência nos milhares de experiências exatas que os físicos fazem diariamente em seus laboratórios! Suas balanças sensíveis a um décimo de miligrama, seus pêndulos cujas oscilações realizam-se com uma regularidade matemática, nunca sentiram a menor influência dessas forças cujo princípio está aí, presente, em toda parte onde há um homem e uma vontade. Ora, a vontade do físico sempre existe para que a experiência se desenvolva de acordo com as previsões da teoria.

E ainda, sem sairmos do organismo humano, que não pode mover a menor parte de si mesmo se essa parte for desprovida de músculos e nervos, e se um fio de cabelo de nossa cabeça é totalmente alheio às ordens de nossa vontade, como, com maior razão, o seriam os corpos inertes situados fora de nós!

Mas se existe uma inverossimilhança profunda, não podemos dizer que haja uma impossibilidade. Ninguém pode demonstrar *a priori* a impossibilidade dos fenômenos descritos, como demonstramos a impossibilidade do movimento perpétuo ou da quadratura do círculo. Ninguém, consequentemente, tem o direito de tratar como absurdos os testemunhos que viriam afirmá-los, e se esses testemunhos são prestados por homens judiciosos e verídicos, então vale a pena examiná-los. Se tivéssemos seguido esse caminho lógico e o único moralmente justo, o trabalho teria sido feito, e os cientistas teriam tido essa glória.

Thury começa examinando as experiências do conde de Gasparin, em Valleyres. Ele escreve:

> As experiências de Valleyres tendem a estabelecer os dois seguintes princípios:
> 1º) A vontade, em um determinado estado do organismo humano, pode agir à distância sobre os corpos inertes, por um meio diferente da ação muscular.
> 2º) O pensamento pode, nas mesmas condições, comunicar-se diretamente de um indivíduo a outro, de um modo inconsciente.
> Desse modo, como por muito tempo não conhecemos outros fatos que não fossem os de um movimento que se efetuava por meio do contato dos dedos, no sentido em que a ação mecânica era possível, os resultados das experiências com a mesa tiveram sempre uma interpretação difícil e duvidosa. Necessariamente eles deviam se fundamentar na apreciação da força mecânica exercida pelas mãos, comparada ao valor das resistências a serem vencidas. Mas a força mecânica das mãos é difícil de ser exatamente medida nas condições necessárias para que o fenômeno se produza.
> Além desses, havia dois partidos a tomar.
> a. Dispor os aparelhos de modo que o movimento que queremos produzir seja um daqueles que a ação mecânica dos dedos fosse incapaz de produzir.
> b. Operar os movimentos à distância, sem qualquer espécie de contato.
> Eis, em primeiro lugar, as primeiras experiências:
> a. *Tornar a ação mecânica impossível* – A primeira experiência tentada nessa linha produziu resultados totalmente negativos. Nós havíamos suspendido uma mesa com uma corda, que passava por duas polias fixa-

das no teto e terminava com um contrapeso. Era fácil, regulando-se esse contrapeso, equilibrar todo ou apenas uma fração menor ou maior do peso da mesa.

O equilíbrio tinha sido quase estabelecido e apenas uma das três pernas da mesa tocava o chão. Os operadores colocaram as mãos sobre o tampo. No início, agimos circularmente, preparação considerada eficaz nas experiências anteriores. Procuramos, a seguir, levantar a mesa, separando-a do chão, mas foi em vão: não obtivemos nenhum resultado positivo.

Já no ano passado, nós havíamos suspendido uma mesa a um dinamômetro, e os esforços dos quatro magnetizadores foram impotentes para aliviar o dinamômetro de uma fração considerável do peso do móvel.

Mas as condições essenciais para que o fenômeno se produza nos são ainda desconhecidas, e consequentemente, quando as experiências tentadas conduzem a resultados negativos, é preciso tentar outras experiências, sem se apressar muito em concluir. Foi assim que foram obtidos os resultados que vou descrever.

Experiência da mesa de balanço – Era preciso um aparelho em que a ação mecânica dos dedos fosse tornada impossível.

Com esse intuito, nós mandamos construir uma mesa redonda, que possuía um tampo de 0,84 m de diâmetro e uma perna central trifurcada em sua parte inferior. Essa mesa era quase parecida com aquela que havíamos utilizado até então, e podia girar como sua antecessora. Todavia, a nova mesa era suscetível de se transformar, em um instante, no aparelho que vou descrever.

A parte superior do tripé tornou-se o ponto de apoio de uma alavanca do primeiro tipo, que podia balançar livremente em um plano vertical. Essa alavanca, cujos dois braços eram iguais entre si e ao raio da mesa, sustentava em uma de suas extremidades o tampo segurado, pela borda, e na outra extremidade um contrapeso, que servia de equilíbrio ao tampo, mas que podia ser modificado à vontade. No centro inferior do tampo foi fixada uma perna que repousava no solo.

Após as rotações preliminares necessárias, a mesa foi colocada na sua segunda forma: o equilíbrio foi primeiramente estabelecido e, a seguir, retiramos um quarto de quilo do contrapeso; a força necessária para suspender a mesa pelo seu centro era então de 95 gramas e experiências prévias demonstraram que a aderência dos dedos dos operadores (o tampo era polido e não envernizado) e os efeitos possíveis de elasticidade formavam um total inferior a esse número. Entretanto, o tampo foi erguido pela ação dos dedos pousados ligeiramente em sua face superior, à distância da borda. Então, diminuímos o contrapeso; a dificuldade mecânica da elevação aumentou, mas, no entanto, a levitação ainda aconteceu. Diminuímos ainda e cada vez mais o contrapeso, até o limite que o aparelho não podia ultrapassar: a força necessária para levantar o tampo era, então, de 4,27 quilos e descarregamos 11 quilos do contrapeso, apesar disso, a levitação ainda ocorreu facilmente. Diminuímos gradualmente o número de operadores, de onze a seis; a dificuldade foi aumentando, todavia, seis operadores eram ainda suficientes; mas cinco não eram mais suficientes. Seis operadores erguendo 4,27 quilos: isso representava, em média, 0,74 quilos para cada operador. Possuíamos, então, no aparelho que acabei de descrever, um instrumento de medida.

b. Eis, agora, os movimentos operados sem contato.

A mesa com a qual fazíamos os testes dos quais fui testemunha tinha 82 centímetros de diâmetro e pesava 14 quilos. Uma força tangencial média de dois quilos, que podia chegar a três quilos, dependendo das irregularidades do piso, aplicada à borda do tampo, era necessária para produzir no móvel um movimento de rotação.

A quantidade de pessoas que agiam sobre essa mesa era, em geral, dez.

Para garantirmo-nos da ausência de qualquer contato, posicionávamos nossos olhos à altura do tampo, de modo a podermos ver a claridade entre nossos dedos e a superfície da mesa: os dedos se mantinham a aproximadamente um centímetro acima do tampo. Em geral, duas pessoas observavam ao mesmo tempo. Por exemplo: o senhor Edmond Boissier[2] observava as pernas da mesa, enquanto eu supervisionava o tampo; depois, nós trocávamos os papéis. Algumas vezes, duas pessoas colocavam-se nas extremidades de um mesmo diâmetro, uma em frente da outra, para observar o tampo. E, por diversas vezes, nós vimos a mesa se colocar em movimento sem que nos fosse possível surpreender o mínimo toque dos dedos. De acordo com meus cálculos,

---

2 N. da T.- Pierre Edmond Boissier, botânico, explorador e matemático suíço.

seria necessário o toque de 100 dedos ou a leve pressão de 30, ou duas mãos agindo voluntaria e fraudulentamente, para explicar mecanicamente os movimentos que nós observamos. Com mais frequência ainda, foram operadas oscilações sem contato, oscilações que provocavam, algumas vezes, a queda total do móvel. Para explicar mecanicamente esses efeitos, da maneira como nós o observamos, seria necessário admitir o toque involuntário de 84 dedos ou a leve pressão de 25, ou duas mãos agindo fraudulentamente, suposições que não são mais, absolutamente, admissíveis.

Entretanto, sempre sentimos que alguém poderia apresentar a objeção de que era difícil observar essas operações com precisão, estávamos sempre incumbindo o senhor de Gasparin de tornar solidário o contato dos dedos com algum efeito material. Daí nasceu a mais recente e a mais concludente de todas as experiências conhecidas. Uma leve camada de farinha foi espalhada sobre a mesa quase instantaneamente, com a ajuda de um fole para sulfurar as vinhas: a ação das mãos mantidas à distância arrastou o móvel; depois, inspecionamos a camada de farinha, que permanecera virgem, sem qualquer sinal de contato. Repetida várias vezes e em dias diferentes, a experiência sempre apresentou os mesmos resultados.

São esses os fatos principais que estabelecem a realidade do fenômeno. Thury aborda, a seguir, a mais difícil investigação das causas.

Sede da força – É possível que a força que produz os fenômenos seja uma força geral, telúrica, que é transmitida somente pelos operadores ou colocada em ação por eles; ou então, possivelmente, essa força reside nos próprios operadores.

Para resolver essa questão, mandamos construir um grande tampo sobre um eixo perfeitamente vertical. À volta desse tampo, havia quatro cadeiras, e uma mesa no centro. Quatro operadores, com experiência em ações nervomagnéticas, sentaram-se nessas cadeiras e, colocando suas mãos sobre a mesa que estava no centro, eles procuraram fazê-la mover-se não mecanicamente. Logo, com efeito, a mesa começou a mexer-se. Então, ela foi fixada no tampo girante por meio de três parafusos. O esforço exercido sobre essa mesa pelos quatro magnetizadores foi tamanho que, ao fim de três quartos de hora de experiência, a perna do móvel acabou se rompendo. Entretanto, o tampo móvel não girou. A força tangencial necessária para acionar mecanicamente o tampo vazio era apenas de alguns gramas; carregada com quatro operadores, ela era de 250 gramas aplicados a 0,73m do centro. Esse número teria sido muito menor se tivesse sido possível repartir uniformemente o peso dos operadores. O resultado dessa experiência (de 4 de junho de 1853) mostrou que a força que tende a fazer girar a mesa está nos indivíduos e não no chão, pois a ação exercida sobre a mesa tende a arrastar o tampo. Se, pois, o tampo permanece imóvel, é preciso que uma ação igual e contrária seja exercida pelos operadores. Portanto, é neles que reside o ponto de apoio e a sede da força. Se, ao contrário, essa força tivesse emanado total ou parcialmente do chão, se tivesse sido uma força imediatamente telúrica, o tampo teria girado, o esforço que a mesa exercia sobre ele não seria mais contrabalançado por uma reação igual proveniente dos indivíduos.

Condições de produção e de ação da força - Dissemos que as condições de produção da força não são ainda bem conhecidas. Por falta de leis precisas, indicaremos o que foi mais ou menos constatado sobre os três pontos seguintes:
a) Condições de ação relativas aos operadores;
b) Condições relativas aos objetos que devem ser movidos;
c) Condições relativas ao modo de ação dos operadores sobre os objetos que devem ser movidos.

A vontade. A primeira e mais indispensável condição, de acordo com o senhor de Gasparin, é a vontade daquele que opera. Diz ele: "Sem a vontade, não obtemos nada; formaríamos a corrente vinte e quatros horas seguidas, e não chegaríamos ao mais leve movimento". Mais adiante, o autor fala, é verdade, de movimentos inesperados, diferentes daqueles que a vontade ordena, mas é evidente que se trata, nesse caso, de uma combinação necessária dos movimentos ordenados e das resistências externas, sendo os movimentos efetivos a *resultante* dos movimentos que foram desejados e das forças de resistência desenvolvidas nos obstácu-

los externos: em suma, a vontade é, portanto, sempre o móbil primitivo.
Nada nas experiências de Valleyres autorizava-nos a acreditar que pudesse ser de outra forma. Mas também esse resultado puramente negativo, generalização provisória deduzida de um número limitado de experiências, não poderia invalidar os resultados de experiências contrárias, caso elas existissem. Em outros termos, a vontade pode ser comumente necessária, sem ser sempre. Da mesma forma, o contato é comumente necessário, e ele *sempre* o foi para um grande número de operadores, sem, todavia, dar a eles o direito de concluírem que o contato é a condição indispensável do fenômeno e que os resultados diferentes obtidos em Valleyres não passaram de ilusão ou erro.
Como se trata aqui de um ponto capital nessa questão, que nos seja permitido relatar com alguns pormenores fatos que parecem contrários à tese defendida pelo senhor de Gasparin. Esses fatos têm como garantia o testemunho de um homem cujo nome eu gostaria de poder citar porque sua ciência e seu caráter são conhecidos por todos e foi em sua casa e sob os seus olhos que ocorreram os fatos que vou narrar.
Na época em que todos se divertiam fazendo as mesas girarem e falarem, ou conduzindo sobre o papel lápis fixados em suportes para velas, as crianças da casa, várias vezes, se distraíram com essa brincadeira. Primeiramente, as respostas obtidas foram tais que se poderia ver nelas um reflexo do pensamento inconsciente dos operadores, "sonho dos operadores acordados". Logo, entretanto, o caráter dessas respostas pareceu mudar: o que elas manifestavam parecia mais dificilmente ter saído da alma dos jovens interrogadores. Finalmente, houve tamanha oposição às ordens dadas, que o senhor N., inseguro sobre a verdadeira natureza daquelas manifestações em que *parecia* surgir uma vontade diferente da vontade humana, proibiu que elas fossem novamente provocadas. A partir dessa data, os suportes de vela e a mesa não foram mais perturbados.
Mal se passara uma semana após o término dessas manifestações, quando uma criança da casa, aquela que anteriormente executava com mais êxito as experiências da mesa, tornou-se o ator ou o instrumento de fenômenos estranhos. Essa criança estava em uma aula

de piano, quando um ruído surdo ressoou no instrumento que *tremeu e foi deslocado* de tal forma que o aluno e a professora fecharam-no rapidamente e abandonaram a sala. No dia seguinte, o senhor N., avisado do que se passara, foi assistir à aula que se realizava no mesmo horário, ao cair da noite. Passados cinco a dez minutos, ele ouviu do interior do piano sair um ruído difícil de ser definido, mas que era muito semelhante ao que devia produzir um instrumento de música; ele possuía algo de musical e de metálico. Logo depois, *as duas pernas anteriores do* piano, que pesava mais de 300 quilos, se ergueram um pouco. O senhor N. colocou-se a uma das extremidades do instrumento que ele tentava levantar. Ora o piano possuía seu peso normal, que ultrapassava o limite das forças do senhor N., ora ele produzia o efeito de não possuir mais nenhum peso e não opunha mais qualquer resistência. Como os ruídos interiores tornavam-se cada vez mais intensos, eles resolveram encerrar a aula, temendo que o piano pudesse sofrer algum dano. Transferiram a aula para a manhã seguinte e para outra sala situada no andar térreo. Os mesmos fenômenos se produziram e o piano, que era mais leve do que o outro, elevava-se muito mais (ou seja, vários centímetros). O senhor N. e um rapaz de dezenove anos tentaram, com todas as suas forças, exercer, juntos, uma resistência sobre os ângulos que se erguiam. Ora sua resistência era inútil e o instrumento continuava a se elevar, ora o tamborete no qual a criança estava sentada recuava em grande velocidade.
Se tais fatos tivessem ocorrido apenas uma vez, poderíamos crer em alguma ilusão da criança ou das pessoas ali presentes; mas eles se repetiram inúmeras vezes e durante quinze dias seguidos, em presença de diversas testemunhas. Então, certo dia, uma manifestação violenta se produziu, e desde então nenhum fato extraordinário ocorreu na casa. Primeiramente, foram de manhã e à tarde que essas perturbações ocorreram; depois, a qualquer hora, constantemente, todas as vezes que a criança se punha ao piano, após cinco ou dez minutos que ele começava a tocar. Isso só acontecia àquela criança, embora lá houvesse outros músicos, e isso lhe acontecia independentemente do piano em que estivesse.
Nós vimos esses instrumentos: o menor, que se encontrava no térreo, era um piano horizontal e retangular.

De acordo com nossas medidas, para operar o levantamento que ocorreu, seria necessária uma força de aproximadamente 75 quilos aplicada na borda da caixa, abaixo do teclado. O instrumento do primeiro andar era um pesado piano Erard, de cinco barras, pesando, juntamente com a caixa na qual foi enviado, 370 quilos, de acordo com a declaração de expedição que tivemos diante os olhos. Segundo nossas medidas aproximativas, seria necessário um esforço de 200 quilos para erguer esse piano, nas mesmas condições que o primeiro. Nós não pensamos que alguém esteja tentado a atribuir ao esforço muscular direto de uma criança de onze anos o levantamento de um peso de 200 quilos.[3] Uma senhora, que tinha explicado o efeito produzido pela ação dos joelhos, passou a mão entre a borda do piano e os joelhos da criança e pôde assim convencer-se de que sua explicação não tinha fundamento; mesmo quando a própria criança pôs-se de joelhos sobre o tamborete para tocar, não viu cessar as perturbações que ela temia.

Essas constatações do professor Thury são ao mesmo tempo precisas e formidáveis. Dois pianos que se erguem do chão e que saltam! Que coisa! O que é preciso, pois, aos físicos, aos químicos, aos sábios do funcionalismo oficial, para despertar seu torpor, sacudir suas orelhas, abrir seus olhos, excitar sua nobre e farisaica indolência?

Entretanto, ninguém se preocupa com o problema colocado, além de raros pesquisadores, libertos do medo do ridículo, sabendo o que vale a raça humana, no particular e no geral.

Mas escutemos ainda o narrador. A seguir, ele discute a explicação pela "vontade".

A criança – escreve ele – *queria o que se produziu* como deveríamos admitir pela teoria do senhor de Gasparin? Segundo o testemunho dela, que consideramos

---

[3] A *força dinâmica* necessária para operar esse levantamento, admitindo-se que ela tenha sido produzida e acumulada durante o período precedente de 5 a 10 minutos em que a criança tocou o instrumento, não poderia ultrapassar, por outro lado, o limite das forças da criança, ficando, até mesmo, abaixo. Em geral, nos fenômenos das mesas, a força despendida, se a julgarmos pelo grau de fadiga dos operadores, ultrapassa muito a que seria necessária para produzir mecanicamente os mesmos efeitos. Portanto, não há a esse respeito nenhuma razão para admitirmos a intervenção de uma força estranha (THURY).

totalmente verdadeiro, ela não queria. Ela parecia visivelmente contrariada com essas coisas, que perturbariam seus hábitos de assiduidade às suas aulas e seus gostos de regularidade e de ordem, bem conhecidos por seus próximos. Nossa convicção pessoal é que não poderíamos absolutamente admitir, por parte dessa criança, uma vontade consciente, um propósito decidido de produzir aqueles fenômenos estranhos. Mas sabemos que, por vezes, nosso ser se desdobra, conversa consigo mesmo (como nos sonhos), deseja inconscientemente o que ele não quer, e que entre a vontade e o desejo há somente diferença de mais ou de menos. Seria preciso recorrer a explicações desse gênero, talvez muito sutis, para adaptar esses fatos à teoria do senhor de Gasparin, e ainda seria necessário modificar e ampliar essas explicações, admitindo que o *desejo, mesmo inconsciente,* é suficiente na falta da vontade expressa. Portanto, sobre esse ponto essencial há motivo para dúvida: é a única dedução que queremos tirar dos fatos que relatamos.

Essa levitação equivalente a um esforço de 200 quilos tem seu valor científico. Mas como a vontade, consciente ou inconsciente, ergueria um móvel com tal peso? Por uma força desconhecida que estamos bem longe de admitir.

Ação prévia - A força desenvolve-se pela ação. As rotações preparam as oscilações e as levitações. As rotações e as oscilações com contato parecem desenvolver a força necessária para operar as rotações e as oscilações sem contato. Por sua vez, as rotações e as oscilações sem contato preparam a produção das verdadeiras levitações, como as da mesa de balanço; e as pessoas que despertaram em si essa força latente estão mais aptas a chamá-la novamente.

Há, portanto, uma preparação gradual necessária ao menos para a maioria dos operadores. Essa operação consistiria em uma modificação ocorrida no operador ou no corpo inerte sobre o qual ele age, ou em ambos? A fim de resolver esse problema, operadores que tinham praticado com uma mesa, foram para outra mesa, sobre a qual eles reencontraram toda a força de sua ação. A preparação consiste, portanto, em uma modificação ocorrida nos indivíduos e não em um corpo inerte.[4] Essa modificação advinda nos indivíduos dissi-

---

4 Nas primeiras tentativas de Thury, oito pessoas permaneceram de pé durante

pa-se bem rapidamente, sobretudo quando a corrente dos operadores é interrompida.

Disposições internas dos operadores - É somente depois de um determinado tempo de espera que os operadores, que não agiram previamente, determinam o movimento mais fácil, ou seja, o da rotação com contato. É ao longo desse tempo que a força ou as condições de manifestação da força se desenvolvem: a partir de então, a força desenvolvida só tem que aumentar. Portanto, é muito importante considerarmos o que se passa nesse momento de espera. Nós já sabemos que são os operadores que se modificam: mas o que se passa neles? É preciso que seja exercida uma ação particular no organismo, ação para a qual a intervenção da vontade é ordinariamente necessária. Essa ação, esse trabalho é acompanhado de uma determinada fadiga, ele não se realiza de uma maneira igualmente fácil ou rápida em todos os operadores; há mesmo pessoas (o autor avalia que seja uma em dez), nas quais parece que ele não pode se produzir.

Em meio a essa grande diversidade, observamos que crianças "se fazem obedecer como pessoas adultas", contudo as crianças não magnetizam. Assim, embora vários fatos pareçam estabelecer que, frequentemente, os magnetizadores possuem um poder enérgico sobre as mesas, não podemos admitir a identidade entre o poder magnetizador e a ação sobre as mesas, pois um não é a medida do outro. Apenas a força magnetizadora constituiria ou suporia uma condição favorável.

Uma vontade simples e firme, a inspiração, o entusiasmo; a concentração dos pensamentos no trabalho a ser realizado, um bom estado de saúde, talvez a ação física de girar ao redor da mesa. E também, tudo o que pode contribuir para a unidade de vontade entre os operadores. É nesse sentido que as ordens pronunciadas com força e a autoridade são eficazes.

As mesas – diz o senhor de Gasparin – "querem ser seguradas alegremente, lestamente, com entusiasmo e confiança; elas querem, no início, exercícios divertidos e fáceis. Só governamos firmemente a mesa com as con-

---

uma hora e meia, e depois sentadas ao redor de uma mesa, sem obter o mínimo movimento. Dois ou três dias depois, na sua segunda tentativa, as mesmas pessoas, após dez minutos de espera, faziam uma mesinha redonda girar. Finalmente, em 04 de maio de 1853, na terceira ou quarta tentativa, as mesas mais pesadas agitaram-se quase imediatamente.

dições de, em primeiro lugar, termos boa saúde e, em segundo, sermos confiantes".

Por outro lado, entre as circunstâncias desfavoráveis, devemos contar com um estado de tensão nervosa, o cansaço; excesso de paixão; uma mente ansiosa, preocupada ou distraída. O senhor de Gasparin continua, em sua linguagem metafórica:

> As mesas detestam as pessoas que se aborrecem, seja contra elas, seja em seu favor. Logo que eu demonstrava muito interesse, eu deixava de ser obedecido. Se me acontecesse de desejar com muita força o sucesso e de me impacientar, em caso de demora, eu não tinha mais alguma ação sobre a mesa. Se elas encontram preocupações ou excitações nervosas, ficam de mau humor. Suscetíveis, ansiosos... não fazemos nada que valha. Em meio a distrações, conversas, brincadeiras, os operadores perdem infalivelmente toda a sua força.

Chega de experiências de salão.
Devemos acreditar? Não é necessário, mas a confiança no resultado dispõe favoravelmente a uma força maior. Não basta acreditar: há pessoas crédulas e de boa vontade, cuja ação é completamente nula.
A força muscular ou a suscetibilidade nervosa não parecem ter nenhum papel.
As condições meteorológicas pareceram ter alguma influência, provavelmente agindo sobre o físico e a mente dos operadores. Assim, o bom tempo, um tempo seco e quente, mas não um calor sufocante, age favoravelmente. A influência particularmente eficaz do calor seco sobre a superfície da mesa[5] talvez receba uma explicação diferente.
Ação muscular inconsciente produzida durante um estado nervoso particular – Durante todo o tempo em que não conhecíamos outros fatos além da produção dos movimentos com contato, nos quais o movimento observado era um daqueles que a ação muscular podia produzir, explicações baseadas na hipótese da ação in-

---
5 Nas provas difíceis, quando elas eram realizadas nos dias frios, estendíamos sobre a mesa uma coberta quente, que era retirada no momento da experiência, e os próprios operadores, antes de agirem, deixavam, por um momento, suas mãos estendidas à frente de um fogareiro.

consciente dos músculos eram, certamente, suficientes e bem mais prováveis do que todas as outras explicações que tinham sido propostas até então.

Sob esse ponto de vista, inteiramente fisiológico, estabelecemos que é preciso distinguir o esforço exercido por um músculo da consciência que temos desse esforço. Devemos lembrar que no organismo humano existe uma grande quantidade de músculos que exercem habitualmente esforços consideráveis, sem que tenhamos a mínima consciência desses esforços. Mostramos que existem músculos cujas contrações são perceptíveis por nós em determinadas condições do organismo e imperceptíveis em condições diferentes. Portanto, seria concebível que os músculos dos nossos membros apresentassem, excepcionalmente, o mesmo fenômeno. A preparação ao movimento das mesas, o estado particular de reação que ocorre nesse momento de espera, colocam o sistema nervoso em um estado particular, *em que certos movimentos musculares* podem ocorrer de uma maneira inconsciente.

Mas, evidentemente, essa teoria não basta para explicar os movimentos sem contato, nem os que se realizam em um sentido em que a ação muscular não poderia produzi-los. São esses dois fatos novos que devem servir de base a novas experiências e de fundamento a uma nova teoria.

Como também explicar o caráter totalmente peculiar e verdadeiramente inconcebível dos movimentos da mesa? Aquele início tão insensível, tão suave, tão diferente da característica brusca do impulso mecânico; aquelas levitações espontâneas, enérgicas, que se arremessam ao encontro das mãos; aquelas danças e aquelas imitações musicais que inutilmente tentamos reproduzir por meio da ação combinada e voluntária dos operadores; as pequenas pancadas que sucediam às grandes a partir do momento em que a ordem era dada e cuja fina delicadeza nada poderia expressar. Várias vezes, quando perguntávamos ao suposto espírito qual era a sua idade, uma das pernas da mesinha redonda levantava-se e batia 1, 2, 3 etc., depois o movimento acelerava-se e, finalmente, as três pernas produziam uma espécie de rufar tão rápido que não nos era mais possível contar as pancadas e que a pessoa mais hábil nunca conseguiria imitar. Em outra ocasião, a mesa girava ao contato das mãos, sobre três, duas, uma perna e, nessa última posição, mudava de perna, jogando-se ora sobre uma, ora sobre a outra sem dificuldade, sem nada de brusco ou de irregular. Nunca os experimentadores nem os seus mais eminentes oponentes puderam imitar mecanicamente essa dança da mesa e, sobretudo, as piruetas e as mudanças de pernas.

Eletricidade – Muitas pessoas tentaram explicar os movimentos da mesa pela eletricidade. Supondo-se que nelas houvesse uma produção até muito abundante desse agente, nenhum efeito conhecido de eletricidade poderia explicar o movimento das mesas. Além disso, é fácil mostrar que não há produção de eletricidade, pois quando um galvanômetro foi interposto na corrente, não houve nenhum desvio da agulha. O eletrômetro permanece tão indiferente quanto a bússola às solicitações das mesas.

Neuromagnetismo – Há, certamente, alguma analogia entre vários fenômenos de neuromagnetismo e os da mesa. Esses passes que parecem favorecer a oscilação sem contato, a ação exercida pela corrente dos operadores sobre o homem que eles fazem girar – se, todavia, não houver nisso nenhum efeito da imaginação; – enfim, o poder que muitos magnetizadores exercem sobre as mesas, tudo isso parece indicar uma afinidade entre essas duas categorias de fenômenos. Mas como as leis do neuromagnetismo são ainda pouco conhecidas, não há nenhuma conclusão para se tirar disso, e parece-nos que, no momento, é preferível estudar separadamente o fenômeno das mesas, o qual se presta melhor à experimentação física e que, bem estudado, prestará mais serviços ao neuromagnetismo do que ele poderia receber por muito tempo desse obscuro campo da fisiologia.

A seguir, Thury aborda a teoria do senhor de Gasparin sobre a ação fluídica. Certo de compreender exatamente essa teoria, ele a resume aos seguintes pontos:

1º) Um fluido é produzido pelo cérebro e percorre os nervos.
2º) Esse fluido pode transpor os limites do corpo; ele pode ser *emitido*.
3º) Sob a influência da vontade, ele pode dirigir-se para lá e para cá.

4º) Esse fluido age sobre os corpos inertes. Todavia, ele evita o contato de certas substâncias, como o vidro.
5º) Ele ergue as partes em direção das quais ele se move ou nas quais ele se acumula.
6º) Além disso, ele age sobre os corpos inertes por atração ou repulsão, tendendo a aproximar ou a afastar os corpos inertes do organismo.
7º) Ele também pode determinar movimentos internos na matéria, e provocar ruídos.
8º) Esse fluido é produzido e desenvolvido, sobretudo, quando se gira, e pela vontade e a união das mãos de uma determinada maneira.
9º) Ele se comunica de uma pessoa a outra por proximidade ou por contato. Entretanto, certas pessoas impedem a sua comunicação.
10º) Não temos nenhuma consciência dos movimentos especiais do fluido que sejam determinados pela vontade.
11º) Esse fluido é, provavelmente, idêntico ao fluido nervoso e ao fluido neuromagnético.
Aplicação – A rotação é uma resultante da ação do fluido e das resistências do piso.
A oscilação resulta do acúmulo do fluido sobre a perna da mesa que se ergue.
O vidro colocado no meio da mesa interrompe o movimento, porque ele repele o fluido.
O vidro colocado na borda da mesa faz levantar a borda oposta, porque o fluido, afastando-se do vidro, acumula-se nessa borda.

Thury não tenta discutir essa teoria. Mas nós podemos repetir juntamente com Gasparin: "Quando vocês me tiverem explicado como eu ergo a mão, eu explicarei como eu faço a perna da mesa erguer-se".

Realmente, é aí que reside todo o problema: a ação da mente sobre a matéria. Não devemos sonhar em resolvê-lo atualmente. Reduzir os fatos novos à analogia com os fatos antigos, ou seja, reduzir a ação da mente sobre os corpos inertes situados fora de nós à ação da mente sobre a matéria que está em nós, é esse o único problema que a ciência contemporânea pode razoavelmente propor. Thury estabelece seus termos gerais como se segue:

Questão geral da ação da mente sobre a matéria - Procuraremos formular os resultados da experiência até o ponto em que a experiência nos abandona. A partir de então, estudaremos todas as alternativas que se apresentarem à nossa mente como simples possibilidades, das quais algumas darão lugar às hipóteses explicativas dos novos fenômenos.

Primeiro princípio: *No estado comum do corpo, a vontade age diretamente apenas na esfera do organismo.* - A matéria que pertence ao mundo exterior se modifica *ao contato do organismo* e as modificações que ela sofre gradualmente produzem outras por contiguidade: é assim que podemos agir sobre os objetos afastados de nós; nossa ação à distância sobre tudo o que nos cerca é *mediata* e não imediata.

Nós acreditamos até que isso seja verdadeiro para a ação de todas as forças físicas, tais como a gravidade, o calor e a eletricidade. Seu efeito é gradualmente comunicado e só assim ele transpõe as distâncias.

Segundo princípio: *No próprio organismo, há uma série de atos mediatos.* Dessa forma, a vontade não age diretamente sobre os ossos que recebem os movimentos dos músculos; a vontade tampouco modifica diretamente os músculos, já que estes, privados de nervos, são incapazes de movimento. A vontade agiria diretamente sobre os nervos? A questão ainda não resolvida é se a vontade os modifica mediata ou imediatamente. Assim, a substância sobre a qual a mente age imediatamente está ainda indeterminada: a substância pode ser sólida, pode ser *fluida*; é uma substância ainda desconhecida ou, talvez, o estado particular das substâncias conhecidas. A fim de evitarmos uma perífrase, que nos seja permitido atribuirmos um nome a ela. Chamaremo-la de *psicode:* ψυχη – mente, όδός – caminho".

Terceiro princípio: *A substância sobre a qual a mente age imediatamente, o psicode, é apenas suscetível de modificações muito simples sob a influência da mente*, pois, desde que os movimentos devem ser um pouco variados, vemos aparecer no organismo uma grande complicação de aparelhos, assim como todo um sistema de músculos, de vasos, de nervos etc., que não existem nos animais inferiores – nos quais os movimentos são muito simples – e que teriam sido inúteis se a matéria tivesse sido imediatamente suscetível de modificações

Camille Flammarion

igualmente variadas sob a influência da mente. Quando os movimentos devem ser muito simples (infusórios),[6] esses aparelhos desaparecem, e a mente age sobre uma matéria quase uniforme.

Sobre o psicode podemos elaborar as quatro hipóteses seguintes:

a) O *psicode* é uma substância própria do organismo, e incapaz de sair dele: ele só age mediatamente sobre tudo aquilo que está situado fora do organismo visível.

b) O *psicode* é uma substância própria do organismo, suscetível de se espalhar para além dos limites do organismo visível em certas condições particulares. As modificações que ele sofre agem necessariamente sobre os outros corpos inertes. A vontade age sobre o psicode e, assim, mediatamente, sobre os corpos que a esfera dessa substância engloba.

c) O *psicode* é uma substância universal que encontra suas condições de ação sobre os outros corpos inertes na estrutura dos organismos vivos, ou em certo estado dos corpos inorgânicos, estado esse determinado pela influência dos organismos vivos em certas condições particulares.

d) O *psicode* é um estado particular da matéria, estado esse que se produz habitualmente na esfera do organismo, mas que também pode se produzir fora dele, sob a influência de um determinado estado do organismo, influência essa comparável à dos imãs nos fenômenos de diamagnetismo.[7]

Thury propõe denominar de estado *ectênico* (εχτενεια - extensão) esse estado particular do organismo, no qual a mente pode, de algum modo, estender os limites habituais de sua ação; e de força *ectênica* a que se desenvolve nesse estado.

Thury acrescenta:

> A primeira hipótese não se adaptaria de nenhum modo aos fenômenos que procuramos explicar. Mas as outras três dão lugar a três explicações diferentes, nas quais (ele garante) está compreendida a maior parte das experiências que serão testadas.

---

6 N. da T. – Protozoário da classe dos infusórios, micro-organismos que se desenvolvem em infusões de matéria inorgânica em decomposição.
7 N. da T. – Diamagnetismo é um tipo de magnetismo próprio de materiais que se alinham em um campo magnético não uniforme, e que parcialmente expelem de seu interior o campo magnético, no qual eles estão localizados.

Explicações que se baseiam na intervenção dos espíritos. O senhor de Gasparin refutou todas essas explicações: 1º) Por meio de considerações teológicas. 2º) Pela observação muito justa de que nós só podemos recorrer às explicações desse gênero quando todas as outras explicações forem decididamente insuficientes. 3º) Enfim, por meio de considerações físicas.

Considerando aqui a questão unicamente sob o ponto de vista da física geral, não seguiremos o autor (Gasparin), no primeiro tipo de consideração. Quanto ao segundo, queremos apenas observar que a suficiência das explicações meramente físicas não deve, rigorosamente, estender-se senão às experiências realizadas em Valleyres, onde nada, na verdade, testemunha uma intervenção de vontades diferentes da vontade humana.

A questão da intervenção dos espíritos pode ser decidida pelo conteúdo das revelações, caso esse conteúdo fosse tal que não pudesse, evidentemente, ter sido originado na mente humana. Não é nossa intenção discutir essa questão. Nosso estudo atual diz respeito unicamente aos movimentos dos corpos inertes, e temos somente que considerar, entre os argumentos do senhor de Gasparin, apenas os que estão incluídos nesse ponto de vista.

Ora, esses argumentos parecem-nos resumidos nestas linhas um pouco irônicas: "Estranhos espíritos... que são esses cuja presença dependeria, de uma rotação, dependeria do frio ou do calor, da saúde ou da doença, do entusiasmo ou do desânimo, de uma trupe de mágicos sem o saberem. Estou com dor de cabeça ou com gripe, portanto hoje os demônios não poderão vir".

O senhor de Mirville,[8] que acredita nos espíritos que se manifestam por meio dos fluidos, poderia, entretanto, responder ao senhor de Gasparin que as condições da manifestação ostensiva dos espíritos são, talvez, precisamente o estado fluídico; que, se fosse assim, nas sessões, poderia muito bem haver manifestação fluídica sem intervenção de espíritos, mas não intervenção de espíritos sem manifestação fluídica prévia e que, então, só poderíamos provocar tais manifestações por nossa conta e risco.

---

8 N. da T. - Marquês Jules Eudes de Catteville de Mirville – escritor erudito, iluminista e médium.

Thury examina, a seguir, como a questão dos espíritos deve ser considerada.

A tarefa da ciência – escreve ele – é de testemunhar a verdade. Ela não poderá fazê-lo se tomar emprestados uma parte dos seus dados da Revelação (divina) ou da tradição, pois haveria petição de princípio, e o testemunho da ciência tornar-se-ia nulo. Os fatos de ordem natural estão ligados a duas categorias de forças: umas *necessárias* e as outras *livres*. À primeira categoria pertencem as forças gerais de gravidade, de calor, de luz, de eletricidade e a força vegetativa. É possível que um dia descubramos outras forças, mas atualmente, essas são as únicas que conhecemos. À segunda categoria de forças pertencem, apenas, a mente dos animais e a mente do homem: elas são, realmente, *forças*, já que são as *causas de movimentos* e de fenômenos variados no mundo físico.

A experiência nos ensina que essas forças se manifestam por intermédio de organismos especiais, muito complicados nos animais superiores e no homem, mas simples nos animais mais inferiores, nos quais a mente não precisa de músculos e de nervos para se manifestar externamente e nos quais ela parece agir sobre uma matéria homogênea cujos movimentos ela determina (a ameba de Ehrenberg). É nessas organizações elementares que o problema da ação da mente sobre o corpo se encontra, de algum modo, estabelecido nos seus mais simples termos, reduzido à sua mais simples expressão. A partir do momento que admitimos a existência da vontade como distinta, pelo menos em princípio, do corpo material, torna-se unicamente uma questão de experiência constatar se outras vontades, além das vontades do homem e dos animais, desempenham um papel qualquer, frequente ou raro, no mundo em que vivemos. Essas vontades, se elas existirem, terão um meio qualquer de manifestações que *apenas a experiência* pode fazer-nos conhecer. Com efeito, tudo o que é possível afirmar *a priori*, é que a matéria será o meio necessário de sua manifestação. Mas atribuirmos a essa matéria uma organização necessária de músculos, de nervos etc. seria uma ideia muito estreita e já desmentida pela observação das categorias inferiores do reino animal. Enquanto não conhecermos o elo que liga a mente à matéria na qual ela se manifesta, será totalmente ilógico impor *a priori* condições específicas que a matéria deve observar para essa manifestação. Essas condições permanecem completamente indeterminadas. Então, nós podemos procurar os sinais dessas manifestações no éter cósmico ou na matéria ponderável; nos gases, nos líquidos ou nos sólidos; na matéria desorganizada ou, então, na matéria já organizada, como a dos animais e do homem. Não seria uma boa lógica afirmarmos que não poderíamos descobrir outras vontades que não sejam as dos animais ou do homem, porque até o presente ainda não vimos nada parecido, pois fatos desse gênero podem ter sido observados, mas não esclarecidos e constatados cientificamente. Eles poderiam, também, ser produzidos em longos intervalos e os tempos da natureza não podem ser medidos pela duração de nossa vida e pelas nossas lembranças de ontem.

Tais são os fatos e as ideias expostas nessa conscienciosa Monografia do professor Thury. Vemos que para ele: 1º – os fenômenos são fatos reais; 2º – eles são produzidos por uma substância desconhecida, à qual ele denomina de *psicode*, que existiria em nós e serviria de intermediária entre a mente e o corpo, entre a vontade e os órgãos e que poderia se estender para além do corpo; 3º – a hipótese dos espíritos não é considerada absurda pelo autor. Ele admite que podem existir, no mundo em que vivemos, outras vontades diferentes da do homem e dos animais, e que podem agir sobre a matéria.

O professor Marc Thury faleceu em 1905, após ter consagrado toda a sua vida ao estudo das ciências exatas e, particularmente, da astronomia.

Capítulo 8

As experiências da sociedade dialética de Londres

Uma sociedade científica muito conhecida, a Sociedade Dialética de Londres, fundada em 1867, sob a presidência de Sir John Lubbock, tomou a resolução, em 1869, de incluir na esfera de suas observações os fenômenos físicos que são o objeto de estudo desta obra, no âmbito de suas observações. Após uma série de experiências, a Sociedade publicou um Relatório, ao qual ela anexou atestados sobre o mesmo assunto, de um determinado número de cientistas, entre os quais tenho a honra de ter sido incluído.[1] Esse relatório foi traduzido para o francês pelo doutor Dusart e publicado[2] na coleção de obras psíquicas tão felizmente organizada e dirigida pelo conde de Rochas. Para dar uma verdadeira ideia dos resultados constatados por essa Sociedade, não posso fazer melhor do que extrair os pontos capitais desse Relatório de cunho puramente científico.

Primeiramente, eis a origem dessa fundação.

Na assembleia da Sociedade Dialética de Londres, realizada em 06 de janeiro de 1869, sob a presidência do senhor J. H. Levy, foi decidido que o Conselho seria convidado a constituir uma Comissão, em conformidade com o artigo 7 dos estatutos, para estudar os fenômenos designados pelo nome de manifestações espíritas e, consequentemente, redigir um relatório.

---
[1] *Report on Spiritualism of the Committee of the London dialectical Society* - Londres, 1871.
[2] 1 vol. in-8°. Paris, Leymarie, 1900.

Essa comissão foi formada no dia 26 de janeiro seguinte. Ele era composto de vinte e sete membros. Destacamos, entre eles, o célebre naturalista Alfred Russel Wallace, membro da Sociedade Real de Londres.

O professor Thomas Henry Huxley e o senhor George-Henry Lewes foram convidados para dar sua colaboração aos trabalhos da comissão. Eles recusaram. A carta do professor Huxley é muito significativa para aqui ser omitida:

> Prezados senhores,
>
> Sinto não poder aceitar o convite do Conselho da Sociedade Dialética para participar da Comissão encarregada de estudar o espiritismo, e isso, por dois motivos. Em primeiro lugar, não tenho tempo para me dedicar a semelhante estudo, que dará muito trabalho e (a menos que ele não se assemelhe a todas as pesquisas do mesmo gênero que conheci) muitos aborrecimentos. Em segundo lugar, não tenho nenhum interesse nesse assunto. O único caso de espiritismo que tive a oportunidade de examinar pessoalmente foi, antes, a maior impostura jamais vista. Mas, *mesmo supondo que esses fenômenos sejam reais, eles não teriam nenhum interesse para mim.* Se alguém me propiciasse a oportunidade de ouvir as tolices de algumas velhas senhoras ou de párocos na catedral mais próxima, eu declinaria desse privilégio, pois teria coisa melhor a fazer.
> Se os habitantes do mundo espiritual não falam com mais sabedoria e senso comum do que seus amigos o dizem, eu os coloco na mesma categoria.
> Em minha opinião, a única vantagem que poderá trazer a demonstração da realidade do espiritismo, seria fornecer um argumento a mais contra o suicídio.
> Eu preferiria viver como um varredor de ruas a ser condenado, após minha morte, a despejar besteiras por meio de um médium, a um luis[3] a sessão.
> Sem mais etc.
>
> T. H. Huxley
> 29 de janeiro de 1869

Em oposição a esse ceticismo radical, baseado em apenas

---
3 Antiga moeda francesa.

uma sessão de observação, o eminente engenheiro Cromwell Varley (que construiu, em 1860, o primeiro cabo transatlântico entre a Europa e a América) não tardou a se associar às pesquisas e a contribuir para a realização de grandes progressos na investigação científica.

O relatório, juntamente com os depoimentos prestados, foi apresentado à Sociedade Dialética em 20 de julho de 1870. Mas decidiram não publicá-lo imediatamente, sob a responsabilidade da Sociedade, para não comprometê-la. Consequentemente, a Comissão resolveu, por unanimidade, publicá-lo sob sua própria responsabilidade.

Eis o referido relatório:

> Vossa Comissão realizou cinquenta sessões, nas quais recebeu os depoimentos de trinta e três pessoas, que descreveram os fenômenos que elas afirmam ter observado por sua experiência pessoal.
> Vossa Comissão recebeu de trinta e uma pessoas atestados escritos, relatando os fatos observados.
> Ela solicitou o concurso e pediu a colaboração e as opiniões de cientistas, que expressaram publicamente suas opiniões favoráveis ou desfavoráveis à autenticidade dos fenômenos.
> Ela também fez um apelo especial às pessoas que publicamente atribuíram os fenômenos à impostura e à ilusão.
> Como parecia à vossa Comissão que era da mais alta importância estudar os fenômenos em questão por meio de experiências e de constatações pessoais, ela resolveu subdividir-se em subcomissões, como o meio mais certo de atingir esse objetivo.
> Consequentemente, seis subcomissões foram constituídas.
> Todos os relatórios confirmam, respectivamente, um ao outro, e parecem, seguramente, estabelecer as seguintes proposições:
> 1º) Sons de características muito diversas, provenientes das diferentes peças do mobiliário, do assoalho ou das paredes dos cômodos (as vibrações que acompanhavam esses sons foram nitidamente percebidas pelo toque), foram produzidos sem terem sido causados por uma ação muscular, nem por nenhum meio mecânico.
> 2º) Deslocamentos de corpos pesados ocorreram sem intervenção mecânica de nenhuma espécie, ou sem ação

muscular correspondente por parte das pessoas presentes, e, muitas vezes, até fora do contato ou da proximidade de qualquer pessoa;
3º) Esses sons e esses movimentos frequentemente ocorriam no momento e nas condições solicitados pelos assistentes e, por meio de um simples código de sinais, respondiam às perguntas feitas ou ditavam comunicações coerentes;
4º) As respostas e comunicações assim obtidas foram, em sua maioria, de caráter comum; mas fatos conhecidos de uma única pessoa presente foram, por vezes, relatados com exatidão;
5º) As circunstâncias em que se produziu o fenômeno são variáveis: o que mais nitidamente chamou a atenção foi o fato de que a presença de certas pessoas parecia necessária à sua produção, ao passo que a de outras era contrária. Mas essa diferença não parece depender das opiniões favoráveis ou da incredulidade em relação aos fenômenos;
6º) Contudo, a produção do fenômeno não acompanhava necessariamente a presença de umas e a ausência de outras. Os testemunhos escritos e orais recebidos por vossa Comissão atestam não somente fenômenos da mesma natureza que aqueles observados por nossas subcomissões, como também outros, de características mais variadas e mais extraordinárias.
Essas constatações podem ser resumidas sumariamente do seguinte modo:
1º) Treze testemunhas afirmam que elas viram corpos pesados, homens, em alguns casos, elevarem-se suavemente no ar e lá permanecerem um determinado tempo, sem suporte visível ou tangível.
2º) Catorze testemunhas certificam terem visto mãos ou formas que não pertenciam a nenhum ser humano vivo, mas que possuíam o aspecto e a mobilidade da vida, que várias vezes tocaram ou pegaram suas mãos. Portanto, elas estão convencidas de que essas formas não foram produzidas nem pela fraude, nem pela ilusão;
3º) Cinco testemunhas constatam que foram tocadas por algum agente invisível em diversas partes do corpo, muitas vezes em pontos designados, embora as mãos de todos os assistentes estivessem visíveis;
4º) Treze testemunhas declaram ter ouvido trechos de música bem executados em instrumentos que não eram

segurados por nenhum agente visível;
5º) Cinco testemunhas afirmam que elas viram fragmentos de carvões em brasa serem aplicados sobre as mãos ou a cabeça de diversas pessoas, sem produzir dor nem queimaduras. Duas testemunhas declaram que essa experiência foi feita com elas, com a mesma inocuidade;
6º) Oito testemunhas constatam que receberam, por meio de pancadas, escrita ou outros meios, informações precisas, cuja exatidão era ignorada por eles e por todos os assistentes, as quais foram comprovadas em uma enquete subsequente.
7º) Uma testemunha declara que recebeu uma informação precisa e pormenorizada que, no entanto, foi reconhecida como absolutamente errada;
8º) Três testemunhas afirmam que, em sua presença, desenhos a lápis e em cores foram executados em tão pouco tempo e em tais condições que teria sido impossível a um homem tê-los feito;
9º) Seis testemunhas declaram que receberam avisos de acontecimentos futuros e que, em vários casos, a hora e o minuto em que eles deveriam se produzir foram exatamente preditos, com dias e até semanas de antecedência.
Além de tudo o que foi precedentemente narrado, foram confirmados casos de mediunidade falante, de curas, de escrita automática, de chegada de flores e frutas em cômodos bem fechados, de vozes ouvidas no ar, de visões nos cristais e nos vidros, bem como de alongamento do corpo humano.

Alguns trechos dos relatórios darão aos nossos leitores uma melhor ideia dessas experiências, bem como do seu caráter totalmente científico.

Todas essas reuniões foram realizadas *nos domicílios particulares dos membros da Comissão*, a fim de afastar qualquer possibilidade de instalações mecânicas ou de outros estratagemas.
Em todas as sessões, o mobiliário que guarnecia o cômodo onde as experiências se realizavam era o seu mobiliário habitual.
Em todos os casos, as mesas eram pesadas mesas de jantar, que exigiam um grande esforço para serem deslocadas. A menor delas possuía cinco pés e nove pole-

gadas de comprimento por quatro pés de largura e, a maior, nove pés e três polegadas por quatro pés e meio, com um peso proporcional.

Todas as vezes, o cômodo, as mesas e o mobiliário foram submetidos a um exame minucioso antes e após as experiências, para nos assegurarmos de que eles não escondiam nem equipamento, nem instrumento, nem qualquer outro dispositivo que pudesse produzir os sons e os movimentos citados.

As experiências foram feitas à luz do gás, salvo em alguns casos anotados nos relatórios.

A vossa Comissão evitou o emprego de médiuns profissionais ou remunerados; *a única mediunidade era a dos membros*, pessoas de uma boa posição social, de rigorosa integridade, que não esperavam obter nenhuma recompensa pecuniária, nem nada ganhar com uma impostura. Quatro quintos dos membros estavam, no início das experiências, totalmente céticos a respeito da realidade dos fenômenos. Eles estavam convencidos de que esses fenômenos eram resultado seja da *impostura ou da ilusão,* seja da *ação muscular inconsciente*. Foi somente diante da evidência indiscutível, em condições que excluíam qualquer possibilidade de admitir uma daquelas soluções, e após testes e provas muitas vezes repetidos, que os mais céticos chegaram gradativamente e como contra vontade à convicção de que os fenômenos observados no desenrolar de sua longa pesquisa eram fatos incontestáveis.

A descrição de uma experiência e do modo como ela foi conduzida mostrará com que cuidado e precauções vossa Comissão prosseguiu suas investigações.

Enquanto houvesse contato ou até possibilidade de contato entre as mãos ou os pés de uma das pessoas presentes com o objeto em movimento, não tínhamos certeza absoluta de que os ruídos e os movimentos não eram produzidos pela pessoa que estivesse em contato. Fizemos então a seguinte experiência:

Certo dia em que onze membros estavam sentados havia quarenta minutos ao redor de uma das mesas de jantar acima descritas e que foram produzidos ruídos e movimentos variados, eles viraram, para testar, os encostos de suas cadeiras para a mesa, a nove polegadas de distância, aproximadamente. Todos ajoelharam sobre suas cadeiras, colocando os braços sobre a parte superior dos encostos. Nessa posição, seus pés ficavam, necessariamente, voltados para o lado oposto à mesa e impossibilitados de se colocarem sob a mesa ou de tocar o assoalho. As mãos de cada assistente estavam estendidas acima da mesa, a aproximadamente quatro polegadas de sua superfície. Portanto, o contato com qualquer parte da mesa não poderia ocorrer sem ser descoberto.

Em menos de um minuto, a mesa, sem ser tocada, mexeu-se *quatro* vezes: a primeira, cerca de *cinco* polegadas em um sentido; a segunda, cerca de *onze* polegadas no sentido oposto; a terceira, novamente *quatro* polegadas num sentido e, finalmente, *seis* polegadas no outro sentido.

As mãos de todos os assistentes foram, a seguir, colocadas sobre os encostos das cadeiras a, aproximadamente, um pé da mesa que, novamente, fez, como acima descrito, *cinco* movimentos, variando de quatro a seis polegadas. Todas as cadeiras foram, então, afastadas a *doze* polegadas da mesa, e todos se ajoelharam sobre sua cadeira como precedentemente, salvo que, dessa vez, as mãos estavam nas costas e o corpo encontrava-se, assim a dezoito polegadas da mesa, e o encosto da cadeira estava interposto entre ele e a mesa. Esta se mexeu novamente quatro vezes em diferentes direções. Assim, ao longo dessa experiência conclusiva, a mesa, em menos de meia hora, deslocou-se *treze* vezes *sem nenhum contato*, nem possibilidade de contato com o que fosse. Os movimentos ocorreram em todos os sentidos, e vários deles de acordo com o pedido de diversos membros da Comissão.

A mesa foi, então, minuciosamente examinada, virada de cabeça para baixo e desmontada, mas não foi descoberto nada que pudesse explicar o fenômeno. A experiência foi realizada o tempo todo em plena luz do gás acima da mesa.

A Comissão constatou mais de *cinquenta* movimentos desse tipo, *sem contato*, em *oito* sessões diferentes, nas residências dos seus membros, e todas as vezes as mais sérias precauções foram tomadas.

Em todas as experiências dessa natureza, a possibilidade de uma ação mecânica ou de qualquer outro tipo de estratagema foi descartada devido ao fato de os movimentos terem ocorrido em todas as direções, ora de um lado, ora de outro, uma vez em uma extremidade da peça, outra vez em outra. Tais movimentos teriam exigido a intervenção de várias mãos ou de vários pés. Tendo em vista as grandes dimensões e o peso das mesas, os movimentos só poderiam ter ocorrido sob a ação visível de uma força muscular. Cada mão e cada pé estavam perfeitamente à vista e não teriam conseguido fazer o mínimo movimento sem ser imediatamente descobertos.

Os movimentos se produziram com tanta frequência, em tantas e tão diversas condições; eles foram cercados de tantas precauções contra o erro ou a ilusão e deram resultados tão invariáveis, que os membros de vossa Subcomissão, que acompanharam as experiências, embora tenham iniciado, em sua maioria, com um ceticismo absoluto, ficaram plenamente convencidos de *que existe uma força capaz de mover corpos pesados, sem contato material, e que essa força depende, de um modo ainda desconhecido, da presença de seres humanos.*

Tal foi o primeiro veredicto da ciência sobre as práticas do espiritismo na Inglaterra, veredicto exarado por físicos, químicos, astrônomos, naturalistas, muitos deles membros da Sociedade Real de Londres. Esses estudos foram feitos particularmente pelo professor Augustus de Morgan, presidente da Sociedade Matemática de Londres, Cromwell Varley, engenheiro chefe dos telégrafos, Russell Wallace, naturalista e outros. Vários membros da Sociedade Dialética recusaram-se a endossar essas conclusões e declararam que elas deveriam ser verificadas por outro cientista como, por exemplo, o químico William Crookes. Este aceitou a proposta e foi essa a origem de suas experiências, das quais trataremos mais adiante.

Mas antes de apresentar essas experiências do eminente químico, devo expor aos meus leitores os principais fatos constatados pela Comissão de estudos da qual acabamos de falar.

Observações especiais

09 de março de 1869 - Nove membros presentes. Reunião às oito horas. Os seguintes fenômenos se produziram: 1º) Os assistentes mantiveram-se de pé e pousaram apenas as pontas dos dedos sobre a mesa. Ela realizou um movimento considerável;

2º) Eles mantiveram as mãos a uma distância de várias polegadas acima da mesa, sem que ninguém a tocasse, e ela realizou um deslocamento de mais de um pé;

3º) Para tornar a experiência totalmente conclusiva, todos os assistentes mantiveram-se claramente afastados da mesa e colocaram suas mãos estendidas acima dela, sem tocá-la, e ela se deslocou como anteriormente, à mesma distância. Durante esse tempo, um dos membros, acocorado no assoalho, olhava atentamente por sob a mesa, enquanto outros, postados fora do círculo, observavam se ninguém se aproximava da mesa. Nessas condições, ela executou inúmeros movimentos, sem possibilidade de contato com qualquer pessoa presente;

4º) Enquanto os membros se mantinham, assim, à distância da mesa, mas com as pontas dos dedos pousadas nela, a um sinal dado, todos levantaram as mãos ao mesmo tempo, e *a mesa, repetidas vezes, elevou-se do assoalho* até cerca de uma polegada de altura;

5º) Todos mantiveram as mãos a uma curta distância acima da mesa, mas sem tocá-la. Dado o comando, todos as levantaram bruscamente, e a mesa elevou-se como anteriormente. O membro agachado levantou-se do chão e os que observavam fora do círculo continuaram a vigiar atentamente, e todos constataram que o fenômeno era incontestável.

15 de abril – Oito membros presentes. Sessão às oito horas. Após cinco minutos, foram percebidas pancadas na aba da mesa. Várias questões, do tipo, que lugar os assistentes deviam ocupar, foram feitas, e respondidas por meio de pancadas. O alfabeto foi solicitado e a palavra "rir" foi soletrada. Perguntaram se isso significava que devíamos rir. A resposta foi afirmativa, e os assistentes desataram a rir. Diante disso, a mesa deu uma série de pancadas vigorosas e fez movimentos parecendo imitar e formar o acompanhamento de nossa risada, e isso de modo tão cômico que soltamos uma verdadeira gargalhada diante da qual a mesa sacudiu-se, enquanto as pancadas foram ritmadas, de modo a nos acompanhar.[4]

---

4 Várias vezes eu observei o mesmo fato nas sessões de 1861-1863, das quais falei anteriormente (pp. 52-58).

Para testar se os sons continuariam em outras condições, todos se postaram a certa distância da mesa, formando um círculo, segurando-se as mãos ao redor dela. As pancadas, em vez de surgirem da mesa como anteriormente, *foram desferidas com violência em todas as partes do assoalho* e sobre a poltrona onde estava sentado o assistente que servia de médium. Algumas vinham da extremidade da peça, a, pelo menos, quinze pés de distância da pessoa mais próxima. Uma chuva de pancadas partiu de todos os pontos da mesa ao mesmo tempo, produzindo uma verdadeira crepitação de uma chuva de granizo sobre ela. Todas as pancadas ouvidas ao longo daquela noite foram muito nítidas e distintas. Notamos que se, durante nossas conversas, as pancadas pareciam singularmente divertidas, elas paravam, todavia – instantaneamente, desde que uma pergunta era feita, e não ouvíamos mais nenhuma, antes que a resposta fosse dada.

29 de abril – Nove assistentes. Decorrido um quarto de hora, a mesa executou diversos movimentos acompanhados de pancadas. As pancadas, no inicio, muito leves, tornaram-se pouco a pouco mais violentas. *Elas marcavam o compasso das árias tocadas em uma caixa de música, e se faziam ouvir em todas as partes da mesa indicadas pelos assistentes.* Várias perguntas foram feitas, e foram respondidas ou por pancadas na mesa, ou, o mais frequente, por pancadas desferidas pelas pernas da mesa, que se erguia de um lado, a uma altura que variava de uma a quatro polegadas. Os experimentadores esforçavam-se, em vão, para impedir esses movimentos; *a mesa resistiu a todos os seus esforços.* Por várias vezes, a poltrona sobre a qual o médium sentava-se foi arrastada pelo assoalho. Primeiramente ela foi empurrada vários pés para trás; fez então, algumas voltas e circunvoluções e, depois, finalmente, retornou, com o médium, à sua posição inicial. A poltrona não possuía rodinhas, e seus movimentos eram, entretanto, completamente silenciosos, sendo que o médium permaneceu inteiramente imóvel e mantendo seus pés erguidos acima do assoalho, de modo que, durante toda a duração do fenômeno, nenhuma parte do seu corpo ou de suas roupas tocava o assoalho. Como o cômodo estava bem iluminado pela luz a gás, todo mundo pôde ver perfeitamente o que se passava. Durante todo esse tempo, pancadas soaram no assoalho.

Foi proposto que testássemos se a mesa executaria *movimentos sem contato*. Todo mundo, o médium inclusive, manteve-se à distância da mesa, com as mãos mantidas de três a seis polegadas acima dela, sem ninguém tocá-la. Os observadores colocaram-se embaixo dela para garantir que nada a tocava e eis o que foi constatado:

1º) Repetidas vezes, a mesa sempre se deslocou na direção solicitada. Assim, mediante o desejo que ela fosse de uma extremidade a outra do cômodo, ela seguiu essa direção e, encontrando um obstáculo, desviou-se para evitá-lo;

2º) A um sinal dado, todos ergueram bruscamente suas mãos e a mesa elevou-se imediatamente, de um salto, a uma polegada do assoalho.

Os membros da Comissão vigiaram, por turnos, a parte de baixo da mesa ou, mantendo-se ao seu redor, anotaram cuidadosamente tudo o que se produziu; mas ninguém conseguiu descobrir o menor agente visível de sua produção.

18 de maio – Uma música foi tocada ao piano e um trecho foi acompanhado por pancadas que ressoaram em todos os pontos da mesa, enquanto um segundo trecho foi acompanhado por elevações, ora de um lado, ora do outro lado da mesa. Todos esses sons e movimentos acompanharam o compasso da música. O mesmo fenômeno reproduziu-se quando uma melodia era cantada. Durante toda a sessão, os sons foram igualmente distribuídos por todos os pontos e, raramente, se concentraram em um dos lados da mesa.

9 de junho – Oito assistentes. Os fatos mais interessantes da sessão foram os seguintes: as pancadas continuaram a surgir de diferentes partes da mesa, mas, sobretudo, da parte próxima do médium: elas continuaram a vir mais particularmente desse último ponto, mesmo quando o médium deixou a mesa para ir ao vestíbulo receber um telegrama.

O alfabeto foi recitado de acordo com o sinal recebido e obtivemos as palavras: "Estranhos Pauls". Essas palavras divertiram e intrigaram os assistentes. Entretanto, como foi observado que elas provavelmente se aplicavam aos *Christy Minstrels*, cujas melodias negras, em St. George's Hall, eram nitidamente ouvidas pelas janelas abertas da sala, essa sugestão foi confirmada por três formidáveis pancadas na mesa.

17 de junho – Com o braço estendido acima da mesa, o médium segurou uma folha de papel por um dos seus cantos e, a seu pedido, ouvimos, sobre ela, uma série de pancadas, fracas, mas distintas. Os outros cantos do papel foram, então, pegos por outros assistentes e os ruídos foram ouvidos por todos os membros presentes. Os que seguravam a folha de papel sentiram os choques produzidos pelas pancadas invisíveis. Uma ou mais questões receberam respostas por essa via, por meio de pancadas ouvidas distintamente e que imitavam a queda de gotas de água sobre o papel. Esse novo e curioso fenômeno ocorreu totalmente diante dos olhos dos assistentes, sem que se pudesse descobrir-lhe qualquer causa física.

21 de junho – ***Movimento da harmônica sem contato*** – O médium e dois assistentes seguram as mãos acima de uma harmônica, sem tocá-la de nenhuma maneira. Esta, por meio de pequenos saltos sucessivos, percorre quase totalmente a mesa. Enquanto os dedos dos assistentes tocavam ligeiramente a mesa, ela foi fortemente arrastada a uma distância de seis pés.

Um cilindro de lona de três pés de altura por dois de diâmetro foi colocado sobre uma mesinha, envolvendo-lhe as pernas. No cilindro, uma campainha não tocou, mas pancadas foram dadas sobre a mesa, que pulou várias vezes. Esse cilindro impedia completamente qualquer contato entre os pés dos assistentes e as pernas da mesa. Durante toda a sessão, foram produzidos ruídos e movimentos.

14 de dezembro – Pancadas de tom e de intensidade variados, partindo de todos os pontos da mesa. Em resposta a uma pergunta, três violentas pancadas ressoaram sobre a mesa, como se tivessem sido desferidas com o punho fechado. De tempos em tempos, pancadas partiram de todas as partes da sala. Pancadas marcaram o ritmo dos cantos ou de trechos de música executados ao piano.

Ruídos na mesa, sem contato – Todos os assistentes mantiveram-se longe da mesa, sem o mínimo contato com ela, e os ruídos continuaram a se fazer ouvir, embora mais fracos.

Movimentos sem contato – Pergunta: "A mesa gostaria, agora, de se deslocar sem contato?" "Sim", responderam três pancadas na mesa.

Todas as cadeiras foram, então, viradas com seus encostos para a mesa e a nove polegadas de distância dela. Todos os assistentes ajoelharam-se sobre as cadeiras, deixando seus punhos repousarem sobre os encostos, de modo que as mãos ficaram a algumas polegadas acima da mesa.

Nessas condições, a pesada mesa de jantar, já descrita, fez quatro movimentos, cada um de quatro a seis polegadas, e outro de, aproximadamente, 12 polegadas.

Todas as mãos foram, então, colocadas sobre os encostos das cadeiras, a aproximadamente um pé de distância da mesa, e quatro movimentos foram executados. Todos foram produzidos lentamente e sem pausa, em aproximadamente um minuto.

A seguir, todos os assistentes colocaram suas mãos nas costas, permanecendo ajoelhados, com o corpo reto, o que os afastava cerca de um pé da mesa. Aumentamos mais a luz a gás, de modo a garantir uma forte iluminação e, nessas condições de controle foram produzidos movimentos distintos, de várias polegadas cada vez, visíveis por todos os assistentes.

Os movimentos foram realizados em diversos sentidos, em direção a todas as partes da sala. Alguns eram bruscos, outros suaves. Ao mesmo tempo e nas mesmas condições, pancadas bem nítidas foram dadas tanto na mesa como no assoalho, em resposta às perguntas feitas.

Os movimentos acima descritos foram tão inequívocos, que todos os assistentes manifestaram unanimemente sua convicção de que eles não poderiam ser devidos a nenhuma força física emanando de nenhum dos assistentes. A seguir, eles declararam por escrito que um rigoroso exame da mesa provou que se tratava de uma mesa de jantar comum, sem qualquer ligação com qualquer máquina ou aparelho. A mesa foi virada sobre o assoalho, com as pernas para o ar, e desmontada o mais completamente possível.

Essas experiências são a repetição e a confirmação absoluta das que foram relatadas desde as primeiras páginas desta obra. Mas apenas estas já seriam suficientes para justificar as convicções.

Essa primeira Subcomissão, da qual acabamos de descrever as principais experiências, tinha como objetivo apenas estudar os fenômenos físicos. A Subcomissão número dois, ocupou-se, mais particularmente, das comunicações inteligentes e dos ditados mediúnicos. Não nos deteremos sobre esses pontos aqui. Essas experiências terão seu lugar em uma obra especial sobre o espiritismo.

A mesma Comissão publicou em seu Relatório Geral a seguinte carta, que ela me fizera a honra de solicitar:

> Em primeiro lugar, senhores, eu devo confessar que entre aqueles que se denominam médiuns ou espíritas, um considerável número são pessoas de inteligência limitada, incapazes de adaptar um método experimental conveniente ao estudo de fenômenos desse gênero e que, muitas vezes são iludidas por sua ignorância e credulidade. Outros, ao contrário, cujo número é igualmente considerável, são impostores cujo senso moral é tão obliterado pelos hábitos de fraude, que eles bem parecem incapazes de apreciar a que ponto é odioso abusar criminalmente, como eles o fazem, da confiança daqueles que procuram nesses fenômenos meios de instrução ou motivos de consolação.
> Mesmo quando a questão é estudada seriamente e com

boa-fé, a força à qual a produção desses fenômenos é devida é tão caprichosa em sua ação, que seu estudo experimental acarreta, forçosamente, muitos desapontamentos e muita perda de tempo. Portanto, não é fácil eliminar os obstáculos assim acumulados no caminho dos pesquisadores, suprimir as fontes de erro, obter manifestações autênticas desses fenômenos, assim como colocar a mente em guarda contra qualquer ilusão no exame metódico dos fatos em questão. Entretanto, eu não hesito em afirmar minha convicção, baseada no exame pessoal do assunto, de que os cientistas que declaram que os fenômenos denominados magnéticos, sonambúlicos, mediúnicos e outros ainda não explicados pela ciência são impossíveis, devem ser classificados entre aqueles *que falam daquilo que ignoram*. Da mesma forma, o homem habituado à observação científica devido às suas ocupações profissionais evitará deixar que sua mente seja invadida por ideias preconcebidas e deixar obscurecer sua inteligência por esta outra espécie de ilusão, infelizmente muito comum no mundo das pessoas instruídas, que consiste em imaginar que todas as leis da natureza são conhecidas e que tudo o que parece transpor os limites de nossas fórmulas atuais é impossível. Podemos e devemos chegar a adquirir uma certeza radical experimentalmente fundamentada da realidade dos fatos em questão.

Após uma afirmação tão categórica, tenho apenas necessidade de assegurar aos membros da Sociedade Dialética que, pela minha própria observação, adquiri a certeza absoluta da realidade desses fenômenos.

... Se bem que, na ausência de dados conclusivos sobre *a causa* dos fenômenos ditos espíritas, eu seja levado a me abster de emitir qualquer afirmação positiva sobre esse assunto. Devo acrescentar, contudo, que a afirmação unânime de sua origem espiritual por parte desses agentes ocultos que, neste último quarto de século, manifestaram-se em toda a superfície do globo, imprime a esse problema um caráter que, por sua universalidade, merece prender a atenção do pesquisador imparcial. A história da raça humana desde os tempos mais remotos fornece exemplos de coincidências, de previsões e de advertências a respeito de coisas futuras, recebidos em certos momentos críticos, bem como de aparições mais ou menos nitidamente vistas, que testemunhos tão dignos de fé quanto todos aqueles que possuímos sobre qualquer outro ramo da tradição histórica, garantem que tenham sido produzidos realmente.

Devo acrescentar, também, que minhas pesquisas nos campos da filosofia e da astronomia moderna levaram-me, como é sabido, a adotar um modo de ver pessoal a respeito do espaço e do tempo, da pluralidade dos mundos habitados, da eternidade e da ubiquidade das forças que agem no Universo, da indestrutibilidade das almas bem como dos átomos.

A permanência da vida intelectual deve ser encarada como o resultado da sucessão harmoniosa das encarnações siderais.

Como o nosso globo é uma das terras do espaço, uma província da existência planetária, e como nossa vida presente não é senão um capítulo de nossa duração eterna, parece-me muito natural, pois o sobrenatural não existe, que exista uma ligação permanente entre as esferas, os corpos e as almas de todo o Universo, e é provável que a existência dessa ligação será demonstrada ao longo do tempo, pelos progressos das descobertas científicas.

Seria bem difícil exagerar a importância das questões apresentadas assim à nossa reflexão, e vi, com muita satisfação, a nobre iniciativa que, pela constituição da vossa Comissão de pesquisas, um grupo de homens tão justamente considerados como os membros da Sociedade Dialética, tenha tomado como estudo experimental esses fenômenos profundamente interessantes. Assim, estou muito feliz em atender à expectativa contida em vossa carta, endereçando-vos o humilde tributo de minhas observações sobre o assunto em questão, e também, por ter a oportunidade de oferecer à vossa Sociedade a garantia da minha mais sincera boa-vontade na elucidação aprofundada desses mistérios da natureza, que nunca foram incluídos no campo das ciências positivas.

CAMILLE FLAMMARION
Paris, 8 de maio de 1870

Esse resumo dos trabalhos da Sociedade Dialética de Londres mostra, uma vez mais, que, já há muito tempo, o estudo dos fenômenos produzidos pelos médiuns entrou na via da experimentação científica. Parece que, daqui para frente, só os cegos podem negar sua fidelidade.

Os resultados dos estudos descritos também respondem a uma pergunta frequentemente feita: se podemos empreender essas experiências sem conhecermos médiuns efetivos. Podemos responder que, em reuniões com uma dezena de pessoas, sempre haverá algum. Isso já foi provado nas sessões do conde de Gasparin.

O mesmo relatório contém (25 de maio de 1860) também uma comunicação do engenheiro Cromwell Varley, declarando que os fenômenos mediúnicos não podem ser contestados por nenhum observador de boa-fé e que, para ele, a hipótese que melhor explica esses fenômenos é a dos espíritos desencarnados, em geral, espíritos comuns como a maioria dos cidadãos do nosso planeta.

Essa experimentação científica prosseguiu com a *Society for Psychical Research*, fundada em 1882, cujos presidentes sucessivos foram os professores Henry Sidgwick, Balfour Stewart, Henry Sidgwick pela segunda vez, Arthur J. Balfour (primeiro ministro), William James, Sir William Crookes, Fredrich Myers, Sir Oliver Lodge, o professor Charles Richet, ou seja, homens eminentes na ciência e no ensino. Assinalemos aqui, a esse respeito, os magníficos trabalhos do doutor Richard Hodgson e do professor James Hyslop no ramo americano dessa Sociedade.

Essa experimentação prosseguiu de uma forma magistral, com o célebre químico William Crookes, e deu-lhe os resultados mais espetaculares. Meus leitores irão, igualmente, perceber isso.

Capítulo 9

As experiências de Sir William Crookes

O erudito químico Sir William Crookes, membro da Sociedade Real de Londres, autor de várias descobertas de primeira linha, notadamente a do elemento tálio e de engenhosas experiências sobre "a matéria radiante",[1] publicou suas primeiras pesquisas sobre o assunto que é objeto deste livro em uma revista da qual ele era diretor, *The Quartely Journal of Science*, com a qual tive a honra de colaborar com minhas pesquisas sobre astronomia.[2] Primeiramente, apresentarei aos meus leitores uma passagem de seu artigo datado de 01 de julho de 1871, cujo título é *Experimental investigation of a new force* (*Pesquisas Experimentais sobre uma Nova Força*), no qual ele descreve suas experiências com Home. Aliás, várias vezes, eu tive a oportunidade de conversar com esse médium.[3]

> Há doze meses (1 de julho de 1870), escrevi nesta Revista um artigo no qual, após ter expressado minha crença na existência, sob determinadas condições, de fenômenos inexplicáveis pelas leis naturais conhecidas, eu indicava várias provas que os homens de ciência tinham o direito de exigir, antes de acreditarem na realidade desses fenômenos. Entre essas provas, eu dizia "que uma balança delicadamente equilibrada deveria

---
1 N. da T. – Trata-se do quarto estado da matéria.
2 Vide, entre outros, o número de janeiro de 1876, *Sideral Astronomy*.
3 Notadamente em Nice, em 1881 e 1884. Home faleceu em 1886. Êle nasceu em 1833, nas proximidades de Edimburgo.

se mover sob determinadas condições e que a manifestação de um poder equivalente a alguns pesos deveria produzir-se no laboratório do experimentador, onde ele poderia pesá-lo, medi-lo e submetê-lo a testes convenientes". Eu dizia, também, que eu não podia prometer que ia entrar plenamente nesse estudo, porque seria difícil encontrar circunstâncias favoráveis e porque inúmeros fracassos acompanhariam as pesquisas; tanto mais porque "as pessoas em cuja presença esses fenômenos se produzem são poucas, e que as oportunidades de experimentar com aparelhos preparados previamente são ainda mais raras".

Desde então, uma vez que as condições adequadas se apresentaram, eu aproveitei-as com satisfação, para aplicar a esses fenômenos a experiência científica cuidadosamente controlada, chegando, assim, a determinados resultados precisos que penso ser meu dever publicá-los. Essas experiências parecem estabelecer de modo conclusivo a existência de uma nova força ligada de uma maneira desconhecida à organização humana, e que, por conveniência, pode ser chamada de força psíquica.[4]

De todas as pessoas dotadas do poder de desenvolver essa força psíquica e que foram chamadas de médiuns (entre outras teorias sobre sua origem), o senhor Daniel Dunglas Home é a mais notável. E é principalmente por causa de inúmeras oportunidades que tive de fazer minhas pesquisas em sua presença que fui levado a poder afirmar de modo tão veemente a presença dessa Força. Muitos foram os testes que realizei; mas devido ao meu conhecimento imperfeito das condições que favorecem ou prejudicam as manifestações dessa força, à maneira aparentemente caprichosa com que ela se manifesta, e ao fato de o próprio senhor Home estar sujeito a inexplicáveis fluxos e refluxos dessa força, só raramente os resultados obtidos puderam ser confirmados e controlados com aparelhos construídos com essa finalidade especial.

Entre os fenômenos que se produziram sob a influência do senhor Home, os mais marcantes e, ao mesmo tempo, os que melhor se prestaram ao exame científico, foram: 1º) a alteração do peso do corpo; 2º) a execução de árias por instrumentos de música (geralmente ao

---

[4] Senti orgulho ao ver o douto químico inglês propor, em 1871, o nome sugerido por mim antes de 1865, como vimos anteriormente (p.19) e na primeira edição desta obra, p. 135.

acordeão, devido à sua facilidade de transporte) sem intervenção humana direta, e em condições que tornaram impossível qualquer contato ou qualquer manipulação das chaves. Foi somente depois de ter sido frequentemente testemunha desses fatos e de tê-los escrutado com todo o rigor de qual sou capaz, que me convenci de sua verdadeira realidade.

Minhas experiências foram realizadas *em minha casa*, à noite, em um amplo cômodo *iluminado à luz do gás*. Os aparelhos preparados com a finalidade de constatar os movimentos do acordeão consistiam em uma gaiola, formada por dois arcos de madeira, com um diâmetro de, respectivamente, um pé e dez polegadas e de dois pés,[5] unidos por doze ripas estreitas de um pé e dez polegadas de comprimento cada uma, de modo a formar a estrutura de uma espécie de tambor, aberto em cima e em baixo. Ao redor do mesmo, cinquenta metros de fios de cobre isolados, que foram enrolados em vinte e quatro voltas, sendo que cada uma dessas voltas encontrava-se a menos de uma polegada de distância da volta mais próxima. Esses fios de ferro horizontais foram, então, solidamente amarrados com barbante, de modo a formar malhas fechadas. A altura dessa gaiola era tal que ela podia deslizar sob a mesa da minha sala de jantar, mas pela altura, ela estava muito próxima da mesa para permitir que qualquer mão se introduzisse no seu interior, ou que um pé passasse por baixo. Em um cômodo vizinho, eu havia colocado duas pilhas de Grove, de onde partiam fios elétricos que iam até a sala de jantar, para estabelecer a comunicação, se houvesse necessidade, com aqueles que estavam próximos da gaiola. O acordeão era novo, eu mesmo o havia comprado, para essas experiências, em um bazar. O senhor Home não havia visto ou tocado o instrumento antes do início dos nossos testes.

Em outra parte do cômodo, um aparelho fora disposto para testar a alteração do peso de um corpo. Ele consistia de uma prancha de mogno, com trinta e seis polegadas de comprimento por nove polegadas e meia de largura e uma de espessura. Uma das extremidades da prancha repousava sobre uma mesa sólida, enquanto a outra era sustentada por uma balança de molas suspensa a um forte tripé. A balança era munida de um indi-

---

5 O pé inglês corresponde a 0,305 m; a polegada a 0,025m.

cador auto-registrador, de modo a indicar o máximo do peso marcado pelo ponteiro. O aparelho era ajustado de tal modo que a prancha de mogno ficava na posição horizontal e seu pé repousava reto sobre o suporte. Nessa posição, seu peso era de três libras,[6] indicado pelo indicador da balança.

Antes que o senhor Home entrasse no cômodo, o aparelho foi instalado e, antes de se sentar, não lhe explicamos nem mesmo o destino de qualquer uma de suas partes. Talvez seja útil acrescentar que, à tarde, eu tinha ido até ele, em seu apartamento, e lá ele me disse que, como precisava mudar de roupas, certamente eu não me oporia que continuássemos nossa conversa no seu quarto de dormir. Assim, posso afirmar positivamente que nenhuma máquina, nem aparelho, nem artifício de qualquer espécie foi colocado secretamente sobre ele.

Entre os investigadores presentes a essa experiência, citarei: um cientista eminente, ocupando um posto de destaque na Sociedade Real,[7] um reputado doutor em direito,[8] meu irmão Walter e meu assistente químico, Williams.

O senhor Home sentou-se ao lado da mesa, em uma *chaise-longue*. Diante dele, sob a mesa, encontrava-se a gaiola da qual acabo de falar. Sentei-me perto dela, à sua esquerda e alguns assistentes sentaram-se ao redor da mesa.

Durante a maior parte da noite e, particularmente, quando um fenômeno importante acontecia, os observadores que estavam de cada lado do médium, mantiveram os pés do mesmo sob os seus, de modo a poder descobrir o seu mais leve movimento.

A temperatura do cômodo era, comumente, de 20 a 21 graus centígrados.

O senhor Home pegou o acordeão com uma das mãos, segurando-o entre o polegar e o dedo médio, e pelo lado oposto às chaves (vide a figura 1).

Depois de ter aberto previamente com minhas mãos a chave de baixo, a gaiola foi puxada de sob a mesa, o suficiente para ser nela introduzido o acordeão com o lado das chaves voltado para baixo. A gaiola foi depois empurrada para baixo da mesa, tanto quanto permitiu o braço do senhor Home, mas sem lhe ocultar a mão aos que estavam perto dele (vide a figura 2). Imediata-

---

6 A libra inglesa equivale a 450 gramas.
7 N. da T. Sir William Huggins, astrônomo célebre por suas descobertas em análise espectral.
8 N. da T. - Senhor Sarjeant Cox.

mente, os que estavam de cada lado viram o acordeão balançando-se de maneira curiosa; depois alguns sons desprenderam-se dele, e, finalmente, muitas notas foram tocadas sucessivamente. Enquanto isso acontecia; meu assistente agachou-se sob a mesa e constatou que o acordeão abria-se e fechava.

Figura 1

A mão com a qual o senhor Home segurava o acordeão estava completamente imóvel e a outra repousava sobre a mesa.

Depois, os que estavam dos dois lados do senhor Home viram o acordeão mover-se, oscilar, girar em torno da gaiola e tocar ao mesmo tempo. Então, o doutor William Huggins olhou para baixo da mesa e afirmou que a mão do senhor Home permanecia completamente imóvel, enquanto o acordeão movia-se, produzindo sons distintos.

Ouvimos notas distintas e separadas ressoando sucessivamente, e depois uma ária simples foi tocada. Como tal resultado só podia ser produzido pelas diferentes chaves do instrumento postas em ação de maneira harmoniosa, todos os que estavam presentes consideraram-na uma experiência decisiva. Mas o que se seguiu foi ainda mais surpreendente: o senhor Home afastou totalmente a mão do acordeão, retirou-a completamente da gaiola e segurou a mão da pessoa que estava perto dele. Então, o instrumento continuou a tocar sozinho, sem que nenhuma mão o segurasse.

Figura 2

Novamente, o senhor Home deixou o instrumento e pousou as duas mãos sobre a mesa. Dois assistentes e eu percebemos distintamente o acordeão flutuar no interior da gaiola, sem nenhum suporte visível. Após um curto intervalo, esse fato repetiu-se uma segunda vez.

Eu quis, a seguir, experimentar que efeito nós produziríamos ao passar a corrente elétrica da bateria em torno do fio isolado da gaiola. Para tanto, meu ajudante

308   Camille Flammarion

estabeleceu a comunicação com os fios que vinham das pilhas de Grove. Novamente, o senhor Home segurou o instrumento dentro da gaiola, do mesmo modo como já descrito anteriormente, e imediatamente ele ressoou, agitando-se vigorosamente de um a outro lado. Mas me é impossível dizer se a corrente elétrica que passou ao redor da gaiola veio em auxílio da força que se manifestava no interior.

Após essa experiência, o acordeão, sempre seguro por uma só mão, começou a tocar, primeiramente, acordes e arpejos, e, a seguir, uma doce e melancólica melodia, muito conhecida, que foi executada de modo perfeito e muito bonito. Enquanto essa ária era tocada, segurei o braço do senhor Home, abaixo do cotovelo e deslizei levemente a minha mão, até que ela tocasse a parte superior do acordeão. Não se movia nenhum músculo. A outra mão do senhor Home estava sobre a mesa, visível a todos os olhos, e seus pés conservavam-se sob os pés dos que estavam ao seu lado.

Tendo obtido resultados tão surpreendentes durante nossas experiências com o acordeão dentro da gaiola, voltamo-nos para o aparelho da balança já descrito. O senhor Home colocou levemente a ponta dos seus dedos sobre a extremidade da prancha de mogno que repousava no suporte, enquanto o doutor e eu, cada um de nós sentado de um lado, espiamos os efeitos que poderiam se produzir. Quase imediatamente, vimos que o ponteiro da balança descia. Após alguns segundos, ele subiu. Esse movimento repetiu-se várias vezes, como se estivesse sob as emissões sucessivas da Força Psíquica. Nós observamos que, durante a experiência, a extremidade da prancha oscilou suavemente, subindo e descendo.

Depois, o senhor Home, por iniciativa própria, pegou uma pequena campainha e uma pequena caixa de fósforos, de papelão, que se encontravam perto dele, e colocou cada um desses objetos em cada uma de suas mãos, para mostrar-nos que ele não exercia sobre eles nenhuma pressão (vide a figura 3 abaixo). A oscilação muito leve da balança de molas tornou-se mais marcada, e o doutor, olhando o indicador, constatou que o estava vendo abaixar a seis libras e meia. Como o peso normal da prancha assim suspensa era de três libras, poderíamos deduzir que o impulso suplementar fora de três libras e meia. Olhando, logo a seguir, o registrador

Figura 3

automático, vimos que, em determinado momento, o indicador descera a nove libras, o que mostrava que o peso normal de uma prancha, que era de três libras, atingira uma gravidade máxima de seis libras a mais. A fim de verificarmos se era possível produzir um efeito notável sobre a balança de molas, exercendo uma pressão no local em que o senhor Home havia colocado os dedos, subi à mesa e mantive-me apoiado sobre um pé na extremidade da prancha. O doutor Huggins, que observava o indicador da balança, disse que a ação do peso inteiro do meu corpo (140 libras) só fazia oscilar o indicador de uma libra e meia – ou duas libras quando eu dava um solavanco. Ora, como o senhor Homes ficara sentado sobre uma *chaise-longue*, ele não poderia, mesmo que tivesse feito todos os esforços possíveis, exercer nenhuma influência material sobre esses resultados. Preciso, apenas, acrescentar que tanto seus pés como suas mãos estavam sendo controlados de perto.

Essa experiência parece-me ainda mais conclusiva, talvez, que a do acordeão. Como vimos, a prancha fora colocada horizontalmente, e é preciso notar que em nenhum momento os dedos do senhor Home avançaram a mais de uma polegada e meia da extremidade da prancha, o que foi demonstrado por uma marca a lápis que eu fiz naquele momento. – Ora, como pé de madeira também tinha a largura de uma polegada e meia e repousava reto sobre a mesa, é evidente que um aumento de pressão muscular exercido nesse espaço de uma polegada e meia não podia produzir nenhuma ação sobre a balança.

Consequentemente, a disposição era a de uma alavanca de trinta e seis polegadas de comprimento, cujo ponto de apoio encontrava-se a uma polegada e meia de uma das extremidades. Portanto, se o senhor Home tivesse exercido uma pressão para baixo, ela teria estado em oposição com a força que fazia descer a outra extremidade da prancha.

A leve pressão vertical indicada pela balança quando eu estava de pé sobre a prancha, era devida, provavelmente, ao fato de meu pé ultrapassar esse ponto de apoio.

Acabo de fazer uma exposição dos fatos, completa e sem maquiagem, extraída de inúmeras notas escritas no momento das experiências, e redigidas completamente logo após sua realização. Quanto à causa desses fenômenos, quanto à natureza da força, quanto à correlação existente entre ela e as outras forças da natureza, eu não me aventuraria a emitir a mínima hipótese. Nas pesquisas ligadas tão intimamente com condições raríssimas de fisiologia e de psicologia, é dever do investigador abster-se completamente de qualquer sistema de teorias, até que ele tenha reunido um número de fatos suficiente para formar uma base sólida sobre a qual ele possa raciocinar. Em presença dos estranhos fenômenos até o presente inexplorados e inexplicados, que se sucedem de um modo tão rápido, confesso que é difícil não descrevê-los em uma linguagem que traz a marca das sensações recebidas. – Mas, para ser coroada de êxito, uma pesquisa desse gênero deve ser empreendida pelo filósofo, sem preconceitos nem sentimentalismos. É preciso banir completamente as ideias romanescas e supersticiosas; os passos do investigador devem ser guiados por uma razão tão fria e tão pouco apaixonada quanto os instrumentos dos quais ele faz uso.

A esse respeito, o senhor Cox escreve ao senhor Crookes:

> Os resultados parecem-me estabelecer de uma maneira concludente este fato importante: há uma força que procede do sistema nervoso e que é capaz, na esfera de sua influência, de dar movimento e peso aos corpos sólidos.
> Constatei que essa força era emitida por pulsações intermitentes e não sob forma de uma pressão fixa e contínua, pois o indicador subia e descia incessantemente durante a experiência. Esse fato me parece de grande importância, porque ele tende a confirmar a opinião que lhe dá por fonte a organização nervosa, e ele contribui muito para apoiar a importante descoberta do doutor Richardson, ou seja, a de uma atmosfera nervosa de intensidade variável envolvendo o corpo humano.
> Suas experiências confirmam inteiramente a conclusão a que chegou a Comissão de pesquisas da *Dialectical Society*, após mais de quarenta sessões de ensaios e provas. Permita-me acrescentar que *não vejo nada que possa fazer pensar que essa força seja outra coisa além* de uma força *que emana do organismo humano* ou ao

menos, ligada a ele diretamente e, consequentemente, como todas as outras forças da natureza, ela é plenamente da competência dessa rigorosa pesquisa científica à qual o senhor foi o primeiro a submetê-la.

Agora que foi estabelecido, por provas dadas pelos aparelhos, que é um fato da natureza (e se é um fato, é impossível de lhe exagerar a importância do ponto de vista da fisiologia e da luz que ele deve fazer sobre as leis obscuras da vida, da mente e da ciência médica), sua discussão e seu exame imediato e sério não podem deixar de ser feitos por fisiologistas e por todos aqueles que tomam a peito o conhecimento do "homem", conhecimento que com razão foi denominado "o mais nobre estudo da humanidade".

Para evitar a aparência de qualquer conclusão prematura, eu aconselharia que fosse adotado para essa força um nome que lhe seja próprio, e me aventuro a sugerir a ideia de denominá-la Força Psíquica; que as pessoas em que ela se manifesta com grande força chamem-se Psiquistas e que a ciência a que ela se refere se denomine Psiquismo, como um ramo da psicologia.

O artigo precedente foi publicado separadamente por William Crookes, em um livro especial que tenho diante de mim,[9] e que contém, também, o seguinte estudo, não menos curioso do ponto de vista anedótico humano do que do ponto de vista da física experimental.

É edificante compararmos algumas das críticas atuais com aquilo que eu escrevia há um ano quando, pela primeira vez, anunciei que estava a ponto de iniciar minhas pesquisas sobre os fenômenos chamados espíritas: esse anúncio provocou um sentimento universal de aprovação. Alguém disse que meus "propósitos mereciam uma respeitosa consideração"; outra pessoa expressou "sua profunda satisfação ao ver que esse assunto ia ser estudado por um homem tão competente como..." etc. Uma terceira pessoa estava "satisfeita de saber que essa matéria estava sendo submetida à atenção de homens frios, clarividentes e que ocupavam uma posição de destaque na ciência". Uma

---

[9] *Experimental investigations on psychic force, by* WILLIAM CROOKES, F. R. S. etc. London, Henry Gillman, 1871. Esse livro foi traduzido em francês por M. Alidel. Paris, Librairie des sciences psychiques, 1897.

quarta pessoa afirmava que "ninguém podia duvidar da capacidade do senhor Crookes de conduzir essas pesquisas com uma imparcialidade rígida e filosófica" e, finalmente, uma quinta pessoa era bondosa em dizer aos seus leitores: "Se homens como o senhor Crookes que só admitem aquilo que é provado, interessam-se por esse assunto, logo saberemos no que poderemos acreditar".

Entretanto, essas observações foram escritas muito depressa. Esses escritores tinham por certo que os resultados das minhas experiências estariam de acordo com suas ideias preconcebidas. O que eles desejavam realmente não era a "verdade", mas sim um testemunho a mais em favor das próprias opiniões já estabelecidas. Quando descobriram que os fatos estabelecidos por essa investigação não podiam favorecer essas opiniões, por que eles disseram: "azar dos fatos!"? Eles tentaram reconsiderar habilmente suas recomendações de confiança na investigação, declarando que "o senhor Home é um mágico hábil que enganou a todos nós". "O senhor Crookes, poderia, também, ter examinado os passes de um malabarista indiano". "O senhor Cookes deverá obter melhores testemunhas antes que possamos acreditar nele"; "A coisa é muito absurda para ser tratada seriamente". "É impossível, e consequentemente, isso não pode existir".[10] "Todos os observadores estavam alucinados, e imaginaram estar vendo coisas que nunca realmente aconteceram". Etc.

Essas observações contêm um curioso esquecimento dos deveres do cientista. Estou apenas surpreso que os oponentes, sem terem feito nenhuma pesquisa pessoal, pretendem que fui enganado, simplesmente porque eles não estão convencidos, já que o mesmo sistema de argumento, que nada tem de científico, foi contraposto a todas as grandes descobertas. Quando me dizem que aquilo que descrevo não pode ser explicado de acordo com as ideias já estabelecidas sobre as leis da natureza, os que fazem essa objeção, na realidade, desviam-se da própria questão, e recorrem a um tipo de raciocínio que condenaria a ciência à imobilidade. O argumento gira neste círculo vicioso: não devemos afirmar um fato antes de termos certeza de que ele está de acordo com as leis da natureza, ao passo que apenas nosso conhecimento das leis da

---

10 Ocorre-me a citação: "Eu nunca disse que isso era possível, eu disse que *isso existia*".

natureza deve ser baseado em uma longa observação dos fatos. Se um fato novo parece estar em contradição com aquilo que denominamos de uma lei da natureza, isso não prova que o fato em questão seja falso; mas isso apenas prova que ainda não estabelecemos bem quais são as leis da natureza, ou que não as conhecemos corretamente.

Em seu discurso de abertura, pronunciado este ano (1871) diante da Associação Britânica, em Edimburgo, Sir William Thomson disse: "Compete à ciência, de acordo com a eterna lei da honra, enfrentar sem medo qualquer problema que pode, francamente, se apresentar a ela". Meu objetivo, ao trazer à luz os resultados das séries extraordinárias de experiências é o de apresentar um desses problemas que, segundo Sir William Thomson, "compete à ciência, de acordo com a eterna lei da honra, enfrentar sem medo". Não bastará simplesmente negar sua existência ou tentar enterrá-lo sob o escárnio. Lembrem-se de que não arrisco quaisquer tipos de hipóteses ou de teorias. Simplesmente confirmo certos fatos e tenho apenas um objetivo: – a verdade. Duvidem, mas não neguem; mostrem por meio da mais severa crítica aquilo que, em minhas provas experimentais, deve ser considerado como erro, e sugiram ensaios mais concludentes. Mas não tratem, apressadamente, nossos sentidos de testemunhas mentirosas, porque eles testemunharam contra suas ideias preconcebidas. Eu direi aos meus críticos: tentem as experiências; procurem com cuidado e paciência como eu o fiz. Se, após o exame, vocês descobrirem fraude ou ilusão, mostrem esse fato e digam como ele é feito. Mas se concluírem que é um fato, reconheçam-no sem medo, como "de acordo com a eterna lei da honra" compete a vocês fazê-lo.

Aqui, Sir William Crookes lembra as experiências e as conclusões do conde de Gasparin e de Thury descritas anteriormente a respeito do fenômeno do movimento sem contato, provado e demonstrado. Não temos necessidade de voltar ao assunto. Ele acrescenta que a força ectênica do professor Thury e a força psíquica são termos equivalentes, e que também se trata da atmosfera nervosa ou fluida do doutor Benjamin Richardson.

O senhor Crookes enviou suas observações à Sociedade Real de Londres, da qual ele faz parte. Essa Sociedade científica recusou suas comunicações. Evidentemente, eles só teriam aprovado a ingerência do engenhoso químico em suas pesquisas ocultas e heréticas com a condição de que ele demonstrasse a falsidade desses prodígios.

O professor Stokes, secretário, recusou-se a ocupar-se da questão e até a incluir seu título nas publicações acadêmicas. Isso foi exatamente a repetição do que acontecera na Academia de Ciências de Paris, em 1853. O senhor Crookes ignorou esses julgamentos arbitrários e anticientíficos e respondeu-lhes, simplesmente, publicando a descrição pormenorizada das experiências. Eis sua descrição, em seus pontos essenciais:

> A primeira vez que tentei essas experiências, eu pensava que o contato efetivo entre as mãos do senhor Home e o corpo suspenso, cujo peso deveria ser modificado, seria necessário para a manifestação da força. Mas logo percebi que isso não era uma condição indispensável e, assim, dispus meus aparelhos do seguinte modo:
> Os desenhos a seguir (figuras 1, 2, 3) mostram essa disposição. A figura 1 é uma vista geral e as figuras 2 e 3 mostram mais detalhadamente as partes essenciais. As letras de referência são as mesmas em cada desenho. A B é uma prancha de mogno de 0,91 m de comprimento por 0,24 m de largura e 0,025 m de espessura. Sua extremidade B está suspensa a uma balança de molas C, munida de um marcador automático.
> A balança é sustentada por um tripé muito sólido E.
> A peça seguinte do aparelho não aparece nas figuras. Ao indicador móvel O da balança de molas é soldada uma fina ponta de aço que se projeta horizontalmente para fora. Diante da balança, e firmemente fixada a ela, encontra-se uma moldura com ranhuras que sustenta uma caixa chata, semelhante à câmara escura de uma máquina fotográfica. Um movimento de relojoaria faz mover essa caixa horizontalmente, na frente do indicador móvel e ela contém uma lâmina de vidro, escurecida pela fumaça. A ponta de aço saliente imprime uma marca sobre essa superfície.
> Se a balança estiver em repouso, e o maquinismo de relojoaria se mover, temos como resultado uma linha

Figura 1

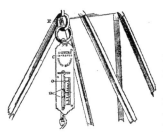

Figura 2

horizontal perfeitamente reta. Se o movimento parar, e colocarmos pesos sobre a extremidade B da prancha, temos como resultado uma linha vertical cujo comprimento depende do peso aplicado. Se, enquanto o movimento do maquinismo de relojoaria estiver arrastando a lâmina de vidro, o peso da prancha (ou a tensão da balança) vier a variar, temos como resultado uma linha curva, segundo a qual poderemos calcular a tensão em gramas, a qualquer momento da duração das experiências.

O instrumento era capaz de indicar tanto uma diminuição como um aumento da força de gravitação. Indicações dessa diminuição foram muitas vezes obtidas. Entretanto, para evitar complicações, só falarei aqui dos resultados em que um aumento dessa força foi constatado.

Como a extremidade B da prancha era suportada pela balança de molas, a extremidade A foi colocada sobre uma faixa de madeira F, aparafusada através do seu lado plano e cortada com a lâmina de uma faca (vide a figura 3). Esse ponto de apoio repousava sobre um banco de madeira GH, sólido e pesado. Sobre a prancha, bem em cima do ponto de apoio, foi colocada um grande recipiente de vidro I, cheio de água. L é uma barra maciça de ferro, munida de um braço e de um aro MN, no qual repousava um recipiente de cobre hemisférico, cujo fundo foi perfurado com vários orifícios.

A barra de ferro situava-se a duas polegadas da prancha AB; o braço e o recipiente de cobre MN foram ajustados de tal modo que este último mergulhava uma polegada e meia na água e se encontrava a cinco polegadas e meia do fundo do recipiente I e a duas polegadas de sua circunferência. Sacudindo ou batendo no braço M ou no recipiente N, isso não produzia na prancha AB nenhum efeito mecânico apreciável, que pudesse afetar a balança. Mergulhando na água toda a extensão da mão no ponto N, isso não produzia na balança a menor ação sensível.
Como, por esse meio, a

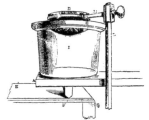

Figura 3

transmissão mecânica da força do senhor Home foi inteiramente suprimida entre o recipiente de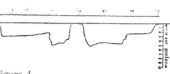
Figura 4

cobre e a prancha AB, decorre disso que o poder da força muscular foi completamente eliminado.

No cômodo onde as experiências eram realizadas (minha própria sala de jantar), havia sempre claridade suficiente para vermos tudo o que lá se passava. Além disso, repeti as experiências não apenas com o senhor Home, mas também com outra pessoa dotada da mesma faculdade. Eis essas experiências descritas detalhadamente:

Experiência I – O aparelho foi previamente preparado antes da entrada do senhor Home na sala. Ele entrou no cômodo e pedimos que colocasse seus dedos na água do recipiente N. Home levantou-se e mergulhou no recipiente as pontas dos dedos de sua mão direita. Sua outra mão e seus pés estavam seguros. Quando ele disse que estava sentindo um poder, uma força ou uma influência escapar de sua mão, eu acionei o movimento do maquinismo de relojoaria e, quase imediatamente, vimos a extremidade B da prancha descer lentamente e permanecer abaixada durante vinte segundos. A seguir ela desceu um pouco mais, para depois voltar à sua altura habitual. Novamente, ela desceu, subiu imediatamente, desceu ainda, gradualmente, durante 17 segundos e, finalmente, atingiu a sua altura normal na qual se manteve até o fim da experiência. O ponto mais baixo marcado sobre o vidro era equivalente a um impulso direto de cerca de 5000 grãos.[11] A figura 4 é uma reprodução da curva traçada sobre a lâmina de vidro escurecida com negro de fumo.

Experiência II – Como o contato através da água se revelou tão eficaz quanto o contato mecânico, eu quis ver se o poder ou a força em questão poderia afetar o peso, seja através das outras partes do aparelho, seja através do ar. O recipiente de vidro, a barra de ferro etc. etc., foram então removidos como uma complicação desnecessária, e o senhor Home colocou suas mãos no ponto P, sobre o suporte do aparelho (figura 1). Uma pessoa presente colocou sua mão sobre as mãos do senhor

---

11 O grão inglês equivale a 0,065 g.

Figura 5

Home, e seu pé entre os pés dele: eu o observei atentamente durante todo esse tempo. No momento apropriado, o movimento do maquinismo de relojoaria foi acionado; a prancha desceu e subiu de uma maneira irregular e o resultado foi uma curva traçada sobre o vidro. Essa curva está representada na figura 5.

Experiência III – Dessa vez, o senhor Home foi colocado a um pé da prancha AB, e de lado. Suas mãos e seus pés estavam firmemente seguros por uma pessoa situada perto dele. Outra curva, cuja reprodução encontra-se na figura 6, foi obtida fazendo com que o vidro esfumaçado se movesse.

Experiência IV – Essa experiência foi realizada em um dia em que o fluido (o poder) era muito intenso. O senhor Home foi colocado a três pés do aparelho;  suas mãos e seus pés estavam solidamente seguros. Quando ele deu o sinal, a máquina foi colocada em movimento. Logo a extremidade B da prancha desceu, depois subiu de modo irregular, como pode ser visto na figura 7.

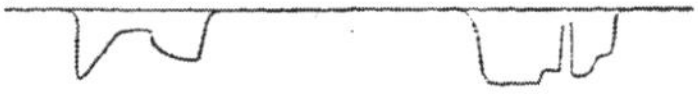

Figura 6

Figura 7

As experiências seguintes foram realizadas com um aparelho mais delicado e, devido à ausência do senhor Home, com outra pessoa dotada das mesmas faculdades (uma jovem senhora).

Um pedaço fino de pergaminho A (figuras 8 e 9) é firmemente estendido sobre um círculo de madeira. BC é uma leve alavanca que gira em D. Na extremidade B encontra-se a ponta de uma agulha vertical que toca a membrana A e, no ponto C, encontra-se outra ponta de agulha, projetada horizontalmente e que toca uma lâmina de vidro EF, enegrecida com fumaça. Essa lâmina de vidro é arrastada na direção HG pelo movimento do maquinismo de relojoaria K.

A extremidade B da alavanca é carregada de tal modo que ela segue rapidamente os movimentos do centro do disco A. Esses movimentos são transmitidos à lâmina de vidro EF e nela registrados por meio da alavanca e da ponta de agulha C. Orifícios são perfurados nas paredes do círculo para permitir ao ar circular livremente sob a membrana. Previamente, o aparelho foi testado por mim e por outras pessoas, a fim de nos certificarmos que nem pancadas nem vibrações sobre a mesa ou sobre o suporte interfeririam nos resultados: a linha traçada pela ponta C sobre o vidro esfumaçado continuou perfeitamente reta, a despeito de todos os nossos esfor-

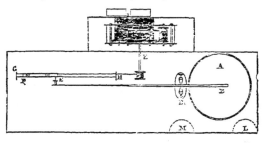

Figura 8

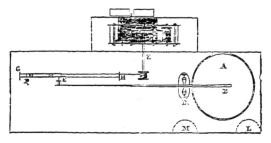

Figura 9

ços para influenciar a alavanca, sacudindo o suporte ou batendo o pé no assoalho.

Experiência V – Sem que lhe tivessem explicado o objetivo do instrumento, a senhora foi levada ao cômodo, e foi-lhe solicitado para colocar os dedos sobre o suporte de madeira nos pontos L, M (figura 8). Então, coloquei minhas mãos sobre as dela, para captar qualquer movimento consciente ou inconsciente de sua parte. Logo ouvimos no pergaminho sons (sons de percussão), semelhantes aos sons de grãos de areia jogados em sua superfície. A cada pancada, víamos um fragmento de grafite, que eu colocara sobre a membrana, ser projetado ao ar, a, aproximadamente, um quinquagésimo de polegada, e a extremidade C da alavanca se movia ligeiramente e descia. Algumas vezes, os sons sucediam-se tão rapidamente quanto aqueles de uma máquina de indução, ao passo que, outras vezes, havia mais de um se-

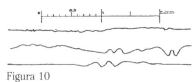

Figura 10

gundo de intervalo. Foram obtidas de cinco a seis curvas, e sempre vimos o movimento da extremidade C da alavanca coincidir com cada vibração da membrana.

Em alguns casos, as mãos da senhora não estavam tão próximas da membrana quanto os pontos L e N, mas elas estavam nos pontos N e O (figura 9).

A figura 10 representa as curvas registradas.

Experiência VI – Como obtivemos esses resultados na ausência do senhor Home, eu estava impaciente para ver qual ação sua presença produziria no instrumento. Dessa forma, pedi-lhe que tentasse, mas sem explicar-lhe o motivo.

Segurei o seu braço acima do punho, e mantive sua mão acima da membrana, a, aproximadamente, 10 polegadas de sua superfície, e na posição mostrada em P (figura 9). Um amigo segurava a sua outra mão. Após ter ficado nessa posição cerca de meio minuto, o senhor Home declarou que estava sentindo o fluido passar. Então, acionei o mecanismo de relojoaria e todos nós vimos o indicador C subindo e descendo.

Figura 11

Os movimentos eram muito mais lentos do que no caso precedente, e não eram absolutamente acompanhados dos sons vibrantes dos quais já falei.

As figuras 11 e 12 mostram as curvas produzidas nos vidros em duas dessas ocasiões.

Essas experiências *põem fora de dúvida* as conclusões às quais cheguei no meu trabalho anterior, a saber: a existência de uma força associada, de uma maneira ainda não explicada, ao organismo humano, força pela qual um acréscimo de peso pode ser acrescentado aos corpos sólidos, sem contato efetivo.

Agora que pude observar mais o senhor Home, creio ter descoberto o que essa força física emprega para se desenvolver. Servindo-me dos termos *força vital e energia nervosa*, sei que estou empregando palavras que, para muitos investigadores, se prestam a significados diferentes; mas após ter sido testemu-

Figura 12

320 Camille Flammarion

nha do estado penoso de prostração nervosa e corporal em que algumas dessas experiências deixaram o senhor Home; após tê-lo visto em um estado de desfalecimento quase total, estendido sobre o assoalho, pálido e sem voz, mal posso duvidar que a emissão da *força psíquica* seja acompanhada de um esgotamento correspondente da *força vital*. Para testemunhar exibições dessa força não é necessário ter acesso a nenhum psiquista[12] de renome. Essa força é provavelmente possuída por todos os seres humanos, embora os indivíduos dotados de uma energia extraordinária sejam, certamente, raros. Durante o ano que acaba de passar, encontrei, no seio de algumas famílias, cinco a seis pessoas que possuíam essa força de uma maneira bastante potente para me inspirar plenamente a certeza de que, por seu intermédio, poderíamos ter obtido resultados análogos aos que acabam de ser descritos, embora menos intensos.

Essas experiências continuaram a ser alvo de uma crítica acirrada por parte dos cientistas oficiais ingleses, que se recusaram totalmente a admitir seu valor. O senhor Crookes, algumas vezes, divertiu-se em responder a esses ataques grotescos, sem naturalmente convencer seus adversários intransigentes. Seria supérfluo aqui reproduzir essas respostas que podemos encontrar na edição francesa de *Recherches*. O célebre químico fez melhor: continuou suas pesquisas no campo do Desconhecido e obteve resultados mais surpreendentes ainda – e ainda mais extraordinários, mais inexplicáveis e mais incompreensíveis.

Eis a continuação de suas notas:

> Assim como um viajante que explora alguma região longínqua, cujas maravilhas não fossem até então conhecidas a não ser por rumores e relatos de caráter vago e pouco exato; assim eu, por quatro anos, venho ocupando-me assiduamente das pesquisas em uma região das ciências naturais que oferece ao homem de ciência um terreno quase virgem.
> Da mesma forma que o viajante percebe nos fenômenos naturais, dos quais pode ser testemunha, a ação

---

[12] N. da T. – Termo que, genericamente, define todos os pesquisadores da mente humana.

de forças governadas por leis naturais, no mesmo lugar onde outros só veem a intervenção caprichosa de deuses ofendidos; eu me esforcei para traçar a operação das leis e das forças da natureza onde outros não viram senão a ação de seres sobrenaturais, não dependendo de nenhuma lei e não obedecendo a nenhuma outra força além da força de sua livre vontade.

Os diversos fenômenos que acabo de atestar são tão extraordinários e tão completamente opostos aos mais enraizados pontos das crenças científicas – entre outros, a universal e invariável ação da força da gravidade – que mesmo agora, lembrando-me dos detalhes daquilo que fui testemunha, há o antagonismo em minha mente entre minha razão, que afirma que isso é cientificamente impossível e o testemunho dos meus dois sentidos, da visão e do tato (testemunho corroborado pelos sentidos de todas as pessoas presentes) que me garantem não serem testemunhos mentirosos.

Mas supor que uma espécie de loucura ou de ilusão venha atacar repentinamente todo um grupo de pessoas inteligentes, de mentes sãs, que estão de acordo com as mínimas particularidades e detalhes dos fatos dos quais são testemunhas, parece-me mais inadmissível que os próprios fatos que elas atestam.

O assunto é muito mais difícil e mais vasto do que parece. Quatro anos atrás, tive a intenção de dedicar um ou dois meses, apenas, a me certificar de que certos fatos maravilhosos de que eu ouvira falar poderiam sustentar a prova de um exame rigoroso. Mas logo tendo chegado à mesma conclusão de qualquer pesquisador imparcial, ou seja, que "nisso existe alguma coisa", não podia mais, eu, o estudioso das leis da natureza, recusar-me a continuar essas pesquisas, qualquer que fosse o ponto a que elas me pudessem conduzir. Foi assim que alguns meses se transformaram em alguns anos, e se eu pudesse dispor de todo o meu tempo, é provável que essas pesquisas ainda prosseguissem.

Meu objetivo principal é de aqui dar ciência da série de manifestações que se produziram *em minha casa*, em presença de testemunhas dignas de fé, e sob as mais severas condições de controle que eu pude imaginar. Além disso, cada fato que observei é corroborado por pesquisadores independentes que os observaram em outras épocas e em outros lugares. Veremos que todos esses fatos têm o mais surpreendente caráter e que eles parecem inteiramente inconciliáveis com as teorias conhecidas da ciência moderna. Tendo-me assegurado de sua realidade, seria uma covardia moral recusar-lhes o meu testemunho, só porque minhas publicações precedentes foram ridicularizadas por críticos e por outras pessoas que nada conhecem sobre esse assunto e que possuem muitos preconceitos para verem e julgarem por si mesmos. Simplesmente, eu direi o que vi e o que me foi provado pelas experiências repetidas e verificadas.

Exceto em algumas circunstâncias nas quais a escuridão foi uma condição indispensável, como, por exemplo, os fenômenos de aparições luminosas e em alguns outros casos, *tudo o que eu estou relatando aconteceu em plena luz*. Nas poucas ocasiões em que os fenômenos descritos se produziram no escuro, eu tive o cuidado de mencionar o fato; além disso, quando qualquer motivo particular exigiu a exclusão da luz, os resultados se manifestaram sob condições de controle tão perfeitas que a supressão de um dos nossos sentidos não pôde realmente enfraquecer a prova fornecida.

Eu disse que a escuridão não é essencial. Entretanto, é um fato bem reconhecido que, quando a força é fraca, uma luz viva exerce uma ação que interfere na ação de alguns dos fenômenos. O poder do senhor Home é suficientemente intenso para anular essa influência contrária. Assim, ele não admite a escuridão em suas sessões. Exceto em duas circunstâncias, para algumas experiências especiais, a luz foi suprimida; tudo aquilo de que fui testemunha foi produzido por ele em plena claridade. Tive muitas oportunidades para testar a ação da luz proveniente de diferentes fontes e de cores variadas: – luz do sol, – luz difusa, – luar, – gás, – lâmpada, – vela, – luz elétrica, – luz amarela, homogênea etc. – Os raios que contrariam as manifestações parecem ser aqueles da extremidade violeta do espectro.

A seguir, o senhor Crookes procede à classificação dos fenômenos observados por ele, indo dos mais simples aos mais complexos, e fazendo rapidamente, em cada capítulo, uma exposição sumária de alguns desses fatos.

• *Primeira categoria*: Movimento de corpos pesados com

contato, mas sem esforço mecânico. (Esse movimento foi exaustivamente provado em todo este livro e seria supérfluo insistir nele).
• *Segunda categoria*: Fenômenos de percussão e outros sons da mesma natureza.
Uma questão importante aqui se impõe. O autor escreve:

> *Esses movimentos e esses ruídos são governados por uma inteligência?* Desde o início de minhas pesquisas, constatei que o poder que produzia esses fenômenos não era simplesmente uma força cega, mas que uma inteligência o dirigia, ou pelo menos lhe estava associada. Assim, os ruídos de que acabo de falar, repetiram-se um determinado número de vezes; tornaram-se fortes ou fracos, e, a meu pedido, ressoaram em diferentes lugares; por um vocabulário de sinais, convencionados previamente, foram respondidas perguntas e mensagens foram passadas com maior ou menor exatidão.
> A inteligência que governa esses fenômenos é, algumas vezes, manifestamente inferior à do médium, e está frequentemente em oposição direta aos seus desejos. Quando estávamos determinados a fazer alguma coisa que não podia ser considerada muito razoável, eu vi prementes mensagens serem transmitidas para induzir-nos a refletir de novo. Essa inteligência é, algumas vezes, de tal caráter, que somos induzidos a crer que ela não emane de nenhuma das pessoas presentes.

• *Terceira categoria*: Alteração do peso dos corpos. (Experiências que acabam de ser expostas).
• *Quarta categoria*: Movimentos de objetos pesados, colocados a distância do médium.

> Os exemplos em que corpos pesados, tais como mesas, cadeiras, canapés e outros se põem todos em movimento, sem o contato do médium, são muito numerosos. Indicarei resumidamente alguns dos mais surpreendentes deles. A minha própria cadeira descreveu, em parte, um círculo, não estando os meus pés pousados no assoalho. Sob os olhos de todos os assistentes, uma cadeira veio lentamente de um canto distante da sala, fato que todas as pessoas presentes constataram; em outra circunstância, uma poltrona chegou até ao lugar em que nós está-

vamos sentados, e, atendendo ao meu pedido, retrocedeu lentamente, à distância de cerca de três pés. Durante três sessões consecutivas, uma pequena mesa moveu-se lentamente através da sala, nas condições que eu tinha expressamente preparado previamente, a fim de responder a qualquer objeção que se pudesse levantar contra esse fato. Várias vezes eu obtive a repetição de uma experiência que a Comissão da Sociedade Dialética considerou como concludente, a saber: o movimento de uma pesada mesa em plena luz, quando as costas das cadeiras estavam voltadas para a mesa e as pessoas estavam ajoelhadas em suas cadeiras, com as mãos apoiadas no encosto, mas não tocando a mesa. Certa vez, esses fatos produziram-se durante o tempo em que eu ia e voltava, procurando ver como cada um estava colocado.

- *Quinta categoria*: Cadeiras e mesas elevadas do chão sem que ninguém as tocasse. (Seria muito supérfluo voltar ao assunto).
- *Sexta categoria*: Levitações de corpos humanos

Os casos mais extraordinários de levitação de que fui testemunha realizaram-se com o senhor Home. Em três circunstâncias diferentes, vi-o *elevar-se completamente acima do piso da sala*. A primeira vez, ele estava sentado em uma *chaise longue*; a segunda, ele estava de joelhos sobre uma cadeira, e a terceira, ele estava de pé. Em cada circunstância, tive toda a facilidade de controlar o fato, no momento em que ele se produzia.

Há, pelo menos, cem casos bem constatados de levitação do senhor Home, que se produziram em presença de uma grande quantidade de pessoas diferentes; e ouvi da própria boca de três testemunhas: do conde de Dunraven, do lorde Lindsay e do capitão C. Wynne, a narração dos casos mais notáveis desse tipo, acompanhados dos menores detalhes do que se passou. Rejeitar a evidência dessas manifestações equivale a rejeitar todo o testemunho humano, qualquer que seja, pois não há fato, na história sagrada ou na história profana, que se apoie em provas mais decisivas.

- *Sétima categoria*: Movimento de diversos pequenos objetos sem contato de ninguém. (Como para a sexta classe, o fenômeno é muito comum para insistirmos nele).
- *Oitava categoria*: Aparições luminosas.

Como essas manifestações são um pouco fracas, elas exigem, em geral, que o cômodo não esteja iluminado.

Tenho apenas necessidade de lembrar aos meus leitores que, em semelhantes condições, tomei todas as precauções convenientes para evitar que isso não fosse realizado por meio do óleo fosforado ou por outros truques. Mais ainda, muitas dessas luzes eram de natureza tal, que não pude chegar a imitá-las por meios artificiais.

Sob as mais rigorosas condições de controle, vi um corpo sólido, luminoso por si mesmo, aproximadamente do volume e da forma de um ovo de perua, flutuar, sem ruído, pelo aposento, elevar-se, por momentos, mais alto do que poderia ter feito qualquer dos assistentes que se apoiasse sobre a ponta dos pés, e depois descer, vagarosamente, para o assoalho. Esse objeto foi visível durante mais de dez minutos e, antes de desaparecer, bateu três vezes na mesa, com ruído semelhante ao de um corpo duro e sólido.

Durante esse tempo o médium estava deitado em uma *chaise longue* e parecia completamente insensível.

Vi pontos luminosos surgirem de vários cantos do cômodo e repousarem sobre a cabeça de diferentes pessoas; obtive resposta a perguntas que eu havia formulado, por meio de clarões de luz brilhante que se produziram diante do meu rosto, e na quantidade de vezes por mim determinada. Vi faíscas de luz arremessarem-se da mesa ao teto e em seguida caírem novamente sobre a mesa com ruído muito perceptível. Obtive uma comunicação alfabética *por meio de raios luminosos que se produziam no ar, diante de mim*, e no meio dos quais eu passava a mão. Vi uma nuvem luminosa flutuar acima de um quadro. Sempre sob as condições de exame totalmente rigorosas, aconteceu-me mais de uma vez que um corpo sólido, fosforescente, cristalino, fosse colocado em minha mão por outra que não pertencia a nenhuma das pessoas presentes. Em plena luz, vi uma nuvem luminosa pairar sobre um heliotrópio colocado em cima de uma mesa, ao nosso lado, *quebrar-lhe um galho, e levá-lo a uma senhora*, e vi também uma nuvem semelhante condensar-se diante dos nossos olhos, tomando uma forma de mão e transportar pequenos objetos.

• *Nona categoria*: Aparições de mãos, luminosas por si mesmas, ou visíveis à luz comum.

Muitas vezes sentimos contatos de mãos durante as sessões às escuras, ou em condições em que não podíamos vê-las, mas raramente eu vi essas mãos. Em uma sessão em plena luz, uma pequena mão, de forma muito bela, elevou-se de uma mesa da sala de jantar e *ofereceu-me uma flor*; ela apareceu e depois desapareceu três vezes diferentes, o que me convenceu de que essa aparição era tão real quanto a minha própria mão. Esse fato ocorreu em plena luz, no meu gabinete, estando eu segurando, com toda a certeza, os pés e as mãos do médium.

Em outra ocasião, uma pequena mão e um pequeno braço, semelhantes aos de uma criança, apareceram agitando-se sobre uma senhora que estava sentada perto de mim. Depois, a aparição veio até mim, bateu-me no braço, e puxou várias vezes o meu paletó.

Outra vez, um indicador e um polegar foram vistos *arrancando as pétalas de uma flor* que estava na botoeira do senhor Home, e depositando-as diante das pessoas que estavam sentadas perto dele.

Inúmeras vezes, eu mesmo e outras pessoas vimos *a mão comprimindo as teclas de um acordeão*, ao passo que, no mesmo momento, víamos as duas mãos do médium que estavam seguras pelas pessoas que se achavam perto dele.

As mãos e os dedos nem sempre me pareceram sempre sólidos e de pessoa viva. Algumas vezes eles possuíam antes a aparência de uma nuvem vaporosa, condensada em parte sob a forma de mão. Todos os assistentes não a percebiam igualmente bem. Por exemplo, quando alguém vê se mover uma flor ou qualquer outro pequeno objeto, um dos assistentes verá um vapor luminoso pairar em cima; outro descobrirá uma mão de aparência nebulosa, enquanto outros não veem nada além da flor em movimento. Observei, mais de uma vez, primeiro, um objeto mover-se, depois uma nuvem luminosa que parecia formar-se ao redor dele, e, enfim, a *nuvem condensar-se*, tomar uma forma e *transformar-se em mão, perfeitamente acabada*. Naquele momento, todas as pessoas presentes podiam ver essa mão. Nem sempre essa mão é uma simples forma, pois algumas vezes ela parece perfeitamente animada e muito graciosa: os dedos movem-se e a carne parece ser tão humana quanto à de mãos normais. No punho ou no braço, ela torna-se vaporosa e perde-se em uma nuvem luminosa. Ao tato, essas mãos parecem algumas vezes frias como o gelo, e mortas; outras vezes me pareceram quentes e vivas, e cerraram a minha mão com o firme aperto de um velho amigo. Retive uma dessas mãos na minha, bem resolvido a não deixá-la escapar. Nenhuma tentativa e nenhum esforço foram feitos para fazer-me largá-la, mas pouco a pouco essa mão pareceu dissolver-se em vapor, e foi assim que ela se libertou do meu aperto.

• *Décima categoria*: Escrita direta (O douto químico cita alguns exemplos extraordinários obtidos por ele. Não iremos abordá-los nesta obra).

• *Décima-primeira categoria*: Formas e figuras de fantasmas.

Esses fenômenos são os mais raros de todos os de que fui testemunha. As condições necessárias à sua aparição parecem tão delicadas, e é preciso tão pouca coisa para contrariar sua manifestação, que só tive raríssimas ocasiões de vê-los em condições de controle satisfatórias. Mencionarei dois desses casos.

Ao final do dia, durante uma sessão do senhor Home, em minha casa, eu vi agitarem-se as cortinas de uma janela que estava cerca de oito pés de distância do senhor Home. Uma forma sombria, obscura, semitransparente, semelhante a uma forma humana, foi vista por todos os assistentes, em pé, perto da janela, e *essa forma agitava as cortinas com a mão*. Enquanto a olhávamos, ela desapareceu, e as cortinas deixaram de se mover.

O caso que se segue é ainda mais surpreendente. Uma forma de fantasma avançou de um canto do cômodo, foi pegar um acordeão e, em seguida, *deslizou pelo aposento, tocando esse instrumento*. Essa forma foi visível, durante vários minutos, por todas as pessoas presentes, e, ao mesmo tempo, também víamos o senhor Home. O fantasma aproximou-se de uma senhora que estava sentada a certa distância dos demais assistentes. Diante do pequeno grito dessa senhora, a sombra desapareceu.

• *Décima-segunda categoria*: Casos particulares que pareciam indicar a ação de uma inteligência exterior.

Já foi provado que esses fenômenos são governados por uma inteligência. Seria muito importante conhecer a fonte dessa inteligência. Seria ela a do médium, a de uma das pessoas reunidas na sessão, ou, antes essa inteligência estaria fora de todos eles? Sem querer, no momento, pronunciar-me positivamente sobre esses pontos, posso dizer que, ao constatar que, em muitos casos, a vontade e a inteligência do médium pareceram ter muita ação sobre os fenômenos, eu observei, também, vários casos que pareceram mostrar, de maneira concludente, a ação de uma inteligência *exterior e estranha* a todas as pessoas presentes. O espaço não me permite apresentar aqui todos os argumentos que se podem alegar para provar essas asserções, mas entre um grande número de fatos mencionarei resumidamente um ou dois.

Em minha presença, vários fenômenos se produziram ao mesmo tempo, sendo que a médium não os conhecia todos. Aconteceu-me de ver a senhorita Fox *escrever automaticamente uma comunicação* para um dos assistentes, *enquanto outra comunicação, sobre outro assunto,* lhe era dada para outra pessoa por meio do alfabeto e por *pancadas*. Durante todo esse tempo, a *médium conversava com uma terceira pessoa*, sem o menor embaraço, sobre um assunto completamente diferente dos outros dois.[13]

Um caso, talvez, mais surpreendente, é o seguinte. Durante uma sessão com o senhor Home, a pequena régua que eu utilizara para comunicações pela escrita, *atravessou a mesa para vir a mim,* em plena luz, e ditou-me palavras, batendo-me na mão. Eu soletrava o alfabeto e a régua batia em mim nas letras necessárias. A outra extremidade da régua repousava na mesa, a certa distância das mãos do senhor Home.

As pancadas eram tão claras e tão precisas, e a régua estava tão evidentemente sob a influência de um poder invisível que dirigia os seus movimentos, que eu disse: "A inteligência que dirige os movimentos desta régua pode mudar o caráter dos seus movimentos, e dar-me por meio de pancadas, em minha mão, uma mensagem telegráfica com o alfabeto Morse?"

Tenho todos os motivos para crer que o alfabeto Morse

---

13 Exemplo análogo àquele citado por Taine (vide mais acima, p. 70), mas mais extraordinário ainda.

era completamente desconhecido das pessoas presentes, e eu mesmo só o conhecia imperfeitamente. Mal acabara de pronunciar aquelas palavras, o caráter das pancadas mudou; mas a mensagem continuou da maneira que eu tinha pedido. As letras foram-me dadas muito rapidamente para que eu pudesse fazer outra coisa além de apanhar uma ou outra palavra, e, por conseguinte, essa mensagem se perdeu; mas, eu tinha visto o bastante para convencer-me de que na outra extremidade da régua havia um bom operador de Morse, qualquer que ele fosse.

Ainda outro exemplo. Uma senhora escrevia automaticamente por meio da prancheta, Tentei descobrir o meio de provar que o que ela escrevia não era devido à ação inconsciente do cérebro. A prancheta, como o fazia sempre, afirmava que, ainda que fosse posta em movimento pela mão e pelo braço dessa senhora, *a inteligência* que a dirigia era a de um ser invisível, que se *servia do cérebro da senhora* como se fosse um instrumento de música, e que assim, fazia seus músculos se moverem.

Então, eu disse a essa inteligência: — Está vendo o que há neste cômodo? — Sim, escreveu a prancheta.
— Está vendo este jornal e pode lê-lo? acrescentei, colocando o dedo sobre um número do *Times* que estava sobre uma mesa atrás de mim, mas sem olhá-lo. — Sim, respondeu a prancheta. — Bem, disse eu, se pode vê-lo, escreva a palavra que está agora coberta por meu dedo, e acreditarei em você. A prancheta começou a mover-se lentamente, e com alguma dificuldade escreveu a palavra *however*. Virei-me e vi que a palavra *however* estava coberta pela ponta do meu dedo.

Quando fiz essa experiência, tinha evitado, de propósito, olhar para o jornal, sendo impossível à senhora, se tivesse tentado, ver uma só das palavras impressas, porque estava sentada a uma mesa e o jornal estava sobre outra, que se encontrava atrás de mim, e o meu corpo impedia-lhe a visão.

• *Décima-terceira categoria*: Manifestações diversas de caráter complexo – O senhor Crookes cita aqui dois exemplos de transporte da matéria através da matéria: uma campainha passando da sala vizinha à sala onde eles estavam reunidos, e uma flor desprendendo-se sozinha de um buquê e passando através da mesa.

Falta-me espaço para aqui dar mais detalhes, mas, com certeza, todos os meus leitores reconhecem, tanto quanto eu, a importância dessas experiências do eminente químico. Chamarei a atenção, sobretudo, para as provas de inteligência estranha, para as formações de mãos e de fantasmas e para a passagem da matéria através da matéria.

Essas experiências datam de 1871 a 1873. Nesse último ano, uma nova médium, dotada de faculdades particularmente notáveis, manifestava-se em Londres: a senhorita Florence Cook, nascida em 1856 e, por conseguinte, com 17 anos na época. Desde o ano anterior, em 1872, ela vira, muitas vezes, aparecer perto dela a sombra de uma jovem que a ela se afeiçoou, e que lhe dizia se chamar *Katie King* no outro mundo, e ter sido a senhora *Annie Morgan*, durante uma de suas existências terrenas. Alguns observadores, como, entre outros, os senhores William Harrison, Benjamin Coleman, Luxmore, os doutores Georges Sexton e James Gully, o príncipe de Sayn Wittgenstein, contavam maravilhas dessas aparições, que eles também viram, e das quais publicaram relatórios convincentes.

O senhor William Crookes entrou em relação com essa nova médium em dezembro de 1873. O jornal *The Spiritualist*, dirigido pelo senhor Harrison, em cuja família várias sessões haviam sido realizadas, imprimiu, em fevereiro e março de 1874 duas cartas do douto químico,[14] das quais cito aqui alguns trechos:

> Tenho motivos para estar certo de que o poder em atividade nesses fenômenos é como o amor, e que ele "zomba das fechaduras".
> A sessão da qual os senhores falam, e à qual eu assisti, realizou-se na casa do senhor Luxmore, e o "gabinete" era uma sala de fundo, separada por uma cortina da sala da frente na qual os convidados se reuniam
> Tendo sido preenchida a formalidade ordinária de inspecionar o aposento e de examinar as fechaduras, a senhorita Cook entrou no gabinete.
> Pouco tempo depois, a forma de Katie apareceu ao lado da cortina, mas retirou-se logo, dizendo que o fazia porque haveria perigo de se afastar da sua médium, visto

---

14 Publicadas na edição francesa de *Force Psychique*, de Crookes, e em *Katie King* (Paris, Librairie Leymarie).

que ela não estava bem e não poderia entrar em sono suficientemente profundo.

Eu estava a alguns pés da cortina, atrás da qual a senhorita Cook se achava sentada, tocando-a quase, e podia frequentemente ouvir os seus gemidos e soluços, como se ela estivesse sofrendo. Esse mal-estar continuou por intervalos, durante quase toda a sessão, *e uma vez, quando a forma de Katie estava de pé diante de mim, na sala, ouvi distintamente o som de um soluço doloroso, idêntico aos que a senhorita Cook tinha feito ouvir, por intervalos, e que vinha de trás da cortina onde ela devia estar sentada.*

Confesso que a figura era surpreendente na sua aparência de vida e de realidade, e tanto quanto eu podia distinguir à luz um pouco insuficiente, os seus traços assemelhavam-se aos da senhorita Cook; mas, entretanto, a prova positiva, dada por um dos meus sentidos, já que o suspiro vinha da senhorita Cook, dentro do gabinete, enquanto a figura estava fora dele, esta prova, como estava dizendo, é muito forte para ser destruída por uma simples suposição.

Os seus leitores, senhores, conhecem-me, e desejarão acreditar, assim o espero, que não adotarei precipitadamente uma opinião, nem que lhes pedirei para concordarem comigo, se eu lhes apresentar uma prova insuficiente. Seria, talvez, esperar muito, eu pensar que o pequeno incidente que mencionei tenha para eles o mesmo valor que teve para mim. Mas lhes pedirei isto: "Que aqueles que se inclinam a julgar severamente a senhorita Cook suspendam o seu julgamento até que eu apresente uma prova definitiva que, acredito, será suficiente para resolver a questão".

Atualmente, a senhorita Cook dedica-se exclusivamente a uma série de sessões particulares, às quais não assistem senão um ou dois dos meus amigos e eu. Essas sessões se prolongarão, provavelmente, por alguns meses, e tenho a promessa de que toda prova que eu desejar, me será dada. Mas já estou plenamente convencido da sinceridade e da honestidade perfeita da senhorita Cook, e tenho tudo para acreditar que as promessas que Katie me fez serão cumpridas.

William Crookes

Segue a segunda carta do prudente experimentador:

Em uma carta que escrevi a esse jornal no início de fevereiro último, falei de formas de espíritos que se tinham manifestado pela mediunidade da senhorita Cook, e dizia: "Que aqueles que se inclinam a julgar severamente a senhorita Cook suspendam o seu julgamento até que eu apresente uma prova definitiva que, acredito, será suficiente para resolver a questão".
Nessa carta descrevi um incidente que, em minha opinião, era muito apropriado para me convencer de que Katie e a senhorita Cook eram dois seres materiais distintos. Quando Katie estava fora do gabinete, em pé, diante de mim, ouvi um som queixoso vindo da senhorita Cook, que estava dentro do gabinete. Hoje, sinto-me feliz por dizer que obtive a *prova definitiva* da qual falava na carta supramencionada.
Em 12 de março, durante uma sessão em minha casa, e depois de Katie ter andado entre nós, e de ter falado, durante algum tempo, retirou-se para trás da cortina que separava o meu laboratório, onde a assistência estava reunida, da minha biblioteca, que, temporariamente. serviu de gabinete. Um momento depois, ela reapareceu à cortina e chamou-me, dizendo: "Entre no cômodo e levante a cabeça da minha médium: ela escorregou para o chão". Katie estava, então, de pé, diante de mim, vestida com seu habitual vestido branco e, à cabeça, trazia um turbante. Imediatamente, dirigi-me à biblioteca para levantar a senhorita Cook, e Katie deu alguns passos de lado para me deixar passar. Com efeito, a senhorita Cook tinha escorregado um pouco de cima do canapé, e a sua cabeça pendia em posição muito penosa. Tornei a pô-la no canapé, e apesar da escuridão, tive a viva satisfação de constatar que a senhorita Cook não estava vestida com as roupas de Katie, mas que trazia a sua vestimenta habitual de veludo preto e se achava em profunda letargia. Não decorreu mais que três segundos entre o momento em que vi Katie de vestido branco diante de mim, e o momento em que coloquei a senhorita Cook no canapé, tirando-a da posição em que se achava.
Retornando ao meu posto de observação, Katie apareceu novamente e anunciou que esperava ela e a sua médium pudessem aparecer para mim simultaneamen-

te. Diminuímos a claridade do gás e ela me pediu a lâmpada fosforescente que eu havia preparado. Depois de ter-se mostrado à claridade dessa lâmpada durante alguns segundos, ela colocou-a em minhas mãos, dizendo: "Agora, entre e venha ver a minha médium". Acompanhei-a de perto à minha biblioteca e, à claridade da minha lâmpada, vi a senhorita Cook repousando no sofá, exatamente como lá eu a tinha deixado. Olhei ao meu redor para ver Katie, porém ela havia desaparecido. Chamei-a, mas não recebi resposta. Retornei ao meu lugar e Katie logo reapareceu, dizendo-me que durante todo o tempo tinha estado de pé, perto da senhorita Cook. Perguntou-me, então, se ela própria não poderia tentar uma experiência, e, tomando das minhas mãos a lâmpada fosforescente, passou para trás da cortina, pedindo-me que não olhasse para o gabinete. Decorridos alguns minutos, restituiu-me a lâmpada, dizendo que não conseguira, que havia esgotado todo o fluido da médium, mas que tentaria novamente em outra ocasião. Meu filho mais velho, um garoto de 14 anos, que estava sentado à minha frente, em uma posição que podia ver o que se passava por trás da cortina, declarou-me que tinha visto distintamente a lâmpada fosforescente, que parecia flutuar no espaço acima da senhorita Cook, iluminando-a durante o tempo em que ela estivera estendida sem movimento no canapé, mas que não pudera ver ninguém segurar a lâmpada.
Passo agora à nossa reunião de ontem à noite, em Hackney. Katie nunca havia aparecido para mim com tão grande perfeição. Durante quase duas horas passeou pelo aposento, conversando familiarmente com todos os assistentes. Várias vezes, ela me tomou o braço, enquanto andava, e tive a impressão de que era uma mulher viva que se achava a meu lado, e não uma sombra do outro mundo; essa impressão, repito, foi tão forte, que a tentação de repetir uma recente e curiosa experiência tornou-se quase irresistível.
Pensando, pois, que se eu não tinha um espírito perto de mim, havia, pelo menos uma senhora, pedi-lhe permissão de tomá-la em meus braços, a fim de poder verificar as interessantes observações que um experimentador ousado fizera recentemente, de maneira tão pouco prolixa. Essa permissão foi-me graciosamente dada, e,

por conseguinte, utilizei-me dela – como todo homem bem educado teria feito. – Pude constatar que o "fantasma" (que, afinal, não opôs nenhuma resistência) era um ser tão material quanto a própria senhorita Cook. Katie garantiu, então, que, dessa vez, se julgava capaz de mostrar-se ao *mesmo tempo* em que a senhorita Cook. Diminui a luz do gás, e, em seguida, com a minha lâmpada fosforescente, penetrei na peça que servia de gabinete. Mas eu tinha pedido previamente a um dos meus amigos, que é hábil estenógrafo, para anotar toda observação que eu pudesse fazer enquanto estivesse no gabinete, porque eu conhecia a importância que se liga às primeiras impressões, e não queria confiar à minha memória mais do que fosse necessário. Suas notas encontram-se, neste momento, diante de mim.

Entrei no cômodo com precaução: estava escuro, e foi tateando que procurei a senhorita Cook. Encontrei-a de cócoras, no assoalho.

Ajoelhando-me, deixei o ar entrar na lâmpada, e, à sua claridade, vi essa moça vestida de veludo preto, como estava no começo da sessão, e com toda a aparência de estar completamente insensível. Não se moveu quando lhe tomei a mão e mantive a lâmpada muito perto do seu rosto, mas continuou a respirar tranquilamente.

Elevando a lâmpada, olhei em torno de mim e *vi Katie, que estava de pé, muito perto da senhorita Cook* e atrás dela. Katie estava vestida com uma roupa branca, flutuante, como nós já a havíamos visto durante a sessão. Segurando uma das mãos da senhorita Cook na minha e ainda ajoelhado, elevei e abaixei a lâmpada, tanto para iluminar a figura inteira de Katie, como para totalmente convencer-me de que eu estava vendo, realmente, a verdadeira Katie, que eu abraçara alguns minutos antes, e não o fantasma de um cérebro doentio. Ela não falou, mas moveu a cabeça, em sinal de reconhecimento. Três vezes distintas examinei cuidadosamente a senhorita Cook, de cócoras diante de mim, para certificar-me de que a mão que eu segurava era de fato a de uma mulher viva, e três vezes virei a lâmpada na direção de Katie, a fim de examiná-la com atenção constante, *até que eu não tivesse a menor dúvida* de que ela estava diante de mim. Por fim, a senhorita Cook fez um ligeiro movimento e imediatamente Katie fez um sinal para que eu me afastasse. Retirei-me para outra parte do gabinete e deixei então de ver Katie, mas não abandonei o cômodo até que a senhorita Cook tivesse acordado e que dois dos assistentes tivessem entrado, trazendo a luz.

Antes de terminar este artigo, desejo salientar algumas diferenças que observei entre a senhorita Cook e Katie. A estatura de Katie era variável: em minha casa eu a vi com seis polegadas a mais do que a senhorita Cook. Ontem à noite, tendo os pés descalços e não se apoiando na ponta dos pés, ela possuía quatro polegadas e meia a mais do que a senhorita Cook Ontem à noite, seu pescoço estava descoberto; a pele é perfeitamente macia ao tato e à vista, enquanto a senhorita Cook tem no pescoço uma cicatriz que, em circunstâncias semelhantes, é perfeitamente vista, além de ser áspera ao tato. As orelhas de Katie não são furadas, enquanto a senhorita Cook usa, habitualmente, brincos. A tez de Katie é muito branca, enquanto a da senhorita Cook é muito morena. Os dedos de Katie são muito mais longos do que os da senhorita Cook, e seu rosto é, igualmente, mais longo. Nas formas e maneiras de se expressarem, há também diferenças bem nítidas.

Após as observações resumidas por essas duas cartas, o senhor William Crookes prosseguiu suas experiências, em sua casa, durante dois meses. Seguem os resultados das mesmas, expostos pelo próprio químico.

Katie manifestou-se, em minha casa, regularmente e permitiu-me fotografá-la, à luz artificial. Cinco aparelhos completos de fotografia foram, então, preparados com essa finalidade. Eles consistiam em cinco câmaras escuras, uma do tamanho de placa inteira, uma de meia placa, uma de um quarto, e de duas câmaras estereoscópicas binoculares, que deviam todas ser dirigidas sobre Katie ao mesmo tempo, todas as vezes que ela posasse para deixar que tirássemos sua fotografia. Cinco banhos sensibilizadores e fixadores foram empregados, bem como inúmeras chapas foram limpas previamente, prontas para serem usadas, a fim de que não houvesse nem hesitação nem demora durante as operações fotográficas, que eu mesmo executei, assistido por um ajudante.
Minha biblioteca servia de câmara escura; ela possuía

uma porta de dois batentes que se abria para o laboratório; um desses batentes foi retirado dos seus gonzos, e, em seu lugar, foi colocada uma cortina, a fim de permitir que Katie entrasse e saísse facilmente. Os nossos amigos, que se achavam presentes, estavam sentados no laboratório, diante da cortina, e os aparelhos foram colocados um pouco atrás deles, prontos para fotografar Katie quando ela saísse, e para, igualmente, fotografar o interior do gabinete todas as vezes que a cortina fosse levantada para esse fim. A cada noite, havia três ou quatro exposições das chapas nas cinco câmaras escuras, o que dava, no mínimo, quinze provas por sessão. Algumas se estragaram durante a revelação, outras, durante a regulagem da luz. Mas, mesmo assim, tenho quarenta e quatro negativos, uns medíocres, alguns nem bons nem maus e outros excelentes.

Katie recomendou a todos os assistentes que permanecessem sentados e observassem essa condição; somente eu não fui incluído na medida; pois ela me autorizara a fazer o que eu desejasse, ou seja, tocá-la e entrar no gabinete todas as vezes que eu quisesse. Acompanhei-a frequentemente ao gabinete e, algumas vezes, eu vi, ao mesmo tempo, Katie e a sua médium; mas geralmente, eu só encontrava a médium em letargia e repousando no assoalho: Katie, com sua roupa branca, tinha instantaneamente desaparecido.

Ao longo desses seis últimos meses, a senhorita Cook fez numerosas visitas à minha casa e lá permaneceu, algumas vezes, uma semana inteira. Ela só trazia consigo pequena mala de mão, que não fechava à chave; durante o dia estava constantemente acompanhada pela senhora Crookes, por mim ou por algum outro membro da minha família e, como não dormia sozinha, não teve a ocasião, de dia ou de noite, de preparar algo capaz de representar o papel de Katie King. Eu mesmo preparei minha biblioteca, assim como o gabinete, e, como de costume, depois que a senhorita Cook jantava e conversava conosco, ela se dirigia diretamente para o gabinete; e a seu pedido eu fechava à chave a segunda porta, guardando a chave comigo durante toda a sessão: então, diminuíamos a luz gás e deixávamos a senhorita Cook na escuridão.

Entrando no gabinete, a senhorita Cook deitava-se no assoalho, repousando a cabeça em uma almofada, e logo depois caía em letargia. Durante as sessões fotográficas, Katie envolvia a cabeça de sua médium com um xale, para impedir que a luz lhe caísse sobre o rosto. Frequentemente, levantei um lado da cortina, quando Katie estava de pé, muito perto, e então não era raro que as sete ou oito pessoas que estavam no laboratório pudessem ver, ao mesmo tempo, a senhorita Cook e Katie, em plena claridade da luz elétrica. Não podíamos, então, ver o rosto da médium, por causa do xale, mas notávamos as suas mãos e pés; vimo-la mover-se, penosamente, sob a influência dessa luz intensa, e, por momentos, ouvíamos-lhe os gemidos.

Tenho uma prova de Katie e da médium fotografadas juntas; mas Katie está colocada diante da cabeça da senhorita Cook.

Enquanto eu tomava parte ativa nessas sessões, a confiança que Katie tinha em mim aumentava gradualmente, a ponto de ela não querer mais participar da sessão sem que eu me encarregasse das disposições a tomar, dizendo que queria sempre ter-me perto dela. Desde que essa confiança ficou estabelecida, e quando ela teve a satisfação de estar segura de que eu cumpriria as promessas que eu podia lhe fazer, os fenômenos aumentaram muito em força e foram-me dadas provas que me teriam sido impossíveis obter se eu me tivesse conduzido de maneira diferente.

Muitas vezes, ela me interrogava a respeito das pessoas presentes e sobre o modo que elas seriam colocadas, pois nos últimos tempos ela se tornara muito nervosa, em consequência de certas sugestões imprudentes, que aconselhavam empregar a força para auxiliar os modos de pesquisas mais rigorosos.

Uma das mais interessantes fotografias é aquela em que estou de pé, ao lado de Katie, com seu pé nu sobre um determinado ponto do assoalho. Vesti, a seguir, a senhorita Cook como Katie; ela e eu nos colocamos exatamente na mesma posição e fomos fotografados pelas mesmas objetivas colocadas exatamente da mesma maneira que na experiência anterior, e iluminados pela mesma luz. Quando os dois esboços são postos um sobre o outro, as minhas duas fotografias coincidem exatamente quanto à altura etc., mas Katie é meia cabeça mais alta do que a senhorita Cook, e, perto desta, ela parece uma mulher robusta. Em muitas provas, a largura do seu rosto e a estatura do seu corpo diferem, essencialmente, das da médium, e as fotografias fazem ver vários outros pontos de dessemelhança. Mas a fotografia é tão impotente para representar à beleza perfeita do rosto de Katie, quanto as próprias palavras o são para descrever o encanto de suas maneiras. A fotografia pode, é verdade, dar um desenho do seu porte; mas como poderá ela reproduzir a pureza brilhante de sua tez ou a expressão sempre cambiante dos seus traços, tão móveis, ora velados pela tristeza, quando contava algum amargo acontecimento da sua vida passada, ora sorridente, com toda a inocência de uma menina, quando ela reunia meus filhos ao redor de si, e os divertia narrando-lhes episódios das suas aventuras na Índia?

Ao seu redor ela criava uma atmosfera de vida.
Seus olhos pareciam tornar o próprio ar mais brilhante.
Eles eram tão doces, tão belos e tão repletos
De tudo aquilo que podemos imaginar dos céus,
Sua presença subjugava a tal ponto, que vocês não teriam achado
Que seria idolatria ajoelhar-se a seus pés.

Vi tão bem Katie, recentemente, quando estava iluminada pela luz elétrica, que me é possível acrescentar alguns traços às diferenças que, em um artigo precedente, eu estabeleci entre ela e sua médium.

Tenho a mais absoluta certeza de que a senhorita Cook e Katie são duas individualidades distintas, ao menos no que diz respeito aos seus corpos. Vários pequenos sinais, encontrados no rosto da senhorita Cook, não existem no de Katie. A cabeleira da senhorita Cook é de um castanho tão escuro que ela parece quase negra; um cacho da cabeleira de Katie, que está diante dos meus olhos, e que ela me permitira cortar de suas tranças luxuriantes, depois de tê-las seguido com os meus próprios dedos até ao alto da sua cabeça e de me ter convencido de que ela ali nascera, é de um rico castanho dourado.

Certa noite, contei as pulsações de Katie; seu pulso registrava regularmente 75 pulsações, enquanto o da senhorita Cook, poucos instantes depois, chegava a 90, seu número habitual. Apoiando meu ouvido sobre o peito de Katie, eu podia ouvir um coração bater no interior, e as suas pulsações eram ainda mais regulares do que as do coração da senhorita Cook, quando, depois da sessão, ela me permitia igual verificação. Examinados da mesma forma, os pulmões de Katie mostraram-se mais sãos do que os da sua médium, pois, naquela época, a senhorita Cook seguia um tratamento médico por motivo de grave resfriado.

Esse ser misterioso, essa estranha Katie King, havia anunciado, desde suas primeiras aparições, que ela só poderia se manifestar dessa forma durante três anos. O fim desse tempo aproximava-se.

Quando chegou o momento de Katie nos dizer adeus, pedi-lhe o favor de ser eu o último a vê-la. Consequentemente, quando ela chamou a si cada pessoa da sociedade e lhes disse algumas palavras em particular, ela deu instruções gerais sobre nossa direção futura e sobre a proteção a dispensar à senhorita Cook. A seguir, Katie convidou-me a entrar no gabinete com ela, e permitiu-me ficar nele até o fim.

Depois de ter fechado a cortina, conversou comigo durante algum tempo, em seguida atravessou o quarto para ir até a senhorita Cook, que jazia inanimada no assoalho. Inclinando-se para ela, Katie tocou-a e disse-lhe: "Acorde, Florence, acorde! É preciso que eu a deixe agora!"

A senhorita Cook despertou e, em lágrimas, suplicou a Katie que ficasse algum tempo ainda: "Minha cara, não posso; a minha missão está cumprida. Que Deus a abençoe!" respondeu Katie. Em seguida, continuou a falar com a senhorita Cook. Durante alguns minutos as duas conversaram, até que finalmente as lágrimas da senhorita Cook impediram-na de falar. Seguindo as instruções de Katie, precipitei-me para segurar a senhorita Cook, que ia cair sobre o assoalho e que soluçava convulsivamente. Olhei ao meu redor, mas Katie, com o seu vestido branco, tinha desaparecido. Logo que a senhorita Cook ficou suficientemente calma, trouxeram luz, e a conduzi para fora do gabinete.

Ainda uma palavra a respeito desse fenômeno extraordinário. O senhor Home, que se prestou, como vimos, às primeiras experiências do senhor Crookes, disse-me, pessoalmente, sua opinião, segundo a qual a senhorita Cook tinha sido uma hábil farsante e que havia, indignamente, enganado o ilustre cientista, e que, em termos de médium, *não havia ninguém mais absolutamente confiável do que ele, Daniel Douglas Home*. Ele até acrescentou que o noivo da senhorita Cook havia dado (ao senhor Crookes) testemunhos surpreendentes de sua grande contrariedade. Para quem conhece e observou de perto as rivalidades dos médiuns – tão evidentes quanto as dos médicos, dos atores, dos músicos e das mulheres – essas palavras do senhor Homes não me parecem ter um real valor intrínseco. Mas reconheçamos que o referido fenômeno é verdadeiramente tão extraordinário que somos conduzidos a procurar todas as explicações possíveis antes de admiti-lo. Aliás, essa é a opinião do próprio senhor Crookes. Diz ele:

> Para me convencer, estive constantemente em guarda e a senhorita Cook prestou-se a todas as investigações. Ela concordava em submeter-se com a maior boa vontade a qualquer prova que eu propusesse; a sua palavra é franca e vai diretamente ao ponto. Nunca vi a menor coisa que pudesse assemelhar-se à mais leve aparência do desejo de enganar. Na verdade, não creio que ela pudesse levar uma fraude a bom fim, se tivesse desejado tentar; e se ela tivesse tentado, teria sido prontamente descoberta, pois, tal modo de proceder era totalmente estranho à sua natureza. E quanto a imaginar que ela tenha sido capaz de conceber e de pôr em prática durante três anos, com grande êxito, tão gigantesca impostura, e que durante esse tempo se tenha submetido a todas as condições que dela exigimos, que tenha suportado as pesquisas mais minuciosas, que tenha desejado ser examinada a qualquer momento, fosse antes, fosse depois das sessões; que tenha obtido ainda mais êxito na minha própria casa do que na casa de seus pais, sabendo que ia para lá, expressamente para se submeter a rigorosos ensaios científicos – quanto a imaginar, repito, que a Katie King dos três últimos anos possa ser o resultado de uma impostura, isso faz ainda mais violência à razão e ao bom senso do que crer que Katie King é o que ela própria afirma ser.

Talvez não seja supérfluo completar ainda esses relatos de William Crookes com um extrato do jornal *The Spiritualist*, de 29 de maio de 1874.

Desde o início da mediunidade da senhorita Cook, o Espírito Katie King ou Annie Morgan, que tinha produzido a maior parte das manifestações físicas, havia anunciado que não tinha o poder de ficar perto da sua médium senão durante três anos, e que depois desse tempo despedir-se-ia dela para sempre. O fim deste período expirou na última quinta-feira, mas antes de deixar a sua médium, concedeu aos seus amigos ainda três sessões.

A última delas realizou-se quinta-feira, 21 de maio de 1874. Entre os observadores, encontrava-se o senhor William Crookes.

Às 7 horas e 23 minutos da noite, o senhor Crookes conduziu a senhorita Cook à câmara escura, onde ela se estendeu no chão, apoiando a cabeça em uma almofada. Às 7 horas e 28 minutos, Katie falou pela primeira vez, e, às 7 horas e 30 minutos, mostrou-se fora da cortina e em toda a sua forma. Ela estava vestida de branco, com as mangas curtas, e o pescoço descoberto. Tinha longos cabelos castanhos claros, de cor dourada, caindo-lhe em cachos dos dois lados da cabeça e ao longo das costas, até a cintura. Trazia um grande véu branco que não foi abaixado senão uma ou duas vezes sobre o seu rosto, durante a sessão.

A médium estava com um vestido azul claro, de merino. Durante quase toda a sessão, Katie ficou de pé diante de nós; a cortina do gabinete estava afastada e todos podiam ver distintamente a médium adormecida com o rosto coberto com um xale vermelho, para protegê-lo da luz. Katie falou da sua próxima partida e aceitou um buquê que o senhor Tapp lhe dera, assim como um ramalhete de lírios oferecidos pelo senhor Crookes. Ela convidou o senhor Tapp a desamarrar o ramalhete e colocar as flores diante dela, sobre o assoalho; sentou-se, então, à maneira turca e pediu a todos que fizessem a mesma coisa ao seu redor. Então, ela dividiu as flores e deu a cada um de nós um pequeno buquê, que amarrou com uma fita azul.

Ela também escreveu cartas de despedida a alguns dos seus amigos, assinando-se **Annie Owen Morgan** dizendo que era o seu verdadeiro nome durante sua vida terrena. Escreveu, igualmente, uma carta à sua médium e escolheu para ela um botão de rosa, como presente de despedida. Katie pegou, então, a tesoura, cortou uma mecha dos seus cabelos e deu a todos nós uma grande parte. A seguir, tomou o braço do senhor Crookes, fez uma volta pelo aposento e apertou a mão de cada um. Katie sentou-se novamente, cortou vários pedaços do seu vestido e do véu e nos presenteou com eles. Ao vermos tão grandes orifícios no seu vestido, e enquanto ela estava sentada entre o senhor Crookes e o senhor Tapp, perguntamos a ela se poderia restaurar o dano, assim como o tinha feito em outras ocasiões. Então, ela apresentou a parte cortada à claridade da luz, deu uma pancada em cima, e no mesmo instante essa parte ficou tão completa e tão nítida como anteriormente. As pessoas que estavam perto dela examinaram e tocaram o pano, com a sua permissão, e afirmaram que não existia nem orifício, nem costura, nem nenhuma parte sobreposta no local em que, instantes antes, tinham visto buracos de várias polegadas de diâmetro.

Ela deu em seguida as suas últimas instruções ao senhor Crookes. Depois, parecendo cansada, acrescentou tristemente que sua força desaparecia e reiterou a todos as suas despedidas da maneira mais afetuosa. Os assistentes agradeceram-lhe as manifestações maravilhosas que ela lhes tinha concedido.

Enquanto ela dirigia aos seus amigos um último olhar grave e pensativo, deixou cair a cortina que a escondeu. Ouvimos a médium acordar e lhe pedir, derramando lágrimas, que ficasse ainda um pouco mais; mas Katie lhe respondeu: "Minha cara, não posso. Minha missão está cumprida; Deus a abençoe!" E ouvimos o som de um beijo. A médium apresentou-se, então, entre nós, inteiramente esgotada e profundamente consternada.

Tais foram as experiências de Sir William Crookes. Fiz questão de relatar suas próprias observações, descritas por ele mesmo. A história de Katie King é, seguramente, uma das mais misteriosas, das mais incríveis, que existem em todas as pesquisas espíritas e, ao mesmo tempo, uma das mais escrupulosamente estudadas pelo método experimental, incluindo-se a fotografia.

A médium, a senhorita Florence Cook, casou-se, em 1874, com o senhor Elgie Corner e, desde então, quase não contribui mais com as pesquisas psíquicas. Afirmaram-me que, várias vezes, ela também foi surpreendida em flagrante delito de fraude.

(Como sempre, a histeria!). Mas as investigações de Crookes foram conduzidas com tal cuidado e com tal competência que nos é muito difícil recusarmo-nos a admiti-las.

Além disso, esse cientista não foi o único a estudar a mediunidade de Florence Cook. Sobre esse assunto, podemos consultar, entre outras, uma obra contendo um grande número de testemunhos, e várias das fotografias das quais falamos anteriormente.[15] Esses testemunhos formam um conjunto de documentos cujo estudo é dos mais instrutivos. Sem sombra de dúvida, o do grande químico é o mais notável de todos, mas ele não diminui o valor intrínseco de cada um deles. As observações concordam e se confirmam mutuamente.

Quanto à explicação, Crookes não pensa que possamos encontrá-la. Seria essa aparição o que ela dizia ser? Nada prova. Não seria um *duplo* da médium, uma produção de sua força psíquica?

O erudito químico não mudou de opinião, como alegaram, sobre a autenticidade dos fenômenos por ele estudados. Em um discurso proferido no Congresso da Associação Britânica para o Progresso das Ciências, realizado em Bristol, em 1898, e da qual era presidente, ele expressou-se como segue:

> Nenhum incidente em minha carreira científica é mais universalmente conhecido do que a parte que tomei em certas pesquisas psíquicas. Já se passaram trinta anos desde que publiquei meus primeiros relatórios das experiências que tendem a demonstrar que fora do nosso conhecimento existe uma força utilizada por Inteligências que diferem das comuns inteligências humanas. Esse episódio da minha vida é naturalmente bem conhecido daqueles que me fizeram a honra de convidar-me para ser vosso presidente. Talvez haja no meu auditório várias pessoas que se perguntam, com curiosidade, se eu falarei sobre esse assunto ou se guardarei o silêncio. Eu falarei, embora brevemente. Não tenho o direito de insistir aqui sobre uma matéria ainda sujeita à controvérsia, sobre uma matéria que, como Wallace, Lodge e Barrett[16] já mostraram,

---
15 *Katie King, histoire de ses apparitions*. Paris, Leymarie, 1899. – Eu não pensei em reproduzir aqui essas fotografias, porque elas não me parecem vir do próprio senhor Crookes. – Florence Cook faleceu, em Londres, no dia 22 de abril de 1904.
16 N. da T. – William Barrett, professor de física da Universidade de Dublin.

ainda não atrai o interesse da maioria dos cientistas, meus colegas, embora ela não seja absolutamente indigna de fazer parte das discussões de um congresso como este. Silenciar sobre o assunto *seria um ato de covardia* que não sinto nenhuma tentação de cometer.

O pesquisador não tem outra coisa a fazer senão seguir em frente, "explorar em todos os sentidos, polegada por polegada, com sua razão por guia", seguir a luz em todos os lugares em que ela poderá conduzi-lo, mesmo que essa luz pareça, em alguns momentos, um fogo-fátuo.

Nada tenho de que me retratar. Confirmo minhas declarações anteriormente publicadas. Eu poderia, até, acrescentar muitas outras. Nos meus primeiros relatos, só lamento uma determinada crueza que, sem dúvida, foi justamente uma das causas que levou o mundo científico a recusar-se a aceitá-los. Tudo o que eu sabia naquela época limitava-se à certeza de que certos fenômenos novos para a ciência tinham realmente acontecido, constatados pelos meus sentidos com toda calma e, melhor ainda, registrados automaticamente por instrumentos. Eu parecia, então, um ser de duas dimensões que teria chegado ao ponto singular de uma superfície de Riemann, e que, de uma maneira inexplicável, se encontrasse em contato com um plano de existência diferente do seu.

Hoje eu penso estar vendo um pouco mais longe. Entrevejo certa coerência nesses estranhos e decepcionantes fenômenos; entrevejo certa conexidade entre essas forças desconhecidas e as leis já conhecidas. Esse progresso é devido, em sua grande maioria, a uma sociedade da qual, este ano, tenho a honra de também ser o presidente: a Sociedade de Pesquisas Psíquicas. Se hoje eu apresentasse, pela primeira vez essas pesquisas ao mundo científico, eu escolheria um ponto de partida diferente daquele que outrora eu escolhi. Seria conveniente começar pela *telepatia*,[17] admitindo, o que creio ser uma lei fundamental, que os pensamentos e as imagens podem ser transportados de uma mente a outra sem o emprego dos sentidos; que os conhecimentos podem penetrar na mente humana sem passarem por nenhum dos caminhos até hoje conhecidos.

Embora essa pesquisa nova tenha feito com que vies-

---

17 Quanto a mim, foi o que fiz, ao publicar, primeiramente (1900) minha obra *l'Inconnu et les Problèmes psychiques*.

sem à tona fatos importantes, relativos à natureza humana, ela ainda não alcançou a posição experimental que lhe permitiria ser examinada utilmente por uma de nossas comissões. Portanto, limitar-me-ei a mostrar a direção na qual a investigação científica pode legitimamente se engajar. Se a telepatia existe, nós estamos em presença de dois fatos materiais: uma mudança física produzida no cérebro de A, o sujeito que sugestiona, e uma mudança física análoga produzida no cérebro de B, o sujeito receptor da sugestão. Entre esses dois fatos físicos, deve existir toda uma cadeia de causas físicas. Quando começarmos a conhecer essa série de causas intermediárias, então essa investigação entrará no domínio de uma das seções da Associação Britânica. Essa série de causas reclama a presença de um meio. Como podemos presumir, todos os fenômenos do Universo são, de algum modo, contínuos, e é anticientífico chamar à sua ajuda agentes misteriosos, enquanto cada novo progresso da ciência demonstra-nos que as vibrações do éter têm poderes e qualidades amplamente suficientes para explicar tudo, mesmo a transmissão de pensamento. Alguns fisiologistas supõem que as células essenciais dos nervos não estão em contato, mas que elas estão separadas por um estreito intervalo que se expande durante o sono e quase desaparece durante a atividade mental da vigília. Essa condição é tão singularmente semelhante à de um *coesor* de Branly[18] ou de Lodge, que ela sugere outra analogia.

Como a estrutura do cérebro e a dos nervos é semelhante, concebemos que no cérebro possam existir massas de semelhantes coesores nervosos, cuja função especial pode ser a de receber os impulsos trazidos de fora por uma série de ondas do éter de uma ordem de grandeza apropriada. Rœntgen[19] familiarizou-nos com uma ordem de vibrações de uma pequenez extrema, até em comparação com as menores ondas das quais anteriormente tínhamos conhecimento, e de dimensões comparáveis às distâncias entre os centros dos átomos dos quais nosso Universo material é composto; e não há razão para supormos que tenhamos atingido os extremos limites da frequência. Sabemos que a ação

---

18 N. da T. – Edouard Branly que inventou o primeiro aparelho detetor de ondas de rádio, denominado posteriormente coesor por Sir Oliver Lodge.
19 N. da T. – Wilhelm Konrad Rœntgen, físico alemão, descobridor dos raios X.

do pensamento é acompanhada de certos movimentos moleculares no cérebro, e aqui nós temos vibrações físicas capazes, por sua extrema pequenez, de agir diretamente sobre cada molécula, já que sua rapidez aproxima-se da rapidez dos movimentos interno e externo dos próprios átomos.

Os fenômenos telepáticos são confirmados por toda uma série de experiências concordantes e por inúmeros fatos espontâneos que não podemos explicar de outra forma. As mais variadas provas são, talvez, tiradas da análise da atividade subconsciente da mente, quando essa atividade, acidental ou intencionalmente, é levada para o campo de observação da consciência normal. Desde sua fundação, a Sociedade de Pesquisas Psíquicas demonstrou a existência de uma região que se situa abaixo do limiar da consciência normal; todas essas provas foram consideradas e reunidas em um todo harmonioso pelo gênio tenaz de Fredrich William Myers.

Ser-nos-á necessário passar pelo crivo da ciência uma massa enorme de fenômenos antes que possamos compreender, realmente, uma faculdade tão estranha, tão desconcertante, e que permaneceu, durante séculos, tão inescrutável, como a ação direta de uma mente sobre outra mente.

Um homem eminente, um dos meus predecessores nesta cátedra presidencial, disse: "Por necessidade intelectual, eu transpus os limites das provas experimentais e discerni nessa Matéria que, na nossa ignorância de seus poderes latentes e apesar do pretenso respeito que temos por seu Criador, nós até hoje cobrimos de opróbrio, a potência e a probabilidade de criar toda a vida terrestre". Eu preferiria inverter o apotegma e dizer: "Na vida eu vejo a força e a probabilidade de criar todas as formas da Matéria".

Nos antigos tempos do Egito, uma inscrição bem conhecida estava gravada sobre o portal do tempo de Ísis: "Sou tudo o que foi, é e será, e nenhum mortal jamais ergueu meu véu". Não é assim que os pesquisadores modernos da verdade enfrentam a Natureza – palavra pela qual designamos o conjunto de mistérios desconcertantes do Universo. Firmemente, sem fraquejarmos, nós nos esforçamos para penetrar no próprio coração dessa natureza, para sabermos o que ela foi e para prevermos o que ela será. Nós já erguemos muitos véus e, com cada véu que tomba, sua face nos aparece mais bela, mais augusta e mais maravilhosa.

Seria difícil pensar melhor e melhor dizer. Esta é a linguagem da verdadeira ciência e esta é, também, a expressão da mais alta filosofia.

Capítulo 10

Experiências diversas e observações

Por tudo o que foi exposto precedentemente, com certeza a prova foi dada. Os fenômenos mediúnicos proclamam a existência de forças desconhecidas. Acumular ainda aqui novos documentos seria quase supérfluo.

Entretanto, esses fatos são tão extraordinários, tão incompreensíveis, tão difíceis de admitir, que a quantidade de testemunhos não deve ser desprezada, sobretudo quando são fornecidos por homens de saber incontestável. O antigo adágio jurídico *Testis unus, testis nullus* (Uma testemunha, nenhuma testemunha) é aplicável aqui. Não é apenas uma vez, são cem vezes que devemos constatar semelhantes extravagâncias científicas para termos certeza de sua existência.

E, em suma, tudo isso é tão curioso, tão estranho, que o estudioso desses mistérios nunca está satisfeito.

Portanto, eu apresentarei, ainda, entre a imensa coleção de observações que por muito tempo reuni, as que mais merecem chamar a atenção e que confirmam uma vez mais as precedentes.

Às experiências de Crookes, convém acrescentar imediatamente as do grande naturalista inglês, Sir Alfred Russel Wallace, também membro da Sociedade Real de Londres, presidente da Sociedade Inglesa de Antropologia que, ao mesmo tempo em que Darwin (junho de 1858) apresentou ao mundo a doutrina da evolução das espécies pela seleção natural.

Eis o que ele próprio relata¹ de seus estudos sobre a questão que nos ocupa.

Foi durante o verão do ano de 1865 que, pela primeira vez, fui testemunha dos fenômenos denominados espíritas. Isso aconteceu na casa de um amigo cético, homem de ciências e advogado. As únicas pessoas presentes pertenciam à família do meu anfitrião. As seguintes notas, tomadas naquela época, descrevem exatamente o que aconteceu:
22 de julho de 1865 – Sentado com meu amigo, sua esposa e suas duas filhas a uma grande mesa de jogo, em pleno dia. Após cerca de meia-hora, foram percebidos leves movimentos e ouvidas leves pancadas. Gradualmente eles aumentaram. As pancadas tornaram-se bem distintas, e a mesa deslocou-se consideravelmente, obrigando-nos a desviar nossas cadeiras. A seguir, teve início um curioso movimento vibratório da mesa, quase como um estremecimento de um animal vivo. Eu podia sentir seu efeito até os meus cotovelos. Esses fenômenos foram repetidos, com variantes, durante duas horas. Tentando, a seguir, reproduzir os movimentos, vimos que não podíamos fazer a mesa mover-se voluntariamente da mesma maneira, sem um grande emprego de força, e não conseguimos descobrir nenhum meio possível de produzir aquelas pancadas.

Na reunião seguinte, tentamos realizar a experiência fazendo com que uma pessoa de cada vez deixasse a mesa, e constatamos que os fenômenos – tanto as pancadas quanto o deslocamento do móvel – continuavam idênticos ao que tinham sido anteriormente. Certa vez, pedi aos meus companheiros que se afastassem da mesa, um de cada vez: os fenômenos continuaram, mais sua violência decrescia à medida que diminuía a quantidade de assistentes e, logo depois que a última pessoa retirou-se, deixando-me sozinho à mesa, houve duas pancadas violentas como se tivessem sido desferidas com o punho.

Um cavalheiro que me falara sobre fenômenos maravilhosos constatados em sua própria família – entre outros, o movimento de objetos maciços, embora ninguém os tocasse nem se encontrasse perto deles – havia

---

1 *On miracles and modern spiritualism.* Londres, 1875. Tradução francesa, Paris, 1889. (A palavra inglesa *spiritualism*, nesta obra, vai sempre significar *espiritismo).*

me recomendado ir a Londres procurar uma médium pública (a senhora Mary Marshall) a fim de ver coisas não menos surpreendentes. Cedi aos seus conselhos e, em setembro de 1865, comecei uma série de visitas à senhora Marshall. Geralmente, eu estava acompanhado de um amigo, químico, engenheiro mecânico, e cético. Eis alguns resultados de nossas observações:

1) Uma pequena mesa sobre a qual estavam colocadas as mãos de quatro pessoas (inclusive as da senhora Marshall e as minhas) elevou-se verticalmente, a aproximadamente um pé do assoalho e permaneceu suspensa, por, talvez, vinte segundos, tempo durante o qual meu amigo, que estava sentado, nos observando, pôde ver a parte inferior da mesa com suas pernas *livremente suspensas acima do assoalho*.
2) Estávamos sentados a uma grande mesa, a senhorita T. encontrava-se à minha esquerda e o senhor R. à minha direita. Um violão que fora tocado pelas mãos da senhorita T. deslizou pelo assoalho, passou por cima dos meus ombros e chegou até o senhor R., contra as pernas do qual *ele elevou-se sozinho* até aparecer sobre a mesa. O senhor R. e eu, durante todo esse tempo, o observamos atentamente e ele se comportava como se ele próprio estivesse vivo, ou antes, como se uma criancinha invisível, com grande esforço, o tivesse deslocado e erguido. Os dois fenômenos foram constatados em plena luz brilhante do gás.
3) A cadeira sobre a qual estava sentado um parente do senhor R. foi erguida juntamente com ele. Na sequência, como esse parente voltasse do piano e fosse sentar-se sobre essa cadeira, ela afastou-se novamente. Então, ele quis pegá-la e levá-la de volta à mesa, mas ela parecia pregada no assoalho, de tal forma que ele não pôde erguê-la. Todavia, acabamos por arrancá-la do chão. Essa sessão realizou-se em plena luz do dia, numa tarde muito clara, e um aposento do primeiro andar, iluminado por duas janelas.

Por mais estranhos e irreais que esses poucos fenômenos possam parecer aos leitores que nada viram de semelhante, eu afirmo que são fatos que se apresentaram exatamente como acabo de descrevê-los, e que não há nenhuma fraude ou ilusão possíveis. Em cada caso, an-

As Forças Naturais Desconhecidas 351

tes de começar, nós virávamos as mesas e as cadeiras de cabeça para baixo, e constatávamos que eram peças comuns de mobília, e que não havia nenhuma conexão entre elas e o assoalho, além de colocarmos nossas cadeiras onde desejássemos, antes de nos sentarmos. Vários desses fenômenos produziram-se inteiramente sob nossas próprias mãos, e totalmente fora do alcance da "médium". Eles eram realidades tanto quanto o movimento de pregos em direção a um imã, e podemos acrescentar, realidades em si mesmas nem mais improváveis nem mais incompreensíveis.

Os fenômenos mentais que mais frequentemente se apresentaram foram os que envolviam a decifração de nomes, da idade, e de quaisquer outras particularidades relativas aos parentes ou de amigos das pessoas presentes. A opinião geral dos céticos em relação a esses fenômenos é que eles dependem, simplesmente, da perspicácia e da habilidade do médium em adivinhar as letras que formam o nome pela maneira com que os consulentes tocam ou passam sobre esses caracteres, – o modo habitual de a pessoa interessada receber essas comunicações consistia em percorrer o alfabeto impresso, letra por letra – com pancadas indicando as letras que compunham o nome solicitado. Vou escolher algumas de nossas experiências que mostrarão quanto essa explicação está longe de ser aceitável.

Quando, pela primeira vez, eu próprio recebi uma comunicação, tomei o cuidado particular de evitar dar qualquer indicação: percorri as letras com uma regularidade constante; todavia, foi soletrado corretamente, em primeiro lugar, o local onde meu irmão morreu, **Pará**; depois seu nome de batismo, **Herbert** e, enfim, a meu pedido, o nome do amigo comum que foi o último a vê-lo, **Henri Walter Bates**. Nosso grupo de seis pessoas visitava a senhora Marshall pela primeira vez, e nossos nomes, o meu e o dos outros assistentes, eram desconhecidos dessa senhora, exceto um, o da minha irmã casada, cujo sobrenome não era, pois, uma pista para se chegar ao meu.

Na mesma reunião, uma jovem, parente do senhor R., foi avisada que lhe seria feita uma comunicação. Ela tomou o alfabeto e, em vez de apontar as letras separadamente, ela deslizou suavemente o lápis pelas linhas com a mais perfeita continuidade. Eu a acompanhava e escrevia as letras à medida que eram indicadas pelas pancadas. O nome obtido era extraordinário: as letras mostravam Thomas Doe Thacker. Pensei que devia haver um erro na última parte, mas era realmente Thomas Doe Thacker, o pai da jovem, e todas as letras estavam corretas. Muitos outros nomes, locais e datas foram decifrados com igual precisão, mas cito esses dois casos, porque tenho a certeza de que não fora dada nenhuma chave para que os nomes fossem adivinhados, nem mesmo pela inteligência mais extra-naturalmente aguda.

Outro dia, fui à casa da senhora Marshall acompanhado de minha irmã e de outra senhora que nunca estivera lá, e tivemos uma ilustração muito curiosa do absurdo que há em imputar a decifração dos nomes à hesitação do consulente e à perspicácia do médium. Essa senhora desejou que lhe fosse dado o nome de um amigo particular falecido, e apontou as letras do alfabeto de acordo com o procedimento usual: eu as escrevia à medida que elas eram batidas. Os três primeiros caracteres foram *y, r, n.* A senhora exclamou: "Oh! Isso não tem sentido". Logo veio um *e,* e pensei ter adivinhado o que era. Eu disse, então: "Por favor, continue, eu estou entendendo". A comunicação foi, a seguir, feita do seguinte modo: – *yrnehkcocffej.* A senhora continuou sem reconhecer o nome, até que eu separei as letras da seguinte maneira: – **Yrneh Kcocffej**, ou seja, Henry Jeffcock, o nome do seu amigo, soletrado ao contrário.[2]

Agora vou citar um fenômeno que necessita, ao mesmo tempo, de força e inteligência: – A mesa foi examinada previamente e uma folha de papel de carta foi marcada, secretamente, por mim e colocada com uma grafite sob a perna central do móvel. Todos os assistentes estavam com suas mãos sobre a mesa. Passados alguns minutos, pancadas foram ouvidas e, pegando o papel, encontrei nele, escrita com uma letra fina, a palavra **William**. Outra vez, um amigo da província – completamente desconhecido da médium e cujo nome nunca fora mencionado – acompanhou-me. Quando ele recebeu o que parecia ser uma comunicação do seu filho, um papel foi colocado sob a mesa, e após pouquíssimos minutos, nele encontramos escrito: **Charley T. Dodd**, o nome exato. Não havia nenhum maquinismo sob o móvel e resta-nos, simplesmente, a dúvida: se seria possível à

---

2 Vide mais acima, p. 55, as frases que me foram transmitidas do mesmo modo.

senhora Marshall descalçar suas botinas, pegar o lápis e o papel com seus artelhos, escrever no papel com o lápis um nome que ela deveria adivinhar e recolocar seus calçados, tudo isso sem tirar as mãos de cima da mesa nem dar nenhuma indicação de nenhum dos seus esforços.

Em novembro de 1866, minha irmã descobriu que uma senhora que vivia com ela possuía o dom de induzir manifestações e, então, comecei, na minha própria casa, uma série de observações, das quais descreverei as mais importantes.

Estávamos sentados a uma grande mesa de jogo, sem forro, com todas as nossas mãos em cima, e as pancadas iniciavam-se, geralmente, após poucos minutos. Pareciam provir de diferentes locais da parte inferior do tampo da mesa. Elas mudavam de tom e de intensidade, produzindo desde sons semelhantes aos produzidos quando batemos uma agulha ou uma unha, até os sons parecidos com golpes de punhos ou palmas. Outros sons lembravam os ruídos de unhas raspando ou os produzidos pela esfregação de um dedo molhado apoiado fortemente na madeira. Esses sons eram produzidos e variavam com uma rapidez impressionante. Eles imitavam mais ou menos exatamente os ruídos que fazíamos com nossos dedos sobre a parte superior da mesa; eles marcavam o compasso de uma melodia assobiada por alguém do grupo; algumas vezes, a nosso pedido, eles executavam, sozinhos, uma ária conhecida, ou acompanhavam corretamente a mão que batia um ritmo sobre a mesa.

Quando esses ruídos são ouvidos, repetidas vezes, em uma sala bem iluminada da nossa casa, sobre nossa mesa, e com todas as mãos visíveis, as explicações que comumente as pessoas dão tornam-se completamente insustentáveis. Naturalmente, a primeira impressão, ao ouvirmos somente algumas pancadas, é que elas são produzidas pelos pés de um dos assistentes. Para acabar com essa suspeita, várias vezes nós nos ajoelhamos ao redor da mesa e, todavia, as pancadas continuaram e, não somente nós as ouvíamos saindo do tampo da mesa, como também nós as sentíamos vibrar na mesa.

Outra opinião é a de que os ruídos são devidos aos deslizamentos de tendões ou a estalos das juntas em certas partes do corpo da médium e penso que essa explicação é a mais comumente aceita pelos homens da ciência. Mas, nesse caso, seria necessário explicar como os ossos ou os tendões de uma pessoa podem produzir sons de marteladas, de toques de tambor, de arranhões, crepitações, rangidos, e repetirem esses sons com rapidez suficiente para acompanhar, um a um, o tamborilar produzido pelo dedo de um observador, ou marcar o compasso da música e, além disso, fazer com que, para cada um dos assistentes, esses sons não pareçam sair do corpo de um indivíduo, mas sim da mesa em torno da qual eles estão sentados, a qual vibra com eles. Até que me deem essa explicação, que me perdoem por eu ficar pasmo diante da credulidade dos que aceitam tamanha ingenuidade.

Um fenômeno ainda mais impressionante, por mim observado com o maior cuidado e o mais profundo interesse, foi a demonstração de força considerável em condições que excluem a ação muscular de quem quer que seja. Estávamos ao redor de uma pequena mesa de trabalho, cuja largura da parte superior era de aproximadamente vinte polegadas, e nossas mãos, fechadas e juntas umas das outras, estavam perto do centro. Decorrido um tempo muito curto, o móvel oscilou de ambos os lados, e depois pareceu afirmar-se sobre si mesmo, elevou-se verticalmente, de seis polegadas a um pé, e permaneceu suspenso de quinze a vinte segundos. Durante esse tempo, um ou dois de nós pôde bater no móvel e se apoiar no mesmo, pois ele opunha uma resistência considerável.

Naturalmente, a primeira impressão é a de que o pé de alguém levantou a mesa. Para responder a essa objeção, antes da nossa segunda tentativa, sem contar para ninguém, eu preparei o móvel, introduzindo uma fina folha de papel de seda entre os suportes, a uma ou duas polegadas da base do pilar, de tal modo que qualquer esforço que alguém fizesse para ali colocar o pé deveria amassar ou rasgar o papel. A mesa elevou-se como o fizera anteriormente, resistiu à pressão exercida sobre ela, como se estivesse apoiada sobre o dorso de um animal, desceu até o piso, elevou-se novamente um momento depois para, enfim, cair subitamente. Então, eu a virei com alguma ansiedade e, para a surpresa de todos os assistentes, mostrei-lhes a delicada folha nela atravessada, absolutamente intata. Achando que essa prova era cansativa porque o papel ou o tecido devia ser trocado a cada vez e porque estava sujeito a rasgar-se acidentalmente antes da experiência iniciada, construí um cilindro de círculos e ripas e o envolvi com lona. A mesa foi colocada no seu interior, como dentro de um poço: esse cilindro, com cerca de dezoito polegadas de altura, mantinha os pés de todos e as roupas das senhoras à distância do móvel. A mesa elevou-se sem a menor dificuldade, com todas as mãos sobre ela.

Uma pequena mesa redonda foi sozinha em direção à mesa grande, pelo lado da médium, como se ela estivesse entrando gradualmente na esfera de uma potente força atrativa. Caindo sobre o assoalho, sem que ninguém a tivesse tocado, agitou-se novamente de uma maneira estranha, quase como uma coisa viva, e como se tivesse procurando meios de ir novamente para cima da mesa, ela girava suas pernas, primeiro de um lado e, depois, do outro. Uma poltrona de couro muito grande que se encontrava a, pelo menos, quatro ou cinco pés da médium, rolou de repente em direção a ela, após alguns fracos movimentos preliminares.

Certamente, é fácil dizer que isso que estou contando é impossível. Reafirmo que tudo isso é rigorosamente verdade, e que nenhum homem, qualquer que seja seu talento, tem um conhecimento suficientemente completo dos poderes da natureza para se julgar autorizado a se servir da palavra impossível em relação a fatos que eu e muitos outros constatamos um número tão grande de vezes.

Como podemos ver, encontramos nas observações acima o que eu já observara com Eusapia e outros médiuns.

Sir Alfred Russel Wallace continua seu relato com fatos análogos a todos os que foram descritos nesta obra e resume, a seguir, as experiências de Crookes, de Varley, de Morgan e de outros cientistas ingleses, faz-me a honra de citar minha carta à Sociedade Dialética publicada mais acima, passa em revista a história do espiritismo e declara que: 1º) *os fatos são incontestáveis;* e 2º) em sua opinião, a melhor hipótese explicativa é a dos *espíritos, almas de desencarnados*, sendo que a teoria do inconsciente é *manifestamente insuficiente.*

Essa é também a opinião do engenheiro Cromwell Varley. Para ele, tampouco, não há nada de sobrenatural. Os espíritos desencarnados tanto estão na natureza como os encarnados:

A trivialidade das comunicações não nos deve surpreender, se considerarmos as miríades de seres humanos triviais e fantásticos que a cada dia tornam-se espíritos, e que são os mesmos tanto no dia seguinte da morte quanto na véspera.

O professor de Morgan, o espirituoso autor do *Budget of Paradoxes* (*Provisão de paradoxos*), excelente obra tão elogiada no *Atheneum* de Londres, em 1865, expressa as mesmas opiniões em seu livro sobre o *Esprit* (1863). Para ele, não somente os fatos são incontestáveis, como também a hipótese que os explica pelas Inteligências exteriores a nós é a única satisfatória. Entre outros fatos, ele conta que em uma de suas sessões, um dos seus amigos, muito cético, zombava um pouco dos espíritos, quando, enquanto todos (cerca de dez experimentadores) estavam de pé, formando a corrente ao redor e acima de uma mesa de sala de jantar, *sem tocá-la*, a pesada mesa deslocou-se sozinha e colocou-se, arrastando o grupo, diante do cético, que ela empurrou contra o encosto do sofá, até que ele gritasse: *Pare! Basta*!

Entretanto, seria essa uma prova de espírito independente? Não seria a expressão do pensamento comum? E também, nos fatos que Wallace acaba de citar, os nomes ditados não estariam no cérebro do consulente? E ainda, a pequena mesa redonda que escala a outra não estaria sob a ação física e psíquica do médium?

Seja qual for a hipótese explicativa, os **fatos** são inegáveis.

Temos aqui, diante de nós, um sólido grupo de cientistas ingleses de primeira linha, para os quais a negação dos fenômenos é uma espécie de loucura.

Os cientistas franceses estão um pouco atrasados em relação aos seus vizinhos. Entretanto, nós já chamamos a atenção sobre alguns deles ao longo desta obra. Eu acrescentaria, com satisfação, os nomes do saudoso Pierre Curie e do professor d'Arsonval,[3] se eles tivessem publicado suas experiências realizadas com Eusapia, em julho de 1905 e em março e abril de 1906, no Instituto Geral de Psicologia.

---

3 N. da T. – Arsène d'Arsonval, médico e físico francês, que pesquisou as diversas utilizações da corrente elétrica.

Entre os mais judiciosos experimentadores dos fenômenos físicos, devo igualmente assinalar J. Maxwell, doutor em medicina e (função bem diferente), advogado geral do Tribunal de Apelação de Bordéus. O leitor já pôde notar (p. 178) a participação que teve esse investigador, ao mesmo tempo magistrado e cientista, nas experiências feitas em Agnelas, em 1895. Eusapia não foi o único médium com o qual ele estudou, e seu conhecimento sobre o assunto que nos ocupa é um dos mais bem documentados. É conveniente aqui apresentar ao leitor os fatos mais característicos e as conclusões essenciais expostas em sua obra.[4]

O autor fez, particularmente, um exame especial das *pancadas*.

Raps[5] ou *pancadas*. O contato das mãos não é necessário para a obtenção dos *raps*. Com alguns médiuns, eu os obtive muito facilmente sem contato.

Quando conseguimos obter *raps* com contato, um dos meios mais seguros para obtê-los sem contato é de conservar, por certo tempo, as mãos apoiadas na mesa, depois erguê-las *com uma lentidão extrema*, mantendo a face palmar virada para o tampo da mesa, os dedos em ligeira extensão, sem rigidez. É raro, nessas condições, que os *raps* não continuem sendo ouvidos pelo menos durante algum tempo. Não tenho necessidade de acrescentar que os experimentadores devem evitar não apenas o contato de suas mãos com a mesa, mas também até o de qualquer outra parte do seu corpo ou de suas roupas. O contato das roupas com o móvel pode bastar para produzir *raps* que nada têm de supranormal. Portanto, é preciso cuidar para que os vestidos das senhoras fiquem afastados com cuidado das pernas da mesa. Tomando as precauções necessárias, os *raps* ressoam em condições muito convincentes.

Com certos médiuns, a energia liberada é suficientemente grande para agir à distância. Tive a oportunidade de ouvir *raps* ressoarem sobre uma mesa que estava a aproximadamente dois metros de distância do médium. Nós havíamos realizado uma sessão muito curta e tínhamos deixado a mesa. Eu estava estendido em

---
4 *Les Phénomènes Psychiques.* 1 vol. in-8. Paris, 1903.
5 *Rap*, palavra inglesa, que significa pancada, é adotada por alguns franceses.

uma poltrona e o médium, de pé, conversava comigo, quando uma série de pancadas foi dada na mesa que acabáramos de abandonar. Era em pleno dia, estávamos em pleno verão, em torno das cinco horas da tarde. As pancadas eram fortes e duraram vários minutos. Muitas vezes, tive a oportunidade de observar fatos do mesmo gênero. Ocorreu-me, durante uma viagem, de encontrar um interessante médium. Ele não me deu a permissão de divulgar seu nome, mas eu posso dizer que é um homem honrado, instruído, ocupando uma posição oficial. Juntamente com ele eu obtive – ele não suspeitava dessa faculdade latente antes de ter experimentado comigo – *raps* retumbantes em salas de restaurante e nos bufês dos trens. Bastaria termos observado os *raps* produzidos nessas condições para ficarmos convencidos de sua autenticidade. O som insólito desses *raps* atraía a atenção das pessoas presentes e muito nos incomodava. O resultado ultrapassava nossa expectativa: é digno de nota que, quanto mais ficávamos confusos com o barulho feito por nossos *raps*, mais esses se multiplicavam. Dir-se-ia que um ente trocista os produzia e se divertia com nosso embaraço.

Obtive, igualmente, belos *raps* sobre o assoalho dos museus, diante dos quadros dos mestres. Os mais comuns eram os obtidos com contato, sobre a mesa ou sobre o assoalho; a seguir, os que se produziam à distância, sobre os móveis.

Mais raramente, eu os ouvi em tecidos, seja sobre os assistentes ou sobre o médium, seja sobre móveis. Eu os ouvi em folhas de papel colocadas sobre a mesa de experiências, em livros, em muralhas, em tamborins, em pequenos objetos de madeira, particularmente, sobre uma prancheta que era utilizada para a escrita automática. Observei alguns muito curiosos com uma médium escrevente. Quando ela obtinha a escrita automática, os *raps* produziam-se com extrema rapidez na ponta do lápis, que não batia na mesa. Diversas vezes e com muito cuidado eu coloquei a mão sobre a extremidade do lápis oposta à ponta, sem que esta deixasse, por um só instante, o papel apoiado na mesa: os *raps* ressoavam na madeira, não no papel. Nesses casos, bem entendido, o médium segurava o lápis.

Os *raps* produziam-se até quando eu colocava o dedo sobre a extremidade superior do lápis e apertava sua ponta contra o papel. Sentimos o lápis vibrar, mas ele não se deslocava. Como esses *raps* eram muito sonoros, calculei que era preciso dar uma pancada bastante forte para reproduzi-los artificialmente: o movimento necessário exige uma elevação da ponta de 02 a 05 milímetros, de acordo com a intensidade dos *raps*. Ora, a ponta não parecia estar se deslocando. Além disso, quando a escrita era corrente, esses *raps* sucediam-se com grande rapidez e o exame da escrita não manifestou nenhum tempo de pausa: o texto era contínuo, nenhuma marca dos golpes era perceptível, nenhum espessamento dos traços foi percebido. Parece-me que essas condições de observação excluem a possibilidade de uma fraude.

Observei essas pancadas desferidas, sem causa conhecida, a até três metros de distância do médium.

Elas se manifestam como a expressão de uma atividade e de uma vontade distintas daquelas dos observadores. Essa é a *aparência* do fenômeno. Disso resulta um fato curioso: é que não apenas os *raps* se revelam como produtos de uma ação inteligente, mas também que eles geralmente consentem em bater tantas vezes quantas lhes forem pedidas e em reproduzir ritmos determinados, como, por exemplo, certas árias. Da mesma forma, eles imitam as pancadas desferidas pelos experimentadores, a pedido dos mesmos.

Com frequência, os diferentes *raps* respondem uns aos outros, e essa é uma das mais bonitas experiências às quais podemos assistir, ou seja, ouvir essas pancadas claras, abafadas, secas ou suaves ressoarem simultaneamente sobre a mesa, o assoalho, a madeira e o tecido dos móveis.

Tive a sorte de poder estudar de perto esses *raps* curiosos e creio ter chegado a algumas conclusões. A primeira, e a mais acertada, *é sua estreita conexidade com os movimentos musculares dos assistentes.* Eu poderia resumir da seguinte forma minhas observações sobre esse ponto:

1º) Todo movimento muscular, mesmo fraco, é geralmente acompanhado de um *rap;*

2º) A intensidade dos *raps* não me pareceu proporcional ao movimento feito;

3º) A intensidade dos *raps* não me pareceu variar proporcionalmente à sua distância do médium.

Eis os fatos nos quais minhas conclusões apoiam-se:

1) Com muita frequência eu observei que, quando obtínhamos *raps* fracos ou espaçados, um excelente meio de produzi-los era a formação da corrente sobre a mesa, as mãos apoiadas sobre a mesma, e os dedos dos observadores em leve contato. Um deles, sem romper a corrente – o que pode ser feito segurando com a mesma mão, a mão direita do seu vizinho da esquerda e a mão esquerda do seu vizinho da direita – passou circularmente a mão livre sobre a mesa, ao nível do círculo formado pelos dedos estendidos dos observadores. Após ter feito esse movimento quatro ou cinco vezes, sempre no mesmo sentido, ou seja, depois de ter traçado dessa forma quatro ou cinco círculos sobre a mesa, o experimentador dirigiu sua mão para o centro, a uma altura variável, e fez um movimento de abaixamento da mão em direção à mesa; a seguir, ele parou bruscamente esse movimento, a aproximadamente quinze a vinte centímetros do tampo. À parada brusca da mão, correspondeu um *rap*. É um caso excepcional quando esse procedimento não produz um *rap*, havendo, no círculo, um médium capaz de produzi-lo, mesmo que seja fraco.

Podemos fazer a mesma experiência sem tocar a mesa, formando ao seu redor uma espécie de corrente fechada. Então, um dos assistentes procede como no caso precedente.

Não preciso lembrar que com alguns médiuns, os *raps* são produzidos sem que nenhum movimento seja executado: quase todos podem obtê-los, assim, por meio da imobilidade e da paciência; mas dir-se-ia que a execução de um movimento age como causa determinante. A energia acumulada receberia uma espécie de estímulo.

Levitações – Certo dia, à tarde, nós improvisamos uma experiência e recordo-me de ter observado, nessas condições, uma levitação bem interessante. Eram, aproximadamente, cinco horas da tarde, mas assim mesmo, era dia claro na sala de Agnelas. Colocamo-nos *de pé* em torno da mesa; Eusapia pegou a mão de um dos presentes, apoiou-a no canto da mesa, à sua direita; o móvel elevou-se *até a altura de nossa testa*, ou seja, o tampo da mesa elevou-se 1,50m, pelo menos, acima do chão.

Semelhantes experiências são muito convincentes, pois é impossível que Eusapia tenha podido, nas condições em que nos encontrávamos, levantar a mesa por meio de um procedimento normal. Basta pensar que ela estava tocando apenas o canto da mesa para compreender a pressão do peso que ela teria de levantar se tivesse feito um esforço muscular. Aliás, ela não possuía sustentação suficiente. Evidentemente, ela não podia, tendo em vista as condições da experiência, empregar um dos procedimentos fraudulentos assinalados por seus críticos, ou seja, quaisquer correias ou ganchos. O fenômeno não é contestável.

A respiração parece ter uma influência muito grande: quando as coisas acontecem, parece que os assistentes liberam, ao respirarem, uma força de energia motora comparável à que eles liberam ao mexerem rapidamente os membros. Há nisso uma particularidade curiosa e dificilmente explicável.

Uma análise mais completa dos fatos permite-nos pensar que a liberação da energia empregada depende da contração dos músculos e não do movimento executado. O fato que revela essa particularidade é fácil de observar. Quando formamos a corrente em torno da mesa, podemos produzir um movimento sem contato segurando-nos as mãos com certa força, ou apoiando fortemente os pés no chão. O primeiro desses dois meios é de longe o melhor. Os membros não executaram senão um movimento insignificante, e podemos dizer que a contração muscular é quase o único fenômeno fisiológico observável, mas que, entretanto, ele é suficiente.

Todas essas constatações tendem a demonstrar que o agente que determina os movimentos sem contato tem alguma conexão com nosso organismo e, provavelmente, com nosso sistema nervoso.

Condições das experiências – Jamais devemos perder de vista a importância relativa das condições morais e intelectuais do grupo quando realizamos a experiência. Esse é um dos fatos mais difíceis de perceber e de compreender. Mas a partir do momento em que a força é abundante, a simples manifestação da vontade pode, algumas vezes, determinar o movimento. Por exemplo, diante do desejo expresso pelos assistentes, a mesa dirigir-se-á para o sentido solicitado. As coisas se passam como se essa força fosse governada por uma Inteligência distinta daquela dos experimentadores. Apresso-me em dizer que isso não me parece ser senão uma aparência, e que me parece ter observado certas semelhanças entre essas personificações e as personalidades secundárias sonambúlicas.

Há entre essa ligação aparente, entre a vontade *indireta* dos assistentes e os fenômenos, um problema cuja solução escapa-me completamente ainda. Pressinto que essa ligação nada tem de sobrenatural e percebo que a *hipótese espírita o explica mal e não é adequada*, mas não posso formular nenhuma explicação.

A observação atenta das relações existentes entre o fenômeno e a vontade dos assistentes permite, aliás, outras constatações. Em primeiro lugar, quero dizer que é o efeito ruim que produz o desacordo entre os experimentadores. Algumas vezes, acontece de um deles exprimir o desejo de obter um fenômeno determinado, mas se o efeito tarda a se realizar, o mesmo experimentador, ou algum outro, solicitará um fenômeno diferente e, por vezes, vários assistentes pedem diversas coisas contraditórias ao mesmo tempo. A confusão que reina na coletividade manifesta-se nos fenômenos que se tornam, por sua vez, confusos e vagos.[6]

Entretanto, as coisas não se passam absolutamente como se os fenômenos fossem dirigidos por uma vontade que não seria senão a sombra ou o reflexo da vontade dos assistentes. Acontece com frequência de eles manifestarem uma grande independência e de se recusarem claramente a anuírem aos desejos expressos.

Formas de fantasmas – Em Bordéus, em 1897, o aposento onde realizávamos nossas sessões era iluminado por uma grande janela. As venezianas treliçadas estavam fechadas, mas quando o gás estava aceso em uma dependência da cozinha que formava um ângulo reto sobre o jardim, uma luz fraca penetrava na peça e iluminava os vidros da janela. Assim, a janela constituía um fundo claro no qual a metade dos experimentadores podia perceber certas formas escuras.

Todos nós vimos essas formas, ou antes, essa forma, pois era sempre a mesma que se mostrou: um perfil alongado, barbudo, com um nariz fortemente adunco. Essa aparição dizia ser a cabeça de John, que era a personificação que habitualmente aparecia com Eusapia.[7]
É um fenômeno muito extraordinário. A primeira ideia que nos vem à mente é a de uma alucinação coletiva.

---

6 Eu já observei mais acima: as forças psíquicas têm tanta realidade quanto as forças físicas e mecânicas.
7 Foi a mesma coisa que observei em Monfort-l'Amaury. Vide, mais acima, p. 82.

As Forças Naturais Desconhecidas 363

Mas o cuidado com que observávamos esse curioso fenômeno – e parece-me inútil acrescentar, a calma com que realizávamos as experiências – torna bem inverossímil essa hipótese. A hipótese de fraude é ainda menos admissível. A cabeça que percebíamos era de tamanho natural e atingia cerca de quarenta centímetros da testa à extremidade da barba. Não podemos explicar como Eusapia poderia ter escondido em seus bolsos ou sob suas roupas uma silhueta qualquer recortada em cartão. Não podemos explicar melhor como ela poderia ter extraído, sem nosso conhecimento, esse recorte, tê-lo montado sobre um bastão ou um fio de ferro, e tê-lo manobrado. Eusapia não estava adormecida – às vezes ela própria via o perfil que se mostrava, e demonstrava sua satisfação de assistir, desperta e consciente, aos fenômenos que produzia. A fraca claridade que a janela refletia era suficiente para que percebêssemos suas mãos seguras com cuidado pelos controladores da direita e da esquerda. Teria sido impossível que ela manobrasse esses objetos. De fato, o perfil observado parecia formar-se no teto do gabinete, a uma altura de 01,25m aproximadamente *acima* da cabeça de Eusapia. Ele descia bem lentamente e vinha se postar acima e à sua frente. A seguir, decorridos alguns segundos, ele desaparecia para reaparecer algum tempo depois, nas mesmas condições. Sempre nos asseguramos cuidadosamente da imobilidade relativa das mãos e dos braços da médium, e o estranho fenômeno que estou relatando é um dos mais evidentes dos que sempre constatei e totalmente incompatível com a hipótese de fraude devido às condições sob as quais observávamos.
Estou persuadido de que esses fatos um dia (logo, espero) serão aceitos como objeto de estudo da ciência. Eles serão aceitos apesar de todos os obstáculos que a teimosia e o medo do ridículo acumulam no caminho. A intolerância de certos homens iguala-se à de certos dogmas. O catolicismo, por exemplo, considera os fenômenos psíquicos como obra do demônio. Seria conveniente, hoje em dia, combater semelhante teoria? Penso que não.
Mas essa questão é alheia aos próprios fatos psíquicos. Esses não têm, tanto quanto minha experiência me permite julgá-los, nada que não seja natural. Neles, o diabo

não mostra suas garras; se as mesas proclamam que elas são o próprio Satã, não há nada que nos leve a acreditar nelas; intimado a provar sua força, esse Satã grandiloquente será um triste taumaturgo. O preconceito religioso que proscreve essas experiências considerando-as sobrenaturais é tão pouco justificado quanto o preconceito científico que não vê nelas senão fraude e logro. Nesse caso, ainda, o velho adágio de Aristóteles encontra sua aplicação: a justiça ocupa uma situação intermediária.

Como vimos, essas experiências do doutor Maxwell concordam com todas as precedentes. Os resultados constatados confirmam-se mutuamente.

A respeito dos médiuns de efeitos físicos, eu ainda gostaria de mencionar aqui o que foi especialmente examinado em Paris, em 1902, por um grupo composto em grande parte por antigos alunos da Escola Politécnica, que realizou uma dúzia de sessões, em julho e agosto. Esse grupo era composto pelos senhores A. de Rochas, Taton, Lemerle, Baclé, de Fontenay e Dariex. O médium era Auguste Politi, de Roma, cuja idade era quarenta e sete anos.

Várias levitações de mesa, extremamente surpreendentes, foram constatadas e fotografadas. Reproduzo aqui (Prancha X) uma dessas fotografias, tirada pelo senhor de Fontenay, a quem devo a gentileza da cessão da mesma. É, seguramente, uma das mais bonitas que foram obtidas, e uma das mais impressionantes. Todas as mãos, formando a corrente, mantêm-se, cuidadosamente, afastadas da mesa. Parece-me que se recusarmo-nos a reconhecer o seu valor documental, estaríamos recusando-nos a aceitar a própria evidência. Ela foi tirada instantaneamente, com um flash de magnésio, e os olhos do médium foram cobertos com uma faixa de pano para evitar-lhe qualquer abalo nervoso.

O mesmo médium foi estudado em Roma, em fevereiro de 1904, por um grupo composto por: professor Milesi, da Universidade de Roma, senhor Joseph Squanquarillo, senhor e senhora Franklin Simmons, americanos de passagem por Roma, e do senhor e senhora Cartoni. Eles declararam que ouviram escalas serem muito bem tocadas em um piano vertical, afastado dos experimentadores, embora nenhum deles soubesse tocar piano, ao passo que a irmã do professor Milesi, evocada, tinha sido uma excelente pianista.

Um segundo fenômeno musical produziu-se: um bandolim, que se encontrava sobre a tampa do piano, começou a tocar sozinho, balançando-se no ar, até cair, sem parar de tocar, entre as mãos dos experimentadores que formavam a corrente. Mais tarde, intercaladamente, foi a vez de o piano elevar-se, voltando a cair ruidosamente. É preciso notar que, para erguer esse piano, nem que seja um só dos seus lados, dois homens quase não bastam. Após a sessão, constatamos que o móvel tinha sido deslocado meio metro.

Além disso, segue o resumo dos fenômenos observados com esse médium:

Em cada sessão, obtivemos pancadas muito fortes, desferidas na mesa ao redor da qual estavam os experimentadores e o médium formando a corrente, sendo que a lâmpada de luz vermelha estava sobre a própria mesa. O senhor C. Caccia, relator das sessões, diz:
Se quiséssemos reproduzir pancadas igualmente secas e fortes, deveríamos bater com todas as nossas forças sobre a mesa com um corpo sólido, embora as que se produziram com Politi pareciam sair do interior da mesa, como disparos.
Por sua vez, a mesa agitava-se; a cortina branca do gabinete que se encontrava atrás do médium, a 50 centímetros de distância, enfunava-se e balançava-se em todos os sentidos, como se um vento violento estivesse soprando do interior; ouvíamos se mover, deslizando sobre o chão, uma cadeira, que ali fora colocada antes do início da sessão, e que fora, a seguir, jogada violentamente ao chão; ao longo da quinta sessão, ela até saiu do gabinete, em presença de todo mundo, e parou perto do médium.
Esses fenômenos se produziram à luz vermelha de uma lâmpada de fotografia. Na completa escuridão, ao longo da terceira sessão, ocorreu um fenômeno tanto

Prancha X – Levitação a grande altura de uma Mesa. (Fotografia instantânea)

mais extraordinário porque havíamos tomado medidas especiais para impedir qualquer tentativa de fraude. O médium era controlado por dois assistentes que, muito desconfiados, mantiveram-se à sua direita e à sua esquerda, segurando-lhe as mãos e os pés.

Em determinado momento, o médium ordenou que retirássemos as mãos da mesa e que não lhe impedíssemos os movimentos e, sobretudo, que não rompêssemos a corrente. Logo ouvimos uma grande algazarra no gabinete. O médium pediu que acendêssemos a luz e, para grande estupefação de todos, constatamos que a mesa, que era retangular e não pesava menos do que 18 quilos, encontrava-se virada no chão do gabinete. Os controladores declararam que o médium permanecera imóvel. Devemos notar:

1º) Que a mesa teve que se elevar muito alto para ultrapassar as cabeças dos assistentes;

2º) Que ela teve que passar por cima do grupo que formava a corrente;

3º) Que, como a entrada do gabinete media apenas 92 centímetros e o lado mais estreito da mesa media 75 centímetros, restavam apenas 17 centímetros para passar por aquela abertura.

4º) Que a mesa teve que entrar pelo seu lado mais estreito, girar, a seguir, no sentido longitudinal, que tem um metro de comprimento, virar ao contrário e se colocar no assoalho; que toda essa manobra tão difícil foi executada em alguns segundos, na mais completa escuridão e sem que nenhum dos assistentes a tenha ligeiramente tocado.[8]

Obtivemos, também, fenômenos luminosos; as luzes apareciam e desapareciam no ar; algumas delas descreviam uma curva. Elas não tinham nenhuma irradiação. Na quinta sessão, todo mundo pôde constatar a aparição de duas cruzes luminosas de dez centímetros de altura, aproximadamente.

Na última sessão, o pandeiro com guizos, que fora esfregado com fósforo, rodopiou por todos os lados do aposento de tal modo que podíamos seguir todos os seus movimentos.

---

8 Os jornais italianos publicaram uma fotografia pitoresca da mesa elevada quase à altura do teto, tendo passado por cima das cabeças e caindo, virada. (Vide A. DE ROCHAS, *Extériorisation de la Motricité*, 4ª. Ed.). Não a reproduzo aqui, porque ela não me parece autêntica. Os observadores declaram, além disso, não terem constatado esse fato senão *após* sua produção.

Durante quase todas as sessões, constatamos, também, toques misteriosos, entre outros os produzidos por uma mão imensa e peluda.

Na primeira, na quarta e na quinta sessões obtivemos "materializações". O professor Italo Palmarini acreditou ter reconhecido sua filha morta havia três anos. Ele sentiu estar sendo beijado e todo mundo ouviu o som do beijo.

A mesma manifestação ocorreu na quinta sessão: o professor Palmarini ainda acreditou que estava reconhecendo a personalidade de sua filha.

Revistávamos o médium no início de cada sessão, e nós o colocávamos, a seguir, *dentro de uma espécie de saco grande*, confecionado expressamente para esse fim, e *que lhe era amarrado no pescoço, nas mãos e nos pés*.

Outro médium, o russo Sambor, foi objeto de inúmeros experimentos durante seis anos em São Petersburgo (1897-1902). É interessante ainda reproduzir aqui o Relatório publicado a esse respeito pelo senhor Petrovo-Solovovo:[9]

> Nas primeiras sessões, notamos a agitação violenta de um grande biombo situado atrás do médium, cujos pés e as mãos estavam cuidadosamente seguros; uma mesa mexeu-se sozinha em um cômodo vizinho; em um cone de metal colocado sobre a mesa, encerrando um pedaço de papel e um lápis, e *pregado* a seguir, encontramos, após despregá-lo, uma frase escrita no papel, com uma escrita em espelho (escrita que deve ser lida em um espelho ou por transparência) e uma fita; tentamos outras passagens da matéria através da matéria, mas nada conseguimos; mas, a seguir, os relatórios narram as seguintes experiências:

> No mês de fevereiro de 1901, uma sessão de Sambor realizou-se em minha casa, no meu gabinete de trabalho, em cujas janelas eu pendurara cortinas de morim preto, de modo que o cômodo estava mergulhado em uma escuridão completa. O médium ocupou um lugar na corrente, e seus vizinhos eram: o senhor J. Lomatzsch à sua direita e eu, à sua esquerda. As mãos e os pés de Sambor estavam presos todo o tem-

---

9 *Annales des Sciences Psychiques*, 1902.

po de modo satisfatório.
Logo os fenômenos começaram a se desenvolver. Não tenho a intenção de me deter em sua descrição, mas desejo relatar um caso surpreendente de passagem da matéria através da matéria.
O senhor Lomatzsch, controlador da direita, declarou que estavam arrancando, debaixo dele, a cadeira sobre a qual estava sentado. Continuamos a controlar o médium com redobrada atenção. A cadeira do senhor Lomatzsch foi logo levada definitivamente, de modo que ele foi obrigado a manter-se de pé. Algum tempo depois, ele informou que estavam tentando suspender a cadeira sobre a mão com a qual ele segurava Sambor. A seguir, a cadeira desapareceu subitamente do braço do senhor Lomatzsch e, no mesmo instante, eu senti uma leve pressão sobre o meu braço esquerdo (não sobre o meu braço que estava ligado ao médium, mas ao meu vizinho da esquerda, o senhor A. Weber), e logo depois senti que alguma coisa pesada estava suspensa ao meu braço. Quando a vela foi acesa, todos nós vimos que *meu braço esquerdo tinha sido passado através do encosto da cadeira;* desse modo, a cadeira estava suspensa precisamente sobre o meu braço que não estava unido a Sambor, mas ao meu vizinho da esquerda. Eu não havia abandonado as mãos dos meus vizinhos.

Semelhante observação dispensa comentários, acrescenta aqui o relator, o senhor Petrovo Solovovo.

Seguem, agora, alguns outros fenômenos observados (maio de 1902):

1°) Um pomo de cedro, uma antiga moeda em cobre, que descobrimos ser uma moeda persa de 1723 e um retrato fotográfico, feito por amador, de uma jovem senhora de luto, desconhecida de todos os assistentes, foram encontrados, vindos de não sei onde, nem de que modo, sobre a mesa ao redor da qual estávamos sentados;
2°) Diversos objetos, que estavam no cômodo, foram transportados até a mesa pela força misteriosa: um termômetro suspenso à parede, atrás do piano, a uma distância de, aproximadamente, dois a três *arshins*[10] (1,52m a 2,13 m) do médium; uma grande lanterna

---

[10] N. da T. – Medida russa de comprimento, equivalente a 0,7112 m.

colocada sobre o piano e que se encontrava a um *arshin* ou a um *arshin* e meio (de 0,71 m a 1,6 m) atrás do médium; vários montes de blocos de notas que se encontravam sobre esse mesmo piano; um retrato emoldurado; a arandela, a vela e as diferentes partes do castiçal pertencentes ao piano;

3º) Repetidas vezes, uma campainha de bronze que se encontrava sobre a mesa foi levantada no ar pela força misteriosa e tilintou ruidosamente. A pedido dos assistentes, ela foi uma vez transportada para cima do piano (contra o qual ela bateu ruidosamente) e, de lá, novamente transportada para cima da mesa.

4º) Havíamos colocado atrás do médium cadeiras desocupadas. Uma delas foi, várias vezes, erguida e colocada ruidosamente sobre a mesa, no meio dos assistentes, e sem esbarrar em nenhum deles. Sobre a mesa, essa cadeira mexeu-se, caiu e levantou-se várias vezes;

5º) Uma dessas mesmas cadeiras encontrou-se suspensa pelo encosto sobre as mãos juntas do médium e do senhor de Poggenpohl. Antes do início dessa parte da sessão, durante a qual esse fenômeno aconteceu, uma faixa de tecido, passada através das mangas do médium, foi, repetidas vezes, fortemente enrolada ao redor do punho do senhor de Poggenpohl.

6º) A pedido dos assistentes, a força misteriosa fez parar, várias vezes, o mecanismo de uma caixa de música colocada sobre a mesa ao redor da qual estávamos sentados. A seguir, a caixa de música recomeçou a tocar;

7º) Uma folha de papel e um lápis, que estavam sobre a mesa, foram jogados ao chão, e todo mundo ouviu, distintamente, o lápis que corria sobre o papel, fazendo muita pressão sobre o mesmo, colocar com ruído um ponto no final do que tinha sido escrito. A seguir, o lápis foi pousado sobre a mesa;

8º) Cinco dos experimentadores disseram que foram tocados por mão desconhecida;

9º) Duas vezes, a força misteriosa produziu sons no piano. Na primeira vez, isso ocorreu quando a tampa do teclado estava aberta. Na segunda, os sons foram ouvidos depois que essa tampa foi *fechada a chave*, sendo que esta última permaneceu na mesa no meio de nós. Primeiramente, a força misteriosa começou tocando uma melodia nas notas altas e fez dois ou três trilos; a seguir, foram ouvidos, simultaneamente, acordes com as notas baixas e aquela melodia e, enquanto o piano tocava, a caixa de música colocada sobre a mesa começou a tocar também, e tudo isso durou vários minutos; 10°) Durante todos os fenômenos que foram descritos, o médium parecia mergulhado em transe profundo e permanecia quase imóvel; os fenômenos não foram acompanhados de nenhuma "perturbação". Suas mãos e seus pés foram o tempo todo controlados por seus vizinhos. Os senhores de Poggenpohl e Loris-Melikow viram, repetidas vezes, alguma coisa comprida, negra e fina se destacar dele durante a realização dos fenômenos e se esticar em direção aos objetos.

Para terminar, acrescentarei que esse médium era acusado de cupidez e de intemperança. Essas sessões foram as suas últimas (ele faleceu alguns meses depois). Mas, na verdade, não posso deixar de me enternecer ao pensar no falecido Sambor. Seria possível que a natureza cega tivesse escolhido esse Pequeno-Russo,[11] antigo empregado dos telégrafos, polido pelos seis ou sete invernos que ele passou em São Petersburgo, para servir de intermediário entre o nosso mundo e o incerto Além? Ou, ao menos, outro mundo de seres cuja natureza precisa, agradando ou não aos espíritas, seria para mim um enigma, se eu acreditasse totalmente nela.

A toda essa série tão variada de observações e experiências, poderíamos ainda acrescentar muitas outras. Em 1905, os senhores Charles Richet e Gabriel Delanne realizaram experiências de grande repercussão em Alger; mas não é impossível que a fraude tenha nelas se insinuado, apesar de todas as precauções tomadas pelos experimentadores. (As fotografias do fantasma Bien-Boa têm um aspecto artificial). Em 1906, o médium americano Mille realizou em Paris várias sessões, nas quais bem parece que verdadeiras aparições tenham se manifestado. Pessoalmente, não posso afirmar nada sobre isso, pois não assisti às sessões. Dois experimentadores muito competentes, entre outros, estudaram esse médium: os senhores G. Delanne e G. Méry. O primeiro concluiu (***Revue Scientifique et Morale du Spiritisme***) que as aparições vistas representavam o que elas diziam ser, ou seja, seres mortos. O segundo, ao

---
11 N. da T. – Termo pejorativo empregado para designar, pelos colonizadores russos, os ucranianos.

contrário, declarou no *Echo du Merveilleux* que "até maiores informações, devemos nos resignar a não compreender".

Não discutiremos aqui as "aparições" nem as "materializações". Podemos nos perguntar se o fluido que com certeza é emanado do médium não pode produzir uma espécie de condensação que pode dar, para a mais interessada testemunha nas manifestações, a ilusão de uma identidade quimérica que, aliás, não dura senão alguns segundos. Mistura ou combinação de fluidos? Mas não é ainda o momento para se fazer hipóteses.

Capítulo 11

Minha pesquisa sobre a observação dos fenômenos inexplicados

Talvez alguns dos meus leitores lembrem-se da pesquisa geral que realizei durante o ano de 1899 sobre a observação dos fenômenos inexplicados de telepatia, de manifestações de moribundos, de sonhos premonitórios etc., pesquisa essa publicada, em parte, em minha obra *L'Inconnu et les problèmes psychiques*. Recebi 4.280 respostas, compostas de 2.456 NÃO e 1.824 SIM. Entre essas últimas, há 1.758 cartas mais ou menos detalhadas, das quais grande parte era insuficiente como documento para discussão. Mas pude conservar 786 cartas importantes, que foram classificadas, transcritas nos seus pontos essenciais, e resumidas na obra da qual acabo de falar. O que impressiona em todos esses relatos é a lealdade, a consciência, a franqueza, a delicadeza dos narradores, que fazem questão de dizer somente o que eles sabem e como eles sabem, sem nada acrescentarem nem omitirem. Agindo assim, cada um deles se torna o servidor da verdade.

Essas 786 cartas transcritas, classificadas e numeradas contêm 1.130 fatos diferentes.

As observações expostas nessas cartas apresentaram à minha apreciação vários assuntos diferentes, que podemos classificar como se segue:

- Manifestações e aparições de moribundos
- Manifestações de pessoas vivas saudáveis

- Manifestações e aparições de mortos
- Visão de fatos que ocorrem à distância
- Sonhos premonitórios. Previsão do futuro
- Sonhos que dão informação dos mortos
- Encontros pressentidos
- Pressentimentos realizados
- Duplos de vivos
- Comunicações de pensamentos à distância
- Impressões sentidas pelos animais
- Chamamentos ouvidos a grandes distâncias
- Movimentos de objetos sem causa aparente
- Portas trancadas que se abrem sozinhas
- Casas assombradas
- Experiências de espiritismo

Desde essa época, venho recebendo novos documentos. Esse compartimento da minha biblioteca manuscrita contém, hoje, mais de um milhar de cartas, com cerca de 1.500 observações que, escrupulosamente examinadas, parecem sinceras e autênticas. As duvidosas foram eliminadas. Em geral, essas narrativas provêm de pessoas surpresas que desejam receber, se possível, uma explicação para esses fatos tão estranhos e, com frequência, muito impressionantes. Todos os relatos que pude verificar foram considerados fundamentalmente exatos, às vezes posteriormente modificados em sua forma, por uma memória mais ou menos confusa.

No meu livro *L'Inconnu* eu publiquei uma parte desses relatórios. Mas excluí dessa obra[1] os fenômenos não propriamente incluídos no plano principal, que era a demonstração das faculdades desconhecidas da alma.

Como disse, eu exclui os "movimentos de objetos sem causa aparente", as "portas fechadas à chave que se abrem sozinhas", "as casas assombradas", as "experiências de espiritismo", ou seja, precisamente os fatos estudados na presente obra, na qual

---

1 Várias observações publicadas naquele livro relacionam-se, entretanto a este. Assim: um piano que toca sozinho (p. 108), uma porta que se abre sozinha (p. 112), cortinas que se agitam (p. 125), saltos desordenados (p. 133), pancadas (p. 146), campainhas tilintando (p. 168), e numerosos exemplos de tumultos inexplicados, coincidindo com mortes.

eu esperava poder publicá-los. Mas falta-me espaço. No meu desejo de oferecer aos leitores a documentação mais completa possível, a fim de que eles formassem sua opinião definitiva, eu me excedi, e agora não posso acrescentar aqui essas observações, menos importantes, aliás, que as precedentes, e que, muitas vezes são repetições das outras.

Todavia, é particularmente interessante reproduzir algumas delas.

Primeiramente, eis uma comunicação com algum valor intrínseco, que me foi enviada por meu saudoso amigo Victorin Joncières, o compositor de música bem conhecido, autor de *Dimitri*, inspetor geral do Ministério das Belas Artes. Trata-se de uma observação feita pessoalmente por ele, com a sua total estupefação.

> Eu realizava visitas de inspeção das escolas de música da província, em uma cidade cujo nome eu não posso revelar pelos motivos já citados. Eu estava saindo da sucursal do nosso Conservatório, após ter examinado o curso de piano, quando fui abordado por uma senhora que me perguntou o que eu pensava de sua filha, e se eu achava que ela deveria seguir a carreira artística.
>
> Após uma conversa bastante longa, na qual prometi ir ouvir a jovem artista, eu me comprometi a comparecer naquela mesma noite (pois partiria no dia seguinte) à casa de um dos seus amigos, alto funcionário de Estado, e a assistir a uma sessão de espiritismo.
>
> O dono da casa recebeu-me com uma extrema cordialidade, lembrando-me da promessa que eu lhe fizera de manter em segredo seu nome, bem como o da cidade em que ele mora. Apresentou-me sua sobrinha, a *médium*, à qual ele atribui os fenômenos que acontecem em sua casa. Foi, de fato, depois que essa jovem veio morar com ele, após a morte de sua mãe, que eles começaram. No início, eram ruídos insólitos nas paredes e nos assoalhos; móveis que se deslocavam sem que ninguém os tocasse e gorjeios de pássaros. O senhor X pensou, inicialmente, que se tratava de alguma farsa organizada, tanto por um dos seus, tanto por um de seus empregados. No entanto, apesar de sua mais ativa vigilância, ele não descobriu nenhuma impostura, e acabou por convencer-se de que os fenômenos eram produzidos por

agentes invisíveis, com os quais ele pensou estar se comunicando. Logo ele obteve pancadas, escritura direta, transporte de flores etc.

Após esse relato, ele me conduziu a uma grande sala de paredes nuas, onde se encontravam reunidas várias pessoas, entre as quais sua esposa e um professor de física da escola, perfazendo, no total, uma dezena de assistentes. No centro da peça, encontrava-se uma enorme mesa de carvalho, sobre a qual tinham sidos colocados papel, um lápis, uma pequena harmônica, uma campainha e uma lâmpada acesa.

Ele me disse:

– O espírito anunciou-me há pouco que viria às dez horas; temos bem uma hora diante de nós. Vou aproveitá-la para ler ao senhor os relatórios de nossas sessões realizadas durante um ano.

Ele colocou na mesa o seu relógio, que marcava cinco para as nove, e cobriu-o com um lenço.

Durante uma hora, ele se pôs a ler as mais inacreditáveis histórias. No entanto, eu estava ansioso para ver alguma coisa.

De repente, um ruidoso estalo foi ouvido na mesa. O senhor X tirou o lenço que cobria o relógio: este indicava, exatamente, dez horas. Ele perguntou:

– Espírito, você está aí?

Ninguém estava tocando na mesa ao redor da qual, de acordo com as recomendações dele, formávamos a corrente, segurando-nos as mãos.

Uma pancada violenta ressoou.

A jovem sobrinha apoiou seus dedos mínimos contra a borda da mesa e pediu-nos que a imitássemos. E essa mesa, de um peso enorme, elevou-se *bem acima de nossas cabeças*, de modo que fomos obrigados a levantarmo-nos para acompanhar sua ascensão. Ela balançou por alguns instantes no espaço e desceu lentamente em direção ao chão onde pousou sem ruído.

Então, o senhor X foi pegar um grande desenho de vitral. Colocou-o na mesa ao lado de um copo de água, uma caixa de tintas coloridas e um pincel. A seguir, ele apagou a lâmpada. Reacendeu-a ao fim de dois ou três minutos: o desenho, ainda úmido, estava colorido em dois tons – amarelo e azul – *sem que nenhuma pincelada tivesse ultrapassado as linhas traçadas.*

Admitindo-se que algum dos presentes tivesse desejado

representar o papel do espírito, como, na escuridão, ele poderia ter manejado o pincel sem sair dos limites do desenho? Acrescentarei que a porta estava hermeticamente fechada e que durante o curtíssimo espaço de tempo que a operação durou, apenas ouvi o barulho da água agitada no copo.
Pancadas foram desferidas na mesa, correspondendo às letras do alfabeto. O espírito anunciava que iria produzir um fenômeno especial para convencer-me pessoalmente.
A uma ordem dada por ele, a lâmpada foi apagada novamente. A harmônica tocou um vivo motivo, *em compasso 6/8*. Mal a última nota acabou de soar, o senhor X reacendeu a lâmpada. Sobre uma folha de papel de música que fora colocada perto da harmônica, *o tema era corretamente escrito a lápis*. Teria sido impossível que um dos assistentes o anotasse nas *pautas* do papel, na completa escuridão da sala.
Espalhadas sobre a mesa, jaziam treze margaridas recém-colhidas.
– Vejam, disse o senhor X, essas margaridas são do vaso de flores que está no fim do corredor.
Como eu disse agora há pouco, a porta da sala onde estávamos reunidos tinha permanecido fechada e ninguém se mexera. Fomos ao corredor e pudemos constatar, vendo os caules desprovidos de flores, que as margaridas tinham vindo do local indicado.
Mal acabáramos de voltar à sala, a campainha, que estava sobre a mesa, elevou-se, tilintando, até o teto, de onde voltou a cair bruscamente a partir do momento em que o tocou.

No dia seguinte, antes da minha partida, fui visitar o senhor X.
Ele me recebeu na sala de jantar. Pela janela totalmente aberta, um lindo sol de junho inundava a peça com a sua brilhante claridade.
Enquanto mantínhamos uma conversa sem sequência, uma música militar soou ao longe. Eu disse rindo: "Se há um espírito aqui, ele deveria acompanhar a música".
Imediatamente, pancadas ritmadas, acompanhando exatamente a cadência do passo redobrado, foram ouvidas na mesa. As crepitações dissiparam-se pouco a pou-

co, em um *decrescendo* habilmente marcado, à medida que os últimos ribombos dos cobres se perdiam.

– Dê-nos um bom rufo para acabar, eu disse, quando os sons cessaram completamente. E um rufo cerrado respondeu ao meu pedido, tão violento que a mesa tremeu sobre suas pernas. Coloquei a mão sobre ela, e senti nitidamente as trepidações da madeira atingida por uma força invisível. Pedi para inspecionar a mesa. Ela foi virada diante de mim e fiz um exame minucioso do móvel e do assoalho. Nada descobri. Aliás, o senhor X não podia, realmente, ter previsto que durante minha visita uma banda militar passaria e que eu pediria à mesa para acompanhá-la, imitando o tambor.

Posteriormente, retornei àquela cidade e assisti a outras sessões igualmente muito curiosas. Como já disse, eu ficaria encantado, meu caro amigo e mestre, de lá conduzi-lo um dia. Mas esse "alto funcionário" faz questão de permanecer totalmente desconhecido.

Essas observações surpreendentes do meu amigo Joncières têm, evidentemente, o seu valor, e têm seu lugar aqui, na sequência de todas as precedentes.

Citarei outras, realizadas por um observador cético e atento, o senhor Castex-Dégrange, subdiretor da Escola Nacional de Belas Artes de Lyon, cuja veracidade e sinceridade não deixam, tampouco, nenhuma sombra de dúvida. Devo à sua gentileza um grande número de cartas interessantes, e pedir-lhe-ei a permissão para delas extrair as passagens mais importantes.

A carta seguinte é datada de 18 de abril de 1899.

Pela segunda vez, eu asseguro sobre minha honra, que nada direi que não seja estritamente verdadeiro e, a maior parte do tempo, fácil de controlar.
Apesar da profissão que exerço, não sou absolutamente dotado de imaginação. Vivi muito em companhia de médicos, pessoas pouco crédulas devido à natureza de sua profissão; e, seja em consequência de minhas disposições naturais, seja por causa dos princípios que absorvi nessa sociedade, sempre fui muito cético.
Essa foi, na verdade, uma das causas que me fizeram abandonar minhas experiências. Eu obtinha coisas estu-

peficantes e, mesmo assim me era impossível conseguir acreditar em mim mesmo. Eu estava bem convencido de que eu não procurava me enganar ou enganar os outros e, não sendo capaz de me render à evidência, eu sempre procurava uma razão diferente. Isso me fazia sofrer e eu parei. Termino aqui esse preâmbulo e vou desenvolver o andamento das minhas observações.

Eu conhecia um grupo de pessoas interessadas no espiritismo e nas mesas girantes, e fiz disso, um pouco, o alvo das minhas zombarias, não deixando de fazer uma boa brincadeira fantasiosa, quando tinha oportunidade.
Parecia-me que aquelas boas pessoas, aliás, muito convictas, eram todas um pouco... doidas! (Sejamos fim do século!).
Certo dia, fui visitá-las. A sala estava iluminada por duas grandes janelas. Como de hábito, eu comecei a brincar com os presentes. Como resposta, obtive um convite para me juntar a eles.
– Mas – repliquei, se eu me sentar à sua mesa, ela não girará mais, porque eu não a empurrarei!
– Venha mesmo assim!
Palavra de honra! Foi só para rir um pouco que eu tentei. Mal acabara de colocar as mãos sobre a mesa, que ela correu até mim.
Eu disse à pessoa que estava diante de mim:
– Não empurre com tanta força!
– Mas, meu caro senhor, eu não empurrei!
Coloquei a pequena mesa redonda no lugar.
A mesma coisa recomeçou!
Uma, duas, três vezes.
Impacientei-me e disse:
– O que o senhor está fazendo não está certo. Se quiser me convencer, não a empurre!
Então a pessoa me respondeu:
– Ninguém está empurrando. Acho que, provavelmente, o senhor tem tanto fluido que a mesa se move em sua direção, *talvez, sozinho, consiga fazê-la mover-se!*
– Ah! Se eu conseguir, sozinho, fazê-la mover-se, será diferente!
– Tente!
Todos se retiraram. Fiquei sozinho diante da mesa.

Peguei-a, levantei-a, examinei-a bem. Nada de truque! Fiz com que todos ficassem atrás de mim. Eu estava virado para as janelas e meus olhos estavam abertos, eu garanto!
Estendi os braços o mais longe possível, para ver bem, só colocando as pontas dos dedos sobre a mesa.
Passados apenas dois minutos, ela começou a balançar. Confesso que estava um pouco desconcertado, mas não querendo reconhecer, eu disse:
– Sim, ela talvez esteja se mexendo. É possível que um fluido ignorado esteja agindo sobre ela, mas, em todo caso, ela não está vindo até mim, e antes ela estava sendo empurrada.
– Não – respondeu um assistente – ela não estava sendo empurrada, mas ainda que o senhor esteja muito carregado de fluido, seria necessária, para a reprodução do fenômeno, a ajuda de outra pessoa. Sozinho o senhor não é suficiente. Permitiria que uma pessoa colocasse *a mão sobre* a sua, sem tocar a mesa?
– Sim.
Alguém colocou a mão sobre a minha e *eu observei.*
Imediatamente, a mesa começou a movimentar-se e encostou-se em mim.
As pessoas presentes gritaram e disseram que tinham colocado a mão sobre um médium. Eu não me orgulhei muito do título, que eu considerava como sinônimo de louco.
– O senhor deveria tentar escrever – disse-me alguém.
– O que isso quer dizer?
– Veja: pegue papel, uma pena, deixe seu braço inerte e peça que *alguém* o faça escrever.
Tentei.
Passados cinco minutos, tive a sensação de que meu braço estava sendo envolvido por uma coberta de lã e depois, independentemente da minha vontade, minha mão começou a traçar, primeiramente, traços, depois *os, as,* letras de todas as espécies, como o faria um aluno aprendendo a escrever. Depois, de repente, a famosa frase atribuída a Cambronne,[2] em Waterloo!!
Eu lhe asseguro, caro mestre, que não tenho absolutamente o hábito de empregar essa frase, e que nisso não havia auto-sugestão. Eu estava completamente estupefato.
Continuei em minha casa essas experiências.

---

2 N. da T. - Pierre Jacques Étienne Cambronne, comandante da Velha Guarda francesa na batalha de Waterloo, a quem foi atribuída a seguinte resposta ao pedido de rendição do general Colville: "A Velha Guarda morre, mas não se rende".

1º) Certo dia, eu estava sentado à minha escrivaninha quando senti que meu braço estava sendo agarrado. Deixei minha mão passiva. *Alguém* escreveu:
– Seu amigo Aroud virá visitá-lo. Ele está neste momento em tal agência de ônibus de subúrbio, perguntando os preços das passagens e os horários das saídas.
(Esse senhor Aroud é chefe de gabinete de polícia, da circunscrição administrativa de Rhône).
De fato, meia hora depois, Aroud chegou. Contei-lhe o ocorrido.
– Sorte a sua de viver no século dezenove, disse-me ele. Há uns cem anos, você não teria escapado da fogueira.

2º) Outra vez, também quando eu estava à minha escrivaninha, o fenômeno ocorreu.
– Seu amigo Dolard virá vê-lo.
Uma hora mais tarde, ele realmente chegou. Contei-lhe porque eu o esperava. Muito incrédulo por natureza, esse fato deixou-o pensativo. No dia seguinte, ele voltou.
– Você poderia obter uma resposta a uma pergunta que vou fazer? – disse-me ele.
– Não a formule, pense apenas. Vamos tentar.
Devo, aqui, abrir um parêntese para dizer-lhe que eu conhecia Dolard havia trinta anos, que ele tinha sido meu colega na Escola de Belas Artes. Eu sabia que ele perdera um irmão mais velho, que tinha sido casado e tivera a infelicidade de perder, um a um, todos os membros da sua família. Era tudo o que eu sabia sobre sua família.
Peguei a pena e *alguém* escreveu:
– *Acabaram de cessar os sofrimentos de sua irmã Sophie.*
Ora, Dolard havia perguntado mentalmente o que acontecera com o espírito de uma irmã que ele perdera havia quarenta anos, que se chamava *Sophie* e de quem eu nunca ouvira falar.

❀ ❀ ❀

3º) Meu diretor na Escola de Lyon era um antigo arquiteto da cidade de Paris, o senhor Hédin.

As Forças Naturais Desconhecidas   381

O senhor Hédin tinha apenas uma filha, que se casara havia pouco tempo, em Paris, com outro arquiteto, o senhor Forget.
Essa jovem engravidou.
Certo dia em que eu nem de longe estava pensando nela, o mesmo fenômeno manifestou-se. *Alguém* escreveu:
– *A senhora Forget vai morrer.*
Exceto sua gravidez, a senhora Forget não estava absolutamente doente.
Na manhã do dia seguinte, o senhor Hédin disse-me que sua filha estava sentindo as dores do parto. E, na mesma noite, ele me informou que sua esposa acabara de partir para junto da filha, em Paris.
No outro dia, recebi a ordem de assumir as suas funções. A senhora Hédin havia telegrafado ao seu marido para ir ao seu encontro. Sua filha fora acometida pela febre puerperal. Ao chegar, o pai só encontrou um cadáver!

4º) Eu tinha um primo chamado Poncet (já falecido), antigo farmacêutico, em Beaune.
Eu nunca tinha ido ao seu apartamento.
Certo dia, ele veio a Lyon ver nossa tia comum (aquela que teve a visão da qual já falei – *L'Inconnu*, p. 169).
Nós conversávamos sobre essas coisas extraordinárias.
Ele estava incrédulo e me disse:
– Então, tente fazer-me encontrar uma coisa sem nenhum valor, mas à qual eu sou muito apegado, porque ela pertenceu à minha falecida esposa. Ela me deixou um pacotinho de rendas do qual gostava muito, e não sei mais onde ele está.
Alguém escreveu:
– *Ele está na gaveta do meio da cômoda do quarto de dormir, atrás de um maço de cartões de visita.*
Meu primo escreveu à sua empregada que permanecera em Beaune, *sem lhe dizer do que se tratava:* "Envie pelo correio um pacotinho, que você encontrará em tal lugar, atrás de um maço de cartões de visita".
As rendas chegaram pelo correio.
Note, caro mestre, que durante as experiências, eu não estava absolutamente adormecido e conversava como de hábito.

❋ ❋ ❋

5º) Um dos meus amigos de infância, o senhor Lalonge, atualmente comerciante de café e de chocolate em Saint-Etienne, tivera, como eu, por professor um excelente homem de quem gostávamos muito e que se chamava Thollon.[3]
O senhor Thollon, após ter-se encarregado diretamente da educação dos filhos do príncipe d'Oldenbourg, tio do atual imperador da Rússia, voltara à França e ingressara no Observatório de Nice.
Tivemos a infelicidade de perdê-lo pouco tempo depois. Laloge tinha uma fotografia sua, mas a perdera. Ele veio pedir-me para tentar encontrá-la.
Alguém escreveu:
– *A fotografia está na gaveta de cima da escrivaninha do quarto.*
Laloge possuía dois cômodos, um que ele chamava de sala, outro de "quarto".
– Deve haver algum engano – disse ele. Revirei tudo no local indicado e não encontrei nada.
À noite, precisando procurar um objeto naquela gaveta, percebeu, no meio de um pacote de papel de cartas, um pequeno pedaço de papel escuro, saliente. Ele puxou-o: era a fotografia.

6º) Camille Bellon, que morava no número 50 da Avenue de Noailles, em Lyon, tinha três filhos pequenos, cuja educação ele confiara a uma jovem professora.
Essa moça deixou-os quando as crianças foram para a escola e, algum tempo depois, casou-se com um homem encantador, cujo nome, infelizmente, eu esqueci, mas que posso encontrar com facilidade se for necessário.
Essa jovem foi, em viagem de núpcias, visitar seu antigo patrão. Eu fui convidado a passar um dia com eles, no castelo do meu amigo Bellon.
Durante essa visita, conversamos sobre fenômenos espíritas e o recém-casado, médico veterinário muito culto, brincou comigo sobre a minha dita mediunidade. Como era de se esperar, ri com ele, e despedimo-nos como os

---
3   Eu o conheci bem no Observatório de Nice, onde fiz juntamente com ele, em 1884 e 1885, observações espetroscópicas sobre a rotação do sol.

melhores amigos do mundo.
Passados alguns dias, recebi uma carta do meu amigo. Ele recebera uma carta daquela jovem senhora, que estava desolada. Ela perdera sua aliança de casamento e estava desesperada. Ela solicitava ao meu amigo que me pedisse para fazer com que a aliança fosse encontrada.
Alguém escreveu:
– *A aliança caiu do seu dedo enquanto ela dormia. Ela está sobre um dos suportes que sustentam o estrado de sua cama.*
Transmiti a *mensagem*. O marido e a esposa passaram a mão entre a armação da cama e o estrado. Eles não encontraram nada.
Decorridos alguns dias, tendo decidido mudar a disposição de sua casa, eles transportaram a cama para outro cômodo. Naturalmente, eles tiraram o estrado para passá-lo para o outro quarto. A aliança estava sobre um dos suportes. Eles não a tinham encontrado quando a procuravam porque ele escorregara *sob* o estrado que não aderia ao suporte naquele lugar.

7º) Um dos meus amigos, Boucaut, que morava no número 15 do Quai de la Guillotière, em Lyon, perdera uma carta da qual ele tinha grande necessidade. Pediu-me para perguntar onde ela estava.
Alguém respondeu:
– *Que ele se lembre que há um forno no seu jardim.*
Diante dessa resposta, comecei a rir, dizendo-lhe que era uma brincadeira que não tinha nenhuma relação com o seu pedido. Como ele insistia para saber qual tinha sido a resposta, eu a li para ele.
– Mas é isso mesmo – disse-me ele – isso responde muito bem ao que perguntei. Meu caseiro estava assando o seu pão. Eu tinha um monte de papéis, dos quais queria me desfazer e quis queimá-los. Minha carta deve ter sido queimada no monte que eu incinerei.

8º) Certa noite, em uma reunião, com cerca de vinte pessoas, uma senhora vestida de preto recebeu-me com

um sorrisinho irônico.
Após as apresentações costumeiras, essa senhora dirigiu-me a palavra:
– Seria possível que o senhor pedisse aos seus espíritos que respondessem a uma pergunta que vou fazer?
– Em primeiro lugar, senhora, eu não tenho espíritos à minha disposição, mas me faltaria completamente espírito se eu lhe respondesse afirmativamente. A senhora não me supõe suficientemente inteligente para não encontrar uma resposta qualquer e, consequentemente, se *meus Espíritos*, como a senhora bem o disse, por acaso nos respondessem, a senhora não ficaria convencida e teria razão. Escreva a sua pergunta. Coloque-a no envelope, ali, sobre a mesa, e iremos tentar. Como a senhora pode perceber, não estou em estado de sonambulismo e a senhora deve acreditar que me é totalmente impossível conhecer o conteúdo do que colocar nesse envelope.
Assim foi feito.
Após cinco minutos, garanto que eu estava bem embaraçado! Eu escrevera uma resposta, mas seu conteúdo era tal que eu não ousava comunicá-lo. Mas, em todo caso, ela foi a seguinte:
– *Você está no caminho errado e se persistir será severamente punida. O casamento é uma coisa sagrada e ele não deve ser encarado como uma questão de dinheiro.*
Após algumas precauções oratórias, decidi-me a ler-lhe essa resposta. Essa senhora ficou vermelho-púrpura e estendeu a mão para apoderar-se do envelope.
– Desculpe-me, senhora – eu repliquei, colocando minha mão sobre o envelope. A senhora começou rindo-se de mim. Quis uma resposta e é muito justo, uma vez que estamos fazendo uma experiência, que conheçamos a pergunta feita.
E rasguei a borda do envelope. Eis seu conteúdo:
– O casamento que estou tentando realizar entre o senhor X e a senhorita Z acontecerá? Em caso positivo, obterei o que me foi prometido?
No entanto, essa senhora não se deu por vencida.
Ela fez uma segunda pergunta, nas mesmas condições.
Resposta:
– *Não me aborreça! Quando eu vivia, você me abandonou. Agora, deixe-me tranquilo!*
Diante disso, essa senhora levantou-se e desapareceu.

Eu lhe disse que ela estava de luto. Sua pergunta era esta:
– O que aconteceu com a alma do meu pai?
Seu pai estivera seis meses enfermo. Durante sua enfermidade, pelo que me contaram as pessoas presentes que estavam estupefatas com o resultado, ela não fora visitá-lo uma só vez.

9º) Certo dia, eu acabara de perder um dos meus bons amigos. Eu estava com a cabeça apoiada em minhas mãos, à minha escrivaninha, e pensava o que poderia ser realmente o além; se todo o trabalho realizado estaria irremediavelmente perdido para aquele que o tinha feito e, se o além existisse, qual poderia realmente ser *a vida* que lá nós levaríamos. De repente, o fenômeno bem conhecido por mim se produziu. Naturalmente, deixei que minha mão fosse levada e eis o que li:
– *Está querendo saber quais são nossas ocupações? Nós organizamos a matéria, aperfeiçoamos os espíritos e, sobretudo, adoramos o Criador das nossas e das suas almas.*

ARAGO

Em *todas* as comunicações que obtive, sempre que vinha sob a minha pena uma palavra representando o Ser Supremo, como Deus, Todo Poderoso etc., a escrita dobrava de volume, para logo voltar à mesma dimensão que anteriormente[4].

Ser-me-ia fácil de lhe apresentar exemplos, mais numerosos ainda, dos fenômenos bizarros que me aconteceram, mas os que eu citei já me parecem suficientemente dignos de atenção. Dar-me-ei por feliz se esse relatório verídico puder ajudá-lo em suas importantes pesquisas.

A carta que acabamos de ler encerra uma série de fatos de tão alto interesse, que não tardei a manter uma correspondência regular com o autor. E, em primeiro lugar, pensei que deveria interrogá-lo sobre as conclusões que ele pôde tirar de sua experiência pessoal. Eis um resumo de suas respostas:

---

4 Nas sessões que citei acima (segundo capítulo), quando a mesma palavra era ditada, a mesa batia uma saudação militar.

O senhor me pergunta, meu caro mestre: 1º) se conclui, com certeza, sobre a existência de um ou de vários *espíritos?*
– Eu sou uma pessoa de absoluta boa-fé. Examino-me a mim mesmo como um cirurgião o faria com um enfermo. Sou uma pessoa com tanta boa-fé que por muito tempo procurei (sem conseguir encontrar) um especialista no assunto que consentisse em estudar comigo o fenômeno no momento em que ele se produzia; em constatar o estado do pulso, o calor da pele etc. etc., em suma, o lado físico aparente. Portanto, em minha opinião, não havia auto-sugestão, e a prova é que *eu ignorava completamente* as coisas que eu escrevia *mecanicamente*, tão mecanicamente que quando, por acaso, minha atenção se desviava, seja devido a uma leitura, seja devido a uma conversa, e que eu me esquecia de olhar onde estava minha mão, quando eu chegava ao fim do papel, a escrita continuava *de trás para frente* e tão rápida, que eu era obrigado a virar o papel para ler contra a luz o que nele estava escrito.
Então, se não havia auto-sugestão nem estado sonambúlico (eu estava completamente acordado e não estava absolutamente hipnotizado), existem "forças" externas, "forças inteligentes, agindo sobre nossos sentidos.
Essa é a minha opinião indiscutível.
Agora, seriam essas forças "espíritos"? Pertenceriam elas a seres, nossos semelhantes?
É evidente que essa hipótese explicaria muitas coisas, mas deixaria muitas outras obscuras.
Como constatei diversas vezes um estado mental dos mais inferiores nesses "seres", cheguei à conclusão que não é absolutamente necessário que sejam "homens".
Dizem que há estrelas que apenas a fotografia pode nos revelar e que, como possuem uma cor imperceptível aos nossos olhos, elas continuam invisíveis para nós. Por outro lado, passamos através de um gás sem sentirmos resistência. Quem poderá nos dizer que não existem em torno de nós seres invisíveis?
Observe o instinto das crianças, da mulher, dos seres fracos em geral. Eles temem o escuro, o isolamento lhes causa medo. Esse sentimento é instintivo, irracional. Não seria uma intuição da presença desses personagens invisíveis e contra os quais eles estão indefesos?
Isso é uma pura hipótese de minha parte, mais enfim,

ela me parece sustentável.
Quanto à quantidade desses seres, eu creio que eles são uma legião.
2º) O senhor me perguntou se fui capaz de estabelecer sua identidade.
Eles se assinam com qualquer nome, escolhendo, preferencialmente, nomes ilustres aos quais por vezes eles fazem dizer as maiores besteiras.
Além disso, a escrita, com frequência, cessa bruscamente, como se uma corrente elétrica fosse interrompida, e isso sem motivo apreciável. Quanto mais a escrita muda, mais as coisas sensatas terminam em absurdos etc.
Como nos orientarmos nesse contexto?
Foi decepcionado com esses resultados incoerentes que eu havia, há muito tempo, abandonado esses exercícios. Mas suas pesquisas tão envolventes vieram despertar em mim o homem de antes.
Se nós podemos admitir, às vezes, o desdobramento inconsciente do indivíduo, sua exteriorização, parece-me que há casos em que essa explicação torna-se impossível.
Vou me explicar. Se para os fatos que me aconteceram pessoalmente e *cuja autenticidade eu confirmo pela minha honra*, houve alguns nos quais essa exteriorização foi possível e houve outros em que ela me pareceu impossível. Sim, a rigor, eu pude, sem duvidar, exteriorizar-me ou, antes, ter sido, sem ter consciência, influenciado pelo meu amigo Dolard quando, em minha presença, ele me perguntava mentalmente o que acontecera com a alma de uma irmã falecida da qual eu ignorava o nome e até mesmo a existência. Sim, a rigor, o mesmo fato pode explicar as respostas dadas a uma senhora que me interrogava a respeito de um casamento e do seu pai, embora, nesse caso, seria de se supor que ela me ditava as palavras que eu escrevia. Sim, meu amigo Boucaud que procurava cartas, poderia, no momento em que ele me perguntava o seu destino, ter pensado naquele forno cuja existência eu ignorava. Sim, a rigor tudo isso é possível, embora já seja preciso uma forte dose de boa-vontade para admiti-lo.
Sim, mais uma vez – e sempre com muita boa-vontade – uma mesa pode estar sob o domínio inconsciente de um músico presente e ditar uma frase musical; mas já é difícil admitir o mesmo fenômeno a respeito de Victor Hugo, de cujas curiosas sessões o senhor acaba de

dar conhecimento ao público. Ainda com relação a esse grande poeta, por que, quando solicitado pela mesa a fazer uma ou mais questões *em verso*, e não se sentindo capaz, apesar de sua genialidade, de improvisar alguma coisa passável, pediu um tempo para preparar suas questões, e adiou-as para o dia seguinte? E você gostaria que, no dia seguinte, uma parte dele mesmo funcionasse *sem o seu conhecimento* e fabricasse *imediatamente*, sem nenhuma preparação, versos no mínimo tão bonitos quanto aqueles que ele levou um dia inteiro para criar! Versos de uma lógica impiedosa e mais profundos que os seus! Hum! Hum!

Enfim, admitamos ainda isso. Está vendo, meu caro mestre, que estou colocando aqui toda a boa-vontade possível, e que tenho o mais profundo respeito pelos métodos científicos. Mas poderia me explicar pela exteriorização o fato de eu reencontrar um objeto perdido, quando nem mesmo eu sabia o modo como estava organizado o apartamento onde o mesmo foi perdido; de eu saber, dois dias antes, da morte de uma pessoa na qual eu não pensava de modo algum? O senhor me diria tratar-se de uma possível coincidência! Mas, de qualquer forma, muito estranha!

E aqueles ditados de trás para frente? E aqueles em que era preciso pular uma a cada duas letras?

Não, penso que não é preciso nos darmos a tanto trabalho e revirar nosso cérebro, pois me parece que seria como procurarmos pelo meio-dia às duas horas. É preciso um esforço do diabo para explicar esse fenômeno de exteriorização que acontece sem o conhecimento do seu proprietário. Eu não posso imaginar uma parte do meu ser fugindo e depois se reintegrando a ele sem que eu desconfiasse de nada disso.

Ah! Relativamente à produção dessa exteriorização de um modo que eu posso denominar de voluntário, quando uma pessoa que sente que está morrendo pensa fortemente naqueles que ela ama e cuja ausência ela deplora, sim, pode ser que sua vontade sugestionando, sem o seu conhecimento, a pessoa ausente, produza os fenômenos de telepatia, mas nos fenômenos dos quais falamos, isso me parece mais do que duvidoso.

Eu acho mais simples a explicação pela presença e pela ação de um ser independente, Espírito, Larva[5] ou Elemental.

---

5 N. da T. - Entre os antigos romanos, espetro de pessoa que teve morte violenta, que supostamente voltava para atormentar os vivos.

Em suma, o que procuramos todos nós? A prova da sobrevivência da *individualidade* após a morte; **To be or not to be!** Tudo está aí! Porque eu confesso francamente que se devo retornar ao Grande Todo, eu preferiria ser totalmente destruído. Talvez seja fraqueza, mas o que querem vocês, é, sobretudo, à minha individualidade que me apego. Não que eu a tenha em grande conta, mas é algo instintivo, e creio que, no fundo, todos têm essa mesma opinião. É esse o fim que apaixona e que tanto apaixonou o homem em todas as épocas.

Uma das provas mais sérias que tive oportunidade de encontrar da sobrevivência do indivíduo seria, em minha opinião, a visão que minha tia teve *vários dias* após a morte de uma amiga que, para dar-lhe uma prova da realidade de sua aparição, sugestionou-a a vê-la com o vestido que ela trazia em seu caixão, *vestido que minha tia não conhecia*.

Esse é um dos bons e raros argumentos que encontrei em favor da sobrevivência da alma.

Com essa sobrevivência, muitas coisas se explicam – sobretudo a ostensiva e terrível injustiça que se mostra em toda parte.

A essas importantes observações do senhor Castex Dégrange eu gostaria de acrescentar as de um notável engenheiro, que também por muito tempo se consagrou à análise e à síntese desses fenômenos, o senhor Alexandre Goupil. Alguns desses estudos ainda não foram publicados e agradeço a esse cientista a permissão para utilizá-los. Outros foram impressos em uma curiosa brochura *Pour et Contre* (*A favor e Contra*, Tours, 1893). Mas estou abusando da atenção dos leitores, mesmo dos mais curiosos e ávidos de saber. Entretanto, assinalarei, pelo menos, as conclusões a que o senhor Goupil chegou de suas próprias experiências, extraídas da obra da qual acabei de falar:

> As sessões das mesas falantes são muito insignificantes em termos de ciência adquirida da parte dos espíritos; mas elas não são sem interesse do ponto de vista da análise dos fatos e da ciência a ser estabelecida sobre as causas e as leis que regem esses fenômenos.
> Disso, penso poder concluir que as duas teorias (a da

ação reflexa e a espírita) estão representadas nos fatos. Parece-me impossível sustentar que um fator externo inteligente não intervenha. O que é essa inteligência? Creio ser muito arriscado expressar uma opinião firme sobre esse ponto, tendo em vista a incongruência de todas essas comunicações.
É também inegável que os intelectos dos operadores têm uma grande participação nesses fenômenos e que eles parecem agir sozinhos em muitos dos casos.
Talvez eu chegasse bem próximo da verdade ao definir o fenômeno como segue:

Funções externas do princípio anímico, governado pelos intelectos dos operadores e, sobretudo, do médium, mas associado, por vezes, a um intelecto desconhecido e relativamente independente do homem.

Experimentadores afirmaram que jamais as comunicações obtidas dos ditos espíritos por intermédio dos médiuns ultrapassavam as faculdades intelectuais da pessoa mais inteligente da assistência.
Essa asserção é geralmente justificada, mas não é absoluta. Gostaria de mencionar, a respeito desse ponto, algumas sessões que se realizaram em minha casa. A médium era a senhora G., que conheço há vinte e sete anos, dia após dia, e, consequentemente, o caráter, os costumes, o temperamento e a instrução dela.
As comunicações que foram obtidas por meio da escrita mediúnica duraram quinze meses.
A senhora G. sentia uma espécie de audição antes *mental* do que auricular; antes psíquica do que física, que lhe ditava o que ela deveria escrever por trechos de frases, uns após os outros, e essa impressão era acompanhada de um forte desejo de escrever... semelhante ao desejo de uma mulher grávida.
Se essa médium prestasse atenção ao sentido do que escrevia durante a redação, a influência cessava, e tudo voltava às condições de sua redação ordinária. Era o estado de um escrevente que, despreocupado, escrevesse maquinalmente, seguindo o ditado do seu chefe. Disso resultava que os escritos, realizados com a máxima velocidade, e geralmente sem retardo ou sem pausas após as perguntas, eram uma sequência, sem pontuação nem parágrafos, e cheios de erros de ortografia, resultando

disso que a médium só se dava conta do sentido dos seus escritos quando ela os relia, ao menos para as comunicações um pouco longas.

O fundo dos *escritos* parece, geralmente, ter sido extraído de nossas ideias, de nossos discursos, de nossas leituras ou de nossos pensamentos; mas há exceções nitidamente marcadas. Enquanto a senhora G. escrevia, eu me dedicava a outras ocupações, cálculos, música etc., ou andava pelo aposento, mas só tomava conhecimento das respostas quando a médium parava de escrever. Durante seus escritos, nada distinguia o estado físico e fisiológico da médium do seu estado habitual. A senhora G. podia interromper-se à vontade para dedicar-se a outras ocupações ou para responder sobre assuntos alheios à sessão.

Ora, nunca lhe aconteceu de não ter respostas.

Não há nenhuma analogia entre esses escritos e as aptidões da senhora G., seja pela presteza da réplica, pela amplitude dos pontos de vista ou pela filosofia.

Em 1890 eu comprei o livro *Uranie* de Flammarion, que só foi lido pela senhora G. em 1891. Nele encontrei doutrinas totalmente similares às quais eu deduzi de minhas experiências e de nossas comunicações. Qualquer pessoa que comparasse aqueles escritos mediúnicos com as obras filosóficas do astrônomo francês seria levada a pensar que a senhora G. as havia lido anteriormente.

Os fenômenos psíquicos têm a particularidade de produzirem, em lugares distantes, asserções idênticas, por meio de médiuns que nunca se conheceram, fato que tende a demonstrar que, através de muitas declarações contraditórias, ao menos aparentemente, há uma determinada unidade de ação da força oculta inteligente.

Ainda em 1890, eu li a obra do doutor Antoine Cros, *Le Problème*, onde encontrei também concordâncias surpreendentes entre as ideias desse autor e as do nosso inspirador desconhecido, entre as quais: *que o próprio homem cria seus paraísos e torna-se aquilo a que ele aspirou.*

Para a explicação dos fatos, devemos sempre procurar o mais simples, sem querermos encontrar o oculto e espíritos em todos os lugares, mas também sem querermos, mesmo assim, descartar a intervenção de agentes desconhecidos e negarmos os fatos quando eles não podem ser explicados.

Camille Flammarion

É bastante curioso notar que se compararmos os ditados realizados pelas mesas e os outros fenômenos ditos mediúnicos com as observações feitas em estados de sonambulismo hipnótico ou natural, encontraremos as mesmas fases de incoerência, de hesitação, de erro, de lucidez e de superexcitação das faculdades. Por outro lado, a superexcitação das faculdades não explica os casos de citação de fatos desconhecidos ou de predições; em muitos casos de telepatia ou outros, qualquer explicação que elimine a intervenção de inteligências externas torna-se precária. Mas é ainda impossível formularmos uma teoria. Existe uma lacuna a ser preenchida por novas descobertas.[6]

A essas conclusões, eu acrescentarei dois curtos trechos de uma carta que me escreveu o autor em 13 de abril de 1899, e de outra, datada de 1 de junho do mesmo ano.

1) Em resposta à pesquisa que o senhor endereçou aos seus leitores, eu direi que nunca observei casos telepáticos, mas que durante muito tempo experimentei os fenômenos *ditos* espíritas, dos quais fui simples analista. Não cheguei a conclusões relativas às teorias explicativas. Entretanto, considero *provável* a existência de forças inteligentes que não sejam as do homem e que intervêm em certas circunstâncias. Minha opinião baseia-se em um grande número de fatos curiosos e pessoais. Penso que não haja nisso uma reunião de simples coincidências, mas circunstâncias desejadas, previstas e produzidas por uma inteligência *X*.

2) Do conjunto de tudo o que vi, há ao mesmo tempo a ação reflexa dos experimentadores e uma personalidade independente. Essa hipótese parece-me ser a verdadeira, fazendo, no entanto, a restrição de que o espírito não é um ser acabado, com limitações de forma, como o seria um homem invisível que vai, vem, presta serviços aos humanos. Entrevejo um sistema mais amplo, mais grandioso.

Pegue um volume qualquer do oceano, e você tem a *água*.
Pegue um volume qualquer da atmosfera, e você tem o *ar*.
Pegue um volume qualquer do espaço, e você tem o *espírito*.
É essa a minha interpretação.

---

6   A. GOUPIL, *Pour et contre*, p. 113.

Eis porque o espírito está sempre presente, pronto para responder se ele encontrar em um local uma excitação que o provoque e um organismo que lhe permita se manifestar.

Reconheçamos que o problema é complexo e que seria útil compararmos todas as hipóteses.[7] Dentre os inúmeros documentos espalhados neste momento na minha escrivaninha, só pude inserir aqui uma pequena quantidade, embora todos eles tenham seu interesse particular. A riqueza do assunto ultrapassa nossos limites. Mas citarei uma peça da pesquisa da qual eu falava mais acima e que eu lamentaria deixar fora do presente trabalho.

A antiga governanta de Alfred de Musset, a senhora Martelet, nascida Adèle Colin, que ainda vive em Paris e que acaba de assistir (em 1906) à inauguração da estátua do poeta (embora a morte do cativante escritor date de 1857), contou a seguinte história, que aqui pode ser incluída na categoria dos movimentos sem contato.

> Um fato inexplicável do qual minha irmã, a senhora Charlot, e eu fomos testemunhas, impressionou-nos vivamente. Ele ocorreu durante a última enfermidade do senhor de Musset e eu nunca esquecerei a emoção que sentimos naquela noite, mantendo em minha memória, até hoje, os menores incidentes daquela estranha aventura.

---

[7] Fiz questão de citar aqui o resultado da experiência pessoal de uma grande quantidade de homens preocupados com o conhecimento da verdade, sobretudo para responder aos jornalistas ignorantes que convidam os seus leitores a zombarem soberbamente dessas pesquisas e dos seus experimentadores. Precisamente, no momento em que estou corrigindo as provas destas últimas páginas, acabei de receber um jornal, *Le Lyon Républicain*, de 25 de janeiro de 1907, que traz como artigo principal uma diatribe bem violenta contra mim, assinada por **Robert Estienne**. Podemos constatar que o autor não sabe nem de quem nem do que ele fala.

Evidentemente, não há nenhuma razão para que a cidade de Lyon esteja mais disposta ao erro do que qualquer outro ponto do globo terrestre. Mas vejam a coincidência: trouxeram-me, ao mesmo tempo, um número do *L'Université Catholique* de Lyon, no qual certo abade **Delfour** fala de "fatos sobrenaturais contemporâneos", sem compreender uma palavra do assunto.

Não, a cidade de Lyon nada tem a ver com isso. Existem cegos em toda parte.

Uma dissertação *ejusdem farinæ* (da mesma farinha; do mesmo gênero), assinada pelo jesuíta **Lucien Roure**, foi publicada nos *Études Religieuses* de Paris, com julgamentos críticos dignos de um caixeiro-viajante.

A esse respeito, podemos ler no *Nouveau Catéchisme du Diocèse de Nancy*: Pergunta: Que devemos pensar dos fatos que seriam demonstrados no espiritismo, no sonambulismo e no magnetismo? – Resposta: Devemos atribuí-los ao demônio, e participar deles de qualquer forma seria um pecado.

Meu patrão, que na noite anterior não conseguira repousar, encontrava-se, no fim do dia, cochilando em uma grande poltrona. Minha irmã e eu tínhamos entrado na ponta dos pés no quarto, para não perturbar aquele repouso tão precioso, e nos sentamos, em silêncio, a um canto, onde ficávamos escondidas pelas cortinas da cama.

O enfermo não podia ver-nos, mas nós o víamos muito bem, e eu contemplava, penalizada, aquele rosto sofredor, que eu sabia que não poderia olhar por muito mais tempo. Mesmo agora, quando desejo lembrar-me dos traços do meu mestre, eu os vejo como eles estavam naquela noite. Os olhos fechados, sua bela cabeça inclinada sobre a poltrona, e suas longas mãos, magras, pálidas, já de uma palidez de morte, cruzadas sobre os joelhos e crispadas. Permanecíamos imóveis e silenciosas, e o quarto, iluminado somente por uma fraca lâmpada, parecia envolvido em sombras e irradiava aquela tristeza particular dos quartos de moribundos.

De repente, ouvimos um grande suspiro: ele acabava de acordar e vi seu olhar dirigir-se para o cordão da campainha que estava perto da lareira, a alguns passos da poltrona. Ele queria, evidentemente, tocá-la, e não sei que sentimento me manteve pregada à poltrona. Todavia, eu não me mexi, e meu patrão, tendo horror à solidão e pensando estar sozinho no quarto, levantou-se, esticou os braços com a intenção bem evidente de chamar alguém. Mas já cansado pelo esforço, caiu em sua poltrona sem ter dado um passo. Foi nesse momento que tivemos uma surpresa que nos apavorou. A campainha – que o enfermo não conseguira atingir – respondeu e, instintivamente, no mesmo instante, minha irmã e eu nos agarramos as mãos, perguntando-nos ansiosamente:

– Você ouviu? Você viu? Ele não saiu da poltrona!

Nesse momento, a empregada entrou e perguntou inocentemente:

– O senhor chamou?

Essa aventura causou-nos uma perturbação extraordinária, e se minha irmã não estivesse comigo, eu teria pensado em uma alucinação. Mas nós duas vimos e fomos três a ouvir. Faz muitos anos que isso aconteceu, mas ainda sinto no ouvido a impressão sinistra do tilintar da campainha no silêncio do quarto.

Esse caso não me parece, tampouco, sem valor. Há, indubitavelmente, várias maneiras de explicá-lo. A primeira é a que vem à mente de todo o mundo. O francês, nascido esperto, como diz Boileau, vai direto ao ponto e exclama simplesmente, em sua linguagem sempre expressiva e desprovida de elegância literária: "Que bela piada!". E é tudo. Alguns podem refletir um pouco mais e não admitirem, necessariamente, uma invenção pura da narradora, e pensarem que ela e sua irmã acreditaram que Musset não tenha tocado no cordão da campainha, ao passo que, na realidade, ele o tocou com a ponta dos dedos. Mas essas senhoras poderão responder que a distância entre a mão do poeta e o objeto era muito grande e que o objeto estava inacessível naquela posição e que foi precisamente este o fato que as deixou impressionadas e que sem ele não existiria nenhuma história. Podemos também supor que a campainha tocou por meio de um choque externo, sem que o cordão tenha sido agitado. Podemos ainda supor que, na inquietação daquelas horas de agonia, a empregada tenha vindo sem ter nada ouvido, e que a coincidência de sua chegada com o gesto do autor de *Rolla* tenha surpreendido as duas senhoras que estavam de vigília que, posteriormente, pensaram ter ouvido a campainha. Enfim, mesmo considerando-o inexplicável, podemos admitir o fato narrado. É o que me parece mais lógico, ainda mais porque o doce poeta, várias vezes durante sua vida, deu outros testemunhos de faculdades desse gênero.

Cito, ainda, uma observação de *movimentos de objetos sem contato* que não é menos importante. Ela foi publicada pelo doutor Coues nos *Annales des Sciences Psychiques* do ano de 1893. As considerações expostas merecem, também, ser aqui resumidas.

Os observadores – senhor e senhora Elliot Coues – falam segundo sua própria experiência.

> É um princípio da física que um corpo não pode ser colocado em movimento senão pela aplicação de uma força mecânica suficiente para vencer a sua inércia, e a ciência ortodoxa sustenta que a ideia de uma ação à distância é uma ideia errônea.
>
> Os autores do presente estudo afirmam, ao contrário, que corpos pesados podem ser movidos sem qualquer

espécie de aplicação direta de força mecânica, e que a ação à distância é um fato já bem estabelecido. Damos provas dessas proposições por uma série de experiências empreendidas com esse intuito.

Essas experiências foram realizadas por nós repetidas vezes, *durante mais de dois anos*, com resultados concludentes não somente para nós mesmos, como também para muitas outras testemunhas.

Não compreendemos como foi aceita no mundo científico a ideia de que a expressão **ação à distância** seja falsa, a menos que aqueles que nela veem um erro atribuam a essas palavras um sentido particular que nós ignoramos. É certo que o sol age à distância sobre a Terra e os outros mundos do sistema solar. É certo que uma moeda jogada no ar volte a cair em consequência da atração da gravidade, e isso acontece a qualquer distância. A lei da gravidade, tanto quanto nós sabemos, é universal, e não foi provado que exista um meio ponderável ou alguma outra forma sensível que sirva a transmitir a força.[8]

Nós vamos até um pouco mais longe, e declaramos que, provavelmente, qualquer ação da matéria é uma ação à distância, ainda mais porque, de acordo com o que sabemos, no universo não há duas partículas de matéria em contato absoluto e, consequentemente, se elas agem umas sobre as outras, isso deve ocorrer a alguma distância, sendo essa distância infinitamente pequena e completamente inapreciável aos nossos sentidos.

Reafirmamos, portanto, que a lei do movimento à distância é uma lei universal, e que sua negação é uma espécie de paradoxo, um simples subterfúgio.

Os dois autores desse estudo às vezes realizaram, comumente, experiências juntos, às vezes separadamente, mais frequentemente com um ou vários outros experimentadores, por vezes com quatro, cinco, seis, sete ou oito. Eles foram testemunhas, diversas vezes, em plena luz, de movimentos enérgicos e até violentos, de uma grande mesa que ninguém tocava, direta ou indiretamente. Esses experimentadores eram todos seus amigos, morando, como eles, na cidade de Washington, e todos

---

8 Sabemos que Newton declara, em sua carta a Bentley, que a gravidade não pode ser explicada sem um meio que a transmita. Entretanto, para os nossos sentidos, o éter não é material. De qualquer forma, os corpos celestes agem uns sobre os outros *à distância*.

querendo, sinceramente, conhecer a verdade sobre o assunto. Não havia médiuns profissionais.

A cena se passa em uma pequena sala, em nossa casa – escrevem eles. No centro da mesma, encontra-se uma grande e pesada mesa de carvalho marchetado, que pesa, aproximadamente, 100 libras. O tampo é oval e mede quatro pés e meio por três pés e meio. Centralmente, ela possui um único suporte que se divide em três pés com rodinhas. Acima, encontra-se o lustre, do qual vários bicos estão acesos e permitem que as senhoras leiam e trabalhem junto à mesa. O doutor Coues está em sua grande poltrona, em um canto dessa grande peça, afastado da mesa, lendo ou escrevendo à luz de dois outros bicos. As senhoras desejam ver se a mesa "fará alguma coisa", como elas dizem.

O tapete é retirado. A senhora C, sentada em uma baixa poltrona giratória, coloca suas mãos sobre a mesa. A senhora A., sentada igualmente em uma poltrona baixa, faz a mesma coisa, à sua frente, na outra extremidade do pequeno diâmetro da mesa. Suas mãos estão estendidas e colocadas sobre a parte de cima da mesa. Nessa posição, elas não podem levantar a mesa, do seu lado, com as mãos: isso é completamente impossível. Elas não podem, tampouco, empurrá-la apoiando-se sobre ela, para fazê-la levantar-se do lado oposto, a menos que realizem um esforço muscular facilmente observável. Elas também não podem erguer a mesa do seu lado com os joelhos, porque os mesmos estão, pelo menos, a um pé de distância do tampo, e porque, além disso, nunca seus pés deixam o assoalho. Enfim, elas não podem erguer a mesa por meio dos dedos dos pés estendidos sob um pé da mesa, porque a mesa é muitíssimo pesada.

Nessas condições, e em plena luz de pelo menos quatro bicos de gás, a mesa, habitualmente, começava a estalar, a produzir diversos sons estranhos, diferentes daqueles que poderíamos obter apoiando-nos sobre ela. Esses sons logo mostraram, se posso assim dizer, alguma razão na sua incoerência, e certos golpes ou pancadas definidos, chegavam a representar "sim" e "não". Seguindo um código de sinais convencionado, pudemos empreender uma conversa com um ser desconhecido. Então a mesa era geralmente bastante amável, fazendo o que lhe pedíssemos. Um ou outro dos seus lados se levantava, de acordo com o nosso desejo: ela ia para um lado ou para o outro, como lhe pedíamos. Com as coisas acontecendo assim, fizemos a seguinte experiência: As duas senhoras tiraram as mãos da mesa e *afastaram suas poltronas, a um ou dois pés de distância, continuando nelas sentadas.* O doutor Coues, de sua poltrona, via perfeitamente a parte de cima e a de baixo da mesa. Cada um dos pés das senhoras estava afastado dos pés da mesa a uma distância compreendida entre 30 e 90 centímetros. As cabeças e as mãos estavam ainda mais longe; não havia nenhum contato, nenhuma proximidade de roupas, mesmo a um ou dois pés de distância. *Nessas condições, a mesa ergueu um dos seus pés,* e deixou-o cair pesadamente. *Ela ergueu dois pés* a uma altura variando de três a seis polegadas, e quando eles tornaram a cair, o golpe foi suficientemente forte para fazer tremer o assoalho e tilintar os globos de vidro do lustre. Além desses movimentos fortes, até mesmo violentos, a mesa demonstrou suas faculdades por meio de pancadas ou de balanços.

Seus *"sim"* ou seus *"não"* são, normalmente, razoáveis, algumas vezes coincidem com as ideias daquele que a interroga, ou, ao contrário, opõem-se persistentemente a elas. Algumas vezes o agente afirma ser uma determinada pessoa e mantém essa individualidade durante toda a sessão. Ou, então, esse caráter desaparece, por assim dizer, ou, pelo menos deixa de se manifestar, e outro ser o substitui, com ideias e opiniões diferentes: então, as pancadas ou os movimentos também diferem. Enfim, o móvel inanimado, o qual nós supúnhamos inerte, assume todas as características de um ser animado, dotado de uma inteligência análoga à de uma pessoa comum, e se expressa com tanta vontade e individualidade quanto nós mesmos o fazemos. E, contudo, durante todo esse tempo, *nenhuma das três pessoas presentes toca a mesa.* Se isso não for um caso de telecinesia ou movimento de objetos sem contato, absolutamente diferente do movimento mecânico comum ou normal, certamente não poderemos mais confiar em nossos sentidos.

Essas observações do senhor e da senhora Elliott Coues são tão certas quanto as observações de um tremor de terra, de um bólido, de uma combinação química, de uma experiência com uma máquina elétrica. Os céticos que se riem das mesmas e não admitem senão a fraude são seres desprovidos de lógica.

Quanto à explicação que devemos dar a elas, é uma questão diferente daquela da constatação pura e simples dos fatos.

Os autores desse estudo – acrescenta o narrador – *recusam-se categoricamente a abordar a questão da fonte ou da origem da inteligência que assim se manifestou*. Isso já é outra questão, na qual não interferiremos. Esse estudo foi publicado com a única intenção, ou pelo menos, com a principal intenção de estabelecer a realidade do movimento sem contato. Mas, tendo constatado o fato muito nitidamente, e tendo estabelecido o mesmo por meio de provas em nossa possessão, as pessoas talvez esperassem que oferecêssemos alguma explicação para as coisas extraordinárias que atestamos. Nós responderemos respeitosamente que nós dois somos muito velhos e talvez bastante sábios para não pretendermos explicar nada. Quando éramos mais jovens e que pretendíamos tudo saber, nós podíamos tudo explicar, pelo menos para nossa própria satisfação. Agora que já vivemos bastante, nós descobrimos que cada explicação de uma coisa levanta, pelo menos, duas novas interrogações, e não temos nenhuma vontade de enfrentar novas dificuldades, que se multiplicam em proporção geométrica em relação à extensão e à exatidão de nossas pesquisas. Nós observamos o princípio de que nada é explicado enquanto houver ainda uma explicação a procurar. Nessas condições, pensamos que o melhor a ser feito é reconhecer a inexplicabilidade de todos esses fenômenos, preferencialmente antes que surjam teorias fúteis.

Eis o que é totalmente razoável, não importando o que se diga. Terminaremos aqui essa pesquisa complementar.

Todos esses fatos de observação colocam diante dos nossos olhos muitas "impossibilidades", muitas "incompreensibilidades". Como comparação, eu poderia acrescentar outros, sem qualquer relação com os precedentes, mas também extraordinários, como, por exemplo, mergulharmos as mãos no ferro em fusão, cuja temperatura é de 1600° e não sentirmos nenhuma sensação de queimadura, quando parece, ao contrário, que deveríamos ter a carne carbonizada até o osso.

Boutigny d'Evreux[9] explicou a inocuidade pelo estado esferoidal do vapor da água que sai das mãos e as isola, mas isso não é menos estupeficante.

E agora, após essas inúmeras constatações de fatos, e após todas essas profissões de fé, terei eu mesmo a coragem, a pretensão, o orgulho ou a ingenuidade de procurar a explicação tão desejada?

Se a encontrarmos ou não, os fatos nem por isso deixarão de existir. O objetivo deste livro era o de convencer os meus leitores atentos, independentes e de boa-fé, que têm os olhos da mente completamente sãos, inteira e livremente abertos.

---
9 N. da T. – Pierre Hippolyte Boutigny – professor de química.

Capítulo 12

As hipóteses explicativas, teorias e doutrinas. Conclusões do autor

Em geral, é de muito bom-tom professar um ceticismo absoluto em relação aos fenômenos que são objeto da presente obra. Para três quartos dos cidadãos do nosso planeta, todos os ruídos inexplicados das casas assombradas, todos os deslocamentos sem contato de corpos mais ou menos pesados, todos os movimentos de mesas, de móveis, de quaisquer objetos determinados nas experiências ditas espíritas, todas as comunicações ditadas por meio de pancadas ou pela escrita inconsciente, todas as aparições, parciais ou totais, de formas fantasmagóricas são ilusões, alucinações ou farsas. Nenhuma explicação é necessária. A única opinião razoável é que todos os "médiuns", profissionais ou não, são impostores e os assistentes imbecis.

Algumas vezes, um desses juízes eminentes consente, não em parar de piscar o olho e de sorrir, em sua majestosa competência, mas em se dignar a assistir a uma sessão. Se, como frequentemente acontece, não houver nada que obedeça à vontade, o ilustre observador se retira, firmemente convencido de que, com sua extraordinária penetração, ele descobriu o truque e bloqueou tudo pela sua clarividente intuição. Imediatamente, ele escreve aos jornais, explica a fraude e chora lágrimas de crocodilo humanitário diante do triste espetáculo de ver homens, aparentemente inteligentes, caírem nas imposturas descobertas por ele logo da primeira vez.

Essa primeira e simplista explicação de que tudo é fraude nessas manifestações foi tantas vezes exposta, discutida e refutada ao longo desta obra, que espero que os meus leitores, provavelmente, já possam considerá-la inteira, absoluta e definitivamente julgada e colocada fora de discussão.

Todavia, aconselho que não falem muito dessas coisas à mesa ou em um salão, se não gostarem que zombem de vocês mais ou menos discretamente. Vocês causarão o mesmo efeito que aqueles excêntricos da época de Ptolomeu, que ousavam falar do movimento da Terra e que provocavam tamanha gargalhada na honorável sociedade, que os seus ecos ainda ressoam em Atenas, Alexandria e Roma. Seria uma espécie de repetição do que aconteceu quando Galileu falava das manchas do Sol, Galvani da eletricidade, Jenner da vacina, Jouffroy e Fulton do barco a vapor, Chappe do telégrafo, Lebon da iluminação a gás, Stephenson das estradas de ferro, Daguerre da fotografia, Boucher de Perthes do homem fóssil, Mayer da termodinâmica, Wheatstone do cabo transatlântico, e assim por diante. Se pudéssemos reunir todos os sarcasmos lançados à cabeça desses excêntricos, encheríamos uma bela cesta de veneráveis gafes, bolorentas como o pão velho.

Portanto, não falemos muito do assunto, a menos que, por nossa vez, nos divirta fazer algumas perguntas às mais belas bonecas do grupo. Uma delas perguntou-me, ontem à noite, o que fazia um tal de Lavoisier, e se ele já morrera; outra pensava que Auguste Comte escrevera romanças e perguntava se não conhecíamos uma fácil de ser cantada por uma voz de *mezzo-soprano*, outra se espantava que Luiz XIV não tivesse construído uma das duas estações de Versalhes mais perto do palácio.

Além disso, certa noite, em minha sacada, um membro do Instituto que estava vendo brilhar, em pleno sul, Júpiter passando pelo meridiano acima de uma das cúpulas do Observatório, afirmava obstinadamente para mim que aquele astro era a estrela polar. Eu não o contrariei por muito tempo.

Há, também, muitas pessoas que creem ao mesmo tempo no valor do sufrágio universal e no dos títulos de nobreza. Não as forçaremos a votar, tampouco, na admissibilidade dos fenômenos psíquicos na esfera da ciência.

Mas, como a partir de agora, nós consideramos essa

admissibilidade como coisa adquirida, devolvamos aos alegres céticos, aos frequentadores dos clubes e dos círculos, a opinião geral da sociedade da qual acabamos de falar, e comecemos nossa análise lógica.

Ao longo desta obra, tivemos diante dos olhos várias teorias de experimentadores científicos dignas de atenção. Primeiramente, vamos resumi-las.

Para o conde de Gasparin, esses movimentos inexplicados são produzidos por *um fluido* que emana de nós sob a ação da nossa vontade.

Para o professor Thury, esse fluido, por ele chamado de *psicode*, é uma substância que uniria a alma ao corpo; mas também pode haver certas vontades externas e de natureza desconhecida que agem ao nosso lado.

O químico Crookes atribui os fatos à força psíquica, que é o agente pelo qual os fenômenos se produzem. Mas ele acrescenta que essa força bem poderia ser, em determinados casos, captada e dirigida por qualquer outra inteligência. "A diferença entre os partidários da força psíquica e os do espiritismo – escreve ele – consiste nisto: – nós afirmamos que não foi ainda *provado* que exista um agente de direção que não seja a inteligência do médium, nem que sejam os espíritos dos mortos que estejam agindo, ao passo que os espíritas aceitam como artigo de fé, sem exigirem mais provas, que esses espíritos são os únicos agentes da produção dos fatos observados".

Albert de Rochas define esses fenômenos como "uma *exteriorização da motricidade*", considerando que são produzidos pelo duplo fluídico, o "corpo astral" do médium, fluido nervoso que pode agir e sentir à distância.

Lombroso declara que a explicação deve ser buscada simplesmente no sistema nervoso do médium, e que nos fenômenos temos *transformações de forças*.

O doutor Ochorowicz afirma que não encontrou provas em favor da hipótese espírita, nem também em favor da intervenção de inteligências externas, e que a causa dos fenômenos é um *duplo fluídico* liberado pelo organismo do médium.

O astrônomo Porro está inclinado a admitir a possível ação de espíritos desconhecidos, de formas de vida diferentes da nossa, não necessariamente almas de mortos, mas entidades psíquicas a serem estudadas. Em uma carta recente, ele me escreveu que a doutrina teosófica parecia-lhe ser a mais próxima da solução.[1]

O professor Charles Richet pensa que a hipótese espírita está longe de ser demonstrada, que os fatos observados dizem respeito a uma inteiramente diferente ordem de causas ainda difíceis de distinguir, e que, no estado atual de nossos conhecimentos, nenhuma conclusão definitiva pode ser estabelecida.

O naturalista Wallace, o professor de Morgan e o engenheiro Varley declaram, ao contrário, que estão suficientemente documentados para aceitarem, sem reservas, a doutrina espírita das almas desencarnadas.

O professor James H. Hyslop, da Universidade de Colúmbia, que realizou um estudo especial sobre esses fenômenos nos *Proceedings of the London Society for Psychical Research* e em suas obras *Science and a Future Life* (A Ciência e a Vida Futura) e *Enigmas of psychical Research* (Enigmas da Pesquisa Psíquica), pensa que as constatações rigorosas não são ainda suficientes para autorizar qualquer teoria.

O doutor Joseph Grasset, discípulo de Pierre Janet, não admite como provados os deslocamentos de objetos sem contato, nem a levitação, nem a maioria dos fatos expostos neste livro, e proclama que o chamado espiritismo é uma questão médica de biologia humana, de "fisiopatologia dos centros nervosos", na qual um célebre polígono cerebral, com um maestro chamado O, desempenha um papel automático dos mais curiosos.

O doutor Maxwell conclui de suas observações que a maioria dos fenômenos, cuja realidade é indubitável, é produzida por uma força existente em nós, que essa força é inteligente e que a inteligência manifestada vem dos experimentadores. Isso seria uma espécie de consciência coletiva.

O senhor Marcel Mangin não adota essa "consciência

---

[1] Os adeptos sabem que, segundo essa doutrina, o ser humano terreno seria composto de cinco entidades: o corpo físico, – o duplo etérico, um pouco menos grosseiro, sobrevivendo algum tempo ao primeiro, – o corpo astral, ainda mais sutil, – o corpo mental ou a inteligência, sobrevivendo aos três precedentes, – e, enfim, o Ego ou alma indestrutível.

coletiva" e declara ter certeza de que o ser que garante estar se manifestando é "a subconsciência do médium".
Essas são algumas das principais opiniões. Teríamos todo um livro a escrever sobre as explicações propostas. Mas esse não é o meu objetivo. O que pretendo é focalizar a questão relativa à admissibilidade dos fenômenos no âmbito da ciência positiva. Entretanto, agora que isso já está feito, nós não podemos deixar de perguntar a nós mesmos quais conclusões podem ser tiradas de todas essas observações.

Se quisermos obter, após esse feixe de constatações, uma explicação racional satisfatória, parece-me que precisamos proceder gradualmente, classificar os fatos, analisá-los, só admiti-los à medida que for demonstrada sua certeza absoluta. Viajamos, aqui, através de um mundo extremamente complexo, e as mais singulares confusões foram feitas entre fenômenos muito distintos uns dos outros. Como eu já dizia em 1869, junto ao túmulo de Allan Kardec, "as causas em ação são de espécies diversas e mais numerosas do que supomos".
Podemos explicar os fenômenos observados ou, ao menos, uma parte deles?
Nosso dever é tentar. Com esse intuito, eu os classificarei por ordem crescente de dificuldades. É sempre conveniente começar pelo começo.
Peço ao leitor ter sempre presentes na mente todas as experiências e observações expostas nesta obra, pois seria um pouco insípido fazer referência, a cada vez, às páginas em que os fenômenos foram descritos.

1º) Rotação da mesa com contato das mãos de um determindo número de operadores

Essa rotação pode ser explicada por um impulso inconsciente. Basta que cada um empurre um pouco no mesmo sentido, para que o movimento se produza.

2º) Condução da mesa com as mãos dos operadores apoiadas nela

Os operadores empurram e conduzem o móvel sem saberem, cada um agindo em maior ou menor grau. Eles pensam que o estão seguindo, mas na verdade, eles o estão conduzindo. Não há nisso senão o resultado dos esforços musculares, em geral, bastante fracos.

3º) Elevação da mesa do lado oposto ao que o principal agente tem as mãos apoiadas

Nada é mais simples. A pressão das mãos sobre uma mesinha redonda de três pernas é suficiente para operar a elevação da perna afastada e para assim bater todas as letras do alfabeto.

O movimento é menos fácil para uma mesa de quatro pernas. Mas ele é igualmente obtido.

Esses três movimentos são os únicos, parece-me, que podem ser explicados sem o menor mistério. Todavia, o terceiro só é explicado se a mesa não for muito pesada.

4º) Animação da mesa

Com vários experimentadores sentados ao redor de uma mesa e formando a corrente com o desejo de vê-la elevar-se, constatamos certos estremecimentos, de início, leves, percorrendo a madeira. Depois, observamos balanços, dos quais vários podem ser devidos a impulsos musculares. Mas aqui, já há algo a mais. A mesa parece agitar-se sozinha. Por vezes ela se eleva, não mais pelo efeito de uma alavanca, de uma pressão sobre um lado, mas *sob as mãos*, como se houvesse aderência. Essa elevação é contrária à gravidade. Portanto, nela é liberada uma força. Essa força emana do nosso organismo. Não há nenhum motivo suficiente para procurarmos outra coisa. Mas isso é, contudo, um fato capital.

5º) Rotação sem contato

Estando a mesa em rotação rápida, podemos remover as mãos, e vermos o movimento continuar. A velocidade adquirida pode explicar a continuação do movimento por um momento, e a explicação do caso nº 1 pode ser suficiente. Mas há mais. Obtemos a rotação dando-nos as mãos a alguns milímetros acima da mesa, sem nenhum contato. Uma leve camada de farinha polvilhada sobre a mesa não é tocada. Portanto, a força emitida pelos assistentes penetra no móvel.

As experiências provam que possuímos em nós uma força capaz de agir à distância sobre a matéria, uma força natural, geralmente latente, mas desenvolvida em diversos graus nos "médiuns", e cuja ação manifesta-se em condições ainda imperfeitamente determinada. (Reler, sobretudo, a respeito desse ponto, as páginas 337 a 350, bem como a página 112).

Nós podemos agir sobre a matéria bruta, sobre a matéria viva, sobre o cérebro e sobre o espírito.

Essa ação da vontade mostra-se na telepatia. Ela se mostra mais simplesmente ainda por meio de uma experiência bem conhecida. No teatro, na igreja, ouvindo música, um homem habituado a exercer sua vontade, sentado várias fileiras atrás de uma mulher, a obriga, em menos de um minuto, a se virar. Uma força emana de nós, de nossa mente, agindo, certamente, por ondas etéreas, cujo ponto de partida é um movimento cerebral.

Nisso, nada há, aliás, de muito misterioso. Aproximo a mão de um termômetro, e constato que algo invisível e ativo escapa de minha mão, fazendo subir, à distância, a coluna de mercúrio: esse algo é o calor, ou seja, ondas aéreas em movimento. Por que outras radiações não poderiam emanar de nossas mãos e de todo o nosso ser?

Isso também é um fato científico muito importante a ser estabelecido.

Essa força psíquica é mais considerável que a dos músculos, como iremos constatar.

6º) Levantamento de pesos

Carregamos uma mesa com sacos de areia, cujo peso total é de 75 a 80 quilos. A mesa eleva, sucessivamente e várias vezes, cada uma das três pernas. Mas ela sucumbe sob a carga e se quebra. Os operadores constatam que sua força muscular não teria sido suficiente para determinar os movimentos observados. A vontade age por um prolongamento dinâmico.

7º) Elevações sem contato

Com as mãos formando a corrente, a alguns milímetros acima do lado da mesa que deve elevar-se, e com todas as vontades concentradas em um só pensamento, a elevação de cada uma das pernas se opera sucessivamente. Essas elevações são obtidas mais facilmente do que as rotações sem contato. Uma vontade enérgica parece indispensável. A força desconhecida é transmitida dos experimentadores à mesa, sem nenhum contato. A mesa é polvilhada de farinha, como dissemos, e nenhum dedo deixa sobre ela a mais leve marca.

A vontade dos assistentes está em ação. Ordenamos à mesa fazer tal ou tal gesto e ela obedece. Essa vontade parece prolongar-se, fora dos nossos corpos, por uma força bastante intensa.

Essa força desenvolve-se pela ação. Os balanços preparam as elevações e, estas, as levitações completas.

8º) Redução de peso da mesa ou de objetos diversos

Suspendemos uma mesa quadrangular por um dos seus lados menores a um dinamômetro amarrado a uma corda presa, no alto, a um gancho qualquer. O ponteiro do dinamômetro, que marcava em repouso 35 quilos, desce gradualmente a 3, 2, 1, 0 quilo.

Uma prancha de mogno é colocada horizontalmente, com uma extremidade suspensa a uma balança de molas. Essa balança tem uma ponta encostada a uma placa de vidro esfumaçada. Colocando a placa de vidro em movimento, essa ponta traça uma linha horizontal. Durante as experiências, essa linha deixa de ser reta e marcas as reduções e os aumentos de peso produzidos sem nenhum contato. Nós vimos, nas experiências de Crookes, o peso de uma prancha aumentar quase três quilos. O médium coloca sua mão *sobre* o encosto de uma cadeira e consegue levantá-la.

9º) Aumento do peso de uma mesa ou de outros objetos. Pressões exercidas

As experiências dinamométricas que acabamos de lembrar já mostram esse aumento.

Eu vi, mais de uma vez, em outras circunstâncias, uma mesa tornar-se tão pesada, que seria absolutamente impossível a dois homens levantá-la do assoalho. Quando conseguíamos fazer isso, por meio de solavancos, ela parecia estar presa por cola ou borracha, que a fazia voltar instantaneamente ao chão.

Em todas essas experiências, constatamos a ação de uma força natural desconhecida que emana do experimentador principal ou de todo o grupo, força orgânica sob a influência da vontade. Não é necessário imaginarmos a obra de espíritos estranhos.

10º) Elevação completa de uma mesa ou levitação

Como pode haver confusão se aplicarmos a palavra *elevação* a uma mesa que só se levanta de um lado sob um determinado ângulo, permanecendo apoiada no chão, é conveniente aplicarmos a palavra *levitação* nos casos em que ela deixa completamente o chão.

Geralmente, ela se eleva, assim, a quinze ou vinte centímetros do chão, durante alguns segundos apenas, e depois torna a cair. Ela se eleva balançando, ondulando, hesitando, fazendo esforços, para tornar a cair, a seguir, de uma só vez. Apoiando as mãos sobre ela, nós sentimos a sensação de uma resistência fluídica, como se estivesse dentro da água, sensação fluídica que nós sentimos igualmente quando colocamos um pedaço de ferro no campo de atividade de um imã.

Uma mesa, uma cadeira e um móvel elevam-se, às vezes,

não somente a alguns decímetros, mas à altura das cabeças e mesmo até o teto.

A força empregada é considerável.

11º) Elevação de corpos humanos

Esse caso é da mesma ordem que o precedente. O médium pode elevar-se, juntamente com sua cadeira, e ser colocado sobre a mesa, às vezes em equilíbrio instável. Ele pode também ser elevado sozinho.[2]

Nesse caso, a Força desconhecida não mais parece simplesmente mecânica: a ela se mistura uma intenção, ideias de precauções, que só podem provir, aliás, da mentalidade do próprio médium, ajudada, talvez, pela dos assistentes. Esse fato nos parece contrário às leis científicas conhecidas. É o mesmo caso daquele do gato que, caindo do teto, sabe girar o corpo sozinho, sem apoio externo, caindo sempre sobre as patas: é um fato contrário aos princípios de mecânica ensinados em todas as universidades do mundo.

12º) Elevação de móveis muito pesados

Um piano pesando mais de trezentos quilos eleva seus dois pés anteriores, e constatamos que seu peso varia. A força com

---

2 Podemos comparar essas observações com um pequeno jogo de salão, bastante conhecido, que é citado, notadamente, em uma das primeiras obras de sir David Brewster (*Cartas a Walter Scott sobre a Magia Natural*) nos seguintes termos:

> A pessoa mais pesada do grupo deita-se sobre duas cadeiras, os ombros repousando sobre uma e as pernas sobre a outra. Quatro pessoas, uma a cada ombro e a cada pé, procuram erguê-la e constatam, primeiramente, que a ação é difícil de ser realizada. Então, a pessoa deitada dá dois sinais, batendo as mãos, duas vezes. Ao primeiro sinal, ela e as quatro outras aspiram fortemente: quando as cinco pessoas estão cheias de ar, ela dá um segundo sinal para a elevação, que se realiza sem a menor dificuldade, como se a pessoa que se elevou fosse tão leve quanto uma pluma.

Muitas vezes vi realizarem a mesma experiência com um homem sentado, colocando dois dedos sob suas pernas e dois sob suas axilas, com todos os operadores aspirando juntos, uniformemente.

Indubitavelmente, há aí uma ação biológica. Mas qual é a essência da gravidade? Faraday considerava-a uma força "eletromagnética". Weber explica os movimentos dos planetas ao redor do sol pelo "eletrodinamismo". As caudas dos cometas, sempre opostas ao sol, indicam uma repulsão solar coincidindo com a atração. Hoje, nós não sabemos, mais do que na época de Newton, em que consiste realmente a gravidade.

a qual ele é animado provém da proximidade de uma criança de onze anos. Mas não é a vontade consciente dessa criança que age. Uma mesa de sala de jantar, de carvalho maciço, pode elevar-se a uma altura suficiente para que verifiquemos sua parte inferior durante a levitação.

13º) Deslocamentos de objetos sem contato

Uma pesada poltrona caminha sozinha pela sala. Cortinas pesadas caindo do teto ao chão são infladas com violência, como por um vento de tempestade, e vão encapuzar as cabeças das pessoas sentadas a uma mesa, a um metro de distância ou mais. Uma mesinha redonda obstina-se a *querer* subir na mesa de experiências – e consegue. Enquanto um espectador cético zomba dos "espíritos", a mesa em torno da qual se realizam as experiências dirige-se para o incrédulo, arrastando os assistentes, e o bloqueia contra a parede até que ele peça desculpas.

Como os precedentes, esses movimentos podem ser a expressão da vontade do médium e não necessitar da presença de um espírito exterior ao seu. Entretanto...?

14º) Pancadas e tiptologia

Na mesa, nos móveis, nas paredes, no ar, ouvimos pancadas e suas vibrações são perceptíveis ao tato. As pancadas assemelham-se bastante às que podemos dar com a junta do dedo dobrado em um pedaço de madeira. Os experimentadores perguntam de onde vêm esses sons. A pergunta é feita em voz alta. As pancadas se repetem. Pedem que um determinado número de pancadas seja dado: o pedido é atendido. Árias conhecidas são cadenciadas por pancadas e são reconhecíveis; trechos de músicas tocados são acompanhados. As coisas se passam como se um ser invisível escutasse e agisse. Mas como um ser sem nervo acústico e sem tímpano poderia ouvir? As ondas sonoras devem bater alguma coisa para serem interpretadas. Seria uma transmissão mental?

Essas pancadas são desferidas. Quem as desfere? E como?

A força misteriosa emite radiações de comprimentos de ondas inacessíveis à nossa retina, mas potentes e rápidas, certamente mais rápidas do que as da luz, e situadas além do ultravioleta. A luz, além disso, atrapalha sua ação.

À medida que avançamos no exame dos fenômenos observados, o elemento psíquico, intelectual, mental mescla-se cada vez mais aos elementos mecânico e físico. Neste ponto, somos forçados a admitir a presença, a ação de um pensamento. Seria esse pensamento simplesmente o do médium, do experimentador principal ou a resultante dos pensamentos de todos os assistentes reunidos?

Como essas pancadas ou as das pernas da mesa interrogada ditam palavras, frases, expressam ideias, isso já não é mais uma mera ação mecânica. A força desconhecida que nós fomos obrigados a admitir nas observações precedentes está aqui a serviço de uma inteligência. O mistério complica-se.

É por causa desse elemento intelectual que propus (antes de 1865: vide p. 19) dar o nome de *psíquica* a essa força, nome proposto novamente por Crookes em 1871 (vide p. 305). Nós vimos também (p. 283) que já no ano de 1855, Thury propusera o nome de *psicode* e de força *ectênica*. A partir de agora, ser-nos-á impossível, em nosso exame, não levarmos em consideração essa força psíquica.

Até este ponto, o fluido de Gasparin podia ser suficiente, como a ação muscular inconsciente para as três primeiras categorias de fatos. Mas a partir desta décima quarta categoria – e mesmo nas categorias precedentes já começamos a adivinhar a sua presença – a ordem psíquica manifesta-se com evidência.

15º) Golpes de malho

Tanto eu quanto os outros experimentadores ouvimos, não somente pancadas secas, leves, como as que eu acabei de citar, mas golpes de malho sobre uma mesa, ou socos em uma porta, capazes de atordoar a pessoa que os recebesse. Geralmente, essas pancadas violentas são um protesto contra uma recusa por parte de um assistente. Há nisso uma intenção, uma vontade, uma inteligência. Pode ser, também, a do médium que se revolta ou que se diverte. A ação não é muscular, pois os assistentes seguram as mãos e os pés do médium, e isso pode acontecer longe dele.

16º) Toques

A fraude poderia explicar os toques que acontecem ao alcance da mão do médium, pois eles só ocorrem na escuridão. Mas eles foram sentidos a uma distância superior a esse alcance, como se essas mãos tivessem sido prolongadas.

17º) Ação de mãos invisíveis

Com uma das mãos, seguramos um acordeão, pelo lado oposto às chaves, dentro de uma gaiola que impede qualquer outra mão de atingi-lo. O instrumento abre-se e fecha-se sozinho, tocando determinadas árias. Uma mão invisível, com dedos, ou qualquer coisa análoga, começa, então, a agir. (Experiência de Crookes com Home).

Eu repeti essa experiência, como vimos, com Eusapia.

Em outra ocasião, uma caixa de música, acionada por mão invisível, tocou sincronicamente com os gestos que Eusapia fazia em minha face.

Mão invisível arrancou-me violentamente da mão um bloco de papel que eu segurava com o braço esticado, na altura da minha cabeça.

Mãos invisíveis tiraram, da cabeça do senhor Schiaparelli, seus óculos, guarnecido de molas, fortemente presos atrás de suas orelhas, e isso foi feito tão prestamente e tão levemente que ele só foi perceber depois.

18º) Aparição de mãos

Nem sempre as mãos são invisíveis. Vemo-las aparecerem, semiluminosas, no escuro. Mãos de homens, mãos de mulheres, mãos de crianças. Às vezes, elas estão nitidamente formadas. Ao tato, elas são geralmente sólidas e mornas, algumas vezes geladas. Às vezes, elas fundem-se na mão. Quanto a mim, nunca consegui segurar uma delas: foi sempre a mão misteriosa que pegou a minha, com frequência por trás da cortina, às vezes a descoberto, beliscando-me a orelha ou enfiando-se nos meus cabelos, com extrema agilidade.

19º) Aparição de cabeças

Quanto a mim, vi somente duas: a silhueta barbuda em Montfort-L'Amaury e a cabeça da jovem de testa abaulada, na minha sala. No primeiro caso, pensei que fosse uma máscara presa no topo de um varão. Mas na minha casa, não era possível haver um cúmplice e, agora, não tenho menos certeza do primeiro caso do que do outro. Por outro lado, os testemunhos dos outros observadores são muito precisos e muito numerosos para não serem associados aos meus.

20º) Fantasmas

Não pude vê-los nem fotografá-los. Mas parece-me impossível duvidar do fantasma de Katie King, observado durante três anos por Crookes e os outros estudiosos da médium Florence Cook. Não posso duvidar, tampouco, dos fantasmas vistos pela Comissão da Sociedade Dialética de Londres. Como vimos, nesses gêneros de aparições, a fraude tem um papel frequente. Mas nas experiências mencionadas, as observações foram realmente conduzidas com tanta perspicácia que elas estão ao abrigo de todas as objeções, e trazem em si um caráter nitidamente científico.

Tanto esses fantasmas como as cabeças, como as mãos, parecem ser condensações de fluidos produzidas pelas faculdades do médium e não provam a existência de espíritos independentes.

Podemos sentir o roçar de uma barba sobre a mão estendida. Foi o que aconteceu a mim e aos outros experimentadores. Será que a barba existia realmente, ou teriam ocorrido apenas sensações táteis e visuais? O caso que narro a seguir, advoga em favor da realidade.

21º) Impressões de cabeças e de mãos

As cabeças e as mãos formadas são suficientemente densas para moldar sua impressão no mástique ou no barro. O mais curioso, talvez, é que não é necessário que essas formações, essas forças sejam visíveis para que essas impressões se produzam. Vimos um gesto vigoroso imprimir-se, à distância, no barro.

22º) Transporte da matéria através da matéria. Transporte de objetos

Um livro foi visto passando através de uma cortina. Uma campainha passou de uma sala que servia de biblioteca, fechada a chave, para a sala de estar. Uma flor foi vista atravessando perpendicularmente, de cima abaixo, uma mesa de sala de jantar. Experimentadores pensaram ter observado a chegada de plantas, de flores, de objetos diversos que teriam atravessado paredes, tetos, portas.

Esse fenômeno produziu-se diversas vezes em minha presença. Mas nunca pude constatá-lo em condições de segurança completa – e detectei muitas fraudes.

As experiências de Zöllner (argola de madeira entrando em outra argola de madeira, barbante com as duas extremidades amarradas dando um nó em si mesmo etc.), seriam, realmente, de um interesse excepcional, como escrevia mais acima o senhor Schiaparelli, se o médium Slade não tivesse uma reputação de hábil prestidigitador provavelmente muito merecida. Creio que as experiências de Crookes eram autênticas.

O espaço não tem somente três dimensões? Devemos reservar essa questão.

23º) Manifestações dirigidas por uma inteligência

Em certa quantidade de casos precedentes, essas manifestações já foram evidentes. As forças em ação são tanto de ordem psíquica quanto física. A questão é saber se o intelecto do médium e dos assistentes basta para tudo explicar.

Em todos os casos anteriores, esse intelecto parece bastar – mas desde que lhe atribuamos faculdades ocultas prodigiosas.

No estado atual dos nossos conhecimentos, é impossível compreender a maneira pela qual nossa mente, consciente ou inconscientemente, pode levantar um móvel, desferir pancadas, formar mãos ou cabeças, formar uma impressão. Esse modo de ação permanece para nós totalmente desconhecido. Talvez a ciência do futuro o descubra. Mas todos esses atos permanecem no limite da capacidade humana e até, admitamos, capacidade bastante comum.

A hipótese de espíritos estranhos aos vivos não me parece necessária.

A hipótese do desdobramento psíquico do médium é a mais simples. Bastaria ela inteiramente para satisfazer-nos?

Socos violentos sobre a mesa, contrastando com carícias, podem ser assim originados, apesar das aparências.

É a mesma coisa com as aparições de mãos, de cabeças, de fantasmas. Não podemos declarar que essa origem do fenômeno seja impossível. Ela é mais simples do que procurarmos a explicação nos espíritos errantes.

O transporte de objetos acima das cabeças dos experimentadores, sem tocarem nem o lustre, nem as cabeças, em plena escuridão, não é muito compreensível. Mas será que compreendemos melhor um espírito que tenha mãos e que se divertisse assim?

Óculos são retirados de um rosto sem que as pessoas percebam, um lenço enrolado em um pescoço é removido e, depois, arrancado dos dentes que querem segurá-lo, um leque é levado de um bolso a outro. Faculdades latentes do organismo humano bastariam para explicar essas ações intencionais? Não temos o direito nem de afirmá-lo nem de negá-lo.

Passamos em revista todos os fenômenos que devem ser explicados, pelo menos aqueles que se encontram dentro dos limites desta obra.

Uma primeira conclusão certeira é que o ser humano possui em si uma força fluídica e psíquica de natureza ainda desconhecida, capaz de agir à distância sobre a matéria e de fazê-la mover-se.

Essa força é a expressão de nossa vontade, de nossos desejos, para os primeiros dez casos da classificação precedentes. Para os casos seguintes, podemos acrescentar: a inconsciência, o imprevisto, as vontades diferentes de nossa vontade consciente.

A força é ao mesmo tempo física e psíquica. Se o médium exerce um esforço de cinco a seis quilos para levantar um móvel, seu peso sofre um acréscimo correspondente. A mão que nós vemos se formar em sua proximidade pode pegar um objeto. Ela existe, realmente, e se reabsorve a seguir. Não poderíamos comparar a força que lhe dá origem àquela que reproduz a pinça do lagostim ou a cauda do lagarto? A intervenção dos espíritos não é absolutamente indispensável.[3]

Nas experiências mediúnicas, as coisas acontecem como se um ser invisível estivesse presente, capaz de transportar no ar diversos objetos sem, em geral, esbarrar nas cabeças dos experimentadores, em uma escuridão quase completa, agindo sobre uma cortina como um vento violento que a empurraria para longe, podendo jogar essa cortina sobre sua cabeça, envolvendo-a, e apertando-a fortemente contra o seu rosto, como se fossem duas mãos nervosas, e tocar em você com a mão viva e quente. Senti essas mãos com a mais incontestável certeza. Esse ser invisível pode condensar-se o suficiente para tornar-se visível, e eu o vi passar no ar. Supor que eu tenha sido vítima de uma alucinação, assim como os outros experimentadores, não é uma hipótese sustentável por um único instante, e denotaria simplesmente naqueles que aventaram essa hipótese uma alucinação interior incomparavelmente mais provável do que a nossa ou um preconceito indesculpável. Nós estávamos nas melhores condições necessárias para a observação e análise

---

3 Não é indispensável mesmo em determinados casos em que parece ser. Peguemos um exemplo: Em uma sessão com Eusapia em Gênova (1906), o senhor Yourievich, secretário geral do Instituto Psicológico de Paris, pediu ao espírito do seu pai, que dizia estar se manifestando, que lhe desse uma prova de identidade, produzindo na argila a impressão de sua mão e, sobretudo, de um dedo cuja unha era comprida e pontuda. O pedido foi feito em russo, língua que a médium não compreendia. Essa impressão foi obtida alguns momentos depois, com a marca da unha em questão. Esse fato prova que a alma do pai do experimentador realmente agiu com "sua mão"? Não. A médium recebeu a sugestão mental para produzir o fenômeno e, de fato, produziu-o. A língua russa não fez a mínima diferença. A sugestão foi recebida. A mão, além disso, era muito menor do que a do evocado.
O experimentador pediu, a seguir, ao seu falecido pai, para abençoá-lo, e sentiu que a mão lhe fazia um sinal da cruz, à moda russa, com os três dedos juntos, sobre a testa, o peito e os dois lados. A mesma explicação pode ser aplicada.
O evocado e seu filho não conversaram, de modo algum, em russo, como o dizem os relatórios publicados. O senhor Yourievich somente ouviu alguns sons ininteligíveis. As pessoas sempre exageram, e esses exageros causam um grande dano à verdade. Por que amplificar? Já não há desconhecido suficiente nesses misteriosos fenômenos?

418 Camille Flammarion

de um fenômeno qualquer e, sobre esse ponto, nenhum cético poderia fazer-nos acreditar em algo diferente.

Certamente, há um prolongamento invisível do organismo do médium. Esse prolongamento pode ser comparado à radiação que sai do imã para ir tocar um pedaço de ferro e colocá-lo em movimento; podemos compará-lo, também, ao eflúvio que emana dos corpos eletrizados;[4] nós o comparávamos, anteriormente, às ondas caloríficas.

Temos a prova de um prolongamento dinâmico do braço da médium quando esta faz o gesto de bater na mesa com o punho fechado, permanecendo a uma distância de 20 a 30 centímetros, e que a cada gesto uma pancada sonora é desferida.

Quando ela faz na minha face o simulacro da rotação de uma manivela de uma caixa de música e que essa caixa toca ao mesmo tempo em que o gesto, para quando o dedo para, acelera a música quando o dedo acelera seu movimento, toca mais devagar quando o dedo vai mais devagar etc., temos, também, uma prova de uma ação dinâmica à distância.

Quando um acordeão toca sozinho, quando uma campainha tilinta sozinha, quando uma alavanca indica essa ou aquela pressão, uma força real está em ação.

Portanto, devemos admitir, primeiramente, esse prolongamento da força muscular e nervosa do indivíduo. Bem sei que essa é uma proposição ousada, apenas crível, bizarra, extraordinária, mas, enfim, os fatos estão aí, e se eles nos contrariam ou não, isso é um mero detalhe.

Esse prolongamento é real e só se estende a uma determinada distância do médium, distância que podemos medir e que varia com as circunstâncias.

Mas ele bastaria para explicar todos os fenômenos observados?

Somos forçados a admitir que esse prolongamento, geralmente invisível e impalpável, pode tornar-se visível e palpável, assumir, notadamente, a forma de mão articulada, com carne e músculos, e revelar uma cabeça ou um corpo.

O fato é incompreensível, mas após tantas observações

---

[4] Em certas regiões (Canadá, Colorado) podemos acender um bico de gás apresentando-lhe um dedo.

diferentes, parece-me impossível ver nele apenas fraudes e alucinações. A lógica tem direitos que se impõem.

Do médium (pois sua presença é indispensável) pode emanar, portanto, momentaneamente um duplo fluídico e condensável.

Como conceber que esse duplo, esse corpo fluídico apresente uma consistência de carne e de músculos? Não conseguimos entender. Mas não seria nem sensato nem inteligente admitirmos somente aquilo que compreendemos. A maior parte do tempo, além disso, nós pensamos que compreendemos as coisas porque, simplesmente, damos uma explicação para elas. Ora, essa explicação não tem, quase sempre, nenhum valor intrínseco. Ela consiste apenas em palavras alinhavadas. Assim, você imagina compreender porque uma maçã cai de cima de uma árvore, dizendo que a Terra a atrai. Ingenuidade. Em que consiste essa atração da Terra? Você não tem a mínima ideia, mas fica satisfeito porque o fato é constante.

Quando a cortina é inflada, como se fosse empurrada por um punho, ou quando você sente seu ombro estar sendo beliscado por uma mão no momento em que ele é atingido pela cortina, você tem a impressão de estar sendo vítima de um comparsa escondido atrás da cortina. Ali há alguém que está pregando uma peça em você. Então, você afasta a cortina e não encontra ninguém!

Como lhe é impossível admitir um truque qualquer, já que foi você, sozinho, quem prendeu essa cortina entre duas paredes, e você sabe que ninguém entrou atrás dela, porque está bem perto dela, não a perdeu de vista e que o médium está sentado próximo a você, com os pés e as mãos presos, você é forçado a admitir que foi tocado por uma materialização momentânea.

É certo que não podemos negar esses fatos, mas os negamos. Aqueles que não os constataram pessoalmente são desculpáveis. Não se trata de fatos ordinários, que acontecem todos os dias e que todos podem observar. Evidentemente, como tese geral, se não admitíssemos senão aquilo que vimos pessoalmente, nós não iríamos longe. Admitimos a existência das ilhas Filipinas sem nunca termos ido lá, de Carlos Magno e de Júlio César sem tê-los visto, dos eclipses totais do sol, das erupções vulcânicas, dos tremores de terra etc., dos quais não fomos testemunhas pessoalmente. A distância de uma estrela, o peso de um planeta, a composição química de um astro, as mais maravilhosas descobertas da Astronomia não excitam o ceticismo, exceto nos indivíduos inteiramente incultos, porque, de modo geral, apreciamos o valor dos métodos astronômicos.

Mas aqui, realmente, os fenômenos são tão extraordinários, que as pessoas são desculpáveis por não acreditarem neles.

Entretanto, se quisermos nos dar ao trabalho de raciocinar, seremos forçados a admitir que aqui nos encontramos irrevogavelmente diante do seguinte dilema: ou todos os experimentadores foram enganados pelos médiuns, que constantemente blefaram, ou esses fatos tão estupeficantes existem realmente.

Como a primeira hipótese está eliminada, somos forçados a admitir a realidade dos fatos.

Um corpo fluídico forma-se às expensas do médium, sai de seu organismo, move-se e age.

Que força inteligente dirige esse corpo fluídico e o faz agir dessa ou daquela maneira?

Ou é o espírito do médium ou é outro espírito que se serve desse mesmo fluido. Não dá para escaparmos dessa conclusão.

Notemos que as condições meteorológicas, o bom tempo, uma temperatura agradável, a alegria, a vivacidade favorecem os fenômenos; que o médium nunca permanece completamente alheio às manifestações, que com frequência ele sabe o que vai acontecer, que a causa escapa à nossa compreensão e que é fugitiva, que as aparições desaparecem tão facilmente quanto se formam, que tudo isso parece um sonho.

Devemos notar também que, nas manifestações intensas, o médium sofre, queixa-se, geme, perde uma força enorme, exibe grandes esforços nervosos, apresenta hiperestesia, e, no apogeu da manifestação, parece, por um instante, prostrado.

Por que sua mente não se exteriorizaria tanto quanto seu corpo fluídico?

A força psíquica de um ser humano vivo poderia, pois, produzir fenômenos "materiais", órgãos, fantasmas... Mas o que é a matéria?

Meus leitores sabem que a matéria não existe da forma que nossos sentidos a percebem. Esses dão-nos apenas *impressões*

incompletas de uma realidade desconhecida. A análise mostra-nos que a matéria não é senão uma forma de energia.

Na obra que resume suas experiências, *À propos d'Eusapia Paladino* (A respeito de Eusapia Paladino), o senhor Guillaume de Fontenay procura engenhosamente explicar os fenômenos pela teoria dinâmica da matéria. É provável que essa explicação seja uma das que mais se aproximam da verdade.

De acordo com essa teoria, a qualidade que nos parece característica da matéria, a solidez, a consistência, não é mais real do que a luz que atinge nossos olhos ou o som que atinge nossos ouvidos. Nós vemos... ou seja, nós recebemos na retina os raios que *a impressionam*, fora dos quais circulam quantidades de outros que não nos impressionam. O mesmo ocorre com nossos outros sentidos.

A matéria seria constituída, como a luz, como o calor, como a eletricidade, por uma espécie de movimento.

Movimento de quê? Da substância primitiva única, animada de vibrações diversas.

Com toda certeza, a matéria não é essa coisa inerte que comumente admitimos.

Uma comparação pode ajudar-nos a compreender. Peguemos uma roda de carro. Coloquemo-la horizontalmente sobre um pivô. Com a roda imóvel, deixemos cair entre seus raios uma bola de borracha. Essa bola quase sempre a atravessará, passando entre os raios. Agora, imprimamos um leve movimento à roda. A bola frequentemente ficará presa e será devolvida. Se acelerarmos a rotação, a bola não atravessará jamais a roda, que para ela terá se tornado um disco compacto impenetrável.

Poderemos tentar uma experiência análoga, dispondo a roda verticalmente e lançando flechas através dela. Uma roda de bicicleta servirá muito bem a essa experiência, devido à finura dos seus raios. Imóvel, ela seria atravessada nove em dez vezes. Em movimento, ela imprimiria às flechas desvios cada vez mais marcados. Com o aumento da velocidade, ela se tornaria impenetrável, e as flechas nela se quebrariam como sobre um disco blindado de aço.

Essas comparações nos permitem conceber como a matéria não é, na realidade, senão um modo de movimento, uma expressão da força, uma manifestação da energia.

Ela desaparece, além disso, diante da análise, que acaba por se refugiar no átomo intangível, invisível, imponderável e, por assim dizer, imaterial.

O átomo, considerado base da matéria há cinquenta anos, dissolve-se e torna-se um impalpável turbilhão hipotético.

Permitir-me-ei repetir aqui o que eu já disse cem vezes em outros lugares: *O Universo é um dinamismo.*

A dificuldade de explicarmos as aparições, as materializações, quando queremos aplicar-lhes nossa concepção comum da matéria, atenua-se consideravelmente no momento em que compreendemos que a matéria não é senão um modo de movimento.

A própria vida, da célula mais rudimentar aos organismos mais complexos, é um tipo especial de movimento, movimento determinado e organizado por uma força diretora. De acordo com essa teoria, as aparições momentâneas seriam menos difíceis para aceitarmos e compreendermos. A força vital do médium poderia exteriorizar-se e produzir em um ponto do espaço um regime vibratório correspondente a um grau mais ou menos avançado de visibilidade e de consistência. Esses fenômenos são dificilmente compatíveis com a antiga hipótese da existência intrínseca da matéria, eles se adaptam melhor à hipótese do *movimento da matéria*, em uma palavra, do simples movimento que dá sensação de matéria.

Não há, naturalmente, senão uma substância: a substância primitiva, anterior à nebulosa original, de onde todos os corpos são originários. As substâncias que os químicos consideram como corpos simples – o oxigênio, o hidrogênio, o nitrogênio, o ferro, o ouro, a prata e outras – são espécies minerais que gradualmente se formaram e se diferenciaram, como mais tarde as espécies vegetais e animais. E não somente a substância do Mundo é simples, mas também ela tem a mesma origem que a energia, e essas duas formas podem, sucessivamente, tomar o lugar uma da outra. Nada se perde, nada se cria, tudo se transforma.[5]

---

[5] Vide o que outrora escrevi sobre esse assunto em *Lumen, Uranie, Stella,* como também no meu *Discours sur l'unité de force et l'unité de substance* (Discurso sobre a unidade de força e a unidade de substância) publicado no *Annuaire du Cosmos,* para 1865.

As Forças Naturais Desconhecidas

A substância única é imaterial e desconhecível em sua essência. Nós vemos e tocamos apenas as suas condensações, agregações, seus arranjos, ou seja, as formas produzidas pelo movimento. Matéria, força, vida, pensamento são apenas uma coisa.

Em realidade, no Universo existe apenas um princípio, que é ao mesmo tempo a inteligência, a força e a matéria, englobando tudo o que existe e tudo o que é possível existir. O que denominamos matéria não é senão uma forma de movimento. E no fundo de tudo: a força, o dinamismo e o espírito universal.

Assim, o que é a Matéria? – Uma aparência, uma forma da energia.

E o que é a Gravidade? – Uma propriedade dessa aparência, outra forma da energia.

Em que consiste sua natureza, sua essência? Ninguém sabe. Como certos fenômenos estudados aqui, seriam eles contrários a essa força? É difícil definir.

Se a gravidade e a gravitação são eletrodinamismo, o movimento intermolecular pode produzir resultados opostos.

Uma mesa levitando, sob a influência de uma força psíquica desconhecida, não é mais surpreendente do que um pedaço de ferro atraído por um imã.

Todo mundo conhece o giroscópio, aquele pião colocado em rotação rápida e criando, ele próprio, uma força centrífuga que anula sua gravidade. Esse pequeno aparelho compõe-se de um disco metálico maciço, munido de um eixo que pode girar sobre dois pivôs ligados por um círculo de metal. Quando esse brinquedo está inerte, ele obedece à gravidade, como todos os corpos. Mas se imprimirmos ao disco um movimento de rotação rápida, esse corpo inerte adquire vida própria, resiste à mão que o segura pelo seu suporte, move-se em um determinado sentido e, colocado horizontalmente ou inclinado sobre um barbante ou qualquer outro pivô, ele aí se mantém, contrariamente à direção vertical da gravidade. O movimento que o anima

424   Camille Flammarion

contrabalança a atração do globo terrestre, como já notamos anteriormente (p. 127), a respeito da faca que oscila na mão.

Mas voltemos ao nosso assunto.

Que a "Matéria" seja composta de elétrons, de íons, de turbilhões elétricos, pouco nos importa.

O dinamismo rege o mundo. Não deixemos de repeti-lo, a matéria aparente, que para nós representa atualmente o Universo, e que certas doutrinas clássicas consideram que produza todas as coisas, movimento, vida, pensamento, não passa de uma palavra desprovida de sentido. O Universo é, ao contrário, um organismo regido por um dinamismo de ordem psíquica. A mente está em tudo.

Há um meio psíquico; há a mente em tudo, não somente na vida humana e animal, mas nas plantas, nos minerais, no espaço.

Não é o corpo que produz a vida. É antes a vida que organiza o corpo. A vontade de viver não prolonga a vida dos entes fracos, da mesma forma que o abandono do desejo vital pode encurtá-la, até mesmo extingui-la? A fé, ou seja, a auto-sugestão, não cura... em Lourdes e em outros lugares?

Seu coração bate, noite e dia, qualquer que seja a posição do seu corpo. É uma mola bem montada. Quem acionou essa mola?

O embrião se forma no ventre da mãe, no ovo do pássaro. Ele não tem coração nem cérebro. Em determinado momento, o coração bate pela primeira vez.

Momento sublime! Ele baterá na criança, no adolescente, no homem, na mulher, à razão de 100.000 pulsações por dia, cerca de 36.500.000 por ano, de 1.825.000.000 em cinquenta anos. Esse coração que acaba de se formar deve bater um bilhão de pulsações, dois bilhões, três bilhões, um número determinado, fixado pela sua potência, depois ele cessará de bater, e o corpo cairá em ruína. Quem deu corda nesse relógio uma vez para sempre?

O dinamismo, a energia vital.

O que sustenta a Terra no espaço?

O dinamismo, a velocidade do seu movimento.

O que mata em uma bala? Sua velocidade.

Em toda parte a energia, em toda parte o elemento invisível.

É esse mesmo dinamismo que produz os fenômenos estudados aqui. A questão agora se resume em decidir se esse dinamismo pertence inteiramente aos experimentadores.

Nós conhecemos tão pouco nossa natureza mental que nos é impossível saber o que essa natureza é capaz de produzir, mesmo e, sobretudo, em certos casos de inconsciência.

A inteligência diretora nem sempre é a inteligência pessoal, *normal* dos experimentadores ou de qualquer um no meio deles. Nós perguntamos à entidade quem ela é e ela nos dá um nome que não é o nosso, ela responde às nossas questões, e ordinariamente pretende ser uma alma desencarnada, o espírito de um defunto. Mas se insistirmos na questão, perdendo a paciência, essa entidade acaba desaparecendo, sem nos ter dado provas suficientes de sua identidade.

Resulta-nos disso a impressão de que o indivíduo principal da experiência respondeu a si mesmo, refletiu-se a si próprio, sem sabê-lo.

Por outro lado, essa entidade, essa personalidade, esse espírito, tem a sua vontade, seus caprichos, suas exigências e age, por vezes, em contradição com nossos próprios pensamentos. Ele nos diz coisas absurdas, ineptas, brutais, insensatas, e diverte-se tanto com bizarras combinações de letras quanto com verdadeiros quebra-cabeças. Ele nos surpreende e nos deixa estupefatos.

O que é esse ser?

Duas hipóteses se nos apresentam inelutavelmente. Ou somos nós que produzimos esses fenômenos, ou são os espíritos. Mas entendamos bem: esses espíritos não são necessariamente almas dos mortos, pois podem existir outras espécies de seres espirituais, e o espaço poderia estar cheio delas sem que jamais tivéssemos conhecimento disso, exceto em circunstâncias excepcionais. Não encontramos, em literaturas antigas diversas, os demônios, os anjos, os gnomos, os diabretes, as larvas, os trasgos, os elementais etc. etc.? Talvez essas lendas não sejam sem fundamento.

Por outro lado, nós não podemos deixar de notar que nas

experiências aqui estudadas, sempre nos dirigimos, para ter sucesso, a um ser invisível que supostamente deve nos ouvir. Se for uma ilusão, ela data da própria origem do espiritismo, das pancadas produzidas inconscientemente pelas senhoritas Fox em seus quartos em Hydesville e em Rochester, em 1848. Mas, ainda uma vez, essa personificação pode pertencer ao nosso ser ou representar uma mente exterior.

Se admitirmos a primeira hipótese, é preciso que nós admitamos, ao mesmo tempo, que nossa natureza mental não é simples, que existe em nós vários elementos psíquicos, e que ao menos um desses elementos pode agir sem nosso conhecimento, desferir pancadas sobre uma mesa, fazer uma mesa mover-se, levantar um peso, tocar nas pessoas com mãos que parecem reais, tocar um instrumento, produzir um fantasma, ler uma palavra escondida, responder perguntas, agir com uma vontade pessoal e, tudo isso, eu repito, sem que saibamos.

Isso é bastante complicado. Mas é impossível?

Que há em nós elementos psíquicos, obscuros, inconscientes, capazes de agirem fora da esfera da nossa consciência normal, é o que podemos observar todas as noites em nossos sonhos, ou seja, durante um quarto ou um terço de nossas vidas. Mal o sono fechou nossos olhos, nossos ouvidos, todos os nossos sentidos, nossos pensamentos agem de modo totalmente diferente do que durante o dia, sem direção razoável, sem lógica, sob as mais incoerentes formas, liberadas de nossas concepções habituais do espaço e do tempo, em um mundo inteiramente diferente do mundo normal. Os fisiologistas e os psicólogos estão tentando, há séculos, determinar o mecanismo do sonho sem ainda terem obtido a solução do problema. Mas o fato constatado de que às vezes vemos em sonho acontecimentos que ocorrem à distância e que prevemos acontecimentos futuros prova que há em nós faculdades desconhecidas.

Por outro lado, não é raro para cada um de nós sentirmos, em plena vigília de todas as nossas faculdades, a ação de uma influência interna, distinta de nossa razão dominante. Estamos prestes a pronunciarmos palavras que não pertencem ao nosso vocabulário habitual. Ideias súbitas vêm atravessar e interromper o curso de nossas reflexões. Durante a leitura de um livro que nos parece interessante, nossa alma voa para outra parte, enquanto nossos olhos continuam a ler inutilmente. Nós discutimos determinados projetos em nossa mente como se fôssemos diversos juízes. E depois, simplesmente, o que é a distração? Em suas infatigáveis pesquisas, o grande investigador dos fenômenos psíquicos, Myers, a quem devemos os estudos sintéticos sobre *a consciência subliminar*, chegou a pensar, juntamente com Ribot, que "o eu é uma coordenação passageira".

Esses fenômenos supranormais, – escreve esse pesquisador tão documentado e competente–, são devidos "não à ação de espíritos de pessoas falecidas, como Wallace acredita, mas, em sua maioria, à ação de espíritos encarnados, seja do próprio indivíduo, seja de um agente qualquer.[6] A palavra *subliminar* significa o que está abaixo do limiar (*limen*) da consciência, as sensações, os pensamentos, as lembranças que permanecem no fundo, e representariam uma espécie de *eu* adormecido. Não pretendo afirmar – acrescenta o autor – que sempre exista em nós dois *eus* correlatos e paralelos: designaria melhor por eu subliminar essa parte do eu que permanece ordinariamente latente, e admito que possa haver não somente cooperação entre esses duas correntes de pensamento quase independentes, como também mudanças de nível e alternâncias da personalidade.[7] A observação médica (Félida, Alma) prova que há em nós um rudimento de faculdade supranormal, de algo que é provavelmente sem utilidade para nós, mas que indica a existência, abaixo do nível de nossa consciência, de uma reserva de faculdades latentes insuspeitáveis.[8]

Além disso, na verdade, quem age nos fenômenos de telepatia? Lembremos, por exemplo, o caso do senhor Thomas Garrison (*Society for Psychical Research*, VIII, p. 125) que, assistindo com sua esposa a um ofício religioso, levantou-se subitamente no meio de um sermão, saiu do templo, e como empurrado por um impulso irresistível, percorreu 29 quilômetros a pé a fim de ir ver sua mãe, a qual encontrou morta ao

---

[6] *La Personnalité Humaine*, p. 11.
[7] *La Personnalité humaine*, p.23.
[8] Idem, p.63.

chegar, embora não soubesse que ela estava doente e ela fosse relativamente jovem (58 anos). Possuo cem observações análogas diante dos meus olhos. Nesse caso, não é o nosso ser normal habitual que está em ação.

Provavelmente, existe em nós, mais ou menos sensitivo, um ser subconsciente, e é ele que parece em ação em determinado número de experiências mediúnicas. Eu tenderia a concordar com Myers quando ele escreve:[9]

> Os espíritas atribuem os movimentos e os ditados à ação de inteligências desencarnadas, mas se uma mesa executa movimentos sem que ninguém a toque, não há razão para que eu atribua esses movimentos à intervenção do meu falecido avô, mais do que à minha própria intervenção, pois se não vemos como eu poderia tê-la colocado em movimento, não vemos tampouco como esse efeito poderia ter sido produzido pela ação do meu avô. Quanto aos ditados, a explicação mais plausível me parece ser a admissão de que eles são realizados não pelo eu consciente, mas por essa região profunda e escondida onde os sonhos fragmentários e incoerentes são elaborados.

Essa hipótese explicativa é compartilhada, com uma importante modificação, por um célebre cientista, a quem devemos também longas e pacientes pesquisas sobre os fenômenos obscuros de psicologia anormal, o doutor Gustav Geley, que resume, ele próprio, assim suas conclusões:

> Uma porção da força, da inteligência e da matéria pode ser exteriorizada do organismo, e agir, perceber, organizar e pensar independentemente dos músculos, dos órgãos, dos sentidos e do cérebro. Ela não é outra coisa senão a porção subconsciente elevada do Ser. Ela constitui, verdadeiramente, um ser subconsciente exteriorizável, coexistente no eu com o ser consciente normal.[10]

Esse ser subconsciente não dependeria do organismo. Ele lhe seria anterior e sobreviveria a ele. Ele lhe seria superior, dotado de faculdades e conhecimentos muito diferentes das

---
9 Idem, p. 313.
10 *L'Être subconscient*, (O Ser Subconsciente), p.82.

faculdades e conhecimentos da consciência normal, supranormais e transcendentais.

Seguramente, aqui ainda resta mais de um mistério, ou seja, o fato de agir materialmente à distância e o de, não menos estranho, permanecer aparentemente estranho.

A primeira regra do método científico é a de procurar, primeiramente, as explicações nas coisas conhecidas antes de recorrer ao desconhecido, e nunca devemos deixar de cumpri-la. Mas se essa regra não nos conduzir ao sucesso, nosso dever é de confessá-lo.

Temo que isso é o que ocorre aqui. Não estamos satisfeitos. A explicação não é clara e flutua um pouco excessivamente sobre as ondas – e no vago – da hipótese.

Ao ponto em que chegamos neste capítulo das explicações, estamos exatamente na posição de Alexander Aksakof quando ele escreveu sua grande obra *Animisme et Spiritisme*, em resposta ao livro do doutor Von Hartmann sobre *Le Spiritisme*.

Hartmann pretendeu explicar todos esses fenômenos com as seguintes hipóteses:

> Uma força nervosa que produz, fora do corpo humano, efeitos mecânicos e plásticos.
> Alucinações duplas dessa mesma força nervosa e que produz, igualmente, efeitos físicos e plásticos.
> Uma consciência sonambúlica latente, capaz – achando-se o indivíduo no seu estado normal – de ler, no fundo intelectual de outro homem, seu presente e seu passado – e que pode até adivinhar o futuro.

Aksakof tentou ver se essas hipóteses, das quais a última é bastante ousada, são suficientes para explicar tudo, e concluiu que elas não são.

Essa é também minha opinião.

Mas há ainda outra coisa.

Essa outra coisa, esse resíduo no fundo do cadinho de experiência, é um elemento psíquico, cuja natureza nos resta ainda inteiramente oculta.

Eu penso que todos os leitores desta obra compartilharão da minha convicção.

As hipóteses antropomórficas estão longe de tudo explicar. Além disso, elas são apenas hipóteses. Não devemos esconder de nós mesmos que esses fenômenos nos fazem penetrar em outro mundo, em um mundo desconhecido, que ainda deve ser explorado completamente.

Quanto aos seres diferentes de nós, qual poderia ser sua natureza? É-nos impossível de ter alguma ideia sobre esse ponto. Almas de mortos? Isso está longe de ser demonstrado. Nas inúmeras observações que multipliquei durante mais de quarenta anos, tudo me provou o contrário.

Nenhuma identificação satisfatória pôde ser feita.[11]

As comunicações obtidas sempre me pareceram ser provenientes da mentalidade do grupo ou, quando elas são heterogêneas, de espíritos de natureza incompreensível. O ente evocado desaparece quando insistimos, colocando-o contra a parede, para nos livrarmos de nossas dúvidas sobre sua realidade. E depois, minha maior esperança ruiu, aquela esperança dos meus vinte anos, que tanto gostaria de receber iluminações celestes sobre a doutrina da pluralidade dos mundos. Os espíritos nada nos ensinaram.

Todavia, o agente parece, por vezes, ser independente. Crookes menciona ter visto a senhorita Fox escrever automaticamente uma comunicação para um dos assistentes, enquanto outra comunicação sobre outro assunto lhe era dada por uma *segunda* pessoa, por meio do alfabeto e de pancadas, e enquanto ela conversava com uma *terceira* pessoa sobre outro assunto completamente diferente dos dois outros. Esse fato notável provaria com certeza a ação de um espírito estranho?

O mesmo cientista menciona que, durante uma de suas sessões, uma pequena régua atravessou a mesa, em plena luz, para vir bater-lhe na mão, e dar-lhe uma comunicação seguindo as letras do alfabeto soletradas por ele. A outra extremidade da régua repousava sobre a mesa, a certa distância das mãos de Home.

Esse caso me parece, como também a Crookes, mais conclusivo em favor de um espírito exterior, ainda mais porque, quando o experimentador pediu que as pancadas fossem

---
11 Vide o que eu já disse sobre isso no *l'Inconnu*, pp. 290-291.

desferidas de acordo com o alfabeto telegráfico Morse, outra mensagem foi assim obtida.

O douto químico assinala ainda, como podemos lembrar, a palavra *however*, escondida por seu dedo, em um jornal, desconhecida dele próprio, batida por essa pequena régua. Por outro lado, Wallace menciona um nome escrito em um papel por ele colado sob a coluna central da mesa de experiência; Joncières cita uma aquarela perfeitamente pintada em plena escuridão e um tema musical escrito a lápis; o senhor Castex-Dégrange conta o anúncio de uma morte e a revelação do local onde se encontrava um objeto perdido. Vimos, também, frases ditadas de trás para frente, ou de duas em duas letras, ou escritas por meio de combinações estranhas, manifestando a ação de uma inteligência desconhecida. Temos mil exemplos dessa espécie.

Mas, ainda uma vez, se a mente do médium pode se liberar e aparecer em um estado extranormal, por que não seria ele que estivesse agindo? Não temos em nossos sonhos várias personalidades distintas? Se elas pudessem se liberar dinamicamente, também elas não agiriam um pouco desse modo?

O que não devemos perder de vista é o caráter *misto* e *complexo* desses fenômenos. Eles são ao mesmo tempo físicos e psíquicos, materiais e inteligentes, nem sempre eles são produzidos por nossa vontade consciente, e são mais objeto da *observação* do que da *experiência*.

Não é demais insistir sobre esse caráter. Certo dia (31 de janeiro de 1901), escutei Pierre Émile Duclaux, membro do Instituto, diretor do Instituto Pasteur, fazer esta confusão, comum a tantos físicos e a tantos químicos, em uma conferência que era, todavia, assaz pertinente sobre esses fenômenos: "Não há fato científico – proclamava ele – exceto o fato que pode ser reproduzido à vontade".[12]

Que raciocínio singular! As testemunhas da queda de um meteoro nos trazem um aerólito que acaba de cair do céu e que foi desenterrado, ainda quente, do buraco onde afundara. Erro! Ilusão! Deveríamos responder: não é científico: só acreditaremos quando vocês recomeçarem a experiência.

Ou então, quando nos trazem o cadáver de um homem,

---

12 Vide *Bulletin de l'Institut Psychologique*, ano 1, pp. 25-40.

morto pelo raio, inteiramente nu e depilado como por barbeador. Impossível, deveríamos responder; pura invenção dos seus sentidos iludidos.

Uma mulher vê aparecer ao seu lado o marido que acabou de morrer a três mil quilômetros de distância. Isso não é sério, deveríamos pensar, e só o será quando ele aparecer novamente. Essa confusão entre a observação e a experiência é realmente singular por parte de homens instruídos.

Nos fenômenos psíquicos há um elemento intelectual, voluntário, caprichoso, incoerente, com frequência muito sutil, hábil e astucioso.

Eu repito, devemos aprender a compreender que nem tudo se explica, e nos resignarmos a esperar pela ampliação dos nossos conhecimentos. Nesses fenômenos há inteligência, pensamento, psiquismo, mente. Há ainda mais em determinadas comunicações. A mente dos vivos seria suficiente para confirmar as observações? Sim, talvez, mas desde que nos atribuamos faculdades desconhecidas e supranormais.

Tudo isso é apenas uma hipótese. A hipótese espírita das comunicações com as almas dos mortos permanece, assim como a dos agentes mentais desconhecidos.

Eu não tenho a menor sombra de dúvida que as almas sobrevivem à destruição dos corpos. Mas que elas se manifestam por esses procedimentos, o método experimental não oferece, realmente, nenhuma prova absoluta.

Eu até acrescentarei que essa hipótese não é verossímil. Se as almas dos defuntos permanecessem ao nosso redor, em nosso planeta, essa população invisível aumentaria na proporção de cem mil por dia, cerca de 36 milhões por ano, de três bilhões e 620 milhões por século, de 36 bilhões em dez séculos, e assim por diante, a menos que admitamos reencarnações sobre a própria Terra.

Quantas aparições ou manifestações se apresentam? O que permanece quando eliminamos as ilusões, as auto-sugestões e as alucinações? Quase nada. Uma tão excepcional raridade depõe contra uma realidade.

Podemos supor, é verdade, que todos os seres humanos não sobreviverão à sua morte e que, em geral, até a sua entidade psíquica é tão insignificante, tão inconsistente, tão nula, que ela quase desaparece no éter, no reservatório comum, no meio ambiente, como as almas dos animais. Mas os seres pensantes que têm consciência de sua existência psíquica não perdem sua personalidade e continuam o ciclo da sua evolução. Parecer-nos-ia natural, a partir de então, vê-los se manifestarem em certas circunstâncias. Os condenados à morte e executados em consequência de erros judiciários não deveriam voltar para acusar os assassinos? Conhecendo o caráter de Robespierre, de Saint-Just, de Fouquier-Tinville, eu gostaria de tê-los visto se vingarem um pouco dos que triunfaram sobre eles. As vítimas de 93 não deveriam ter vindo perturbar o sono dos conquistadores? Dos vinte mil fuzilados da Comuna de Paris, eu gostaria de ter visto uma dúzia atormentar sem descanso o honrado senhor Thiers que se vangloriou por ter permitido que se organizasse essa insurreição para, depois, puni-la.

Por que os filhos, cuja morte os pais lamentam, não vêm jamais consolá-los? Por que nossas mais caras afeições parecem ter desaparecido para sempre? – E os testamentos roubados? E as últimas vontades ignoradas? E as intenções deturpadas? E...?

Somente os mortos não voltam, diz um antigo provérbio. Talvez esse aforismo não seja absoluto, mas as aparições são raras, muito raras, e não conhecemos precisamente sua natureza. Serão verdadeiros fantasmas? Isso não foi ainda demonstrado.

Até o momento, tenho procurado em vão uma prova concreta de identidade nas comunicações mediúnicas. Por outro lado, não vejo porque os espíritos teriam necessidade de médiuns para se manifestarem, se eles existem ao nosso redor. Eles deveriam fazer parte da natureza, da natureza universal que inclui todas as coisas.

Todavia, parece-me que a hipótese espírita deveria ser conservada, da mesma maneira que as precedentes, pois as discussões não as eliminaram.[13]

---
13 Bem recentemente, tive diante dos olhos a relação de alguns fatos que antes advogam em seu favor (*Bulletin de la Société d'Études Psychiques de Nancy*, nov.-

Mas por que essas manifestações são o resultado do agrupamento de cinco ou seis pessoas em torno de uma mesa? Não é, tampouco, muito verossímil.

Pode ser, é verdade, que existam espíritos junto de nós e que seja normalmente impossível para eles de se tornarem visíveis, audíveis, tangíveis, não podendo refletir raios luminosos acessíveis à nossa retina, nem ondas sonoras, nem toques. Assim, certas condições presentes nos médiuns poderiam ser necessárias às suas manifestações.

Ninguém tem o direito de negar nada.

Mas por que tantas incoerências?

Tenho em uma prateleira, à minha frente, vários milhares de comunicações ditadas pelos "espíritos". A análise não deixa no fundo do cadinho senão uma obscura incerteza sobre as causas. Forças psíquicas desconhecidas. Entidades fugazes. Figuras que desaparecem. Nada de sólido para pegar, mesmo pelo pensamento. Essas coisas nem mesmo têm a consistência de uma definição de química ou de um teorema de geometria. Uma molécula de hidrogênio é um rochedo em comparação a elas.

Os fenômenos observados, em sua maioria – ruídos, movimentos de móveis, tumultos, agitações, pancadas, respostas às perguntas feitas – são realmente infantis, pueris, vulgares, muitas vezes ridículos e se assemelham antes a travessuras de crianças do que a ações sérias. Não podemos deixar de constatar esse fato.

Por que almas de mortos divertir-se-iam assim?

A hipótese parece quase absurda.

Certamente, um homem comum não muda de valor intelectual ou moral de um dia para outro, e se ele continuar a existir após sua morte, podemos esperar encontrá-lo tal qual ele era anteriormente. Mas, ainda uma vez, quantas bizarrices e incoerências!

Mas seja lá como for, nós não devemos ter nenhuma ideia preconcebida, e nosso dever mais estrito é o de realizar a investigação dos fatos da forma como eles se apresentam.

___

déc. 1906). Desses onze fatos, o primeiro e o segundo poderiam ter sido conhecidos por meio de um dicionário, o terceiro e o quinto, pelos jornais, mas os sete restantes têm, seguramente, a admissão da identidade como a melhor hipótese explicativa.

A força natural desconhecida posta em atividade para a elevação de uma mesa não é uma propriedade exclusiva dos médiuns. Ela faz parte, em diversos graus, de todos os organismos, com coeficientes diferentes, por exemplo, 100 para organismos tais como os de Home ou de Eusapia, 80 para outros, 50 ou 25 para os indivíduos menos favorecidos, mas certamente, em nenhum caso, chegando a zero. A melhor prova é que com paciência, perseverança, vontade, todos os grupos de experimentadores, que desejaram ocupar-se disso com seriedade, chegaram a obter não somente movimentos, como também levitações completas, pancadas e outros fenômenos.

A palavra "médium" não tem mais muita razão de ser, já que não foi provada a existência de um intermediário entre os espíritos e nós. Mas ela pode ser mantida, pois a lógica é o que há de mais raro tanto na gramática como em tudo o que é humano. A palavra eletricidade há muito tempo não tem mais relação com o âmbar (ελεκτρον), nem a palavra veneração com o genitivo de Vênus (*Veneris*), nem a palavra desastre com astro, nem a palavra tragédia com o "canto do bode" (τραγοχ οδη), nem a palavra cortesã com "dama da corte", o que não impede que essas palavras sejam compreendidas no seu sentido habitual.[14]

Quanto às hipóteses explicativas, eu insisto, o campo está aberto a todas. Notamos que as comunicações ditadas pelas mesas estão relacionadas com o estado de espírito, as ideias, as opiniões, as crenças, o saber e até com a cultura literária dos

---

14 Prejulgando o que deve ser demonstrado, a palavra médium é completamente imprópria; ela supõe que a pessoa dotada dessas faculdades seja uma intermediária entre os espíritos e os experimentadores. Ora, admitindo-se que algumas vezes seja esse o caso, não é o que habitualmente ocorre. A rotação de uma mesa, sua elevação, sua levitação, o deslocamento de um móvel, a enfunagem de uma cortina são causados por uma força que emana dessa pessoa ou do conjunto dos assistentes. Não podemos realmente supor que sempre haja um espírito para responder às nossas fantasias. E a hipótese é tão menos necessária quanto esses espíritos não nos ensinam nada. Nossa força psíquica age certamente a maior parte do tempo. A pessoa que exerce a principal influência nessas manifestações deveria ser mais justamente chamada de "*dinamógeno*", pois que *engendra força*. Parece-me que esse seria o termo mais apropriado a esse estado. Ele expressa o que é constatado em todas as observações.
Conheci médiuns que muito se orgulham desse título, e que eram um pouco ciumentos dos seus colegas, estando convencidos de que foram escolhidos por Santo Agostinho, São Paulo e até por Jesus Cristo. Eles acreditavam em uma graça do Todo Poderoso, e pretendiam, aliás, não sem razão, que sob outras mãos essas assinaturas eram equívocas. Essas rivalidades não têm nenhum sentido.

experimentadores. Elas são como o reflexo do conjunto de suas ideias e faculdades. Comparem as comunicações registradas na casa de Victor Hugo, em Jersey, as do círculo falansteriano de Eugène Nus, as das reuniões de astronomia, as dos crentes religiosos, católicos, protestantes etc.

Se a hipótese não fosse tão ousada, a ponto de nos parecer inaceitável, eu me arriscaria a imaginar que a concentração dos pensamentos cria um ser intelectual momentâneo que responde às perguntas feitas e desaparece a seguir.

Reflexo? Talvez seja essa a verdadeira expressão.

Todo mundo já viu sua imagem refletida em um espelho e ninguém se surpreende com isso.

Entretanto, analisem o fato. Quando mais vocês olharem esse ser óptico movendo-se atrás do espelho, mais a imagem lhes parecerá surpreendente e interessante.

Ora, suponham que os espelhos não tivessem sido inventados.

Se não conhecêssemos esses grandes espelhos que refletem os apartamentos e seus visitantes, se nunca os tivéssemos visto, e se alguém nos contasse que imagens, reflexos das pessoas vivas podem assim se manifestar e se mover, nós não compreenderíamos e não acreditaríamos.

Sim, a personificação efêmera criada nas sessões espíritas lembra, às vezes, a imagem virtual que vemos em um espelho e que não tem em si nada de real, mas que, todavia, existe e reproduz o original. A imagem reproduzida pela fotografia é da mesma espécie, só que durável. A imagem real formada no foco do espelho do telescópio é incorporal e intangível, mas que podemos recolhê-la em um espelho plano e estudá-la, amplificando-a pelo microscópio da ocular, talvez se aproxime mais do que parece ser produzido pela concentração de várias energias psíquicas. Criamos um ser imaginário, falamos com ele, quase sempre ele responde, refletindo, no mais das vezes, a mentalidade dos experimentadores. E da mesma forma que com a ajuda de espelhos nós podemos concentrar a luz, o calor, as ondas etéreas, elétricas em um foco, parece, às vezes, que os assistentes acrescentam suas forças psíquicas às do médium, do *dinamógeno*, condensando as ondas e ajudando a produzir uma espécie de ser fugitivo mais ou menos material.

O ser subconsciente, o cérebro do médium ou seu corpo astral, o perispírito fluídico, os desconhecidos latentes nos organismos sensitivos não poderiam ser o espelho que acabamos de imaginar? – E esse espelho não poderia também receber e reproduzir a influência de uma alma longínqua?

Mas o que importa é não generalizarmos as conclusões parciais que já tivemos muita dificuldade para definir.

Eu não estou dizendo que os espíritos não existem: ao contrário, tenho razões para admitir sua existência. Até determinadas sensações expressas pelos animais, pelos cães, pelos gatos, pelos cavalos parecem justificar a presença inesperada e impressionante de seres ou de agentes invisíveis. Mas, fiel servidor do método experimental, eu penso que devemos esgotar todas as hipóteses simples, naturais, já conhecidas, antes de recorrermos às outras.

Infelizmente, um grande número de espíritas prefere não ir ao fundo das coisas, nada analisar, ser joguete das impressões nervosas. Eles assemelham-se àquelas honestas mulheres que rezam seu terço acreditando ter diante de si Santa Inês ou Santa Filomena. Não há nada de mal nisso, podem dizer. Mas é uma ilusão. Não nos deixemos enganar por ela.

Se os elementais, os elementares, os espíritos do ar, os gnomos, as larvas, dos quais Goethe fala, seguindo Paracelso, existem, eles são naturais e não sobrenaturais: eles estão na natureza, pois a natureza inclui todas as coisas. O sobrenatural não existe. A ciência tem, pois, o dever de estudar essa questão como ela estuda todas as outras.

Como eu já observei, nesses diversos fenômenos há inúmeras causas em ação. Entre essas causas, a obra de espíritos desencarnados, almas de mortos, é uma hipótese explicativa que não devemos rejeitar sem exame. Ela parece às vezes a mais lógica, mas tem contra si poderosas objeções; e seria da mais alta importância poder demonstrá-la com segurança. Seus partidários *deveriam ser os primeiros a aprovar a severidade dos métodos científicos que aqui nós aplicamos no estudo dos fenômenos*, pois quanto mais solidamente o espiritismo for fundamentado, mais ele terá valor. As crenças ingênuas e as ilusões não podem dar a ele nenhuma base séria.

A religião do futuro será a religião da ciência. Existe apenas uma espécie de verdade.

Às vezes, atribuem aos autores coisas que nunca eles disseram. De minha parte, muitas vezes tive provas disso, particularmente, a propósito do espiritismo. Não ficarei surpreso que determinadas interpretações das páginas precedentes se traduzam pela opinião de que eu não admito a existência dos espíritos. No entanto, não é possível encontrar nenhuma afirmação desse gênero nesta obra, nem em nenhuma das outras que já publiquei. O que eu digo é que os fenômenos físicos estudados aqui *não provam* a colaboração dos espíritos, que eles podem, provavelmente, ser explicados sem eles, por forças desconhecidas que emanam dos experimentadores e, particularmente, dos médiuns. Mas esses fenômenos indicam, ao mesmo tempo, a existência de um meio psíquico.

O que é esse meio? Seguramente, é bem difícil concebê-lo, já que nós não somos capazes de apreendê-lo com nenhum dos nossos sentidos. É, igualmente, muito difícil não admiti-lo em vista do sem-número de fenômenos observados. Se admitirmos a sobrevivência das almas, o que se tornam essas almas? Para onde vão elas? Podemos responder que as condições de espaço e de tempo em relação com nossos sentidos materiais não representam a natureza real do espaço e do tempo, que nossas estimativas e nossas medidas são essencialmente relativas, que a alma, o espírito, a entidade pensante não ocupa nenhum espaço. Entretanto, podemos igualmente pensar que o espírito puro não existe, que ele está ligado a uma substância que ocupa um determinado ponto. Podemos pensar, também, que todas as almas não são iguais, que existem almas superiores e almas inferiores, que certos seres humanos mal têm consciência de sua própria existência, que as almas superiores, tendo consciência de si próprias, tanto após a morte como durante a vida, conservam sua individualidade integral e têm o poder de continuar sua evolução, de viajarem de mundo em mundo, de aumentarem o seu valor moral e intelectual por meio de reencarnações sucessivas. Mas as outras, as almas inconscientes, serão elas mais avançadas no dia seguinte da morte do que na véspera? Por que a morte lhes daria uma perfeição qualquer?

Por que ela faria de um imbecil um gênio? Como ela transformaria uma pessoa má em uma pessoa boa? Por que faria de um ignorante um sábio? Como ela poderia fazer de uma nulidade intelectual uma pessoa brilhante?

Essas almas inconscientes – ou seja, a multidão –, não se fundem, quando da morte, no éter ambiente, e não constituem uma espécie de meio psíquico, no qual uma análise sutil poderia descobrir tanto elementos espirituais quanto elementos materiais?

Se a força psíquica exerce uma ação na ordem existente das coisas, ela também é tão digna de consideração quanto as diversas formas de energia em atividade no éter.

Portanto, sem admitirmos a existência dos espíritos como tendo sido demonstrada por esses fenômenos, nós sentimos que tudo isso não pertence à ordem simplesmente material, fisiológica, orgânica, cerebral, mas que *há outra coisa envolvida*.

Outra coisa inexplicável no estado atual dos nossos conhecimentos.

Mas outra coisa de ordem psíquica. Talvez, algum dia, nós possamos avançar um pouco mais nossas pesquisas imparciais, independentes, guiadas pelo método científico experimental, não negando nada antecipadamente, mas admitindo o que é constatado por uma observação adequada.

Em suma, *no estado atual dos nossos conhecimentos, é impossível darmos uma explicação completa, total, absoluta e definitiva para os fenômenos observados.* A hipótese espírita não deve ser eliminada. Todavia, podemos admitir a sobrevivência da alma sem admitirmos, por isso, uma comunicação física entre os mortos e os vivos. Assim, todos os fatos de observação que levam a confirmar essa comunicação merecem a mais séria atenção do filósofo.

Uma das principais dificuldades nessas comunicações parece-me ser o próprio estado da alma liberta dos sentidos corporais.

Ela deve ter outras formas de percepção. Ela não vê; ela não escuta, ela não toca. Como, então, ela poderá se relacionar com os nossos sentidos?

Aqui há um verdadeiro problema que não pode ser negligenciado no estudo das manifestações psíquicas, quaisquer que sejam. Nós tomamos nossas ideias por realidades. Isso é um erro. Para nós, por exemplo, o ar não é um corpo sólido; nós o atravessamos sem esforço, ao passo que não conseguimos atravessar uma porta de ferro. No que diz respeito à eletricidade, é o contrário: ela atravessa o ferro e acha que o ar é um corpo sólido impossível de ser atravessado. Para o eletricista, um fio de ferro é um canal que conduz a eletricidade através da rocha sólida do ar. O vidro é opaco para a eletricidade e transparente para o magnetismo. A carne, as roupas, a madeira são transparentes para os raios X, ao passo que, para ele, o vidro é opaco, e assim por diante.

Nós sentimos a necessidade de tudo explicar, e somos levados a não admitir senão os fatos para os quais obtivemos uma explicação, mas isso não prova que nossas explicações sejam válidas. Assim, por exemplo, se alguém tivesse afirmado a possibilidade de uma comunicação instantânea entre Paris e Londres antes da invenção do telégrafo, as pessoas só teriam considerado essa afirmação uma utopia. Posteriormente, elas só a teriam admitido com a condição de que existisse um fio entre as duas estações, e teriam declarado ser impossível uma comunicação sem fio elétrico. Agora que nós temos o telégrafo sem fio, nós gostaríamos de tudo explicar por sua teoria.

Por que desejarmos explicar a qualquer preço esses fenômenos? Por que ingenuamente imaginarmos que nós podemos fazê-lo, no estado atual da ciência?

Os fisiologistas que pretendem ver claro nesse assunto assemelham-se a Ptolomeu obstinando-se a explicar os movimentos celestes com a teoria da imobilidade da Terra; a Galileu que explicava a atração do âmbar pela rarefação do ar ambiente; a Lavoisier procurando (como as pessoas comuns) a origem dos aerólitos nas tempestades e negando sua existência; a Galvani que via em suas rãs um eletricidade orgânica *especial* – e até a Jesus Cristo que atribuía as convulsões dos histéricos a possessões diabólicas. Eu coloco os fisiologistas em boa companhia, com certeza, e eles não têm do que se queixarem. Mas quem não sente que essa propensão tão natural a tudo explicar não é justificada, que a ciência progride de século em século, que o que não é hoje conhecido será mais tarde e que por vezes é conveniente saber esperar?

Os fenômenos de que estamos falando são manifestações do dinamismo universal, com o qual nossos cinco sentidos não nos colocam em relação senão muito imperfeitamente. Nós vivemos em meio a um mundo inexplorado, no qual as forças psíquicas representam um papel ainda muito insuficientemente investigado.

Essas forças são de uma ordem superior às forças geralmente analisadas na mecânica, na física, na química; elas são de ordem psíquica, têm alguma coisa de vital e uma espécie de mentalidade.

Elas confirmam aquilo que nós sabemos de outras fontes: que a explicação puramente mecânica da natureza é insuficiente, e que há, no Universo, outra coisa além da pretensa matéria. Não é a matéria que rege o mundo: é um elemento dinâmico e psíquico.

Que luz poderá o estudo dessas forças ainda não explicadas trazer ao conhecimento da alma e das condições de sua sobrevivência? É o que o futuro nos ensinará.

A realidade da espiritualidade da alma como entidade distinta do corpo é demonstrada por outros argumentos. Esses argumentos não são feitos para prejudicar essa doutrina, mas ao mesmo tempo em que a confirmam, que a colocam em evidência, eles ainda não resolvem o grande problema pelas provas materiais que nós desejaríamos obter.

Todavia, se o estudo desses fenômenos ainda não nos deu tudo o que pretendemos nem tudo o que ele dará no futuro, não podemos deixar de reconhecer que ele ampliou consideravelmente a esfera da psicologia e que o conhecimento da natureza da alma e de suas faculdades desenvolveu-se definitivamente em direção a horizontes insuspeitados.

Há na natureza, particularmente no domínio da vida, nas manifestações do instinto nos vegetais e nos animais, do espírito geral das coisas, na humanidade, no universo cósmico, um elemento psíquico que se revela cada vez mais através dos estudos modernos, notadamente, nas pesquisas sobre telepatia e nas observações dos fenômenos inexplicados que nós estudamos neste livro. Esse elemento, esse princípio, é ainda desconhecido pela ciência contemporânea; mas, como em muitos outros casos, ele foi adivinhado pelos antigos.

Além dos quatro elementos – o ar, o fogo, a terra e a água – os antigos, de fato, admitiam um quinto, pertencente à ordem imaterial, ao qual eles chamavam de *animus*, alma do mundo, princípio animador, éter.

Cícero escreveu (*Tuscul. Quæst.* I.22):

> Aristóteles, após ter lembrado os quatro gêneros de elementos materiais, acreditou que devíamos admitir uma quinta natureza da qual a alma provém, pois, já que o pensamento e as faculdades intelectuais não podem residir em nenhum dos elementos materiais, nós devemos admitir um quinto gênero, que ainda não recebeu um nome, e que foi por ele denominado de *enteléquia*, ou seja, movimento eterno e contínuo.

Os antigos quatro elementos materiais foram dissecados pela análise moderna. O quinto talvez seja o mais fundamental.

Citando o filósofo Zenon, o mesmo orador acrescenta que esse filósofo não admitia esse quinto princípio, que podia ser comparado ao fogo. Mas, evidentemente, o fogo e o pensamento são duas coisas distintas.

Virgílio escreveu em *Eneida* (livro VI) estes versos admiráveis, conhecidos por todos:

> Principio cœlum ac terras camposque liquentes,
> Lucentemque globum Lunæ Titaniaque astra
> Spiritus intus alit, totamque infusa per artus
> MENS AGITAT MOLEM, *et magno se corpore rmscet.*
>
> (No princípio um sopro vivifica interiormente o céu, a terra, as líquidas planícies,
> O globo luminoso da lua e o astro de Titã
> E o espírito, espalhado pelos membros do mundo,
> MOVE A MASSA INTEIRA *e se mistura com este grande corpo*).[15]

---

15 N. da T. – Texto extraído de: *Eneida*. Virgílio. Tradução de Tassilo Orpheu Spalding. In: http://www.revista.agulha.nom.br/eneida.pdf.

Martianus Capella, como todos os autores dos primeiros séculos do cristianismo, menciona essa força diretora, chamando-a, igualmente, de quinto elemento, que também designa com o nome de éter.

Um imperador romano, muito conhecido dos parisienses, já que foi em Paris, no palácio de Thermes, construído por seu avô, que ele foi proclamado imperador, no ano de 360, Juliano, o Apóstata, celebra esse quinto princípio no seu discurso em honra do Rei Sol,[16] qualificando-o tanto de princípio solar, tanto de alma do mundo ou princípio intelectual, tanto de éter ou alma do mundo físico.

Esse elemento psíquico não é confundido, pelos filósofos, com Deus e com a Providência. É, aos seus olhos, alguma coisa que faz parte da natureza.

Antes de nos deixarmos, ainda uma palavra.

O título desta obra datada de 1865 proclama a existência de *forças naturais desconhecidas*. As que foram tratadas aqui não representam senão uma mínima parte da realidade: existem muitas outras.

O ser humano é dotado de faculdades ainda pouco exploradas, que as observações feitas com médiuns, ou dinamógenos, colocam em evidência, da mesma forma que o magnetismo humano, o hipnotismo, a telepatia, a visão sem uso dos olhos, a premonição. Essas forças psíquicas desconhecidas merecem entrar na esfera da análise científica. Elas estão ainda na época de Ptolomeu, e ainda não encontraram o seu Kepler e seu Newton; mas elas impõem-se ao exame.

Muitas outras forças desconhecidas revelar-se-ão gradualmente. A Terra e os planetas gravitavam ao redor do Sol seguindo suas harmoniosas órbitas quando as teorias astronômicas viam apenas em seus movimentos uma incoerência complicada de 79 círculos cristalinos. O magnetismo terrestre estreitava nosso globo com suas correntes antes da invenção da bússola,

---

16 Vide *Œuvres complètes de l'Empereur Julien* (Obras Completas do Imperador Juliano). Paris, 1821, tomo I, p.375.

que no-las revela. As ondas da telegrafia sem fio existiam antes que as captássemos durante sua passagem. O mar lamentava-se ao longo de suas margens antes que algum ouvido o escutasse. As estrelas penetravam suas radiações no éter antes que nenhum olho humano as tivesse contemplado.

As observações aqui expostas provam que a vontade consciente, o desejo, de um lado, a consciência subliminar, de outro, e mentalidades desconhecidas, exercem uma ação dinâmica fora dos limites do nosso corpo. Trata-se de faculdades da alma e não de propriedades cerebrais. O cérebro não passa de um órgão a serviço do espírito. É ao espírito que pertencem às forças psíquicas e não à matéria.

É bem digno de nota que as conclusões deste trabalho sejam as mesmas contidas no *L'Inconnu*, baseadas no exame dos fenômenos de telepatia, manifestações de moribundos, comunicações à distância, sonhos premonitórios etc. De fato, como se viu, naquele livro chegamos às seguintes conclusões:

- 1º – A alma existe como uma entidade real, independente do corpo;
- 2º – Ela é dotada de faculdades ainda desconhecidas pela ciência;
- 3º – Ela pode agir à distância, sem a intervenção dos sentidos.

As conclusões desta obra concordam com as precedentes, e, contudo, os fatos estudados aqui são inteiramente diferentes dos anteriores.

A elas podemos acrescentar a conclusão geral de que existe na **natureza um elemento psíquico** em atividade variável e cuja essência ainda nos permanece oculta. Quanto a mim, dar-me-ei por satisfeito se pude contribuir para estabelecer, por meio dessas duas séries de trabalhos, esses princípios importantes, exclusivamente baseados na constatação científica de um determinado número de fenômenos estudados pelo método experimental.

O Espiritismo
Perante a Ciência
GABRIEL DELANNE
Formato 14 x 21 cm • 368 p.

"O espiritismo é uma ciência progressiva. Conforme os espíritos progridem – e nós crescemos intelectualmente –, eles descobrem verdades novas, que nos transmitem gradualmente. Portanto, não temos dogmas nem pontos doutrinários inflexíveis".

Com essa visão, Gabriel Delanne, estudioso dos fenômenos mediúnicos que viveu no século XIX, analisa aqui algumas crenças básicas do espiritismo, como a existência da alma e do perispírito, conseguindo comprová-las com argumentos lógicos, baseados em fatos rigorosamente documentados. Cumpre assim a orientação kardequiana de nortear a doutrina espírita pela pesquisa permanente e a aliança corajosa com a vanguarda da ciência, ao invés do conformismo que faz estacionar no tempo.

Delanne apresenta nesta obra casos fascinantes que comprovam os fenômenos de materialização, movimento de corpos, transporte, vidência, entre vários outros, que brotavam por toda parte naqueles dias predestinados em que se consolidava a Terceira Revelação. E também analisa, com profundo conhecimento de causa, as experiências notáveis do magnetismo, do sonambulismo e da hipnose, que dão apoio à fenomenologia espírita.

A lucidez e a profundidade dos conhecimentos deste importante divulgador das idéias espíritas, sua lógica perfeita e a riqueza do material apresentado, fazem desta obra precioso material de reflexão e documento imprescindível para reconstituir muito da história daquele período áureo em que os fenômenos paranormais despertaram a humanidade para a revelação espírita.

A Alma é Imortal
GABRIEL DELANNE
Formato 14 x 21 cm • 320 p.

O espírito materializado de Katie King se apresenta a William Crookes, o famoso físico e prêmio Nobel, e, ao lado da médium adormecida, deixa que o fotografe e que lhe corte mechas de cabelo. Espíritos cruzam o véu da morte e vêm escrever mensagens com a letra que possuíam, contar fatos que só seus íntimos conheciam, fazer previsões que logo se realizam. Materializados, deixam-se fotografar, moldam braços e mãos perfeitos na parafina líquida; transportam objetos de longe para dentro de salas e caixas fechadas; materializam-se na hora do desencarne e vão ver seus familiares, abrindo portas, tocando campainhas, fazendo-se visíveis e audíveis a ponto de serem tomados por "vivos"; projetam seus corpos perispirituais à distância e se fazem ver e ouvir, como o amigo que o poeta Goethe viu na estrada de sua casa. Um dilúvio de fatos espíritas se derramava sobre o século XIX para despertar o público, intelectuais e homens de ciência para a realidade espiritual que o espiritismo veio sintetizar.

Em *A Alma é Imortal*, o sábio Gabriel Delanne, um dos vultos exponenciais do espiritismo nascente, relata esses casos extraordinários, analisa-os com raciocínio científico, e conclui: é a verdade se mostrando na sua esplêndida evidência; sim, nós temos uma alma imortal, e as vidas sucessivas são uma realidade incontestável. E tudo isso não é especulação filosófica: são fatos, reproduzidos às centenas e milhares, com todo o rigorismo de cientistas e pesquisadores.

Reunindo um acervo impressionante desses fatos espíritas, sobretudo materializações e aparições, esta obra é um fascinante depoimento sobre a imortalidade. "É chegada a hora em que a ciência deve se unir à revelação para promover a transformação da humanidade", diz Delanne.

Evolução Anímica
GABRIEL DELANNE
Formato 14 x 21 cm • 240 p.

O espiritismo constitui-se de um conjunto de doutrinas filosóficas reveladas por inteligências desencarnadas que habitaram a Terra. Esses conhecimentos nos ajudaram a desvendar e a compreender uma série de fenômenos psicológicos e psíquicos antes contestados. Portanto, o espiritismo chegou em boa hora, e trouxe consigo a convicção da sobrevivência da alma, mostrando sua composição, ao tornar tangível sua porção fluídica. Assim, projetou viva luz sobre a impossibilidade da compreensão humana a respeito da "imortalidade", e, numa vasta síntese, abrangeu todos os fatos da vida corporal e intelectual, e explicou suas mútuas relações. Em *Evolução Anímica*, Gabriel Delanne nos apresenta um generoso estudo sobre o espírito durante a encarnação terrestre, levando em consideração os ensinamentos lógicos do espiritismo e as descobertas da ciência de seu tempo sobre temas como: a vida (entendida organicamente), a memória, as personalidades múltiplas, a loucura, a hereditariedade e o Universo. E nos afirma categoricamente que ela (a ciência), embora ampla, não basta para explicar o que se manifesta em território etéreo, mas terá de se render cedo ou tarde.

Embora antiga, *Evolução Anímica* é indiscutivelmente uma obra tão atual que subsistiu ao tempo e à própria ciência, tornando-se uma pérola que vale a pena ser reapresentada ao público através desta série Memórias do Espiritismo.

AS FORÇAS NATURAIS DESCONHECIDAS
foi confeccionado em impressão digital, em março de 2023
Conhecimento Editorial Ltda
(19) 3451-5440 — conhecimento@edconhecimento.com.br
Impresso em Luxcream 70g, StoraEnso